Windows 8.1

Schritt für Schritt erklärt

von

Jörg Hähnle

Vierfarben

Liebe Leserin, lieber Leser,

Windows 8 und sein neues Kacheldesign sind nicht bei allen Anwendern gleich auf Begeisterung gestoßen. Ein Hauptkritikpunkt war sicher das fehlende Startmenü, ein anderer die unverständliche Bedienung. Zwar hat sich Microsoft die Kritik zu Herzen genommen und das Betriebssystem noch einmal überarbeitet, aber um es gleich vorwegzunehmen: Auch Windows 8.1 bringt das alte Startmenü nicht zurück, und die Bedienung ist noch immer nicht selbsterklärend. Dennoch bietet Windows 8.1 eine Menge interessanter Neuerungen, die Sie sich nicht entgehen lassen sollten.

Damit Sie sich sämtliche Windows-Funktionen nicht mühsam selbst erschließen müssen, zeigt Jörg Hähnle Ihnen in dieser handlichen und doch umfassenden Bedienungsanleitung, was mit dem Betriebssystem alles möglich ist. Sie lernen, Windows 8.1 zu installieren, mit dem neuen Startbildschirm umzugehen und Programme oder Apps für Internet, E-Mails, Fotos und Musik zu nutzen. Sie erfahren, wie Sie mit Dateien und Ordnern im Explorer arbeiten, wie Sie zum Desktop wechseln, Windows an Ihre Bedürfnisse anpassen, Geräte anschließen oder Netzwerke einrichten. Und natürlich kommen auch die Themen Wartung und Sicherheit nicht zu kurz. Dank kurzer Anleitungen, anschaulicher Abbildungen sowie Hintergrundwissen und Tipps in Form von Exkursen und Kästen werden Sie sich jederzeit schnell an Ihrem Computer zurechtfinden.

Dieses Buch wurde mit größter Sorgfalt geschrieben und hergestellt. Sollten Sie dennoch einmal Fehler finden oder inhaltliche Anregungen haben, freue ich mich, wenn Sie mit mir in Kontakt treten. Für konstruktive Kritik bin ich dabei ebenso offen wie für lobende Worte. Doch zunächst einmal wünsche ich Ihnen viel Freude beim Lesen!

Ihre Maike Lübbers
Lektorat Vierfarben

maike.luebbers@vierfarben.de

Sie haben Fragen, Wünsche oder Anregungen zum Buch?
Gerne sind wir für Sie da:

Anmerkungen zum Inhalt des Buches: *maike.luebbers@vierfarben.de*
Bestellungen und Reklamationen: *service@vierfarben.de*
Rezensions- und Schulungsexemplare: *sophie.herzberg@vierfarben.de*

An diesem Buch haben viele mitgewirkt, insbesondere:
Lektorat Maike Lübbers
Korrektorat Alexandra Müller, Olfen
Herstellung Janina Brönner
Einbandgestaltung Daniel Kratzke
Coverentwurf Daniel Kratzke
Coverbilder Fotolia: 43093331 © Dmitry Pichugin, 2574870 © House of Unique; iStockphoto: 6153991 © Florea Marius Catalin, 16468972 © majana, 20051490 © Joan Vicent Cantó Roig, 21705504 © airportrait, 1594035 © TriggerPhoto, 3613069 © Eduardo Jose Bernardino; Shutterstock: 69241636 © Yuri Arcurs
Typografie und Layout Vera Brauner
Satz Markus Miller, München
Druck aprinta, Wemding

Gesetzt wurde dieses Buch aus der TheSans (9,5 pt/13 pt) in Adobe InDesign CC. Und gedruckt wurde es auf mattgestrichenem Bilderdruckpapier (115 g/m²).

Hergestellt in Deutschland.

Bibliografische Information der Deutschen Nationalbibliothek
Die Deutsche Nationalbibliothek verzeichnet diese Publikation in der Deutschen National-bibliografie; detaillierte bibliografische Daten sind im Internet über http://dnb.d-nb.de abrufbar.

ISBN 978-3-8421-0082-4

1. Auflage 2014

Vierfarben ist ein Verlag der Galileo Press GmbH
Rheinwerkallee 4, D-53227 Bonn
www.vierfarben.de

Der Verlagsname Vierfarben spielt an auf den Vierfarbdruck, eine Technik zur Erstellung farbiger Bücher. Der Name steht für die Kunst, die Dinge einfach zu machen, um aus dem Einfachen das Ganze lebendig zur Anschauung zu bringen.

Inhalt

Start
Lea
12°

Windows Setup
Windows 8
Jetzt installieren
Computerreparaturoptionen
© 2012 Microsoft Corporation. Alle Rechte vorbehalten.

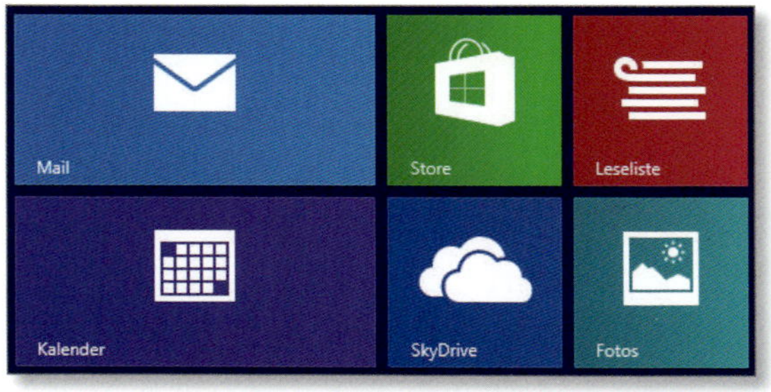
Mail
Store
Leseliste
Kalender
SkyDrive
Fotos

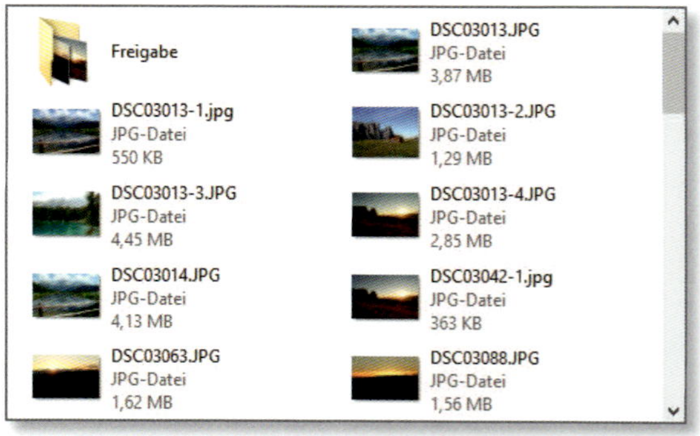
Freigabe
DSC03013.JPG
JPG-Datei
3,87 MB
DSC03013-1.jpg
JPG-Datei
550 KB
DSC03013-2.JPG
JPG-Datei
1,29 MB
DSC03013-3.JPG
JPG-Datei
4,45 MB
DSC03013-4.JPG
JPG-Datei
2,85 MB
DSC03014.JPG
JPG-Datei
4,13 MB
DSC03042-1.jpg
JPG-Datei
363 KB
DSC03063.JPG
JPG-Datei
1,62 MB
DSC03088.JPG
JPG-Datei
1,56 MB

Vierfarben
Computer & Fotografie – Sehen wie's geht!
Newsletter | AGB | Impressum | Kontakt
Suchbegriff eingeben
Computer & Internet
Windows
Office
Mac & Co.
Fotografie
Fotografieren!
Die Fotoschule zum Mitmachen
von Jacqueline Esen
Spielend fotografieren lernen
Neue Bildideen entwickeln, kreativer fotografieren
Spannende Fotoprojekte für zu Hause und
Mein Warenkorb
Versandkostenfrei (D, A)
Schnelle Lieferung
Bequeme Zahlung

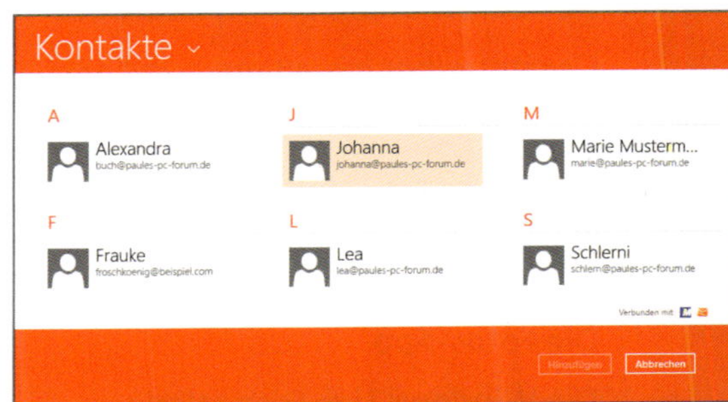
Kontakte
A
Alexandra
J
Johanna
M
Marie Musterm...
F
Frauke
L
Lea
S
Schlerni
Abbrechen

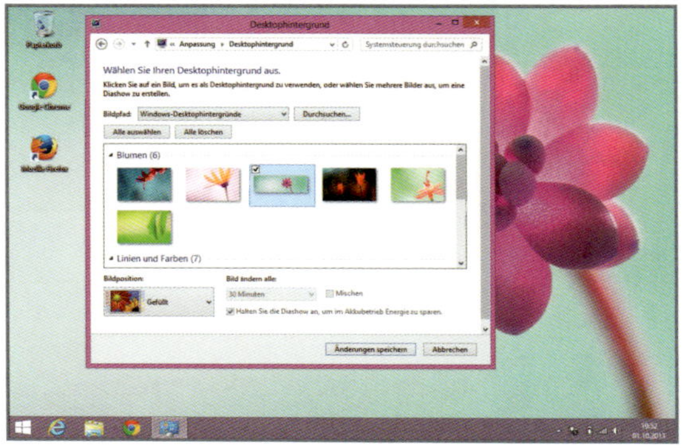

Bildbibliothek
Südtirol

Problembehandlung
PC auffrischen
Wenn der PC nicht zufriedenstellend läuft, können Sie ihn ohne Dateiverlust auffrischen.
Originaleinstellung wiederherstellen
Wenn Sie alle Dateien entfernen möchten, können Sie den PC vollständig zurücksetzen.

1 Herzlich willkommen!

In diesem Kapitel

- Vorwort
- Was ist neu in Windows 8.1?
- Wo finde ich was?

Das neue Windows 8.1 ist da, und los geht die Suche nach altbekannten Einstellungen und Menüs. In der Tat, in Windows 8.1 hat sich einiges geändert. Wie lassen sich Einstellungen aufrufen und Programme starten, wenn es kein Startmenü mehr gibt? Wie ist der neue Startbildschirm aufgebaut, und was hat es mit den vielen bunten Kacheln auf sich, die auf Ihrem Bildschirm zu sehen sind?

Es stimmt, das Startmenü ist verschwunden, an seine Stelle tritt der Startbildschirm. In diesem Kapitel erfahren Sie, welche Neuerungen Windows 8.1 mit sich bringt und wo Sie diese finden können. Werfen Sie einen ersten Blick auf neue Funktionen wie SkyDrive zum Ablegen von Daten auf einem Onlinespeicher (»in der Cloud«), den doppelten Internet Explorer, den es als Windows-App und auf dem Desktop gibt, und nützliche Funktionen wie das Auffrischen des kompletten Systems, die neue Reset-Funktion und den Dateiversionsverlauf.

Schauen Sie sich unbedingt auch den neuen Windows-Explorer an, der jetzt nur noch *Explorer* oder *Datei-Explorer* heißt, denn hier hat Microsoft fleißig nachgebessert. Und endlich gibt es unter Windows auch wieder ein eigenes E-Mail-Programm, und zwar als vorinstallierte Windows-App *Mail*. Die App ist klein, aber fein, mit allen Funktionen, die eine Mail-Anwendung benötigt.

Vorwort

Liebe Leserin, lieber Leser,

mein Name ist Jörg Hähnle, und ich bin 1967 geboren. Sehr früh schon zog mich die Computertechnik in ihren Bann, es war die Pionierzeit der Heimcomputer, Anfang der 1980er-Jahre. Los ging alles mit einem Commodore VC-20 mit 5 Kilobyte Arbeitsspeicher, wobei nur etwa 3,5 Kilobyte tatsächlich frei und nutzbar waren. Das entspricht in etwa der Speicherkapazität von gerade einmal 3.500 Zeichen. Zum Vergleich: 1.048.576 Kilobyte ergeben 1 Gigabyte, und in heutigen PCs werden meist 4 Gigabyte Speicher verbaut. Ich programmierte kleine Programme in Basic und nutzte den Computer ansonsten für aufregende Spiele in grober Pixelgrafik. Immerhin, der VC-20 konnte acht Farben darstellen!

Es dauerte nicht lange, bis die Ressourcen dieses kleinen Computers erschöpft waren, daher brauchte ich unbedingt den inzwischen erschienenen größeren Bruder, den Commodore C64. Nach langem Bitten gab meine Mutter schließlich nach und steuerte sogar einen großen Teil des Kaufpreises für den C64 bei. Was für ein unvergesslicher Tag! Unglaubliche 64 Kilobyte Arbeitsspeicher hatte der neue Computer, Programme und Daten wurden mithilfe einer sogenannten *Datasette* auf handelsüblichen Musikkassetten gespeichert und später auf große 5¼-Zoll-Disketten, wobei das Diskettenlaufwerk schon fast so groß und wuchtig wie der Computer war und anfangs sogar mehr kostete als der Rechner selbst. Festplatten gab es zu dieser Zeit noch nicht.

Der Computer blieb all die Jahre meine große Leidenschaft, sodass ich ihn auch zu meinem Beruf gemacht habe. Seit 2001 betreibe ich unter *http://www.Paules-PC-Forum.de* eine stark frequentierte Webseite zum Thema PC-Hilfe, und seit einigen Jahren bin ich zudem auch als Fachbuchautor tätig. So oft es die Zeit zulässt, zieht es mich zum Wandern in die Berge, vor allem nach Südtirol. Das ist ein wunderschöner Ausgleich für die Arbeit am Computer.

Dieses Buch soll Ihnen eine Hilfe sein

Aber wie sieht die Technik heute aus? Heute werden neue Computer mit mehreren Gigabyte Arbeitsspeicher ausgeliefert und Festplatten in Terabyte-Größen angeboten. Windows 8.1, das neueste Mitglied der Betriebssystem-Familie, kommt auf den modernsten Computern zum Einsatz. Egal, ob es sich um einen Schreibtisch-PC mit herkömmlicher Tastatur- und Maussteuerung oder um einen Tablet-PC mit berührungsempfindlichem Bildschirm handelt, der mit Fingerbewegungen gesteuert wird – die Einsatzmöglichkeiten heutiger Computer scheinen nahezu unerschöpflich zu sein.

Windows 8.1 unterscheidet sich nicht nur optisch, sondern auch im Hinblick auf seine Bedienung deutlich von seinen Vorgängern. Der neue Startbildschirm ist das Sprungbrett für alle Aktionen, egal, ob Sie eine App starten oder eine Einstellung am System vornehmen, sich die aktuellen Wetterdaten für Ihren Wohnort anzeigen lassen oder zum altbekannten Desktop wechseln möchten, um dort weiterzuarbeiten. Vieles hat sich geändert, d. h., viele Menüs und Einstellungen sind nun an anderer Stelle zu finden oder wurden, wie z. B. das Startmenü auf dem Desktop, komplett entfernt. Wie bei jeder neuen Windows-Version sind aber auch unter Windows 8.1 viele neue, sehr nützliche Funktionen hinzugekommen. Doch keine Frage, selbst erfahrene Windows-Anwender benötigen einen Moment der Einarbeitung und zum Kennenlernen der neuen Arbeitsabläufe.

Dieses Buch hilft Ihnen, den Einstieg in Windows 8.1 zu finden, und bringt Ihnen die neue, auf den ersten Blick für viele vielleicht etwas unübersichtlich wirkende Benutzeroberfläche näher. Alle Anleitungen in diesem Buch wurden sorgfältig ausgearbeitet und zeigen Ihnen verständlich und leicht nachvollziehbar alle Arbeitsschritte, die zur erfolgreichen Erledigung einer Aufgabe erforderlich sind. Dabei müssen Sie das Buch nicht Seite für Seite durcharbeiten, sondern können gezielt die Bereiche und Handlungsanleitungen nachschlagen, die Sie am meisten interessieren oder die Sie gerade durchführen möchten.

Windows 8.1 wurde für die Steuerung mit den Fingern auf sogenannten *Touchscreen-Geräten*, z. B. Tablet-PCs, optimiert. Auf einem Tablet-PC »tippen« oder »wischen« Sie also auf dem Bildschirm, um bestimmte Aktionen auszuführen, während Sie bei einem herkömmlichen Computer mit der Maus »klicken« oder auf der Tastatur bestimmte Tastenkombinationen drücken. Ich gehe bei den Beschreibungen der einzelnen Arbeitsschritte von einer herkömmlichen Steuerung mit Maus und Tastatur aus, werde im Einzelfall aber auch immer mal wieder die entsprechende Fingersteuerung erwähnen. Wie Sie z. B. per Fingergeste einen Rechtsklick ausführen und welche Touchgesten Ihnen noch zur Verfügung stehen, erfahren Sie in Kapitel 2, »Schnelleinstieg in Windows 8.1«.

Entdecken Sie das neue Windows 8.1 mit all seinen Stärken und Schwächen und lernen Sie, es für Ihre Zwecke zu nutzen! Ich wünsche Ihnen viel Spaß beim Lesen und Ausprobieren!

Jörg Hähnle, im Herbst 2013

Was ist neu in Windows 8.1?

Der Startbildschirm

Die erste Neuerung, die sofort ins Auge sticht, ist ohne Zweifel der neue Startbildschirm: Gleich nach dem Start des Systems begrüßt Windows Sie mit allerlei bunten Kacheln. Dieser Startbildschirm wurde von Microsoft zunächst als *Metro-Oberfläche* bezeichnet, danach einige Male umbenannt und schließlich als *Windows 8 User Interface* (Windows-8-Benutzeroberfläche) vorgestellt. Ein Klick auf eine Kachel ❶ startet die dazugehörige Desktop-Anwendung oder eine Windows-App bzw. öffnet einen Dateiordner im Explorer. Vom Startbildschirm aus können Sie alle auf Ihrem Rechner installierten Programme starten, wichtige Systemeinstellungen erreichen und Dateien, Programme und Einstellungen suchen.

Aber trotz dieser vielen Neuerungen ist der altbekannte Desktop nicht verschwunden und kann mit einem Klick auf die Kachel **Desktop** ❷ gestartet werden. Das Startmenü, das Sie vielleicht aus vorangegangenen Windows-Versionen kennen, werden Sie leider nicht mehr finden, es wurde von Microsoft gestrichen. Der neue Startbildschirm übernimmt nun die Aufgaben des Startmenüs.

Die meisten Kacheln auf dem Startbildschirm repräsentieren Apps, also kleine Programme, mit deren Hilfe Sie verschiedene Aufgaben erledigen können, z. B. das Schreiben und Empfangen von E-Mails mit der *Mail*-App. Sie können auch dem Empfang von Informationen dienen; so erfahren Sie z. B. mit der *Finanzen*-App ❸ alles über Aktienkurse oder mit der *Wetter*-App ❹ die neuesten Wetterdaten. Apps sind im Funktionsumfang oft reduziert, weil sie für die Fingerbedienung auf Touch-Geräten optimiert wurden. Sie können Apps direkt über den neuen Windows Store ❺ beziehen. Neben kostenpflichtigen Angeboten werden dort auch zahlreiche kostenlose Apps bereitgestellt.

Die Vor- und Nachteile der neuen Optik Der Startbildschirm ist optimiert für die Fingerbedienung auf Tablet-PCs. Daher gibt es großflächige Kacheln, die mit dem Finger leicht angetippt werden können, und Menüleisten links und rechts, die Sie mit einer Wischbewegung einblenden. Mit Maus und Tastatur ist die Bedienung zwar ebenfalls möglich, allerdings nicht ganz so komfortabel. Wenn viele Kacheln auf dem Startbildschirm vorhanden sind, werden die Wege mit der Maus mitunter sehr lang, und gerade zu Anfang ist es nicht ganz so einfach, mit der Maus genau die Ecken des Bildschirms zu erreichen, hinter denen sich weitere Menüs und Funktionen verbergen.

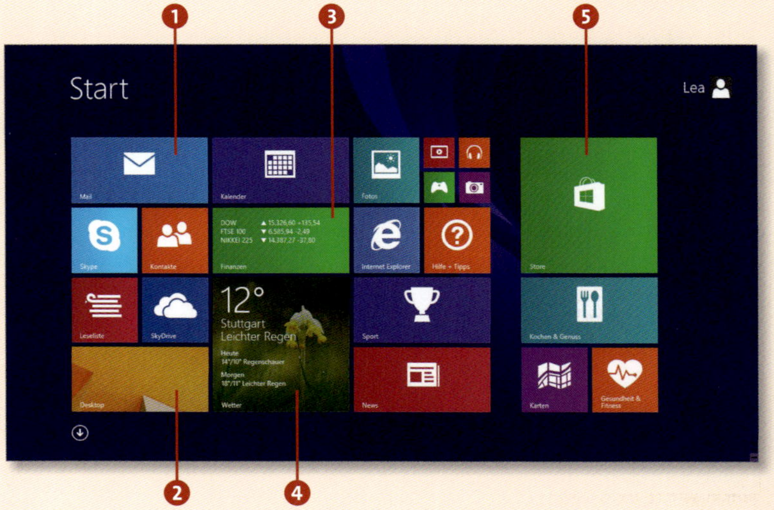

SkyDrive

SkyDrive ist ein kostenloser Dienst von Microsoft, der es Ihnen ermöglicht, Daten online zu speichern (*Cloud-Computing*). SkyDrive ist also quasi eine Onlinefestplatte. Auf dort gespeicherte Daten können Sie weltweit von jedem internetfähigen Computer aus zugreifen. Dabei können Sie bestimmen, wer Zugriff auf diese Daten erhalten soll, ob sie öffentlich für jedermann zugänglich sind oder ob Sie nur bestimmten Personen den Zugriff erlauben. So können Sie z. B. die Bilder aus dem letzten Urlaub in die »Wolke« (engl. *Cloud*) hochladen und Ihren Freunden und Bekannten den Zugang zu diesen Bildern gewähren. Oder Sie speichern Dokumente online ab, auf die Sie dann während Ihrer Geschäftsreise zugreifen können. Genauso wie auf Ihrer lokalen Festplatte auf dem heimischen Rechner können Sie die Daten auf SkyDrive beliebig bearbeiten und natürlich jederzeit wieder löschen.

SkyDrive ist direkt in den Explorer integriert, wenn Sie unter Windows mit einem Microsoft-Konto angemeldet sind. Die *SkyDrive*-App ist hingegen standardmäßig auf jedem Windows-8.1-System vorinstalliert. Außer über die *SkyDrive*-App oder den Explorer können Sie den Dienst aber auch direkt über das Internet unter *SkyDrive.com* erreichen und die Onlinefestplatte so auch auf mobilen Geräten wie Ihrem Smartphone oder Tablet-PC nutzen. Sobald Sie sich erstmalig mit einem Microsoft-Konto am System anmelden, können Sie zudem angeben, ob Sie SkyDrive als Datenspeicher nutzen möchten, um dort automatisch eigene Fotos, Windows-Einstellungen oder Dokumente sichern zu lassen.

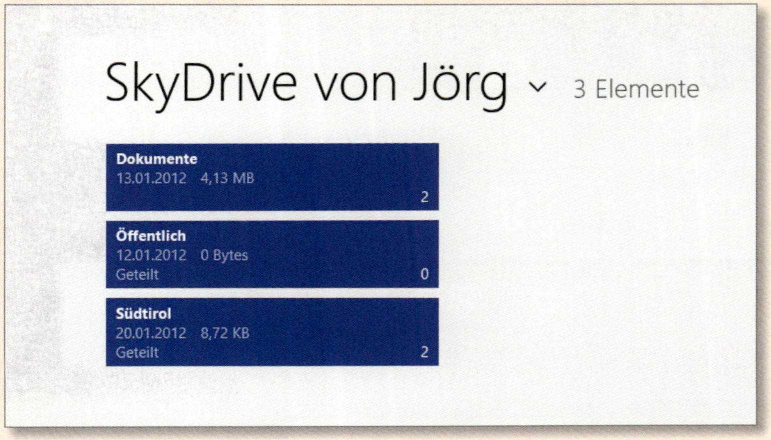

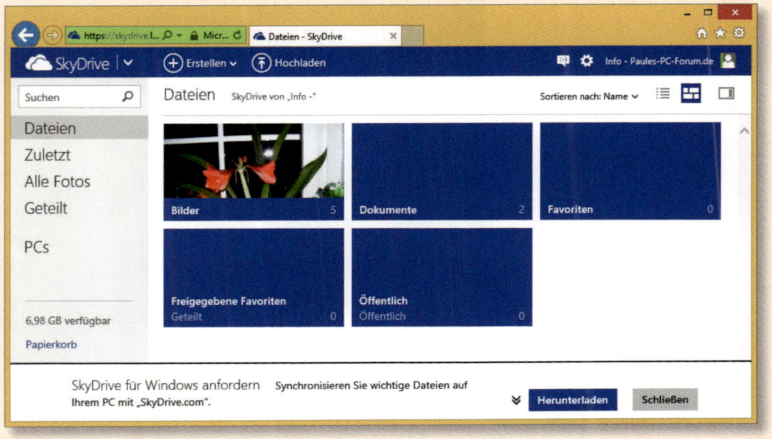

Wo finde ich was?

Der Startbildschirm – das neue Startmenü

Windows 8.1 ist gestartet und wartet – anstelle des bekannten Desktops – mit der ersten großen Neuerung auf, dem neuen *Startbildschirm*. Jede der verschiedenfarbigen Kacheln steht für ein Programm, eine Windows-App oder auch eine Systemeinstellung. Der Hintergrund, das Design und die Farben des Startbildschirms können nach Ihren Wünschen individuell angepasst werden (siehe dazu den Abschnitt »Farbe und Design des Startbildschirms ändern« auf Seite 206).

Eine aktive Internetverbindung vorausgesetzt, zeigen viele Kacheln Ihnen verschiedenste Informationen an, die automatisch aktualisiert werden. Dies können z. B. Finanznachrichten, Wetterdaten, aber auch Nachrichten oder Statusmeldungen Ihrer Kontakte aus sozialen Netzwerken wie Facebook sein. Die Kacheln nennt man entsprechend *Live-Kacheln*. (Wie Sie Ihr Facebook-Konto und andere Plattformen mit Windows 8.1 verknüpfen, erfahren Sie im Abschnitt »Die Kontakte-App mit Facebook verbinden« auf Seite 94.)

1. *Mail*-App
2. Benutzername, Profilbild und Kontoeinstellungen
3. Mit einem Klick auf diese Kachel wechseln Sie zum Desktop.
4. Die *Wetter*-App hat wie die *Mail*-App eine Live-Kachel, auf der stets aktuelle Informationen angezeigt werden können.

Menüs auf dem Startbildschirm einblenden

Außer den Kacheln sind zunächst keinerlei Bedienelemente auf dem Startbildschirm zu sehen. Führen Sie den Mauszeiger in die rechte obere oder untere Ecke, wird am Bildschirmrand eine Menüleiste eingeblendet, die sogenannte *Charms-Leiste*. Diese Leiste hält, abhängig von der jeweils geöffneten Windows-App, verschiedene Einstellungsmöglichkeiten bereit. Verwenden Sie einen Tablet-PC mit Touchscreen-Steuerung, können Sie die Charms-Leiste mit einer Wischbewegung vom rechten Bildschirmrand aus nach links einblenden. Zusätzlich wird unten links ein Menü mit wichtigen Systeminformationen angezeigt.

Um den Bildschirminhalt nach rechts zu scrollen und so bisher nicht sichtbare Kacheln darzustellen, verschieben Sie die Bildlaufleiste am unteren Bildschirmrand mit gedrückter Maustaste oder drehen am Rädchen Ihrer Maus.

1. Netzwerkstatus (Besteht eine Internetverbindung oder nicht?)
2. verbleibende Akku-Kapazität
3. aktuelle Uhrzeit und aktuelles Datum
4. Mit der Bildlaufleiste blättern Sie durch die Apps auf dem Startbildschirm.
5. Hier geht es zu den Systemeinstellungen.
6. Hinter dem Menüpunkt **Geräte** der Charms-Leiste verbergen sich angeschlossene Geräte, z. B. der Drucker, oder, soweit vorhanden, die Möglichkeit, auf einen zweiten Bildschirm umzuschalten.
7. Über diese Schaltfläche gelangen Sie zurück zum Startbildschirm.
8. Hier können Sie Inhalte an andere weitergeben.
9. Dieser Befehl öffnet die kontextbezogene Suchfunktion.

Die Desktop-Ansicht

Der Desktop ist nicht verschwunden; er ist nur ein wenig versteckt, aber über die **Desktop**-Kachel auf dem Startbildschirm oder von dort über die Tastenkombination [Win] + [D] zu erreichen. Auf den ersten Blick scheint sich nicht viel verändert zu haben, der Desktop sieht aus, wie Sie ihn von früheren Windows-Versionen her kennen. Aktuell sind hier noch keine Verknüpfungen abgelegt (außer zum Papierkorb). In der Taskleiste finden Sie ebenfalls Informationen zum System (rechts im Infobereich).

Für Windows 8 war die **Start**-Schaltfläche zunächst entfernt worden, was jedoch bei vielen Anwendern für Irritationen und großen Unmut sorgte. Microsoft hat sich diese Kritik zu Herzen genommen und die **Start**-Schaltfläche unter Windows 8.1 wieder aufgenommen. Allerdings öffnet ein Klick auf diese Schaltfläche nicht das von vorherigen Windows-Versionen bekannte und erwartete Startmenü, sondern führt lediglich zurück zum Startbildschirm mit seinen Kacheln.

1. Der Desktop-Hintergrund ist frei wählbar.
2. Taskleiste
3. Programme lassen sich an die Taskleiste heften, damit Sie sie schneller aufrufen können.
4. Blenden Sie alle Symbole des Infobereichs der Taskleiste ein.
5. Hier gelangen Sie zum Wartungscenter.
6. Der Batteriestatus zeigt die verbleibende Akku-Kapazität an.
7. Netzwerkstatus
8. Datum und Uhrzeit

Menüs auf dem Desktop nutzen

Abgesehen von der veränderten **Start**-Schaltfläche hat sich die Taskleiste selbst nicht nennenswert verändert. Sie können hier z. B. Programme anheften oder bei Bedarf eigene Symbolleisten hinzufügen. Der rechte Teil der Taskleiste wird als *Infobereich* bezeichnet, hier werden neben Datum und Uhrzeit wichtige System- und Programminformationen angezeigt.

Sie können sowohl das Hintergrundbild als auch die Rahmenfarbe für die Fenster auf dem Desktop frei wählen (siehe den Abschnitt »Den Desktop einrichten« auf Seite 223). Die bereits bekannte Charms-Leiste lässt sich auch auf dem Desktop einblenden, indem Sie die Maus in die rechte obere oder untere Ecke bewegen oder die Tastenkombination [Windows] + [C] drücken.

1. Programmsymbol (Papierkorb)
2. die geöffnete Charms-Leiste mit den Menüpunkten **Einstellungen**, **Geräte**, **Teilen** und **Suchen**
3. Hier geht es zurück zum Startbildschirm.
4. Der Netzwerkstatus zeigt an, ob eine Internetverbindung besteht.
5. Batteriestatus
6. Datum und Uhrzeit

Der Explorer in der Übersicht

Ob Sie Dateien nun umbenennen, kopieren, löschen oder gleich neue Ordner anlegen möchten – all dies erledigen Sie über den Explorer. Hier haben Sie außerdem Zugriff auf alle im Computer verbauten oder angeschlossenen Speichermedien wie Festplatten, USB-Sticks oder auch auf das CD-/DVD-Laufwerk.

Neu ist der Explorer nicht, Sie kennen ihn sicherlich schon aus früheren Windows-Versionen, aber auch hier hat sich einiges getan.

Er wurde nicht nur von *Windows-Explorer* in *Explorer* bzw. *Datei-Explorer* umbenannt, sondern auch gründlich überarbeitet und mit neuen Funktionen ausgerüstet. Die auffälligste Neuerung ist das *Menüband*, das unterhalb der Menüleiste eingeblendet wird und zahlreiche Optionen zur Dateiverwaltung enthält.

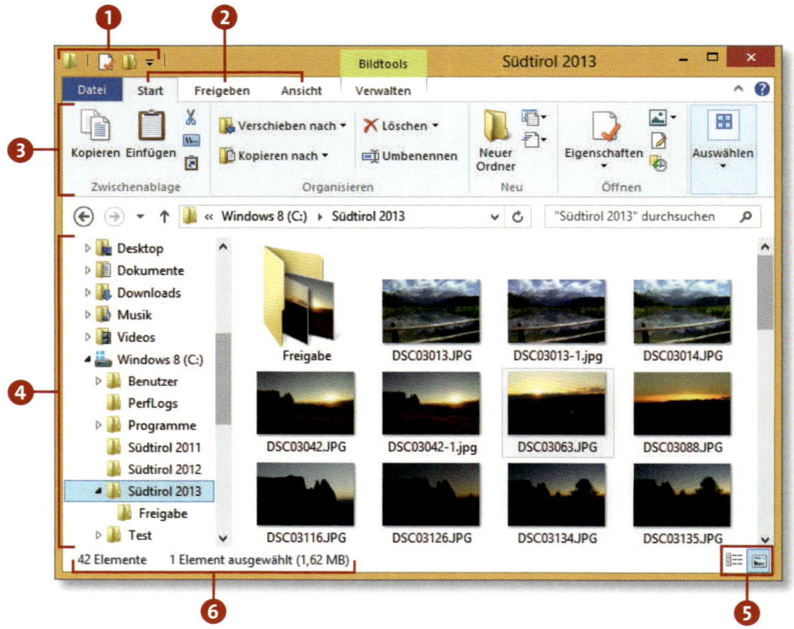

1. Symbolleiste für den Schnellzugriff
2. Über diese Registerkarten können Sie die einzelnen Unterregister des Menübands öffnen.
3. Das neue Menüband enthält wichtige Befehle zum Bearbeiten von Dateien und Ordnern.
4. Im Navigationsbereich werden alle Laufwerke aufgelistet.
5. Die Anzeige der Dateien im Explorer lässt sich anpassen (hier sehen Sie die Ansicht **Große Symbole**).
6. Die Statusleiste zeigt Informationen zur Anzahl der ausgewählten Elemente und zu ihrer Größe an.

Darüber hinaus verfügt der Explorer natürlich auch über eine Suchfunktion, mit deren Hilfe Sie einzelne Verzeichnisse, aber natürlich auch die gesamte Festplatte nach Ordnern und Dateien durchsuchen können. Im linken Teil des Fensters werden **Favoriten**-Ordner, Bibliotheken, eventuell vorhandene Heimnetzwerkgruppen (siehe den Abschnitt »Eine Heimnetzgruppe einrichten« auf Seite 282) sowie alle angeschlossenen Laufwerke aufgelistet. In der rechten Fensterhälfte sehen Sie den Inhalt des jeweils ausgewählten Ordners oder Laufwerks.

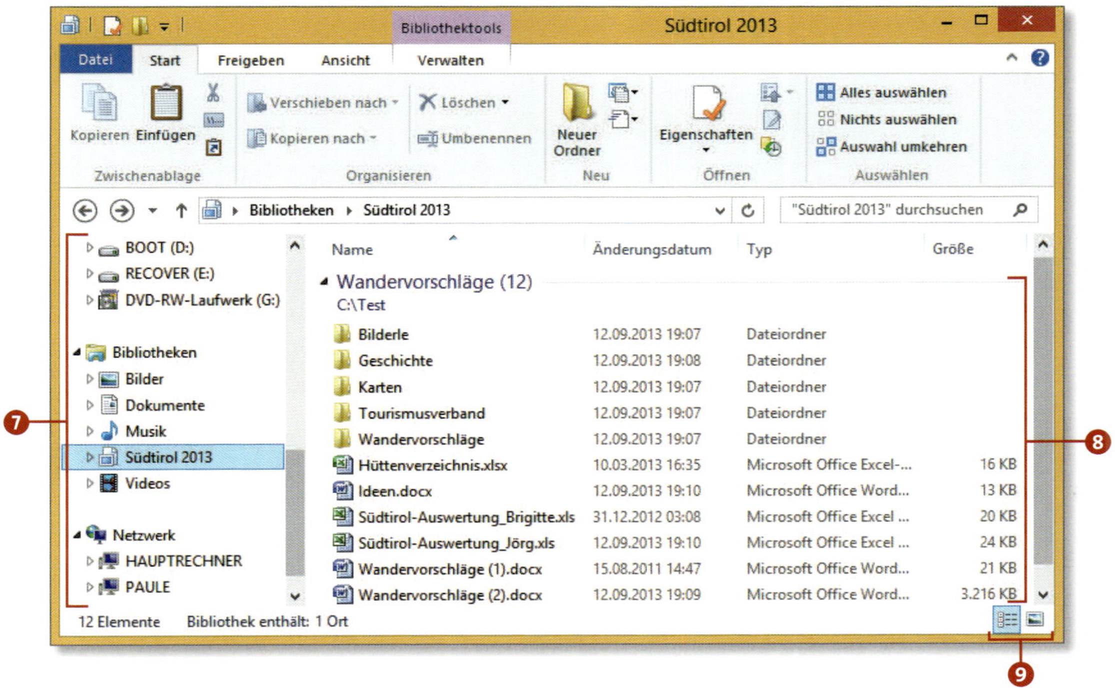

7 Im Navigationsbereich finden Sie wie gesagt alle Laufwerke. Hier sind außerdem die Favoriten (ganz oben, im Bild nicht zu sehen) und alle Bibliotheken aufgelistet. Teilnehmer eines Netzwerkes werden im Abschnitt **Netzwerk** aufgeführt.

8 Wenn Sie einen Ordner anklicken, sehen Sie eine Liste der darin enthaltenen Dateien.

9 Mit diesen Schaltflächen verändern Sie die Anzeige (hier sehen Sie die Detailansicht der Dateien).

2 Schnelleinstieg in Windows 8.1

In diesem Kapitel

- Ist Ihr Computer bereit für Windows 8.1?
- Windows 8.1 installieren
- Bei Windows anmelden
- Die Windows-Oberfläche auf einen Blick
- Den Computer starten
- Den Computer ausschalten
- So gehen Sie mit der Maus um
- So bedienen Sie die Tastatur
- Windows 8.1 auf einem Touchscreen bedienen
- Hilfe erhalten
- Die Systemsteuerung

Ist Ihr Computer bereit für Windows 8.1? Kann Ihr alter Drucker noch unter Windows 8.1 verwendet werden? Microsoft stellt Ihnen für diese Fragen den Windows-8-Upgrade-Assistenten zur Seite. Per Mausklick erfahren Sie, welche Programme und Geräte kompatibel sind und wo Sie eventuell nach neueren Versionen Ausschau halten müssen. Sind die technischen Voraussetzungen erfüllt, beginnt die Installation des neuen Betriebssystems. Die Frage ist: Führen Sie eine Neuinstallation durch, oder möchten Sie Ihr altes Windows über ein Upgrade aktualisieren? In diesem Kapitel erfahren Sie, wie Sie dabei vorgehen und worauf Sie achten sollten.

Weiter geht es mit der Einrichtung und Erstkonfiguration des Systems. Legen Sie ein Benutzerkonto an, und verknüpfen Sie es mit einem neuen Microsoft-Konto. Und was ist eigentlich der Unterschied? Wo liegen die Vor- und Nachteile einer solchen Windows-Identität?

Zu guter Letzt werfen Sie einen Blick auf die neue Startoberfläche, lernen Tastatur und Maus kennen und erfahren, wie Sie Windows 8.1 auf einem Tablet-PC bedienen können. Falls es doch mal an einer Stelle etwas klemmen sollte, zeigen wir Ihnen, wo Sie Hilfe bei PC-Problemen aller Art finden können.

Ist Ihr Computer bereit für Windows 8.1?

Wenn Sie sich einen neuen Computer mit vorinstalliertem Windows 8 oder Windows 8.1 gekauft haben, müssen Sie sich keine Gedanken darüber machen, ob die Hardware des Computers für das neue Windows ausreicht. Schließlich werden nur Rechner mit Windows 8.1 ausgeliefert, die die entsprechenden technischen Voraussetzungen für einen störungsfreien Betrieb mitbringen. Ist Ihr PC allerdings schon ein paar Jahre alt und Sie möchten von Windows XP, Windows Vista oder Windows 7 auf Windows 8 bzw. 8.1 wechseln, sollten Sie sich die Ausstattung Ihres Rechners etwas näher anschauen.

Die folgenden Systemvoraussetzungen gibt Microsoft für den Betrieb von Windows 8 und 8.1 an:

- Prozessor: 1 Gigahertz oder schneller mit Unterstützung für PAE, NX und SSE2
- RAM: 1 Gigabyte für die 32-Bit-Version oder 2 GB für die 64-Bit-Version
- freier Festplattenspeicher: 16 GB (32-Bit) oder 20 GB (64-Bit)
- Grafikkarte: Microsoft DirectX 9-Grafikkarte mit WDDM-Treiber

Sie müssen jetzt nicht alle Schubladen nach Handbüchern zu Ihrem Computer durchforsten, um die Spezifikationen Ihres Systems in Erfahrung zu bringen. Microsoft stellt ein Programm mit dem Namen *Windows-8-Upgrade-Assistent* bereit, mit dessen Hilfe Sie die Eignung Ihres Systems überprüfen können. Der Assistent prüft aber nicht nur die technischen Voraussetzungen des PCs, sondern auch die Kompatibilität angeschlossener Peripheriegeräte und installierter Programme. Am Ende wird ein Kompatibilitätsbericht erstellt, der Ihnen aufzeigt, ob Windows 8.1 verwendet werden kann und welche Software Sie gegebenenfalls aktualisieren müssen.

Alte Windows-Version beibehalten?

Sie können Windows 8.1 zusätzlich zu einer vorhandenen älteren Windows-Version installieren. Sie sollten Windows 8.1 dann aber auf einer eigenen Partition installieren, um Konflikte zu vermeiden. Das bereits vorhandene Betriebssystem wird bei der Installation von Windows 8.1 automatisch erkannt und ein Bootmenü eingerichtet, in dem Sie bei jedem Rechnerstart auswählen können, welches Betriebssystem geladen werden soll.

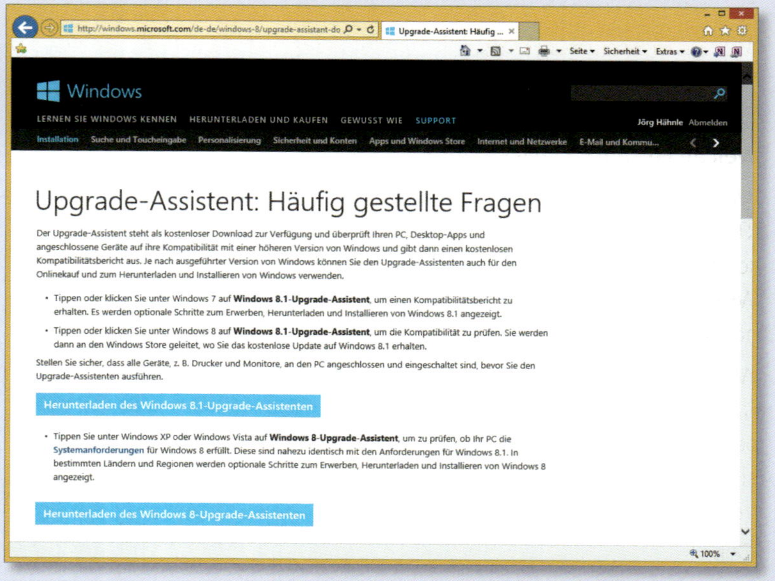

Welche Editionen von Windows 8.1 gibt es?

Microsoft hat etwas aufgeräumt und die Zahl der verschiedenen Editionen deutlich reduziert. Unter Windows 7 konnte man aufgrund der vielen Varianten schon mal den Überblick verlieren, unter Windows 8.1 gibt es nur noch drei Editionen, die für den privaten Anwender von Bedeutung sind: Windows 8.1, Windows 8.1 Pro und Windows RT. Genau genommen sind es sogar nur zwei Editionen, da Windows RT nicht einzeln im Handel erhältlich ist, sondern nur als vorinstallierte Version auf Tablet-PCs. Der Vollständigkeit halber sei erwähnt, dass es auch noch eine Edition namens Windows 8.1 Enterprise gibt, die aber nur von Unternehmen als sogenannte *Volumenlizenz* in großen Stückzahlen erworben werden kann. Die folgende Tabelle zeigt Ihnen die wichtigsten Funktionen und Unterschiede der für Sie relevanten Windows-Editionen.

Welche Edition soll ich kaufen?

Wenn Sie sich einen Tablet-PC mit Windows 8.1 kaufen, ist Windows RT bereits vorinstalliert, d. h., hier haben Sie keine Entscheidungsschwierigkeiten. Für private Anwender reicht ansonsten die Edition Windows 8.1 vollkommen aus. Sie bietet alle Funktionen, die für eine normale Nutzung benötigt werden.

Windows 8.1 Pro verfügt zusätzlich über erweiterte Netzwerk- und Datenverschlüsselungsfunktionen und ist für den Einsatz im Büro oder kleinen Betrieben gedacht. Weitere Informationen zu den einzelnen Versionen finden Sie auch direkt bei Microsoft unter *http://windows.microsoft.com/de-DE/windows/compare*.

Funktion	Windows 8.1	Windows 8.1 Pro	Windows RT
Startbildschirm	ja	ja	ja
Windows Store	ja	ja	ja
Vorinstallierte Apps	ja	ja	ja
Microsoft Office	nein	nein	ja
Internet Explorer 11	ja	ja	ja
Geräteverschlüsselung	nein	nein	ja
Klassischer Desktop	ja	ja	ja
Installation und Ausführung von x86/x64-Software	ja	ja	nein
Windows Defender	ja	ja	ja
Windows Media Player	ja	ja	nein
Neuer Explorer	ja	ja	ja
Auffrischen und Zurücksetzen	ja	ja	ja
BitLocker und BitLocker To Go	ja	ja	nein
Booten von virtueller Festplatte	nein	ja	nein
Anmeldung an einer Domäne	nein	ja	nein
Gruppenrichtlinien	nein	ja	nein
Remotedesktopverbindung mit dem PC	nein	ja	nein

Windows 8.1 installieren

Den Upgrade-Assistenten nutzen

Und so verwenden Sie den Windows-Upgrade-Assistenten zur Prüfung und Ausführung der Installation:

1. Starten Sie Ihren Browser, und öffnen Sie die Webseite *http://windows.microsoft.com/de-de/windows-8/upgrade-assistant-download-online-faq*. Microsoft stellt zwei Programmversionen zur Verfügung. Möchten Sie von Windows 7 oder Windows 8 auf Windows 8.1 wechseln, klicken Sie auf die Schaltfläche **Herunterladen des Windows 8.1-Upgrade-Assistenten**. Bei XP und Vista wählen Sie **Herunterladen des Windows 8-Upgrade-Assistenten**.
2. Öffnen Sie nach dem Herunterladen den Ordner, in den Sie das Programm gespeichert haben, und starten Sie es mit einem Doppelklick auf den Dateinamen *Windows8-UpgradeAssistant.exe* unter XP und Vista bzw. *WindowsUpgradeAssistant.exe* unter Windows 7 und 8. Nachdem Sie die Abfrage der Benutzerkontensteuerung mit **Ja** bestätigt haben, analysiert das Programm Ihr System und liefert Ihnen nach kurzer Zeit ein Ergebnis.
3. Möchten Sie Windows 8.1 gleich online erwerben und herunterladen, klicken Sie auf **Weiter** ❶ und folgen den Anweisungen auf dem Bildschirm. Anderenfalls schließen Sie an dieser Stelle das Programmfenster ❷ und beenden damit den Assistenten.

Microsoft Office Home & Student 2013 RT

Das Office-Paket *Home & Student 2013 RT* ist auf Tablet-PCs mit Windows RT bereits vorinstalliert. Bei allen anderen Windows-Editionen gehört das Softwarepaket aber nicht zum Lieferumfang.

Kostenloses Upgrade von Windows 8 auf 8.1

Wenn Sie Windows 8 auf Ihrem Computer verwenden, können Sie das Upgrade auf Windows 8.1 kostenlos über den Windows Store beziehen. Es wird im Store an prominenter Stelle angezeigt. Folgen Sie für die Installation einfach den Anweisungen auf dem Bildschirm.

4. Über den Link **Kompatibilitätsdetails anzeigen** (❸ im Bild auf Seite 26) können Sie einen Bericht einsehen.
5. Der Bericht zeigt Ihnen, welche Punkte Sie überprüfen sollten, und listet zudem alle zu Windows 8.1 kompatiblen Soft- und Hardwarekomponenten auf. Sie können den Bericht über die jeweiligen Schaltflächen ausdrucken ❹ oder abspeichern ❺.

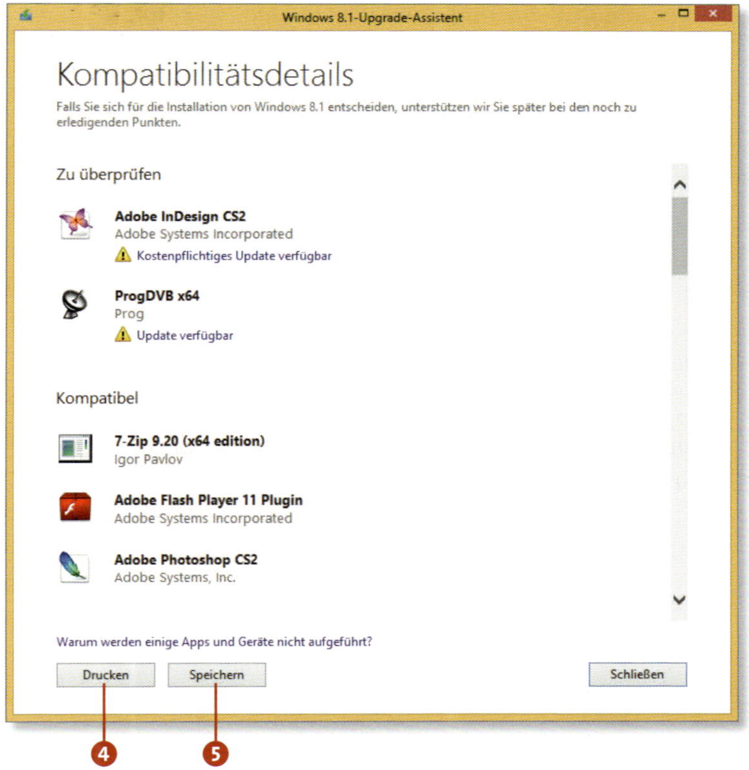

Muss ich meine Festplatte vor der Installation formatieren?

Wenn Sie eine komplette Neuinstallation von Windows 8.1 durchführen und keine Daten oder Programme aus einer vorherigen Windows-Installation übernehmen möchten, können Sie die Festplatte zu Beginn des Installationsvorgangs formatieren lassen. Dabei gehen aber alle Daten auf der Festplatte unwiderruflich verloren! Möchten Sie hingegen persönliche Daten z. B. aus Windows 7 übernehmen, wählen Sie die Installationsart **Upgrade**. Dabei wird die Festplatte nicht formatiert.

Programme und Geräte werden nicht aufgeführt?

Programme, zu denen keine Kompatibilitätsinformationen vorliegen, werden nicht aufgeführt. Falls Geräte fehlen, verbinden Sie diese mit Ihrem Computer, und starten Sie die Überprüfung erneut. Liegen keine Informationen vor, erkundigen Sie sich direkt beim Hersteller der Soft- oder Hardware.

Windows 8.1 von DVD installieren

Sie haben zwei Möglichkeiten, Windows 8.1 auf Ihrem Computer zu installieren: als Neuinstallation ohne die Übernahme von Daten aus einer eventuell vorhandenen früheren Windows-Version oder als Upgrade, bei dem sie Ihre Dateien aus Windows 7 oder 8 beibehalten können. Ist auf dem Rechner keine ältere Windows-Version installiert oder streben Sie einen sauberen Neuanfang ohne »Altlasten« an, sollten Sie eine Neuinstallation durchführen.

Damit Ihr PC direkt von der Windows-DVD starten kann, müssen Sie zuvor im BIOS die Startreihenfolge (auch *Bootreihenfolge*) ändern und Ihr DVD-Laufwerk an die erste Stelle setzen. Wie Sie ins BIOS gelangen, erfahren Sie im Handbuch zu Ihrem Computer (siehe auch den Kasten »Startreihenfolge im BIOS abändern« auf Seite 316).

1. Legen Sie dann Ihren Windows-Datenträger in das DVD-Laufwerk ein, und starten Sie Ihren PC neu. Wenn Sie dazu aufgefordert werden, drücken Sie eine beliebige Taste, um den Startvorgang zu beginnen.
2. Legen Sie im ersten Dialogfenster zunächst Installationssprache ❶, Uhrzeit und Währungsformat ❷ sowie Tastatur oder Eingabemethode ❸ fest. Voreingestellt ist jeweils die deutsche Sprache. Treffen Sie Ihre Wahl, und klicken Sie anschließend auf **Weiter** ❹.
3. Dann klicken Sie auf **Jetzt installieren** ❺, um den Setup-Vorgang zu starten.
4. Geben Sie nun den Product Key Ihrer Windows-Version ein. Wenn er als gültig erkannt wurde, können Sie auf die Schaltfläche **Weiter** klicken und den Vorgang fortsetzen.

Wann ist eine Übernahme meiner persönlichen Dateien möglich?

Wechseln Sie von Windows 8 auf Windows 8.1, können Sie bei der Installation als Upgrade persönliche Dateien und Anwendungen übernehmen. Beim Upgrade von Windows 7 ist nur noch die Übernahme der eigenen Dateien möglich, und Anwender von Windows XP und Windows Vista müssen eine komplette Neuinstallation durchführen, bei der alle auf dem Rechner gespeicherten Daten verloren gehen.

5. Es folgen die Lizenzbedingungen. Akzeptieren Sie diese, indem Sie ein Häkchen vor der Option **Ich akzeptiere die Lizenzbedingungen** setzen und danach erneut auf **Weiter** klicken.
6. Für die saubere Neuinstallation klicken Sie anschließend auf **Benutzerdefiniert** ❻.
7. Im nächsten Schritt wählen Sie die Partition aus, auf der Windows 8.1 installiert werden soll ❼. (Für die Installation der 64-Bit-Version benötigen Sie mindestens 20 GB freien Speicherplatz, für die 32-Bit-Version 16 GB.) Klicken Sie danach auf die Schaltfläche **Weiter** ❽.
8. Nun werden die Windows-Dateien kopiert und für die Installation vorbereitet. Die Installation läuft ab jetzt selbstständig ohne Ihr weiteres Zutun ab und dauert etwa 20 Minuten. Ist die Installation abgeschlossen, muss Windows noch eingerichtet werden. Dieser Vorgang wird im Abschnitt »Windows einrichten« auf Seite 30 beschrieben.

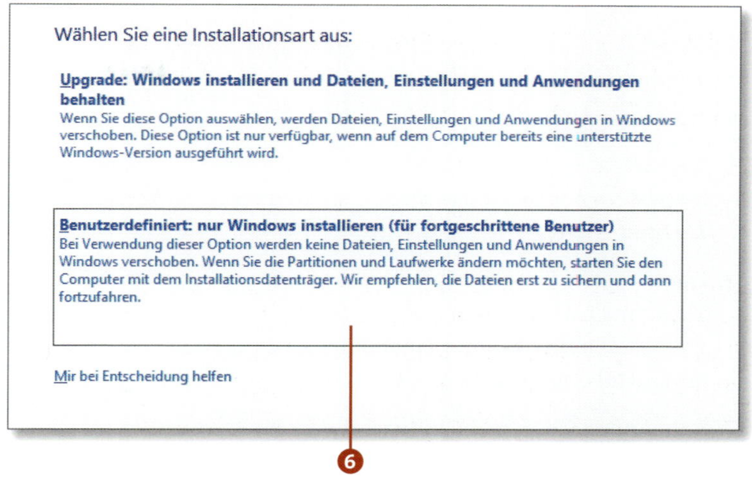

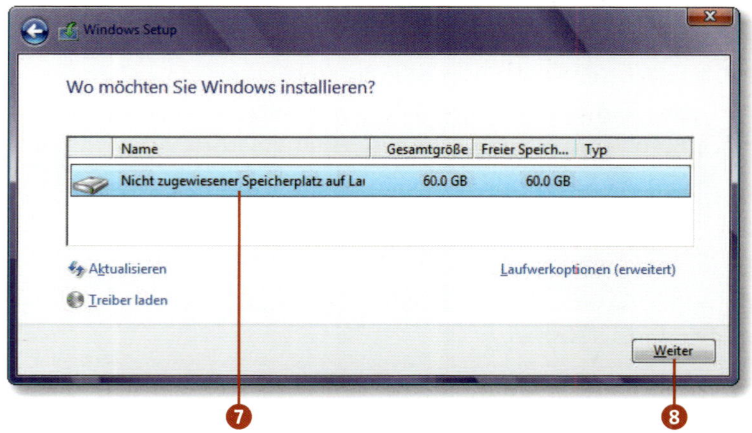

Wo befindet sich der Lizenzschlüssel?

Wenn Sie Windows 8.1 separat gekauft haben, finden Sie den Product Key meist als Aufkleber auf der Innenseite der Hülle des Installationsdatenträgers. Haben Sie Windows über das Internet als Downloadversion erworben, erhalten Sie zur Kaufbestätigung eine E-Mail mit dem Lizenzschlüssel. Drucken Sie diese Mail am besten gleich für Ihre Unterlagen aus.

Falls Windows 8.1 bereits auf Ihrem Computer installiert war, wird es ein wenig komplizierter. Der Product Key ist im BIOS Ihres Systems abgespeichert und kann nur mit speziellen Hilfsprogrammen, z. B. *Windows 8 Product Key Viewer*, ausgelesen werden. Sie finden das kostenlose Programm zum Herunterladen u. a. unter *http://www.chip.de/downloads/Windows-8-Product-Key-Viewer_58663752.html*.

Windows einrichten

Nachdem die Installation abgeschlossen ist, fordert Windows noch einmal Ihre Aufmerksamkeit. Die Erstkonfiguration steht an. Alle Einstellungen können Sie zwar auch später noch vornehmen, viele Optionen sind allerdings schwer zu finden.

1. Suchen Sie sich zunächst eine der vorgeschlagenen Farben für Ihr System aus ❶, und vergeben Sie einen Namen ❷ für Ihren Rechner.
2. Damit Sie die Einstellungen selbst vornehmen können, klicken Sie im nächsten Fenster auf die Schaltfläche **Anpassen**. Bei Auswahl der Option **Express-Einstellungen** würde Windows eigene Voreinstellungen vornehmen.

3. Verwenden Sie Ihren PC zu Hause oder im Büro, wählen Sie die Option **Ja (Für Heim- oder Arbeitsnetzwerke)** ❸. Verwenden Sie Ihren PC überwiegend mobil und verbinden sich häufiger an öffentlichen Orten mit WLAN-Hotspots, wählen Sie die Option **Nein (Für öffentliche Netzwerke)** ❹.
4. Im nächsten Schritt haben Sie die Möglichkeit, einige Sicherheits- und Privatsphäre-Einstellungen vorzunehmen. Es wird empfohlen, wichtige Updates stets automatisch installieren zu lassen ❺. Zum Schutz Ihrer Privatsphäre sollten Sie auch die folgenden Sicherheitseinstellungen eingeschaltet lassen. Klicken Sie anschließend auf **Weiter** ❻.

Besonderheiten bei der Namensvergabe

Sonderzeichen und Leerzeichen sind bei der Eingabe des Computernamens leider nicht gestattet. Sobald Sie ein solches Zeichen verwenden, weist Windows Sie mit einer entsprechenden Fehlermeldung auf diesen Umstand hin.

5. Treten im System Fehler auf, sucht Windows online nach Lösungen und schlägt Maßnahmen vor. Die ersten beiden Funktionen sollten Sie daher aktiviert lassen ❼. Legen Sie zudem fest, in welchen Bereichen Sie Microsoft bei der Verbesserung von Windows unterstützen möchten ❽. (Gerade die Übermittlung des eigenen Standortes an Microsoft oder an andere Apps sollte gut überlegt sein.) Klicken Sie anschließend auf **Weiter** ❾.

6. Wenn Sie bereits über ein Konto verfügen, geben Sie Ihre Zugangsdaten ❿ ein. Ansonsten klicken Sie auf den Link **Neues Konto erstellen** ⓫, um eines anzulegen. Sie können sich aber auch ohne Microsoft-Konto anmelden und dieses später noch anlegen. Folgen Sie hierfür dem nächsten Schritt.

7. Für eine Anmeldung ohne Microsoft-Konto klicken Sie auf **Neues Konto erstellen**, füllen das folgende Formular aber nicht aus, sondern wählen die Option **Ohne Microsoft-Konto anmelden** ⓬. Geben Sie danach einen Benutzernamen, ein Kennwort und einen Kennworthinweis ein und schließen Sie die Eingabe über **Fertig stellen** ab.

8. Haben Sie sich in Schritt 6 mit einem Microsoft-Konto angemeldet, werden Sie abschließend gefragt, ob Sie SkyDrive als automatischen Speicher für Bilder, Dokumente und Einstellungen nutzen möchten. Diese Einstellung können Sie später in den PC-Einstellungen unter **SkyDrive > Dateispeicher** wieder ändern.

i

Ein Microsoft-Konto später erstellen

Für die Nutzung einiger Apps, z. B. der *Mail*-App, wird ein Microsoft-Konto benötigt. Wie Sie nachträglich ein Microsoft-Konto erstellen können, lesen Sie im Abschnitt »Bei Windows anmelden« auf Seite 32. In Kapitel 7, »Windows 8.1 individuell anpassen«, erfahren Sie, wie Sie ein lokales Konto in ein Microsoft-Konto umwandeln.

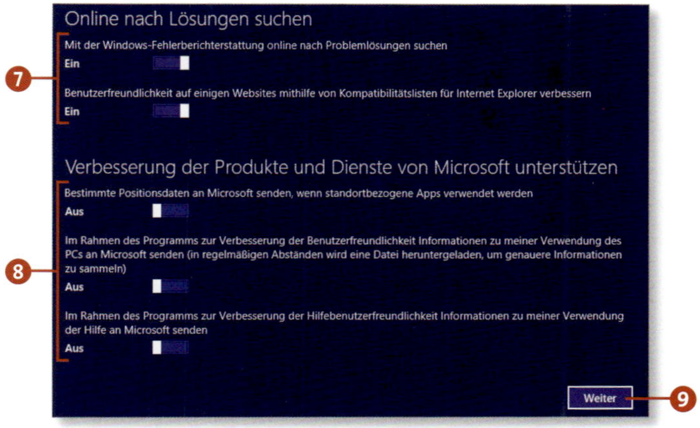

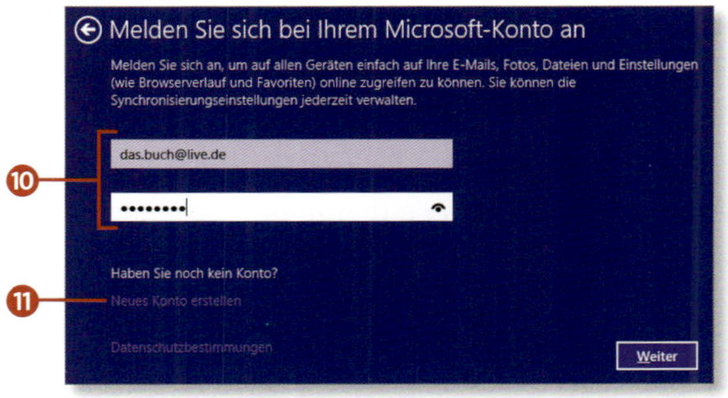

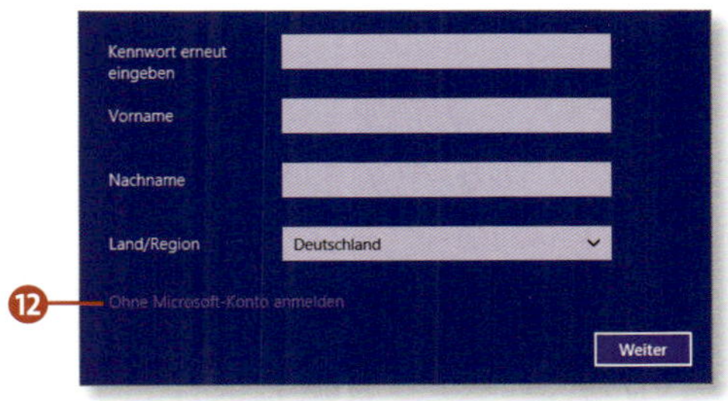

Bei Windows anmelden

Für die Nutzung einiger Dienste unter Windows 8.1, z. B. für SkyDrive oder die Installation neuer Apps aus dem Windows Store, ist ein Microsoft-Konto Voraussetzung. Früher wurde das Microsoft-Konto *Windows Live ID* genannt. Wenn Sie bereits eine solche ID haben, besitzen Sie damit schon ein Microsoft-Konto. Wenn nicht oder wenn Sie nicht sicher sind, erstellen Sie einfach kostenlos und unverbindlich ein neues Konto.

1. Starten Sie Ihren Browser, und rufen Sie die Anmeldeseite unter *https://account.live.com* auf. Für die Erstellung eines neuen Microsoft-Kontos klicken Sie dort auf den Link **Jetzt registrieren** ❶.
2. Füllen Sie nun das angezeigte Formular aus. Sie haben bei der Erstellung der E-Mail-Adresse die Auswahl zwischen den Endungen *hotmail.de*, *hotmail.com* oder *live.de* ❷. Sie können aber auch eine bereits vorhandene E-Mail-Adresse für die Registrierung nutzen, falls Ihnen das lieber ist.
3. Falls Sie Ihr Kennwort einmal vergessen sollten, können Sie es zurücksetzen lassen. Geben Sie eine Telefonnummer oder eine E-Mail-Adresse an, an die ein Code zur Rücksetzung geschickt werden kann ❸. Es reicht, wenn Sie eins von beiden angeben.

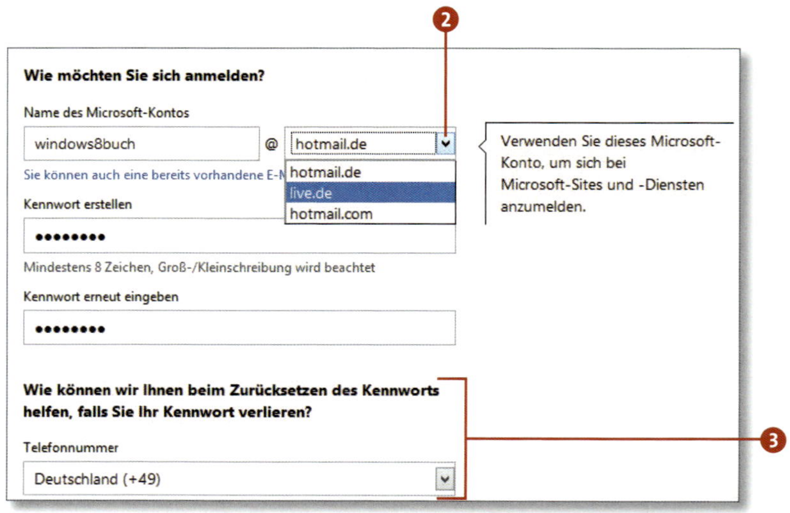

Kostenloses Hotmail-Konto inklusive

Wenn Sie für die Anmeldung eine neue Adresse erstellen, erhalten Sie ein E-Mail-Konto, das Sie später auch über Hotmail und *Outlook.com* nutzen können. Dies erlaubt eine einfache Trennung zwischen dem Microsoft-Konto und Ihren privaten E-Mail-Konten.

4. Sind alle Angaben gemacht, klicken Sie auf die Schaltfläche **Ich stimme zu**, um den Vorgang abzuschließen. Es folgt die Anzeige einer Übersichtsseite für das soeben erstellte Konto. Hier können Sie weitere Einstellungen vornehmen. Klicken Sie in der linken Spalte auf den Eintrag **Benachrichtigungen** 4 und anschließend auf den Link **Marketingeinstellungen verwalten** 5.

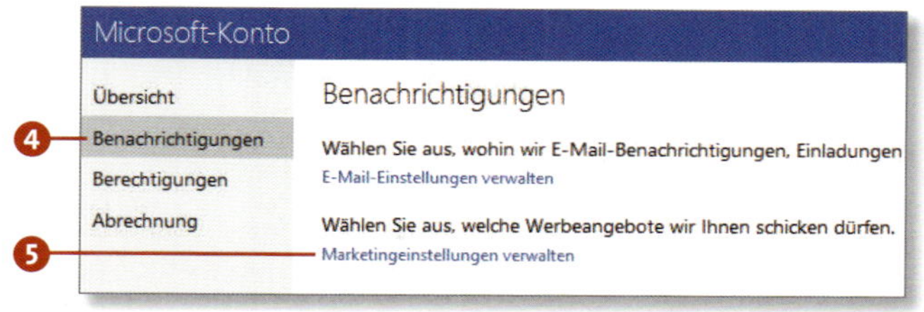

5. Zunächst geht es darum, ob Microsoft Ihnen Werbe-Mails zusenden darf. Ein Häkchen ist bereits gesetzt 6: Klicken Sie auf **Speichern** 7, wenn Sie *keine* Werbe-Mails wünschen. Entfernen Sie das Häkchen mit einem Klick, wenn Sie Werbe-Mails erhalten möchten.

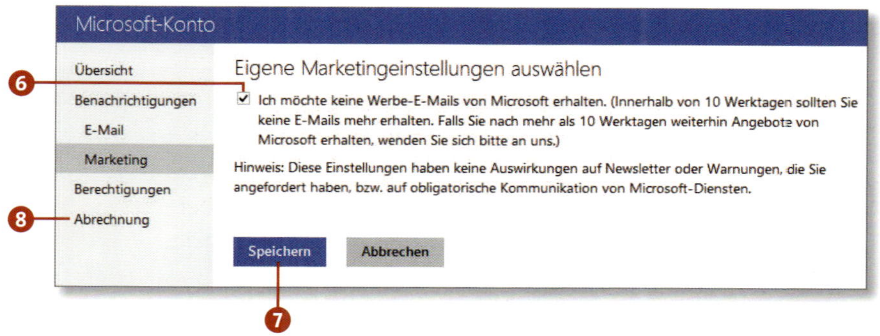

6. Über den Menüpunkt **Abrechnung** 8 können Sie Informationen zu bereits erfolgten Transaktionen einsehen, etwa wenn Sie sich eine kostenpflichtige App gekauft und das Konto als Zahlungsmethode gewählt haben. Aus Sicherheitsgründen wird ein Code an Ihre alternative Mail-Adresse geschickt (siehe Schritt 3); erst wenn Sie diesen Code eingegeben haben 9, gelangen Sie zu den Abrechnungsinformationen.

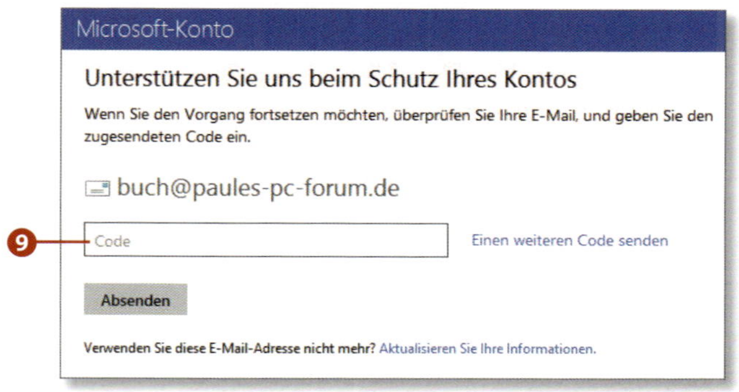

Vor- und Nachteile eines Microsoft-Kontos

Der Vorteil eines Microsoft-Kontos ist, dass Sie alle Dienste uneingeschränkt nutzen und z. B. aus dem Windows Store neue Apps herunterladen oder PC-Einstellungen mit anderen Rechnern synchronisieren können. Der Nachteil: Sie müssen ein paar persönliche Daten wie Name und Postleitzahl preisgeben (Microsoft verspricht, Ihnen keine Spam-Mails zu schicken).

Die Windows-Oberfläche auf einen Blick

Der neue Startbildschirm in der Übersicht

Die neue Windows-Oberfläche ist übersät mit verschiedenfarbigen Kacheln. Auf der linken Seite sehen Sie einige vorinstallierte Apps, z. B. die *Mail*-App, die *Kalender*-App oder die *Wetter*-App. Kacheln, deren Inhalte sich automatisch aktualisieren, wie die der *Wetter*-App, nennt man *Live-Kacheln*. Rechts angeschlossen folgen hinzugefügte Kacheln, das sind Programme, die Sie auf Ihrem Rechner installiert haben. Jedes neue Programm erhält eine neue Kachel und kann nach Bedarf an den Startbildschirm angeheftet oder wieder von dort gelöst werden. Mit jedem neuen Programm, das Sie auf dem Startbildschirm platzieren, wird dieser also erweitert, allerdings nicht nach unten hin, sondern immer nur in die Breite nach rechts. Die einzelnen Kacheln können Sie beliebig verschieben und nach Ihrem eigenen Geschmack anordnen und sogar gruppieren (siehe den Abschnitt »Die Kacheln anpassen« auf Seite 214).

1. *Wetter* und *Sport*, zwei von mehreren Live-Kacheln
2. hinzugefügte Programmkacheln
3. Die Bezeichnungen für die Kachelblöcke können Sie frei wählen.
4. Über die Kachel **PC-Einstellungen** erreichen Sie schnell alle wichtigen Einstellungsmöglichkeiten.
5. Über den kleinen Pfeil gelangen Sie zu einer Übersicht über alle installierten Programme.

Sobald Sie die Maus bewegen, wird links unten ein kleiner Pfeil eingeblendet (❺ auf Seite 34). Wenn Sie auf diese Schaltfläche klicken, erhalten Sie eine Übersicht über alle auf Ihrem Rechner installierten Programme (die Kacheln werden entsprechend kleiner). Sie haben auch hier die volle Kontrolle und können festlegen, welche Programme vorne auf dem Startbildschirm angezeigt werden sollen. Klicken Sie eine Kachel an, wird das zugehörige Programm gestartet. Führen Sie einen Rechtsklick auf eine Kachel aus, wird der Bildschirm etwas abgedunkelt und die App-Leiste mit weiteren Optionen wird am unteren Bildschirmrand eingeblendet.

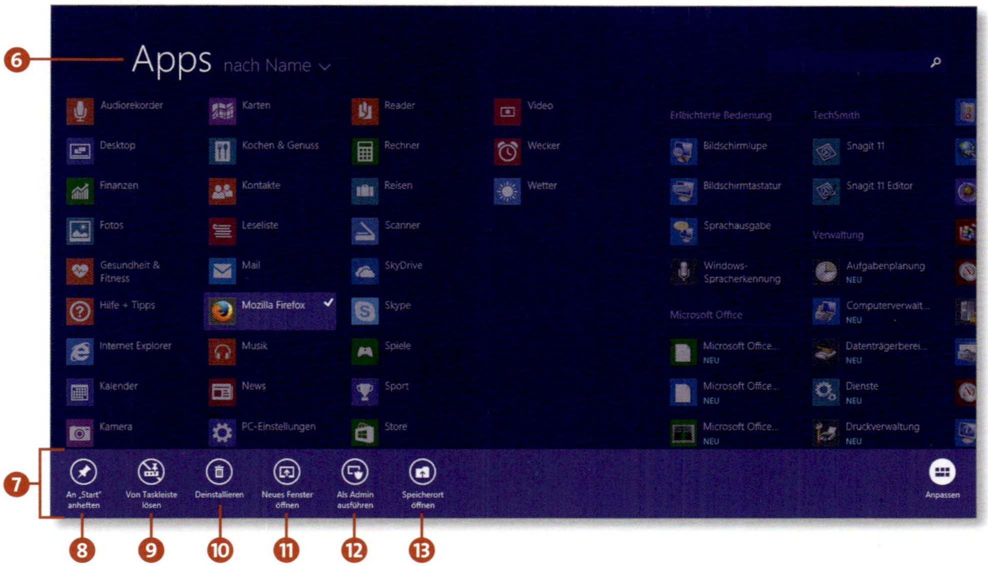

❻ alle Apps im Überblick

❼ In der App-Leiste finden Sie zur ausgewählten App passende Befehle.

❽ die Kachel einer App an den Startbildschirm heften

❾ eine App von der Taskleiste lösen

❿ Hiermit kann die App deinstalliert werden.

⓫ Ein Klick öffnet das Programm in einem neuen Fenster.

⓬ Um Kompatibilitätsprobleme zu vermeiden, müssen ältere Programme häufig mit Administratorrechten gestartet werden. Mehr dazu erfahren Sie im Abschnitt »Ältere Programme unter Windows 8.1 nutzen« auf Seite 320.

⓭ Über diese Schaltfläche kann der Speicherort der App geöffnet werden.

Die Charms-Leiste aufrufen

Ein wichtiges Bedienelement unter Windows 8.1 ist die Charms-Leiste. Die Leiste enthält die fünf Menüpunkte **Suchen**, **Teilen**, **Start**, **Geräte** und **Einstellungen**. Die Menüpunkte selbst ändern sich nie; welche Einstellungsmöglichkeiten sich hinter den Menüpunkten verbergen, ist allerdings von der jeweils geöffneten App anhängig. Wir zeigen Ihnen das an einem Beispiel:

1. Wechseln Sie zunächst zum Desktop, z. B. durch einen Klick auf die **Desktop**-Kachel auf dem Startbildschirm. Zum Öffnen der Charms-Leiste führen Sie die Maus in die rechte obere oder die rechte untere Ecke. Verwenden Sie ein Gerät mit Touchscreen, vollziehen Sie eine Wischbewegung vom rechten Bildschirmrand aus. Klicken Sie nun in der geöffneten Leiste auf den Menüpunkt **Einstellungen** ❶.
2. Sie sehen im oberen Teil nun typische Einstellungsmöglichkeiten für den Desktop, etwa die Menüpunkte **Systemsteuerung** oder **PC-Info** ❷.
3. Wenn Sie jetzt einmal zum Vergleich zum Startbildschirm zurückwechseln und dort in der Charms-Leiste auf **Einstellungen** klicken, sehen Sie, dass Ihnen hier nun andere Menüeinträge zur Verfügung stehen. Es sind die Optionen **Anpassen**, **Kacheln** und **Hilfe** ❸.
4. Die **Start**-Schaltfläche ❹ bringt Sie von überall wieder zurück auf den Startbildschirm.

Tastenkombination zum Öffnen der Charms-Leiste

Eine weitere Möglichkeit zum Öffnen der Charms-Leiste ist die Tastenkombination [⊞] + [C]. Das Untermenü **Einstellungen** können Sie übrigens auch direkt mit [⊞] + [I] aufrufen.

Die App-Leiste einblenden

Neben der Charms-Leiste ist auch die *App-Leiste* ein zentrales Bedienelement unter Windows 8.1. Auch dieses Element ist zunächst nicht sichtbar und zeigt sich erst, wenn es vom Anwender angefordert wird. Die Leiste kann auf dem Startbildschirm sowie unter allen geöffneten Apps, außer dem Desktop, aufgerufen werden und hält abhängig von der jeweils geöffneten App passende Optionen bereit. Dabei gibt es eine Besonderheit, denn einige Apps verfügen sogar über zwei App-Leisten, eine am unteren Bildschirmrand und eine oben.

1. Starten Sie die *Wetter*-App von Ihrem Startbildschirm aus, und öffnen Sie dann die App-Leiste durch einen Rechtsklick auf eine freie Stelle der Anwendung. Falls Sie ein Gerät mit Touchscreen verwenden, ist dafür eine Wischbewegung mit dem Finger vom unteren Bildschirmrand aus nötig.
2. Die App-Leiste zeigt nun unten Schaltflächen z. B. für den Wechsel zwischen Fahrenheit und Celsius ❶ oder zum Ändern des aktuellen Standortes ❷ an. In der oberen Leiste können Sie u. a. verschiedene Wetterkarten ❸ oder die Rubrik **Wetter Weltweit** ❹ auswählen.
3. Wenn Sie hingegen die App *Gesundheit & Fitness* geöffnet haben, steht Ihnen nur am oberen Bildschirmrand eine Leiste ❺ zur Verfügung, über die Sie z. B. verschiedene Übungen, Artikel und Nachrichten aufrufen können.

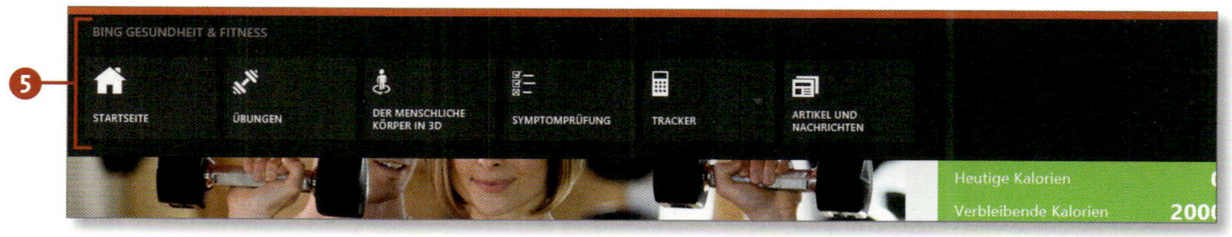

Tastenkombination zum Öffnen der App-Leiste

Auch für die App-Leiste gibt es eine praktische Tastenkombination: [Windows] + [Z]. Drücken Sie das Tastenkürzel erneut, um die App-Leiste wieder auszublenden. Mithilfe der Tabulator-Taste [Tab] können Sie zwischen den einzelnen Menüpunkten der App-Leiste wechseln, und mit [Enter] wählen Sie die gewünschte Option aus.

Der Desktop in der Übersicht

Den Desktop kennen Sie bereits von früheren Windows-Versionen, er hat sich unter Windows 8.1 nur wenig verändert. Neu ist allerdings, dass er nicht mehr gleich nach dem Start des Computers zu sehen ist, sondern erst über die Kachel **Desktop** auf dem Startbildschirm aufgerufen werden muss. Im Abschnitt »Direkt auf dem Desktop starten« auf Seite 224 lesen Sie, wie Sie das Startverhalten von Windows ändern können, um künftig den neuen Startbildschirm zu überspringen und wieder direkt mit dem Desktop hochzufahren. Zu Beginn beherbergt der Desktop nur das Symbol für den Papierkorb. Doch viele Programme hinterlassen bei der Installation eine Verknüpfung auf dem Desktop, und so kommen im Laufe der Zeit viele neue Symbole hinzu. Dabei handelt es sich stets um Verknüpfungen zu Desktop-Anwendungen oder zu Dateien und Ordnern. Verknüpfungen zu Windows-Apps können auf dem Desktop nicht erstellt werden. Umgekehrt finden Sie auf dem Startbildschirm aber auch Kacheln für Desktop-Programme. Am unteren Bildschirmrand sehen Sie die Taskleiste. Im mittleren Teil dieser Leiste werden die minimierten Fenster ausgeführter Programme angezeigt. (Wie man Fenster minimiert, erfahren Sie im Abschnitt »Fenster auf Vollbildansicht stellen« auf Seite 85.)

1 auf dem Desktop abgelegte Programmverknüpfungen
2 im Hintergrund laufende Programme
3 Miniaturvorschau einer geöffneten Anwendung
4 Schaltfläche zum Aufrufen des Explorers

Eine wichtige »Kleinigkeit« ist Ihnen als erfahrener Windows-Nutzer sicherlich aufgefallen: Das Startmenü fehlt. In der linken unteren Ecke ist zwar eine **Start**-Schaltfläche zu sehen, ein Klick darauf öffnet aber nicht das bekannte Startmenü, sondern führt lediglich zum neuen Startbildschirm zurück. Dennoch versteckt sich hinter dieser Schaltfläche ein vereinfachtes Startmenü. Wenn Sie einmal mit der rechten Maustaste auf die **Start**-Schaltfläche klicken, öffnet sich ein unscheinbares Kontextmenü. Es enthält wichtige Einträge z. B. zum Aufruf der Energieoptionen, des Geräte-Managers, der Datenträger- und Computerverwaltung, aber auch zum Start des Task-Managers und, ganz wichtig, zum Aufruf der Systemsteuerung. Anstatt mühsam mit der Maus in die Ecke zu fahren, können Sie zum Aufruf des »geheimen Startmenüs« auch die Tasten ⊞ + X drücken. Microsoft bezeichnet dieses Menü übrigens als *Schnellstartmenü*.

Und es gibt noch ein Geheimnis zu lüften. Ganz rechts neben der Uhr, wo eigentlich nichts weiter zu sehen ist, verbirgt sich eine Schaltfläche, nämlich **Desktop anzeigen**. Wenn Sie also mit dem Mauszeiger in die rechte untere Ecke fahren, werden alle Fenster ausgeblendet, und der Blick auf den Desktop wird frei. Allerdings nur so lange, wie Sie mit dem Mauszeiger in der Ecke verwei en. Das funktioniert wie eine Art Vorschau. Wenn Sie hingegen in diese Ecke klicken, wird der Desktop auch dann noch angezeigt, wenn Sie die Ecke wieder mit der Maus verlassen. Die zuvor geöffneten Fenster werden dabei nicht geschlossen, sondern lediglich minimiert.

❺ das Schnellstartmenü mit den wichtigsten Systembefehlen

❻ Infobereich (*Systray*) mit Programm- und Systeminformationen

❼ Zeit- und Datumseinstellungen

❽ In dem schmalen Streifen rechts neben Datum und Uhrzeit versteckt sich die Schaltfläche **Desktop anzeigen**.

Schneller zwischen Desktop und Startbildschirm wechseln

Desktop und Startbildschirm sind die beiden Schaltzentralen unter Windows 8.1. Bei der täglichen Arbeit wechselt man sehr häufig zwischen diesen beiden Oberflächen hin und her – sei es um nur mal eben einen Blick auf die aktuellen Wetterdaten zu werfen, um die *Sport*-App zu starten oder um auf dem Desktop, z. B. über die Systemsteuerung, wichtige Einstellungen vorzunehmen. Um vom Desktop auf den Startbildschirm zu wechseln, gibt es mehrere Möglichkeiten.

1. Führen Sie einen einfachen Mausklick links unten auf die **Start**-Schaltfläche ❶ in der Taskleiste aus.

2. Alternativ führen Sie die Maus in die rechte untere oder die rechte obere Ecke, um die Charms-Leiste zu öffnen, und klicken darin dann auf **Start** ❷. Mit der Tastenkombination [Win] + [C] lässt sich die Charms-Leiste übrigens etwas schneller öffnen.
3. Der einfachste und schnellste Weg zurück zum Startbildschirm ist aber ein kurzes Drücken der [Win]-Taste. Mit dieser Taste wechseln Sie stets zwischen der letzten geöffneten App und dem Startbildschirm hin und her. Befinden Sie sich auf dem Desktop, führt das Drücken der [Win]-Taste also direkt auf den Startbildschirm zurück.

4. Und umgekehrt? Vom Startbildschirm auf den Desktop geht es am schnellsten mit der Tastenkombination [Win] + [D] oder mit einem Klick auf die **Desktop**-Kachel ❸.

Weitere Tastenkombinationen

Weitere nützliche Tastenkürzel zur Steuerung von Windows 8.1 finden Sie im Anhang am Ende dieses Buches.

Eine Desktop-Verknüpfung erstellen

Da es das Startmenü auf dem Desktop nicht mehr gibt, bekommen Verknüpfungen eine neue Bedeutung. Aus Platzgründen ist es nicht möglich, jedes benötigte Programm an die Taskleiste zu heften, und immer zum Startbildschirm zu wechseln, um dort die passende Programmkachel zu suchen und anzuklicken, ist auf Dauer einfach zu umständlich. Aus diesen Gründen bietet es sich an, für wichtige Programme eine Desktop-Verknüpfung anzulegen.

1. Öffnen Sie den Explorer mithilfe der Tastenkombination [Windows] + [E] oder durch einen Klick auf das Explorer-Symbol in der Taskleiste.
2. Wechseln Sie nun in das Verzeichnis, in dem das zu verknüpfende Programm liegt, und klicken Sie mit rechts auf den Dateinamen. Im zugehörigen Kontextmenü zeigen Sie mit dem Mauszeiger zunächst auf den Befehl **Senden an** und klicken anschließend auf **Desktop (Verknüpfung erstellen)** ❶.
3. Die Verknüpfung wird sogleich auf dem Desktop abgelegt ❷. Solche Verknüpfungen erkennen Sie an dem kleinen Pfeil in der linken Ecke des Programm-Symbols.

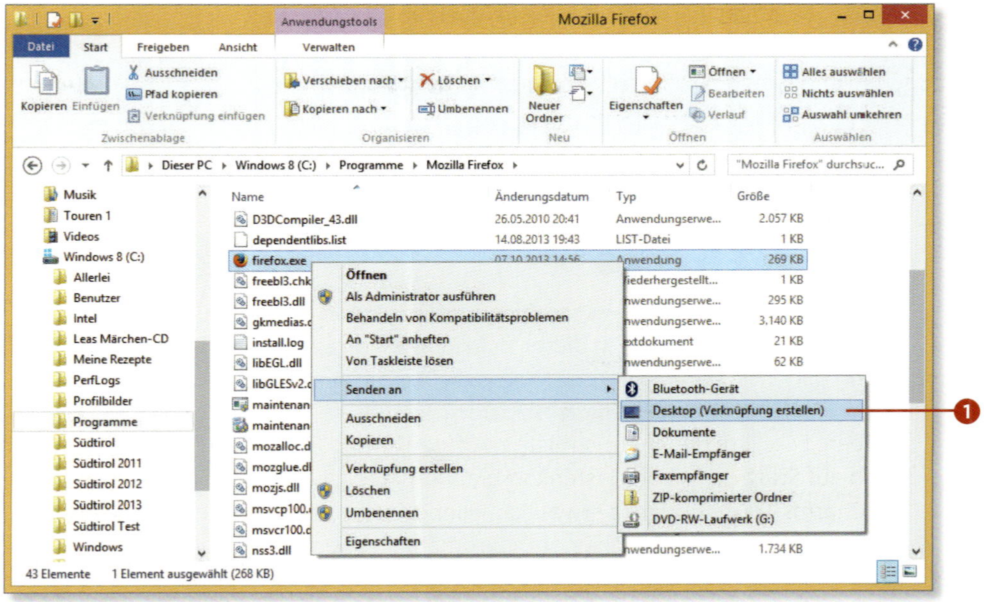

Verknüpfung wieder löschen

Möchten Sie die Verknüpfung zu einem späteren Zeitpunkt wieder löschen, klicken Sie sie mit der rechten Maustaste an und wählen den Befehl **Löschen** aus dem Kontextmenü. Dabei wird nur die Verknüpfung zum Programm gelöscht, das Programm selbst bleibt auf der Festplatte.

Die Programmübersicht aufrufen

Zu Anfang fällt der Überblick noch leicht, doch im Laufe der Zeit sammeln sich auf jedem System immer mehr Programme an, und irgendwann geht der Überblick unweigerlich verloren.

1. Um herauszufinden, welche Desktop-Programme auf Ihrem PC installiert sind, öffnen Sie zunächst die Systemsteuerung, indem Sie über die Tasten [⊞] + [X] das Schnellstartmenü öffnen und darin auf den Eintrag **Systemsteuerung** klicken. Dort wählen Sie **Programme und Features** ❶.
2. Alle derzeit installierten Desktop-Programme werden nun aufgelistet ❷. Allerdings fehlen in dieser Liste einige Einträge, nämlich die installierten Windows-Apps. Wechseln Sie also zum Startbildschirm, z. B. indem Sie die [⊞]-Taste drücken.
3. Klicken Sie auf die kleine Pfeilschaltfläche ❸, um die Übersichtsseite **Apps** aufzurufen.
4. Nun sehen Sie eine lange Liste, standardmäßig ist sie nach Namen sortiert. Klicken Sie auf das Feld **nach Name** ❹, um die Apps z. B. nach der Häufigkeit ihrer Verwendung oder nach dem Installationsdatum zu sortieren. Über die Pfeilschaltfläche gelangen Sie wieder zurück zum Startbildschirm.

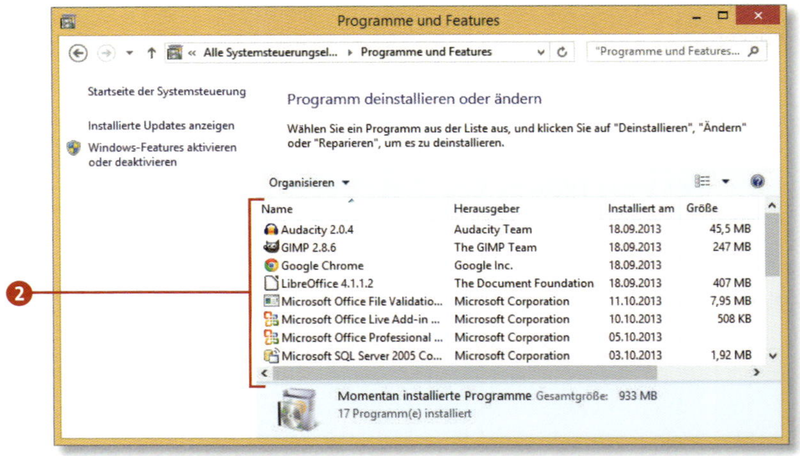

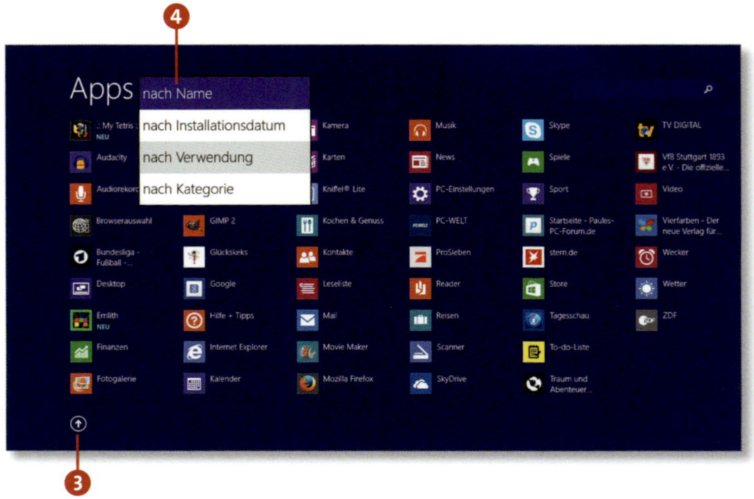

> **Speicherpfade ermitteln**
>
> Wenn Sie wissen möchten, in welchem Verzeichnis ein unter **Apps** aufgeführtes Programm zu finden ist, klicken Sie es in der Übersicht mit der rechten Maustaste an und wählen den Menüeintrag **Speicherort öffnen** aus. Bei Programmen, die vorne auf dem Startbildschirm aufgelistet sind, funktioniert das ebenfalls. Apps werden standardmäßig unter *C:\Programme\WindowsApps* abgespeichert.

Der neue Task-Manager im Überblick – 1

Mithilfe des Task-Managers haben Sie alle laufenden Systemprozesse im Blick. Sie können sehen, welche Anwendungen laufen und wie viele Systemressourcen sie benötigen, und Sie können z. B. Programme beenden, falls diese Probleme machen oder »abgestürzt« sind, also nicht mehr reagieren. Im Vergleich zu früheren Windows-Versionen wurde der neue Task-Manager in vielen Bereichen verbessert und mit zusätzlichen Funktionen ausgestattet.

Es gibt mehrere Möglichkeiten, den Task-Manager zu starten. Die klassische Variante ist die Tastenkombination [Strg] + [⇧] + [Esc].

Sie können das Programm aber auch starten, indem Sie einen Rechtsklick auf die Taskleiste ausführen und den passenden Befehl **Task-Manager** aus dem Kontextmenü auswählen. Zunächst wirkt der Task-Manager sehr aufgeräumt und gibt nicht viele Informationen preis. Lediglich die aktuell im Hintergrund laufenden Programme und Apps werden aufgeführt. Klicken Sie auf **Mehr Details**, um sich weitere Informationen anzeigen zu lassen.

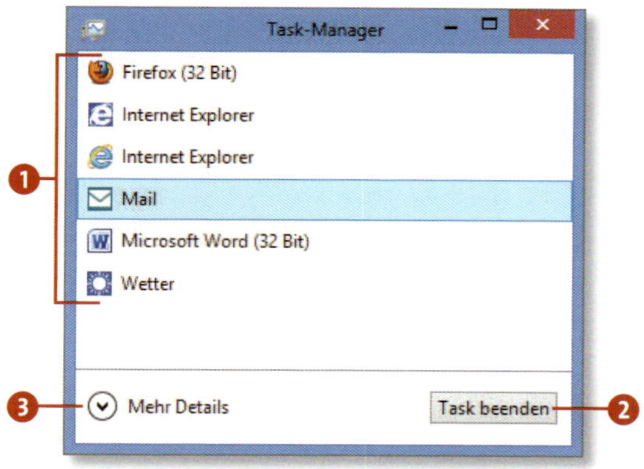

1. Liste der zurzeit ausgeführten Programme und Apps
2. Über diese Schaltfläche können Sie die markierte Anwendung beenden.
3. Über diese Schaltfläche können Sie sich zusätzliche Informationen anzeigen lassen.

Der neue Task-Manager im Überblick – 2

In der erweiterten Ansicht werden deutlich mehr Daten angezeigt. Sie sehen, welche Anwendungen und Prozesse gestartet sind, und können z. B. ablesen, wie hoch die CPU-Auslastung ❶ durch ein Programm ist oder wie viel Arbeitsspeicher ❷ von ihm eingenommen wird.

Wenn ein Programm nicht reagiert, lässt es sich meist nicht mehr auf herkömmlichem Wege schließen. Markieren Sie in solch einem Fall das entsprechende Programm im Task-Manager, und klicken Sie anschließend auf die Schaltfläche **Task beenden** ❸. Das Programm wird daraufhin geschlossen, und Sie können Ihre Arbeit fortsetzen. Über das Register **Leistung** ❹ können Sie einige sehr technische Informationen einsehen. Verschiedene Grafiken zeigen die Auslastung des Prozessors, des Arbeitsspeichers, eingebauter Festplatten sowie den Durchsatz vorhandener Ethernet-Verbindungen.

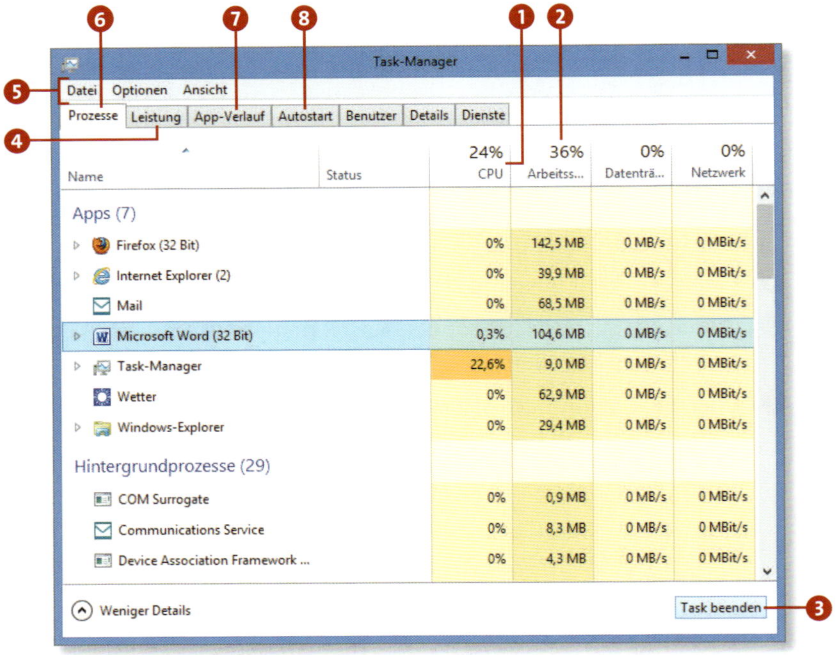

❺ Über die Menüleiste erreichen Sie weitere Einstellungsmöglichkeiten.

❻ Auf dieser Registerkarte finden Sie alle Apps und Prozesse im Überblick.

❼ Der App-Verlauf zeigt u. a. den Datentransfer einzelner Apps an. Siehe dazu auch den Abschnitt »Mit dem App-Verlauf den Überblick behalten« auf Seite 66.

❽ Über dieses Register können Sie unnötige Autostart-Programme deaktivieren. Mehr darüber erfahren Sie im Abschnitt »Wenn der Rechner langsamer wird: Autostart-Programme« auf Seite 317.

Den Computer starten

Den Computer einschalten

Nach dem Einschalten des Rechners wird das System hochgefahren, und Windows präsentiert nach wenigen Augenblicken den Sperrbildschirm. Neben der aktuellen Uhrzeit und dem Datum werden dort, je nach Konfiguration, weitere Informationen angezeigt.

1. Schalten Sie den Computer durch Drücken des Netzschalters ein.
2. Um den Sperrbildschirm ❶ auszublenden, drücken Sie eine beliebige Taste auf Ihrer Tastatur oder klicken mit der Maus auf den Bildschirm. Wenn Sie ein Gerät mit Touchscreen verwenden, führen Sie eine Wischbewegung vom unteren Bildschirmrand nach oben aus.
3. Geben Sie nun Ihre PIN oder Ihr Kennwort ❷ ein, und bestätigen Sie die Eingabe mit [↵] (siehe dazu auch den Abschnitt »Mit einem PIN-Code bei Windows anmelden« auf Seite 209).
4. Für die Anmeldung wird immer das Benutzerkonto des zuletzt am System angemeldeten Benutzers angezeigt. Um sich mit einem anderen Konto anzumelden, klicken Sie auf den kleinen Pfeil neben dem Profilbild ❸. Alle verfügbaren Konten werden angezeigt.
5. Klicken Sie auf das Benutzerkonto, mit dem Sie sich anmelden möchten ❹, und geben Sie das dazugehörige Kennwort ein.

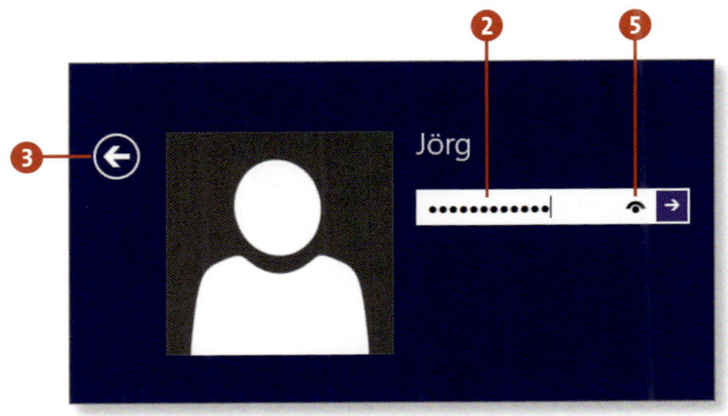

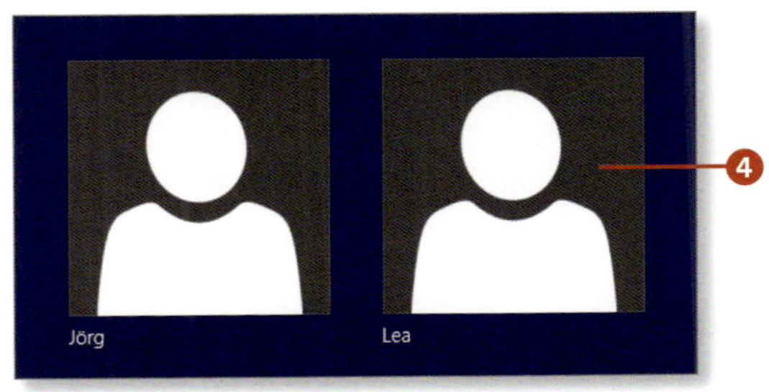

Kennwort im Klartext anzeigen

Klicken Sie bei der Eingabe auf das kleine Symbol mit dem Auge ❺, um das Kennwort im Klartext anzuzeigen. Eine häufige Fehlerquelle bei der Eingabe ist nämlich die versehentlich aktivierte Feststelltaste [⇩] und die damit verbundene Großschreibung. Wenn das der Fall ist, zeigt Windows aber ohnehin eine passende Information unterhalb des Eingabefeldes an. Drücken Sie die Feststelltaste dann einfach noch mal, um die Großschreibung wieder aufzuheben.

Den Computer »aufwecken«

Sie haben Ihren Computer oder Ihren Laptop in den Stand-by-Modus oder in den Ruhezustand versetzt, um Energie zu sparen. Nach der Mittagspause soll es mit der Arbeit weitergehen, d. h., Sie müssen den Computer wieder »aufwecken«.

1. Wenn Sie Ihren Computer in den Ruhezustand versetzt haben, wurde er vollständig heruntergefahren, und Sie starten ihn wie gewohnt, indem Sie den Netzschalter des PCs drücken.
2. Wurde der Rechner in den Stand-by-Modus versetzt, reicht in den meisten Fällen bereits eine Bewegung mit der Maus, um den Rechner »aufzuwecken«. Falls der Rechner nicht auf die Mausbewegung reagiert, drücken Sie eine beliebige Taste auf Ihrer Tastatur.
3. Auch ein Rechner im Stand-by-Modus kann, je nach Konfiguration, durch Drücken des Netzschalters wieder einsatzbereit gemacht werden. Nutzen Sie diese Option, falls der PC nicht auf die Mausbewegung oder den Tastendruck reagiert.

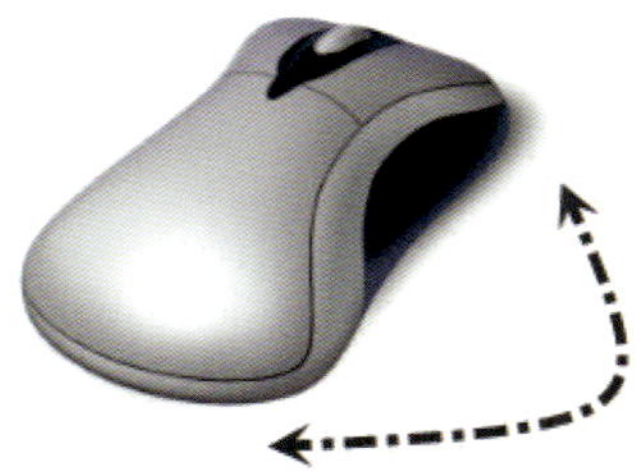

Sichern Sie vor dem Herunterfahren alle Daten!

Windows beendet beim Herunterfahren alle noch geöffneten Anwendungen. Wenn in einer dieser Anwendungen, z. B. in Word, ein noch ungespeichertes Dokument geöffnet ist, wird der Anwender auf diesen Umstand hingewiesen und kann seine Arbeit noch abspeichern. So sollte es zumindest sein. Um möglichen Problemen und Datenverlusten aus dem Weg zu gehen, sollten Sie trotzdem vor dem Herunterfahren alle noch geöffneten Dokumente speichern und alle Programme ordnungsgemäß schließen. Diese Vorgehensweise beschleunigt zudem den Vorgang.

Probleme mit dem Stand-by-Modus

Lässt sich Ihr Computer nicht in den Energiesparmodus versetzen oder nicht mehr reaktivieren? Die Ursachen dafür können vielfältig sein; oft hilft es, die Treiber Ihrer Hardwarekomponenten zu kontrollieren und sie, wenn möglich, zu aktualisieren. Schauen Sie auch auf der Webseite des PC-Herstellers vorbei, denn wenn das Problem bekannt ist, finden Sie in den Bereichen **Service** oder **Support** meist entsprechende Lösungsvorschläge.

Den Computer ausschalten

Den Computer herunterfahren

Schalten Sie den Computer nach getaner Arbeit nicht einfach aus, sondern fahren Sie Windows stets ordnungsgemäß herunter, um Datenverluste oder schwere Systemfehler zu vermeiden. Windows 8.1 lässt sich mit nur zwei Mausklicks beenden.

1. Befinden Sie sich auf dem Desktop, führen Sie zunächst einen Rechtsklick auf die **Start**-Schaltfläche ❶ aus, um das Schnellstartmenü zu öffnen.
2. Zeigen Sie mit der Maus auf den Eintrag **Herunterfahren oder abmelden**, und klicken Sie dann auf **Herunterfahren**.
3. Vom Startbildschirm aus ist das Herunterfahren ungleich komplizierter. Öffnen Sie die Charms-Leiste, indem Sie die Tasten [Win] + [C] drücken, und klicken Sie dann auf den Menüpunkt **Einstellungen**.
4. Klicken Sie nun im unteren Teil der eingeblendeten Leiste auf die Schaltfläche **Ein/Aus** ❷, und wählen Sie **Herunterfahren** aus dem zugehörigen Menü. Alle noch geöffneten Anwendungen werden geschlossen, das System wird heruntergefahren und der Computer ausgeschaltet. Mit **Neu starten** fahren Sie den PC herunter und sofort wieder hoch.

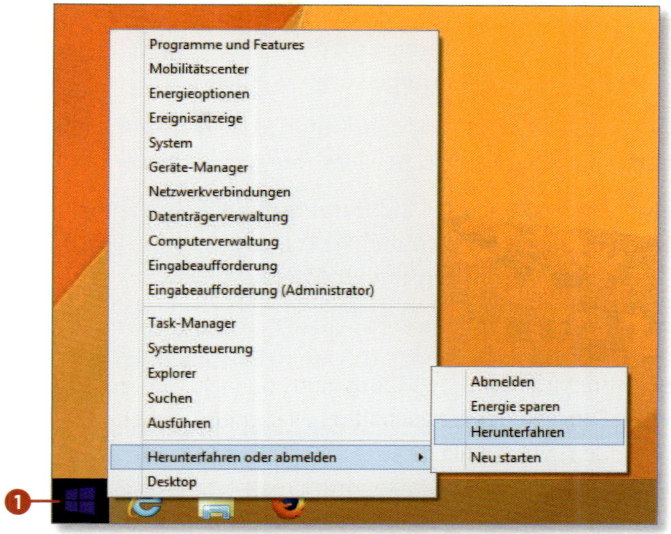

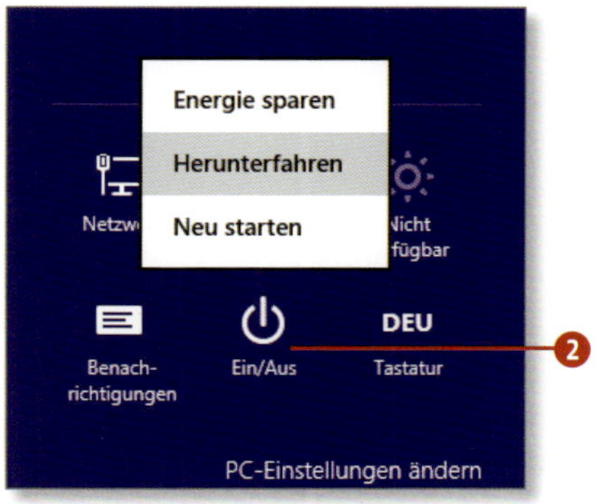

Noch schneller per Tastenkürzel

Auf dem Desktop schließt das Tastenkürzel [Alt] + [F4] das jeweils aktive Programmfenster. Ist kein Programm mehr geöffnet, wird ein Dialogfenster eingeblendet, über das Sie Windows herunterfahren können.

Den Computer in den Energiesparmodus versetzen

Wenn Sie die Arbeit am Computer für einen absehbaren Zeitraum unterbrechen möchten, bietet es sich an, ihn nicht vollständig herunterzufahren, sondern den Rechner in den Stand-by-Modus zu versetzen. In diesem Modus verbraucht der PC nur sehr wenig Strom und kann schnell wieder »aufgeweckt« werden.

1. Klicken Sie auf dem Desktop mit der rechten Maustaste auf die **Start**-Schaltfläche ①, um das Schnellstartmenü zu öffnen.
2. Zeigen Sie mit dem Mauszeiger auf **Herunterfahren oder abmelden**, und wählen Sie dann den Menüpunkt **Energie sparen** aus, um den Computer in den Energiesparmodus zu versetzen.
3. Den Energiesparmodus können Sie aber auch über die Charms-Leiste erreichen. Öffnen Sie hierfür das Menü **Einstellungen** der Charms-Leiste, indem Sie die Tasten [⊞] + [I] drücken, und klicken Sie auf **Ein/Aus** ② und schließlich auf den Menüpunkt **Energie sparen**.

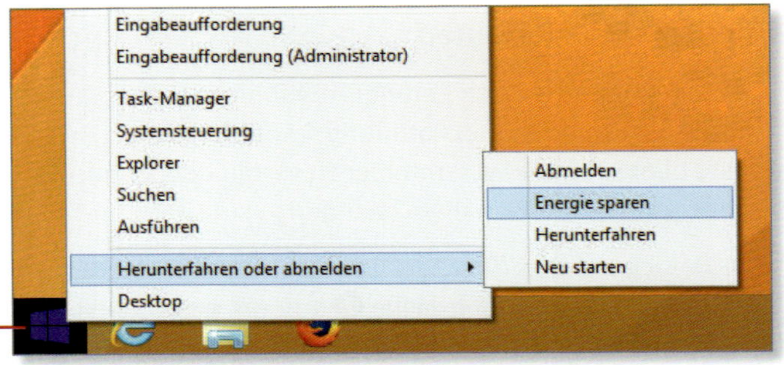

①

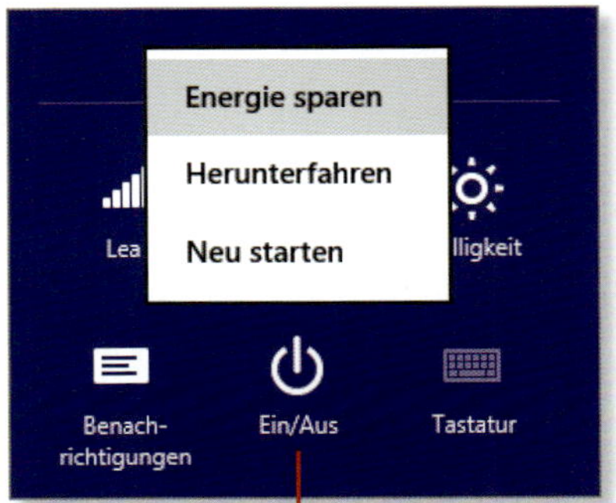

②

Energie sparen und Ruhezustand

Die Option **Energie sparen** bewirkt, dass alle noch geöffneten Programme und Daten im Arbeitsspeicher zwischengespeichert werden. Der Computer wird daraufhin nicht komplett heruntergefahren, sondern nur in einen Stand-by-Modus versetzt. In diesem Zustand wird etwas Energie verbraucht. Das »Aufwecken« geht dafür aber schneller als beim Ruhezustand. Im Ruhezustand werden nämlich beim Beenden alle Programme und Dokumente auf die Festplatte gespeichert, und der PC wird vollständig heruntergefahren und ausgeschaltet. Bei einem Neustart werden die zuletzt gespeicherten Programme und Dokumente wieder geöffnet.

So gehen Sie mit der Maus um

Mausklick, Rechtsklick, Doppelklick

Wenn Sie nicht über einen PC mit Touchscreen-Steuerung verfügen, ist die Maus ein unverzichtbares Hilfsmittel, um vernünftig mit Windows 8.1 arbeiten zu können. Der Umgang mit der Maus erfordert zunächst ein wenig Übung.

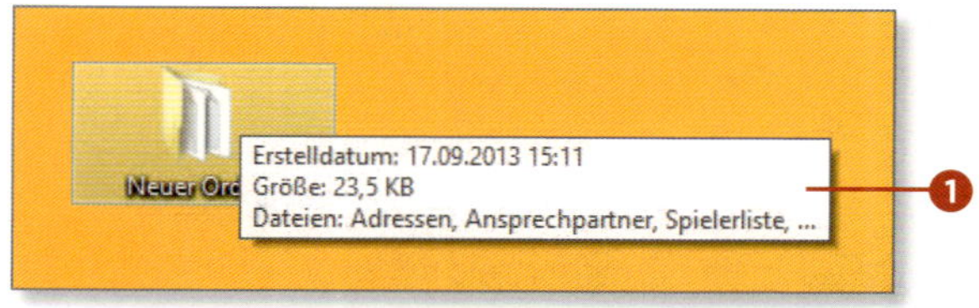

1. Führen Sie den Mauszeiger auf ein Objekt, z. B. ein Symbol auf dem Desktop, ohne einen Mausklick auszuführen, nennt man diesen Vorgang *Zeigen*. Wenn Sie die Maus nicht mehr bewegen, erscheint nach kurzer Zeit ein kleines Informationsfenster, die sogenannte *Infobox* ❶ (oder auch *QuickInfo*).

2. Um in einem Menü einen Eintrag auszuwählen oder eine App auf dem Startbildschirm zu starten, klicken Sie einmal mit der *linken* Maustaste auf das entsprechende Element. Auf die gleiche Weise lassen sich auch Dateien im Explorer *markieren*.
3. Auch ein *Doppelklick* wird mit der linken Maustaste durchgeführt. Klicken Sie zweimal kurz hintereinander z. B. auf ein Programmsymbol auf dem Desktop, um das zugehörige Programm zu starten.
4. Mithilfe eines *Rechtsklicks* öffnen Sie sogenannte *Kontextmenüs* ❷. Wenn Sie z. B. eine Datei im Explorer mit der rechten Maustaste anklicken, öffnet sich ein Menü, aus dem Sie Bearbeitungsoptionen auswählen können, die zu dem angeklickten Objekt passen, z. B. **Kopieren** oder **Löschen**. Innerhalb einer Windows-App öffnen Sie mit einem Rechtsklick die App-Leiste.

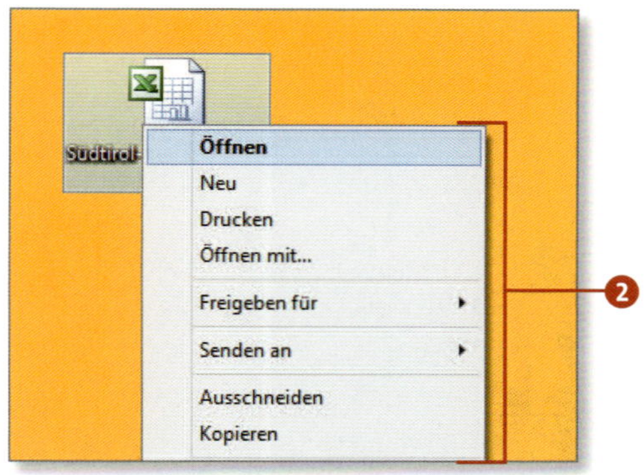

Mausrädchen

Die meisten Computermäuse verfügen über ein kleines Rädchen ❸ zwischen den beiden Tasten. Damit können Sie den Inhalt eines Fensters vertikal bewegen (*scrollen*).

Drag & Drop

Drag & Drop steht für »Ziehen und Ablegen«. Mit dieser Technik verschieben Sie Objekte auf dem Bildschirm. Sie können damit z. B. die Programmsymbole auf dem Desktop neu anordnen, eine Kachel auf dem Startbildschirm verschieben oder auch Dateien in einem neuen Ordner ablegen.

1. Um eine Datei von Ihrem Desktop in einen neuen Ordner zu verschieben, klicken Sie sie zunächst mit der linken Maustaste an, halten die Maustaste gedrückt und ziehen das Objekt mit der Maus an die gewünschte Stelle ❶. (Um es zu kopieren, halten Sie gleichzeitig auch die Strg-Taste gedrückt.) Haben Sie das Ziel erreicht, lassen Sie die Maustaste wieder los und legen damit das Objekt ab.
2. Die Technik funktioniert auch bei Textzeilen oder einzelnen Wörtern. Markieren Sie zunächst den gewünschten Text mit der Maus, indem Sie den Cursor vor den Text setzen, die linke Maustaste gedrückt halten und die Maus über den Text ziehen. Die blaue Hinterlegung zeigt, was bereits markiert wurde ❷.
3. Klicken Sie auf den markierten Text, und ziehen Sie ihn bei weiterhin gedrückter Maustaste an eine andere Position. Sobald Sie die Maustaste loslassen, wird der Text dort eingefügt, wo der Cursor ❸ steht.

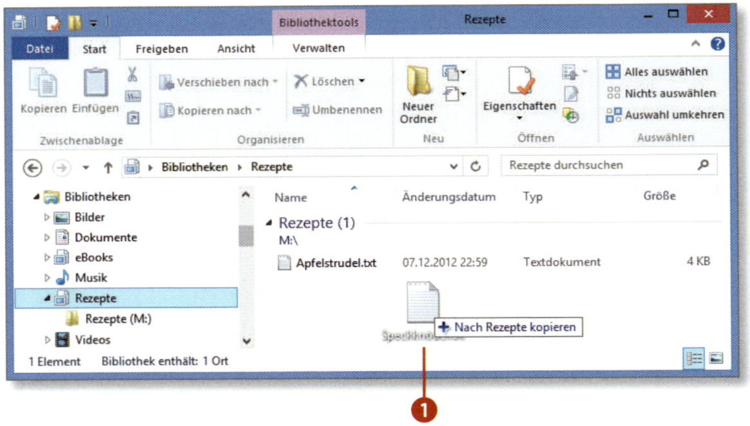

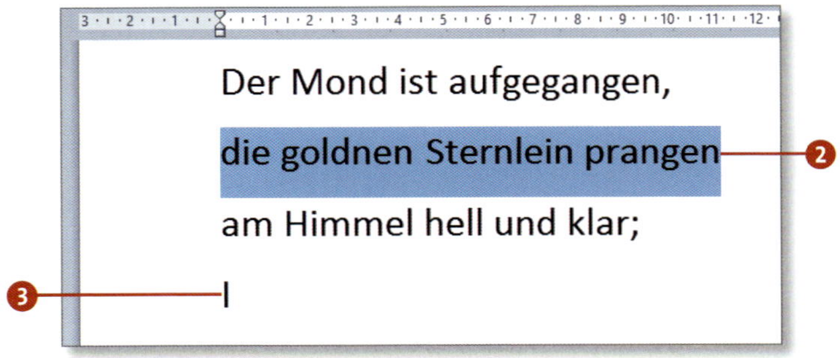

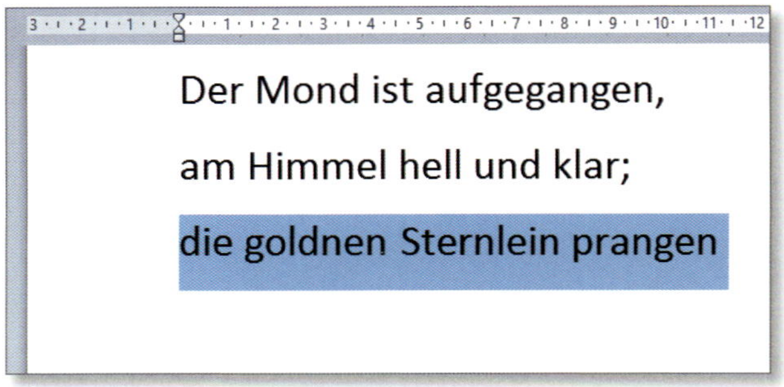

Ziehen und Ablegen mit dem Finger

Die Drag&Drop-Technik können Sie auch auf einem Tablet-PC mit Fingersteuerung verwenden. In diesem Fall tippen Sie zunächst das gewünschte Objekt an, lassen den Finger darauf und verschieben es. Sobald Sie den Finger vom Bildschirm heben, wird das Objekt an Ort und Stelle abgelegt.

Die Mauseinstellungen ändern

Wie schnell sich der Mauszeiger auf Ihrem Bildschirm bewegt, können Sie individuell einstellen. Aber nicht nur das, sogar die Geschwindigkeit des Doppelklicks oder die Reaktion des Mausrades lässt sich nach Ihren Vorlieben verändern.

1. Öffnen Sie die Systemsteuerung, z. B. indem Sie auf dem Desktop die Tasten [Windows] + [I] drücken und anschließend den Menüeintrag **Systemsteuerung** auswählen. Klicken Sie im zugehörigen Dialog auf den Eintrag **Maus**.
2. Mit dem Schieberegler ❶ im Abschnitt **Doppelklickgeschwindigkeit** des Dialogfensters **Eigenschaften von Maus** legen Sie die Zeitspanne fest, in der zwei aufeinanderfolgende Klicks als Doppelklick erkannt werden sollten. Testen Sie Ihre Einstellung durch einen Klick auf das danebenliegende Ordnersymbol ❷, und optimieren Sie sie gegebenenfalls.
3. Wechseln Sie nun zum Register **Zeigeroptionen** ❸. Wie schnell sich die Maus über Ihren Bildschirm bewegen soll, können Sie im Bereich **Bewegung** einstellen. Schieben Sie den Regler ❹ nach rechts, um den Mauszeiger zu beschleunigen, oder nach links, um ihn zu verlangsamen.
4. Schließlich lohnt noch ein Blick auf das Register **Rad** ❺. Hier können Sie definieren, um wie viele Zeilen sich der Fensterinhalt, z. B. einer Webseite, bei Verwendung des Mausrädchens bewegen soll. Durch einen Klick auf die Schaltfläche **OK** unten rechts werden alle Einstellungen übernommen.

Achten Sie auf die richtige Unterlage!

Wenn der Mauszeiger immer mal wieder »hängt« oder springt, kontrollieren Sie die Unterlage, auf der die Maus geführt wird. Glänzende oder einfarbige Unterlagen sind gerade für optische Mäuse nicht so gut geeignet.

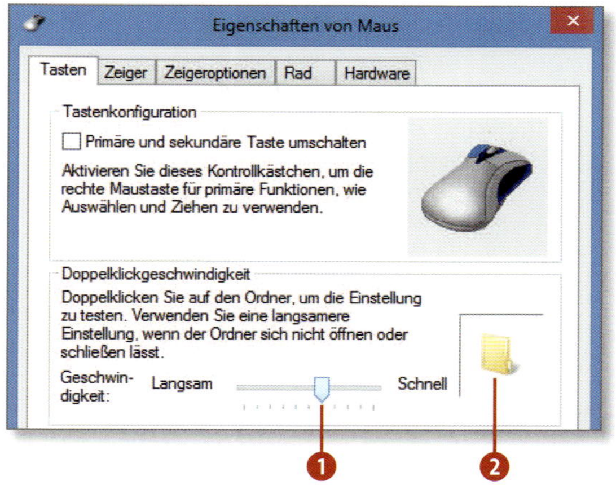

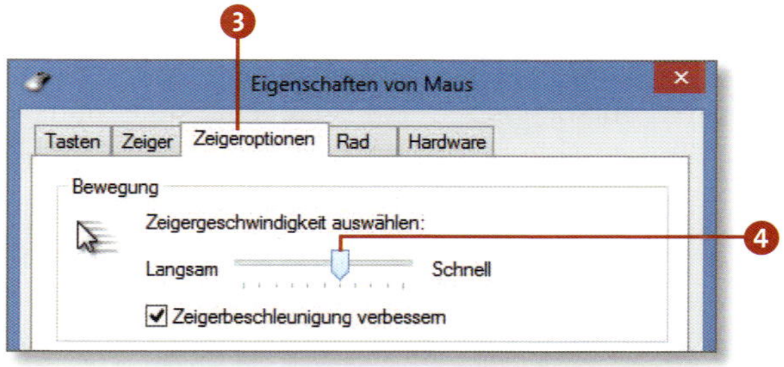

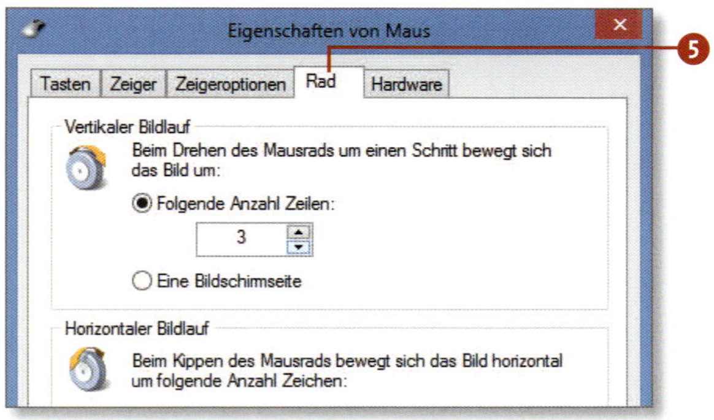

So bedienen Sie die Tastatur

Die Tastatur im Überblick

Neben der Maus ist die Tastatur das wichtigste Eingabegerät. Die grundlegende Bedienung bedarf sicher keiner Erklärung. Ein paar Kniffe und interessante Tasten gibt es dann aber doch.

Links in der untersten Reihe befindet sich, eingebettet zwischen den Tasten Strg und Alt, die *Windows-Taste* ❶. Dieser Taste kommt unter Windows 8.1 eine besondere Rolle zu. Mit ihr wechseln Sie z. B. zwischen dem Startbildschirm und der jeweils zuletzt geöffneten App hin und her. Diese Taste lässt sich aber auch in Kombination mit anderen Tasten verwenden, z. B. führt das gleichzeitige Drücken von ⊞ + I zur Einblendung der Charms-Leiste. ⊞ + L sperrt den Computer, und ⊞ + X blendet auf dem Desktop das Schnellstartmenü ein.

Eine vielfach unbeachtete Taste finden Sie ebenfalls in der untersten Reihe zwischen Alt Gr und Strg: die *Kontextmenü-Taste* ❷. Diese Taste öffnet, abhängig von der aktuellen Position der Schreibmarke (*Cursor*), das jeweilige Kontextmenü. Die Tasten Strg, Alt und Alt Gr ❸ werden stets in Kombination mit anderen Tasten verwendet. Zum Beispiel schließen Sie das aktuell geöffnete Programm mit der Tastenkombination Alt + F4.

Die Tastatureinstellungen ändern

Damit Ihnen die Arbeit leicht von der Hand geht, sollten Sie sich gleich zu Beginn ein wenig Zeit nehmen, um z. B. die Anschlagsverzögerung der Tasten oder die Wiederholrate nach Ihren individuellen Bedürfnissen einzustellen.

1. Öffnen Sie auf dem Desktop das Schnellstartmenü mit ⊞ + X, und wählen Sie den Menüpunkt **Systemsteuerung** aus, um diese aufzurufen. Klicken Sie im nächsten Dialog auf **Tastatur**, um die Einstellungsmöglichkeiten für die Tastatur zu öffnen.
2. Stellen Sie im Abschnitt **Zeichenwiederholung** über den Schieberegler ❶ die gewünschte Verzögerung der Tastaturanschläge ein. Diese Einstellung gibt die Zeitspanne an, die zwischen dem ersten und dem zweiten Zeichen vergeht, wenn Sie eine Taste gedrückt halten.
3. Die **Wiederholrate** ❷ gibt an, wie häufig ein Zeichen ausgegeben wird, wenn Sie eine einzelne Taste länger gedrückt halten. Testen Sie Ihre Einstellung, indem Sie in das Textfeld ❸ klicken und eine beliebige Taste gedrückt halten.
4. Im Abschnitt **Cursorblinkrate** können Sie schließlich die Blinkgeschwindigkeit der Schreibmarke (des Cursors) einstellen. Wenn der Regler ❹ links steht, blinkt die Schreibmarke sehr langsam, rechts sehr schnell. Haben Sie alle Einstellungen vorgenommen, klicken Sie auf **OK**.

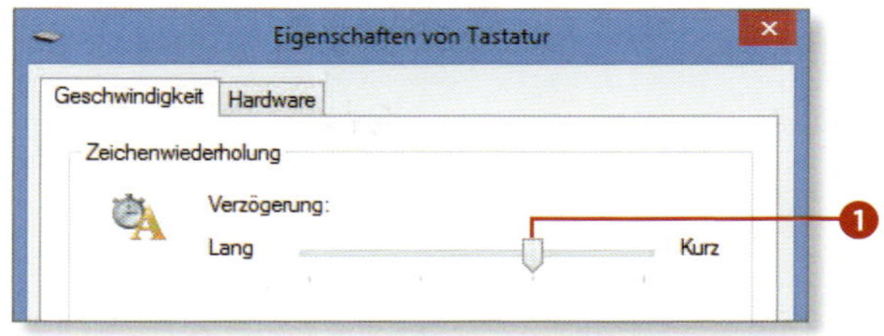

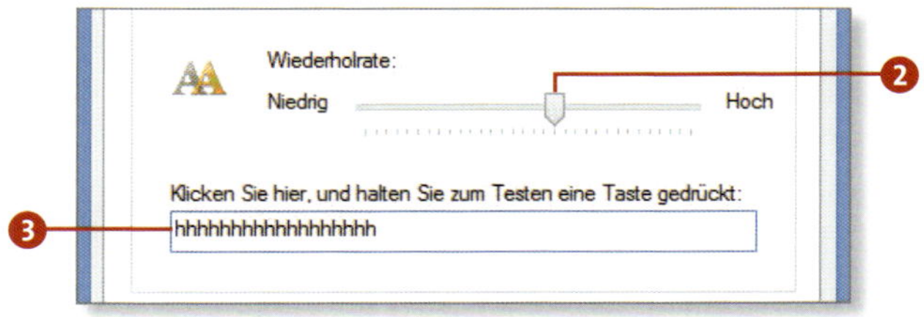

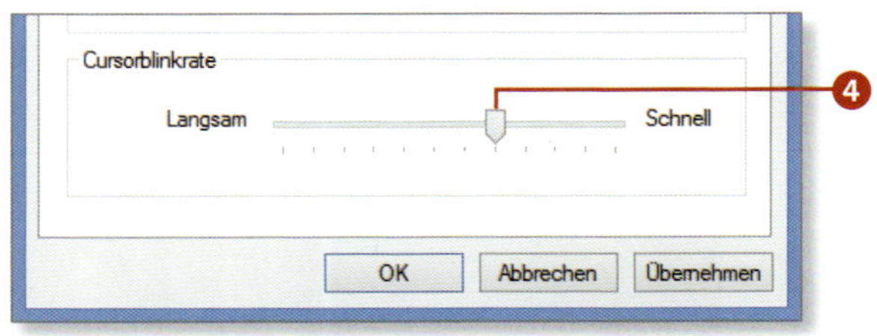

Weitere Einstellungsmöglichkeiten

Verwenden Sie eine Tastatur mit frei belegbaren Funktionstasten? Dann sollten Sie die Software installieren, die mit der Tastatur ausgeliefert wurde. Nur dann lassen sich die zusätzlichen Tasten in vollem Umfang nutzen. Diese Software können Sie auch von der Website des Herstellers herunterladen, falls Sie keine passende Programm-CD zur Hand haben.

Probleme mit Funktastaturen vermeiden

Bei der Verwendung von kabellosen Tastaturen kann es immer mal wieder zu Störungen kommen, z. B. reagiert die Tastatur nicht, oder es werden falsche Zeichen ausgegeben. Der Grund dafür können elektrische Geräte sein, z. B. DECT-Telefone, die in unmittelbarer Nähe zum Funkempfänger stehen. Achten Sie daher auf einen Abstand von mindestens 20 cm zwischen dem Empfänger und anderen Geräten.

Windows 8.1 auf einem Touchscreen bedienen

Wischbewegungen

Auf Tablet-PCs lässt sich Windows 8.1 sehr einfach und intuitiv per Fingersteuerung bedienen. Wenn Sie bereits Erfahrung mit Tablet-PCs haben, werden Sie die meisten Touchgesten bereits kennen, selbst wenn Sie Windows 8.1 vorher nicht genutzt haben, und mit den neuen Gesten sehr schnell zurechtkommen.

Mit einer Wischbewegung vom *rechten* Bildschirmrand nach innen ❶ blenden Sie die Charms-Leiste ein, über die Sie Zugriff auf verschiedene Systemeinstellungen haben oder den Computer herunterfahren können (im Menü **Einstellungen**).

Führen Sie eine Wischbewegung vom *linken* Bildschirmrand aus ❷, schalten Sie zwischen den aktuell geöffneten Apps umher. Sie wischen die App quasi vom Rand auf den Bildschirm.

Die *App-Leiste* blenden Sie mit einer Wischbewegung vom oberen oder vom unteren Bildschirmrand aus ein ❸. Mit genau der gleichen Geste lässt sich die Leiste auch wieder ausblenden. Ob die Geste vom oberen Rand aus klappt, hängt davon ab, ob die betreffende App über eine obere App-Leiste verfügt.

Mit einer vertikalen Wischbewegung auf dem Bildschirm können Sie den Inhalt z. B. einer im Browser angezeigten Webseite nach oben oder unten verschieben. Auf dem Startbildschirm gelangen Sie mit einer horizontalen Wischbewegung ❹ zu den Apps, die auf der rechten Bildschirmseite untergebracht sind. Wie Sie Apps mithilfe von Wischbewegungen bedienen, erfahren Sie im Abschnitt »Apps – Programme in der Kacheloptik« auf Seite 63.

Für die Bedienung des Systems und seiner Elemente gibt es einige weitere Gesten. Wir beschreiben sie im Folgenden:

- Das einfache Antippen eines Objekts entspricht einem normalen Mausklick (Linksklick). Auf dem Startbildschirm können Sie Apps durch einfaches Antippen der Kacheln starten.
- Das doppelte Antippen eines Objekts entspricht dem Doppelklick mit der Maus. Mit dieser Methode lassen sich z. B. Programme auf dem Desktop aufrufen.
- Einige Objekte, z. B. Fotos, lassen sich vergrößern oder verkleinern, indem Sie zwei Finger auf den Bildschirm setzen und sie auseinanderschieben oder zusammenführen (*Zoomen*).
- Um ein Element zu verschieben, tippen Sie es an, halten den Finger darauf und ziehen es an die gewünschte Position. Sobald Sie das Objekt loslassen, wird es an der entsprechenden Stelle abgelegt.
- Um einen Rechtsklick auszuführen, tippen Sie auf das Element und halten den Finger einen Moment darauf, bis ein kleiner Rahmen erscheint. Wenn Sie den Finger vom Bildschirm nehmen, wird das Kontextmenü eingeblendet.
- Ein Objekt können Sie drehen, indem Sie einen Finger aufsetzen und mit einem weiteren Finger einen Halbkreis auf dem Bildschirm ziehen.

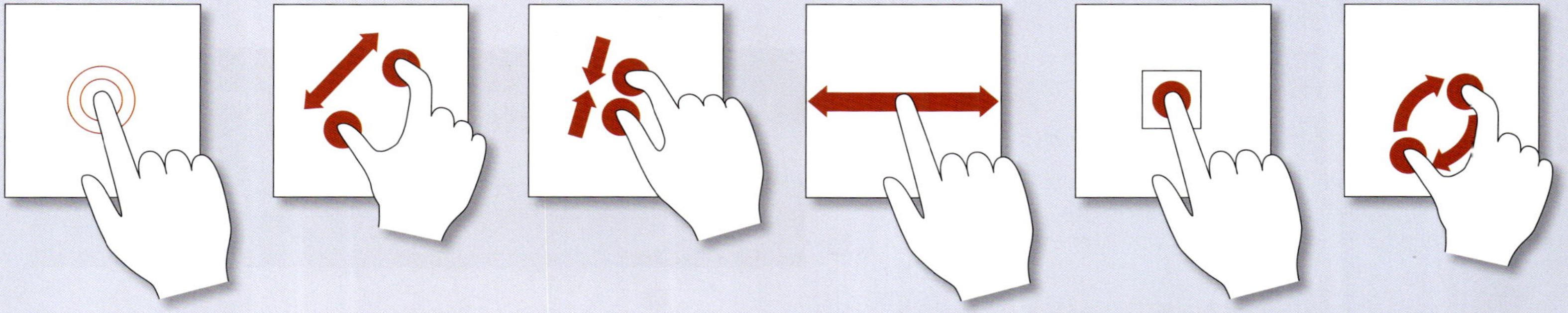

Die Bildschirmtastatur benutzen

Auf einem Tablet-PC können Sie Text über die *Bildschirmtastatur* eingeben. Sie wird automatisch eingeblendet, sobald Sie ein Textfeld anklicken. Auf dem Desktop müssen Sie sie manuell einblenden.

1. Tippen Sie auf das Tastatursymbol auf der Taskleiste ❶, um die Bildschirmtastatur einzublenden. (Sollte das Symbol fehlen, tippen Sie etwas länger auf die Taskleiste, um das Kontextmenü zu öffnen, tippen Sie danach auf **Symbolleisten > Bildschirmtastatur** ❷. Danach wird das Tastatursymbol auf der Taskleiste angezeigt.)
2. Sie können nun Text eingeben. Um einen Buchstaben großzuschreiben, tippen Sie auf den nach oben zeigenden Pfeil ❸ und danach auf den Buchstaben.
3. Um Zahlen und Sonderzeichen eingeben zu können, tippen Sie auf [&123] ❹. Die Tastatur verändert sich, und Sie können Zahlen und Sonderzeichen eintippen ❺. Tippen Sie die Taste [&123] erneut an, um wieder zur normalen Ansicht zu gelangen.
4. Ist Ihnen die Taste mit dem Smiley ❻ schon aufgefallen? Dahinter verbergen sich *Emoticons*, also kleine Bildchen, mit denen Sie z. B. E-Mails und Nachrichten verzieren und Gefühle oder Reaktionen bildlich darstellen können.

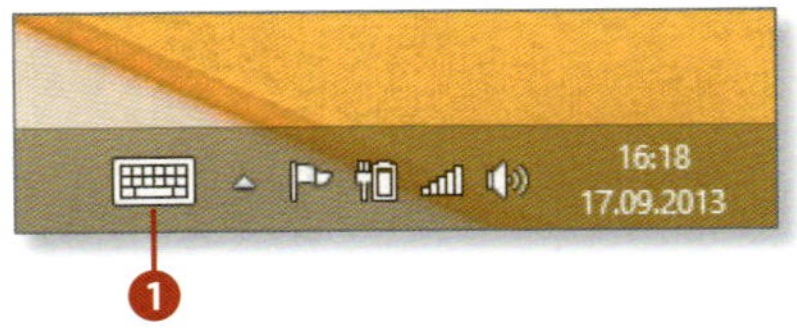

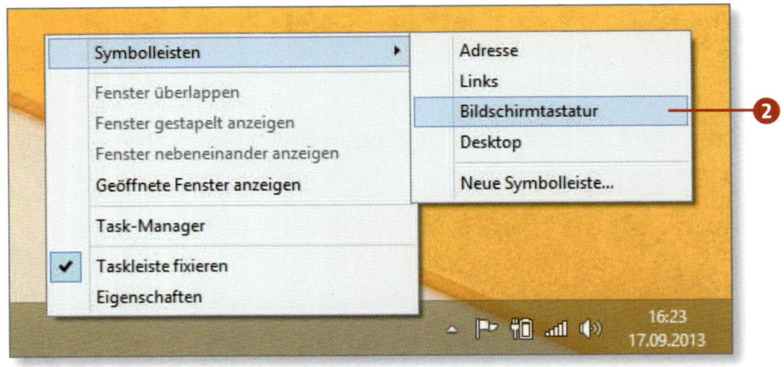

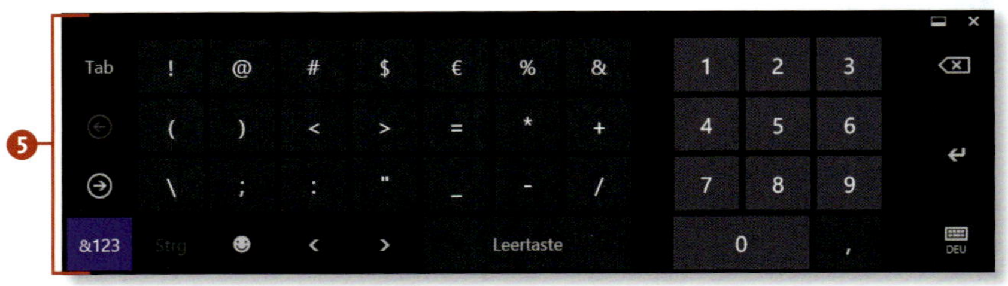

Die Bildschirmtastatur mit der Maus nutzen

Sie haben gar keinen Tablet-PC? Kein Problem, Sie können die Bildschirmtastatur auch auf einem Desktop-PC verwenden und die Tasten mit der Maus anklicken. Das ist natürlich nicht sehr komfortabel, kann aber ganz nützlich sein, falls die normale Tastatur ausfällt und Sie trotzdem schnell eine Arbeit beenden möchten.

5. Wenn Sie Ihren Tablet-PC in beiden Händen halten, ist die Bedienung der Tastatur recht kompliziert. Aus diesem Grund hat Microsoft eine besondere Variante der Tastatur bereitgestellt. Tippen Sie auf der Bildschirmtastatur rechts unten auf das Tastatursymbol (7), um zu den Einstellungen zu gelangen.
6. Tippen Sie auf das zweite Symbol von links (8), um das Layout zu ändern. Die Tasten sind nun so angeordnet, dass Sie sie mit beiden Daumen gut bedienen können (9). Es braucht natürlich ein wenig Übung, klappt aber gut.
7. Das dritte Symbol von links (10) öffnet den Modus zur Stifteingabe. Sie können mit einem speziellen Stift Wörter auf das Display schreiben, die dann von Windows erkannt werden (11).
8. Möchten Sie wieder zum normalen Layout zurückkehren, tippen Sie nochmals das Symbol für die Stifteingabe an und wählen anschließend das erste Symbol der Reihe, ganz links, aus (12).
9. Zusätzlich können Sie zwischen länderspezifischen Tastatur-Layouts umschalten. Tippen Sie dazu erneut auf das Tastatursymbol, und wählen Sie dann die passende Spracheinstellung aus (13).

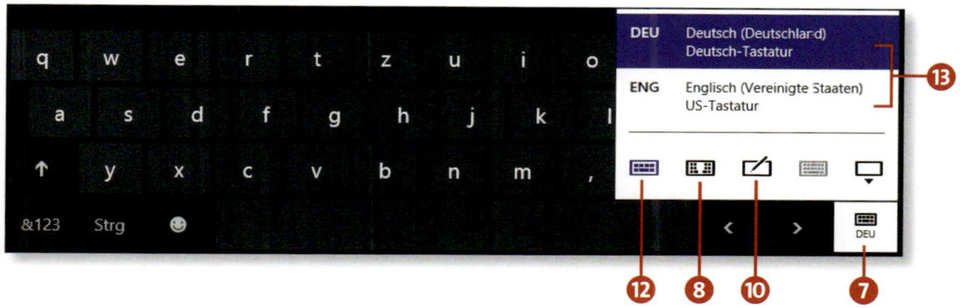

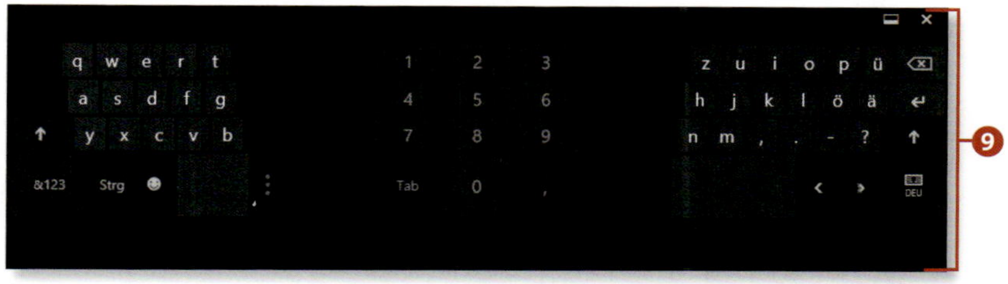

Weitere länderspezifische Layouts zur Auswahl

Über den Menüpunkt **Sprache** in der Systemsteuerung können Sie weitere länderspezifische Tastatur-Layouts hinzufügen. Von A wie Afrikaans bis Z wie Zentralkurdisch stehen Ihnen hier zahlreiche verschiedene Sprachen zur Verfügung.

Hilfe erhalten

Wenn Sie auf der Suche nach einer bestimmten Einstellung oder nach der Lösung für ein Computerproblem sind, finden Sie in der Windows-eigenen Hilfe viele praktische Tipps.

1. Die Windows-Hilfe rufen Sie am schnellsten auf, indem Sie zunächst zum Desktop wechseln und dort die Taste F1 drücken. Alternativ geben Sie auf dem Startbildschirm das Wort »Hilfe« ein und wählen im Anschluss den Menüpunkt **Hilfe und Support** ❶ aus den Suchergebnissen aus.
2. Geben Sie nun einen Suchbegriff ein, und starten Sie die Abfrage mit einem Klick auf die Lupe ❷. Sie können auch einen vorgegebenen Themenbereich anklicken, z. B. **Internet und Netzwerke** ❸, um thematisch passende Hilfestellungen zu erhalten.
3. Bei der Suche sollten Sie die Onlinehilfe einbeziehen, um die Anzahl der Hilfe-Artikel deutlich zu erhöhen. Klicken Sie links unten im Programmfenster auf **Onlinehilfe** ❹, und wählen Sie die Option **Onlinehilfe beziehen** aus dem Menü.
4. Wenn Sie im Suchmenü auf **Hilfe + Tipps** ❺ klicken, erhalten Sie Hilfestellungen zur grundlegenden Bedienung von Windows 8.1, und unter der Adresse *http://www.microsoft.com/germany/community/uebersicht.aspx* erreichen Sie den *Microsoft Community Guide* , der zahlreiche Seiten zu den Themen Windows und Office umfasst. Mit dabei ist auch mein Hilfe-Forum, das Sie auch unter *http://www.paules-pc-forum.de* erreichen.

Fernwartung

Im Abschnitt »Fernsteuerung und Fernwartung: Remotezugriff mit Windows 8.1« auf Seite 288 lesen Sie, wie Sie Ihren Rechner für den Remotezugriff vorbereiten können, um PC-Hilfe für einen Bekannten zu leisten oder selbst Hilfe in Anspruch zu nehmen.

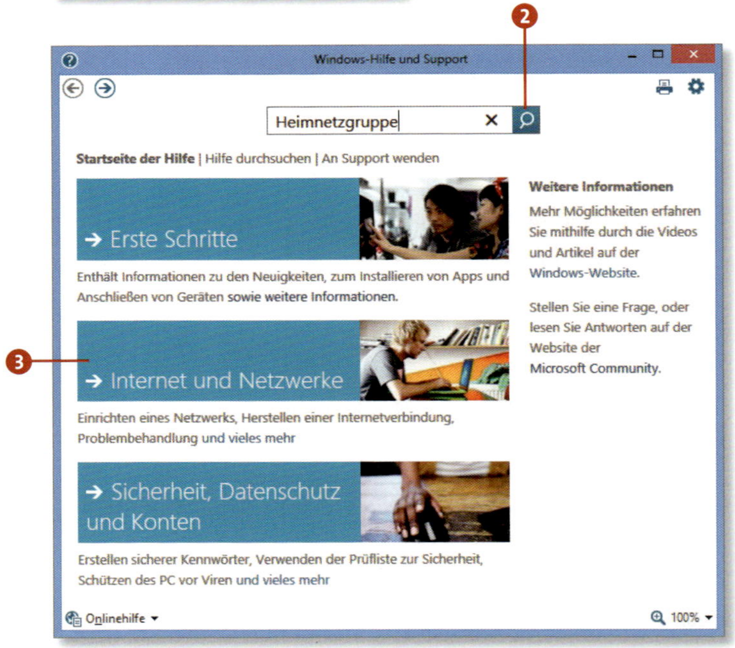

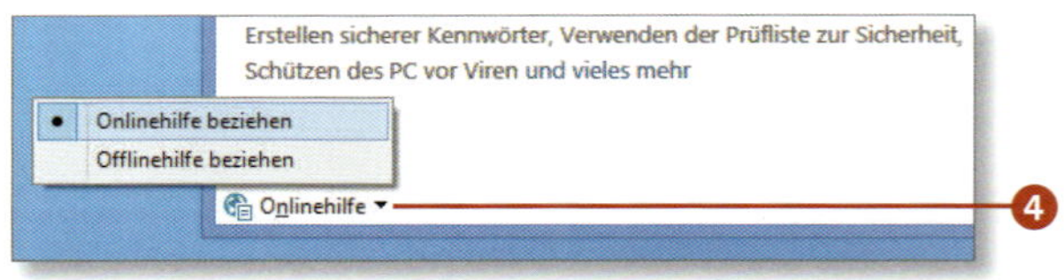

Die Systemsteuerung

Ob Sie nun ein Programm deinstallieren, einen neuen Drucker hinzufügen oder eine Heimnetzgruppe erstellen möchten, all das findet seinen Anfang in der Systemsteuerung. Auch wenn das altbekannte Startmenü fehlt, ist die Systemsteuerung einfach zu erreichen.

1. Wechseln Sie zum Desktop, öffnen Sie die Charms-Leiste, und klicken Sie darin auf den Menüpunkt **Einstellungen**. Noch schneller geht es mit den Tasten ⊞ + I, diese Kombination öffnet direkt das Menü **Einstellungen** der Charms-Leiste.
2. Klicken Sie darin auf den Eintrag **Systemsteuerung** 1, um diese zu öffnen. Ein alternativer Weg zur Systemsteuerung führt über das Schnellstartmenü. Öffnen Sie dieses mit den Tasten ⊞ + X, und klicken Sie danach auf den Eintrag **Systemsteuerung** 2.

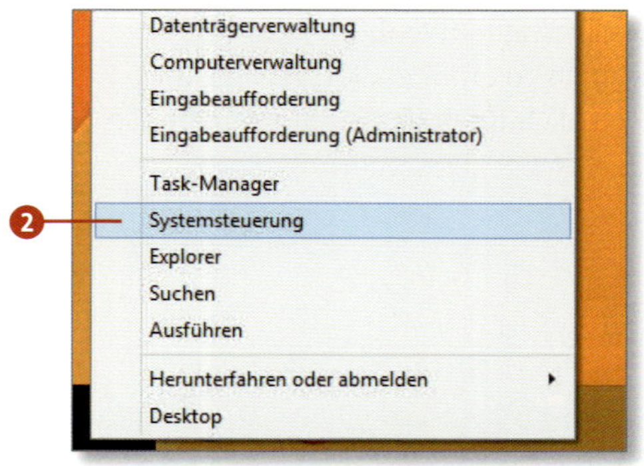

3. In der Systemsteuerung angekommen, sollten Sie zunächst die Ansicht vergrößern. Viele Einstellungen sind so einfacher zu finden, und für alle Screenshots im Buch haben wir auf diese Darstellung zurückgegriffen. Klicken Sie dazu auf den Menüpunkt **Kategorie** 3, und wählen Sie die Option **Große Symbole** aus. Nun können Sie gut in der Systemsteuerung arbeiten, um z. B. das Hintergrundbild Ihres Desktops zu ändern, wie im Abschnitt »Den Desktop einrichten« auf Seite 223 beschrieben.

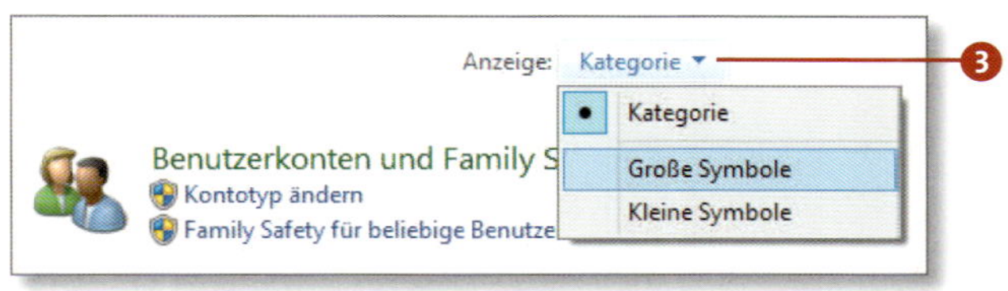

Systemsteuerung an die Taskleiste heften

Legen Sie die Systemsteuerung auf der Taskleiste ab, um sie schneller und bequemer starten zu können. Siehe dazu auch den Abschnitt »Programme an die Taskleiste heften« auf Seite 82.

3 Programme und Apps

Microsoft hat für Windows 8 bzw. Windows 8.1 sogenannte *Windows-Apps* eingeführt. Das sind kleine Programme, die für den Einsatz auf mobilen Rechnern und damit für die Bedienung mittels Fingersteuerung optimiert sind. Neu ist diese Erfindung nicht, iPhone-Besitzer (Betriebssystem iOS) oder Besitzer eines Smartphones mit dem Betriebssystem Android kennen diese Art Programme schon länger. Genau wie bei Apples iOS und Googles Android werden Apps unter Windows über einen Store bezogen (engl. für *Geschäft* oder *Laden*). Unter Windows ist dies der Windows Store.

Herkömmliche Programme haben aber keineswegs ausgedient, sondern können weiterhin verwendet werden. Während Apps über den Startbildschirm aufgerufen werden, werden klassische Programme auf dem Desktop ausgeführt, weshalb sie nun die genauere Bezeichnung *Desktop-Programme* erhalten haben.

In diesem Kapitel erfahren Sie, wie Sie Programme und Apps installieren, ausführen und sauber wieder deinstallieren können, ohne unnötigen Datenmüll zu hinterlassen. Sie lernen, Apps aus dem Windows Store zu beziehen, Desktop-Anwendungen auch vom Startbildschirm aus aufzurufen und Apps wieder zu schließen.

In diesem Kapitel

- Hier finden und starten Sie Programme und Apps
- Apps – Programme in der Kacheloptik
- Der Windows Store – Markplatz für neue Apps
- Programme in der Desktop-Ansicht
- Programme beenden
- Programme entfernen
- Ein Programm von DVD installieren
- Die Kontakte-App mit Facebook verbinden
- Informationen mit Freunden teilen
- Einstellungen und Dateien suchen

Hier finden und starten Sie Programme und Apps

Sowohl die neuen Windows-Apps als auch die herkömmlichen Desktop-Programme können Sie über den Startbildschirm aufrufen. Bereits an der Darstellung der Kacheln können Sie erkennen, ob sich dahinter eine App oder ein Desktop-Programm verbirgt. Bei Apps sehen Sie auf der Kachel meist ein einfaches Piktogramm, z. B. einen Briefumschlag für die *Mail*-App, und links unten die App-Bezeichnung. Auf den Kacheln der Desktop-Anwendungen ist anstelle eines Piktogramms das meist mehrfarbige Programmsymbol der jeweiligen Anwendung zu erkennen. Um eine App oder ein Programm zu starten, klicken Sie einfach auf die zugehörige Kachel.

1. Wie Sie die *Mail*-App einrichten und Ihre Mails optimal verwalten können, erfahren Sie in Kapitel 6, »E-Mails, Adressen und Termine im Griff«.
2. Über den Windows Store können Sie neue Apps beziehen (siehe dazu den Abschnitt »Der Windows Store – Markplatz für neue Apps« auf Seite 74).
3. Einige Kacheln, z. B. die der *Wetter*-App, können zusätzliche Informationen anzeigen. Es handelt sich dabei um sogenannte *Live-Kacheln* (siehe den Abschnitt »Kacheln zu Live-Kacheln machen« auf Seite 216).
4. Desktop-Programme wie den Browser Firefox von Mozilla können Sie über die Kachel, aber auch auf dem Desktop selbst starten (siehe dazu den Abschnitt »Eine Anwendung suchen und starten« auf Seite 80.)
5. Die Anordnung der Kacheln können Sie individuell vornehmen. Wie das geht, erfahren Sie im Abschnitt »Die Position der Kacheln anpassen« auf Seite 214.

Apps – Programme in der Kacheloptik

Eine App starten

Eine Windows-App wird stets in Form einer Kachel auf dem Startbildschirm dargestellt und auch von dort aufgerufen.

1. Zum Öffnen einer Windows-App wechseln Sie zunächst mithilfe der ⊞-Taste zum Startbildschirm.
2. Auf der linken Seite sehen Sie alle vorinstallierten Apps. Wenn Sie eine App starten möchten, die Sie nachträglich hinzugefügt haben, finden Sie die dazugehörige Kachel am rechten Rand des Startbildschirms ❶. Verwenden Sie gegebenenfalls die Bildlaufleiste, um den Bildschirminhalt nach rechts zu verschieben.
3. Haben Sie die gewünschte App gefunden, z. B. den Kalender, starten Sie diese mit einem einfachen Klick auf die entsprechende Kachel ❷. Die App wird daraufhin im Vollbildmodus ausgeführt.

❶

❷

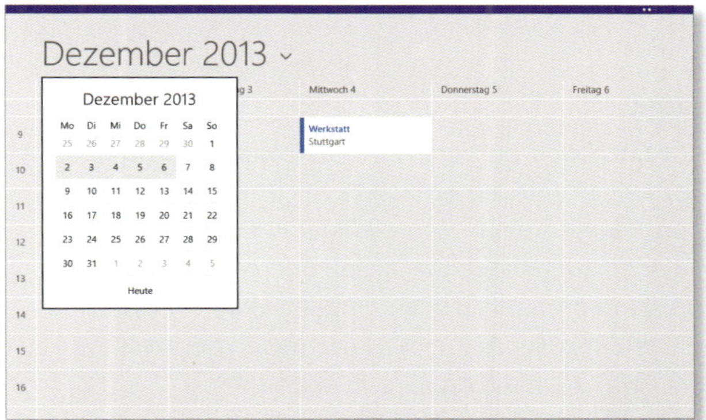

Programm oder App – wo liegt der Unterschied?

Die Bezeichnung *App* ist die Kurzform des englischen Begriffs *Application Software*, zu Deutsch *Anwendungsprogramm*. Streng genommen, ist jedes Programm eine App, man unterscheidet unter Windows 8 und Windows 8.1 aber sogenannte *Windows-Apps* von den klassischen Desktop-Anwendungen. Apps werden über den integrierten Windows Store bezogen, als Kacheln auf dem Startbildschirm angezeigt und stets im Vollbildmodus ausgeführt. Sie sind speziell für den Einsatz auf mobilen Computern ausgelegt, verbrauchen weit weniger Systemressourcen als vergleichbare Desktop-Anwendungen, sind in ihrem Funktionsumfang aber herkömmlichen Programmen unterlegen.

Apps suchen

Im Laufe der Zeit werden Sie viele Programme und Apps installieren und ab und zu auch wieder deinstallieren. Apps, die nicht so häufig verwendet werden, geraten zunehmend in Vergessenheit. Wie findet man eine App wieder, wenn man den Überblick verloren hat?

1. Wenn Sie die App auf dem Startbildschirm nicht finden können, kann es sein, dass sie zwar installiert ist, ihre Kachel aber entweder noch nicht an den Startbildschirm angeheftet oder wieder davon gelöst wurde. Damit ist die App zunächst nicht sichtbar. Um sie zu finden, bewegen Sie den Mauszeiger, wodurch links unten auf dem Bildschirm eine kleine Schaltfläche mit einem nach unten zeigenden Pfeil 1 eingeblendet wird. Klicken Sie auf diese unscheinbare Schaltfläche.
2. Nun werden alle Anwendungen angezeigt, die auf dem System installiert sind (standardmäßig nach Namen sortiert). Klicken Sie einfach auf eine App, um sie zu starten.
3. Noch einfacher geht es, wenn Sie den Namen der App kennen. Geben Sie ihn einfach auf dem Startbildschirm ein 2, dann wird eine Liste mit passenden Ergebnissen angezeigt, aus der heraus Sie die App mit einem Klick öffnen können. Meist reicht es schon, wenn Sie einen Teil des Namens eintippen.

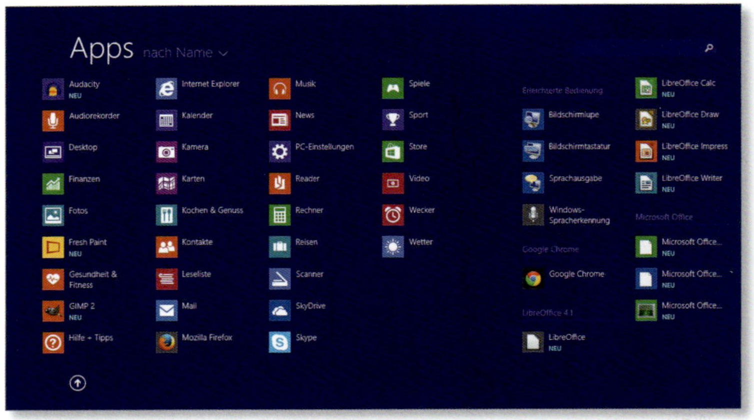

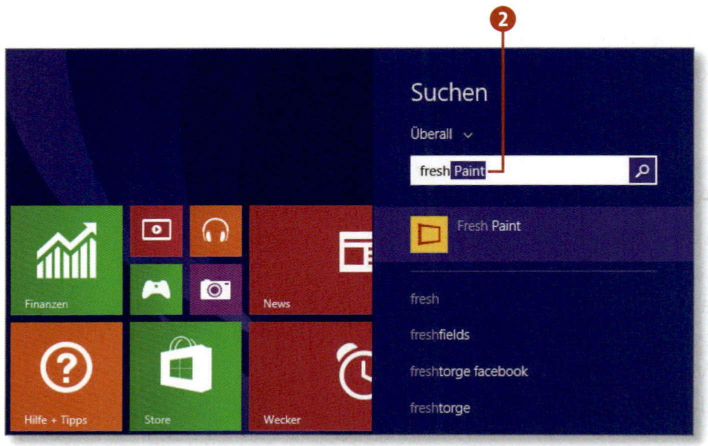

Schnelle Suche

Wenn Sie die Suchfunktion zum Auffinden einer App nutzen, müssen Sie nicht einmal die genaue Bezeichnung der Anwendung kennen. Geben Sie nur einen Teil der Bezeichnung ein, werden alle Apps aufgelistet, die diesen Buchstaben oder dieses Wort im Namen tragen. Bei der Eingabe »Paint« finden Sie, um bei unserem Beispiel zu bleiben, also neben der Desktop-Anwendung *Paint* auch die App *Fresh Paint*.

4. Sie haben die gesuchte App noch immer nicht gefunden? Als letzte Option bleibt Ihnen die Suche in der Liste der nicht installierten Apps, denn Apps, die Sie irgendwann einmal erworben, aber zwischenzeitlich wieder deinstalliert haben, werden in den vorher genannten Listen nicht aufgeführt. Öffnen Sie den Windows Store mit einem Klick auf die Kachel **Store** auf dem Startbildschirm.

5. Im Store angekommen, führen Sie einen Rechtsklick aus, um die App-Leiste einzublenden. Auf Tablet-PCs genügt eine Wischbewegung vom oberen Bildschirmrand aus.

6. Klicken Sie in der Leiste oben auf den Menüpunkt **Ihre Apps** ❸.

7. Im zugehörigen Menü ist die Option **Auf diesem PC nicht installierte Apps** ❹ voreingestellt. Ihnen werden darunter also alle Apps angezeigt, die Sie einmal erworben haben, die aber nicht (mehr) auf dem Computer installiert sind. Über die Schaltfläche **Nach Datum sortieren** ❺ können Sie die Liste gegebenenfalls filtern.

8. Um die App wieder nutzen zu können, muss sie neu installiert werden. Klicken Sie sie mit der rechten Maustaste an, und wählen Sie im Anschluss am unteren Bildschirmrand den Befehl **Installieren** ❻. Nach der Installation steht die App wieder als Kachel auf der Übersichtsseite aller Apps zur Verfügung und Sie können sie wieder an den Startbildschirm anheften.

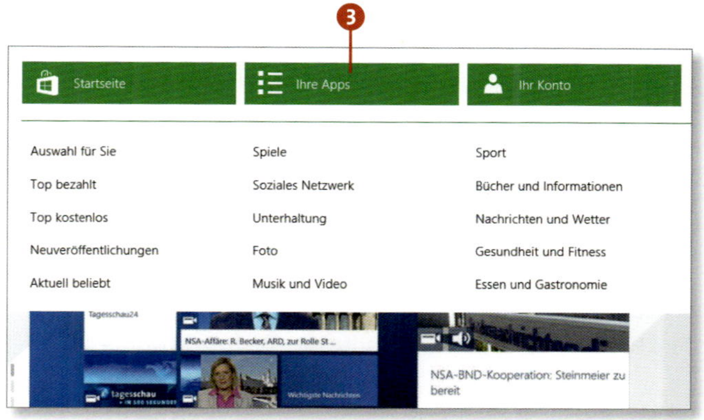

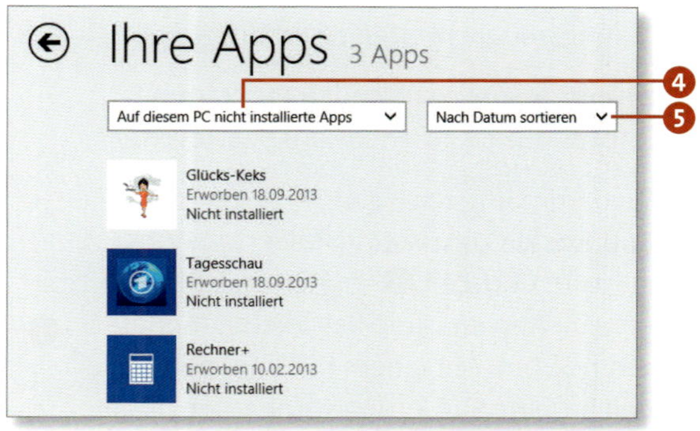

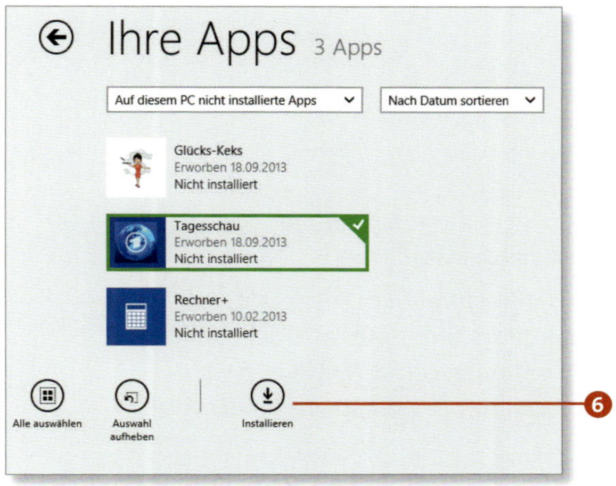

Alle Ihre Apps

Wenn Sie sich über den Windows Store alle Apps anzeigen lassen, finden Sie in der Auflistung auch solche Apps, die Sie auf einen anderen als den gerade verwendeten Computer geladen haben. Hier werden alle Apps angezeigt, die über das Microsoft-Konto erworben wurden, mit dem Sie gerade an Ihrem Rechner angemeldet sind.

Mit dem App-Verlauf den Überblick behalten

Welche Apps sind auf Ihrem Rechner installiert, wie häufig werden sie verwendet, und wie hoch ist der Datentransfer einer einzelnen App? Mit dem App-Verlauf behalten Sie jederzeit den Überblick und können datenhungrige Apps bei Bedarf deaktivieren.

1. Um den App-Verlauf aufzurufen, wechseln Sie zunächst zum Desktop und rufen dort mithilfe der Tastenkombination [Strg] + [⇧] + [Esc] den Task-Manager auf.
2. Klicken Sie links unten auf den Befehl **Mehr Details** ❶, um weitere Einstellungsmöglichkeiten zu erhalten.
3. Der Task-Manager zeigt nun alle laufenden Programme und Hintergrundprozesse an. Klicken Sie auf das Register **App-Verlauf** ❷, um es zu öffnen.
4. Hier werden alle auf Ihrem Computer installierten Apps aufgelistet. In der Spalte **CPU-Zeit** ❸ können Sie ablesen, wie viel Rechenzeit jede App im Laufe des letzten Monats in Anspruch genommen hat. Mit einem Klick auf den Spaltenkopf können Sie eine Sortierung vornehmen: Nach einem Klick stehen die am intensivsten verwendeten Apps oben.

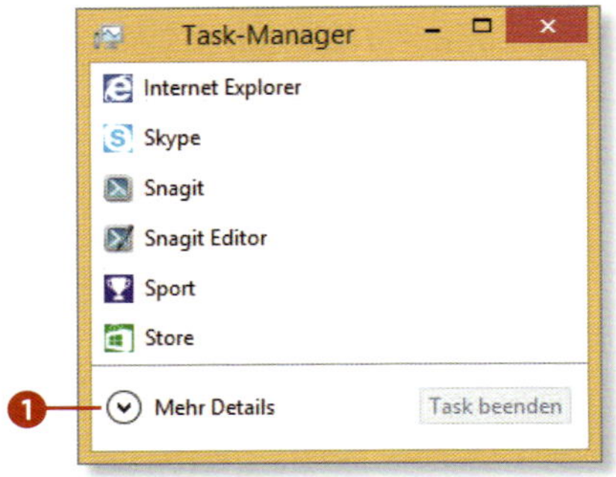

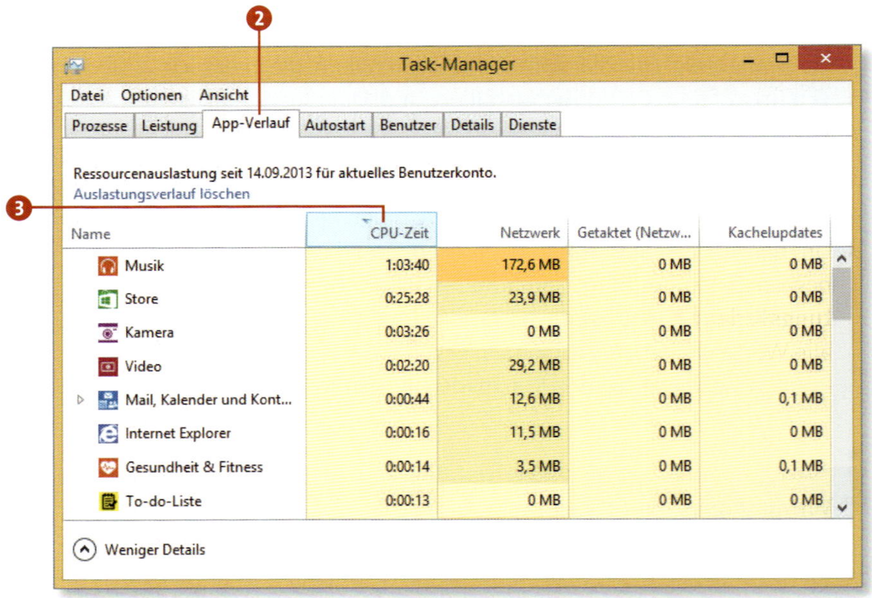

Nicht benötigte Apps deinstallieren

Schaffen Sie wieder Platz auf Ihrer Festplatte, indem Sie immer mal wieder nicht benötigte Apps deinstallieren. Wie Sie eine App ordnungsgemäß entfernen können, erfahren Sie im Abschnitt »Eine App wieder deinstallieren« auf Seite 79.

5. Der Task-Manager zeigt in der Spalte **Getaktet (Netzwerk)** ❹ an, wie viele Daten über eine getaktete Verbindung Ihres Internetanbieters übertragen wurden. Abhängig von Ihrem Internettarif können diese Daten zusätzliche Gebühren verursachen. Auch hier haben Sie die Möglichkeit, sich die Daten sortiert anzeigen zu lassen. Klicken Sie dafür auf den Spaltenkopf. Ganz oben werden daraufhin die Apps angezeigt, die bisher am meisten Datenverkehr verursacht haben.

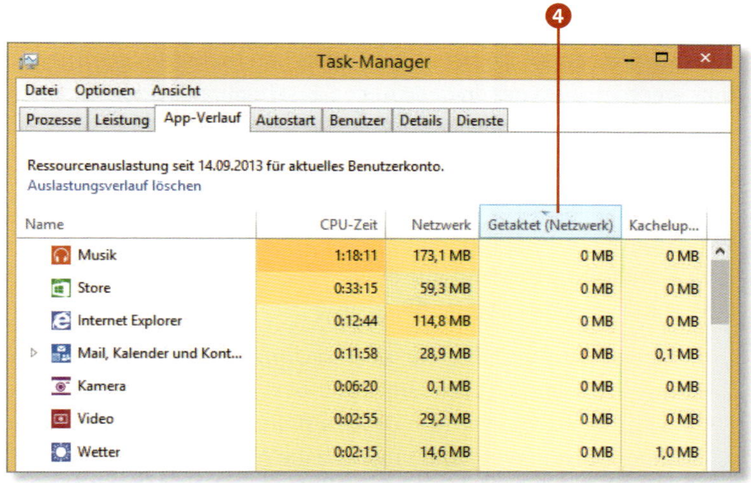

6. Darüber hinaus können Sie sich die Upload- und Download-Werte zu jeder App anzeigen lassen. Um herauszufinden, wie viele Daten jede App heruntergeladen hat, klicken Sie mit der rechten Maustaste auf einen beliebigen Spaltenkopf, z. B. auf **CPU-Zeit**, und wählen aus dem Kontextmenü die Option **Downloads** ❺ aus.

7. Wiederholen Sie den Vorgang, und wählen Sie beim zweiten Mal die Option **Uploads** ❻, um auch diese Werte zu hochgeladenen Daten einsehen zu können.

8. Um alle Werte zu löschen und wieder neu mit der Zählung zu beginnen, klicken Sie auf den etwas unscheinbaren Link **Auslastungsverlauf löschen** ❼. Ohne weitere Rückfragen werden nun alle Werte wieder auf null gesetzt.

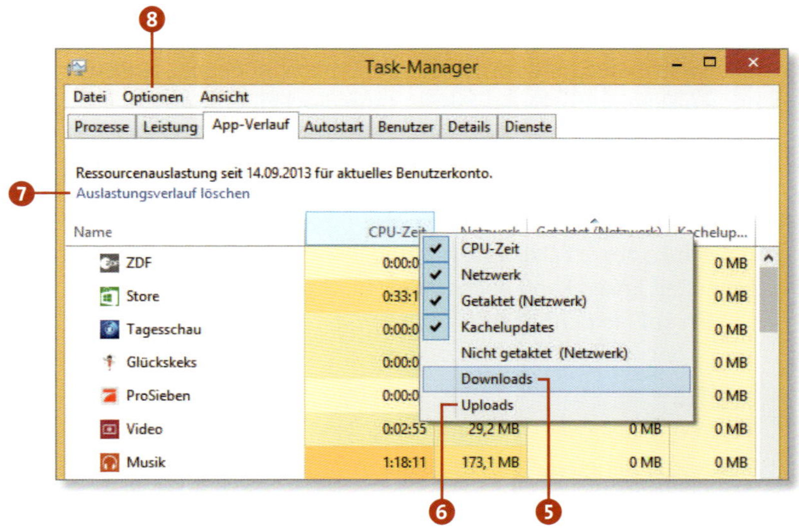

> **Verlauf für alle Prozesse anzeigen**
>
> Standardmäßig werden im App-Verlauf nur Apps angezeigt. Wenn Sie auch wissen möchten, wie viel Rechenzeit und Datenverkehr Ihre Desktop-Anwendungen verbraucht haben, klicken Sie im Menü **Optionen** ❽ auf den Eintrag **Verlauf für alle Prozesse anzeigen**. Mit dabei sind dann allerdings auch Hintergrund- und Windows-Prozesse.

Zwischen Apps wechseln

Manchmal möchten Sie sicher auch zwischen mehreren geöffneten Apps wechseln, um neben der Arbeit z. B. schnell mal einen Blick auf die Bundesliga-Halbzeitstände zu werfen.

1. Um sich anzeigen zu lassen, welche Apps gerade geöffnet sind, drücken Sie die [⊞]-Taste, halten sie gedrückt und drücken dann die [⇆]-Taste. Im linken Bereich des Bildschirms wird daraufhin eine Leiste eingeblendet, die Ihnen alle geöffneten Apps als Miniaturvorschau anzeigt ❶.
2. Die oberste App ist mit einer weißen Umrandung markiert. Wenn Sie die [⊞]-Taste weiterhin gedrückt halten, wird die Markierung mit jedem erneuten Druck auf die [⇆]-Taste um eine Position weiterbewegt ❷. Haben Sie die App erreicht, zu der Sie wechseln möchten, lassen Sie die [⊞]-Taste wieder los. Die App wird daraufhin aufgerufen.
3. Verwenden Sie ein Gerät mit Touchscreen-Steuerung, führen Sie eine Wischbewegung vom linken Rand nach innen aus, jedoch nur ein kleines Stück, und führen dann den Finger sogleich wieder nach links zum Bildschirmrand zurück. Tippen Sie die gewünschte App einfach in der Leiste an, um zu ihr zu wechseln.
4. Mit der Maus öffnen Sie diese Leiste, indem Sie den Mauszeiger in die linke obere Ecke bewegen und ihn anschließend am äußersten linken Rand nach unten führen. Dann klicken Sie einfach auf die richtige App.

Apps im Ruhezustand

Sie können beliebig viele Windows-Apps öffnen. Apps, die gerade nicht benötigt werden und im Hintergrund auf ihren Einsatz warten, werden von Windows in eine Art Ruhezustand versetzt. Dadurch werden nur minimale Ressourcen benötigt, die die Leistung des Systems nicht beeinträchtigen.

❶
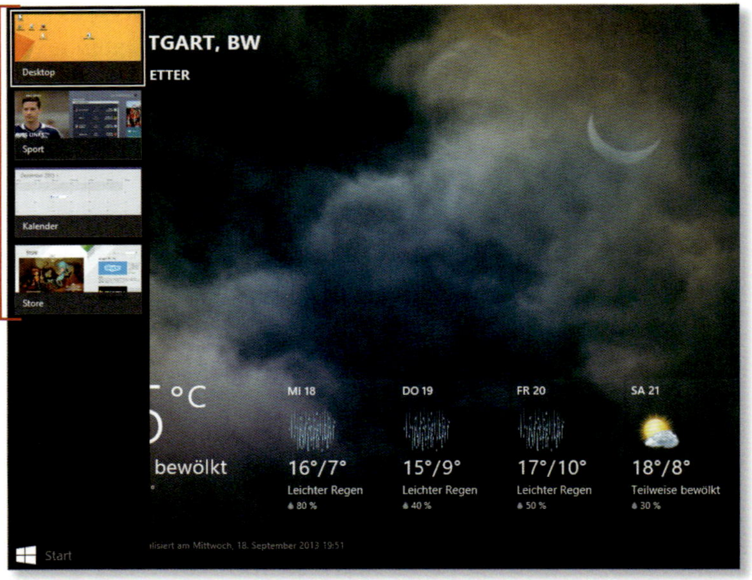

❷
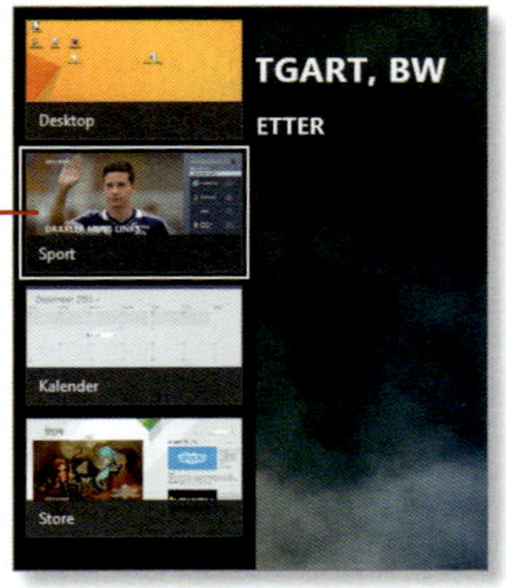

5. Eine weitere Variante ist diese: Drücken Sie zunächst die [Alt]-Taste, halten Sie sie gedrückt, und drücken Sie dann die [Tab]-Taste. Mitten auf dem Bildschirm öffnet sich ein Bereich ❸, der Ihnen alle geöffneten Apps anzeigt. Der Unterschied zur vorherigen Variante ist, dass Ihnen nicht nur alle Apps, sondern auch die Fenster aller geöffneten Desktop-Anwendungen sowie der Desktop selbst angezeigt werden.

6. Um zwischen den einzelnen Vorschaufenstern zu wechseln, halten Sie die [Alt]-Taste weiterhin gedrückt und springen durch Drücken der [Tab]-Taste durch die Programme. Das jeweils markierte Fenster ❹ wird sofort im Hintergrund geöffnet. Lassen Sie die [Alt]-Taste wieder los, wenn Sie bei der gewünschten App angelangt wird.

7. Und schließlich gibt es noch eine dritte Möglichkeit. Mithilfe der [Win]-Taste können Sie schnell zwischen dem Startbildschirm und der jeweils zuletzt geöffneten App hin und her schalten.

❸
❹
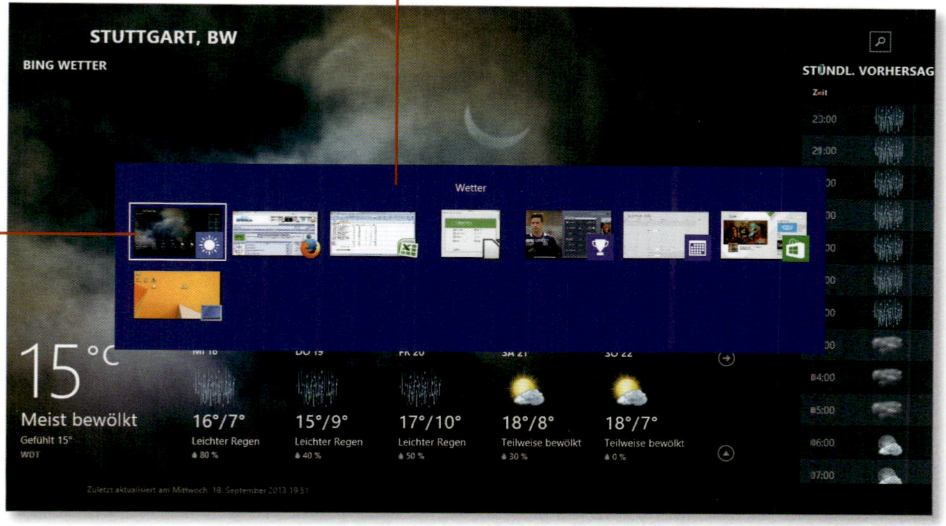

Tastenkombinationen

Gerade beim Wechsel zwischen geöffneten Apps wird deutlich, dass die Maus nicht immer das geeignete Eingabegerät ist, sondern Sie mit Tastenkombinationen häufig schneller ans Ziel kommen. Die nützlichsten Tastenkombinationen für Windows 8.1 finden Sie im Anhang dieses Buches ab Seite 329.

Flip 3D

Vielleicht ist es Ihnen schon aufgefallen: Die unter Windows Vista und Windows 7 beliebte Funktion *Flip 3D* steht unter Windows 8.1 nicht mehr zur Verfügung. Mit Flip 3D wurden alle geöffneten Anwendungen als 3-D-Fenster auf dem Bildschirm dargestellt, und man konnte zwischen den Fenstern »blättern«. Die Tastenkombination [Win] + [Tab], die man dafür genutzt hat, wurde nun der in Schritt 1 beschriebenen neuen Leiste zugeordnet.

Die Menüeinstellungen einer App öffnen

Windows-Apps werden zunächst ohne sichtbare Bedienelemente und Menüs ausgeführt. Möchte der Anwender eine Einstellung vornehmen, müssen die zur App gehörenden Menüs erst eingeblendet werden. Einstellungen können dann über die App-Leiste, aber auch über die Charms-Leiste vorgenommen werden.

1. Die App, in diesem Beispiel die *Kalender*-App, ist geöffnet. Um Einstellungen vorzunehmen, rufen Sie mit der rechten Maustaste oder durch eine Wischbewegung vom unteren Bildschirmrand aus die *App-Leiste* auf. (Ob die Wischgeste vom oberen Rand aus klappt, hängt davon ab, ob die betreffende App über eine obere App-Leiste verfügt.) Die Menüpunkte der App-Leiste sind immer auf die jeweils geöffnete App bezogen und unterscheiden sich damit von App zu App. Beim Kalender gibt es zwei Leisten: Oben können Sie z. B. die Ansicht ändern und zwischen Tag, Arbeitswoche, Woche und Monat wechseln ❶. Unten erstellen Sie z. B. einen neuen Eintrag ❷.

2. Aber auch die Charms-Leiste hält weitere Optionen bereit. Öffnen Sie den Menüpunkt **Einstellungen** der Charms-Leiste, indem Sie daraufklicken, oder direkt mit den Tasten ⊞ + I.

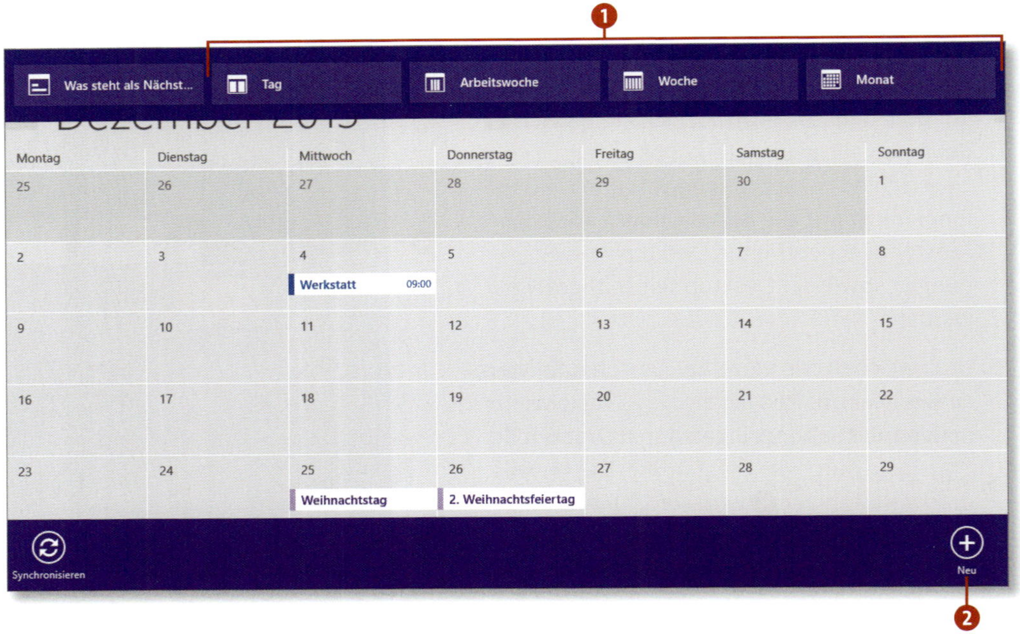

Unterschiedliche Einstellungsmöglichkeiten

Die meisten Apps verfügen über eine App-Leiste am unteren Bildschirmrand, es gibt aber auch Apps, z. B. *Wetter*, die über zwei Leisten verfügen (am oberen sowie am unteren Bildschirmrand). Einige wenige Apps bieten überhaupt keine Einstellungsmöglichkeiten und haben daher auch keine App-Leiste.

3. Klicken Sie im Menü **Einstellungen** auf den Menüpunkt **Optionen** ❷.
4. Rechts in der App öffnet sich das Einstellungsmenü, über das Sie Ihre unterschiedlichen Kalender verwalten und z. B. deren farbliche Darstellung ändern können ❸. Dank der unterschiedlichen Farben sehen Sie in der Kalenderansicht sofort, ob ein Termin z. B. privat oder beruflich ist. Sie können aber z. B. auch Ihren Familienmitgliedern unterschiedliche Farben zuweisen. (Einen ganz neuen Kalender können Sie leider nicht direkt in der App ergänzen. Sie müssen sich mit Ihrem Microsoft-Konto bei *Outlook.com* einloggen und dort einen Kalender erstellen. Diesen können Sie dann über die App aufrufen.)
5. Mit dem Schieberegler **Anzeigen** ❹ legen Sie jeweils fest, ob die Termine in der Kalenderansicht dargestellt werden oder nicht.

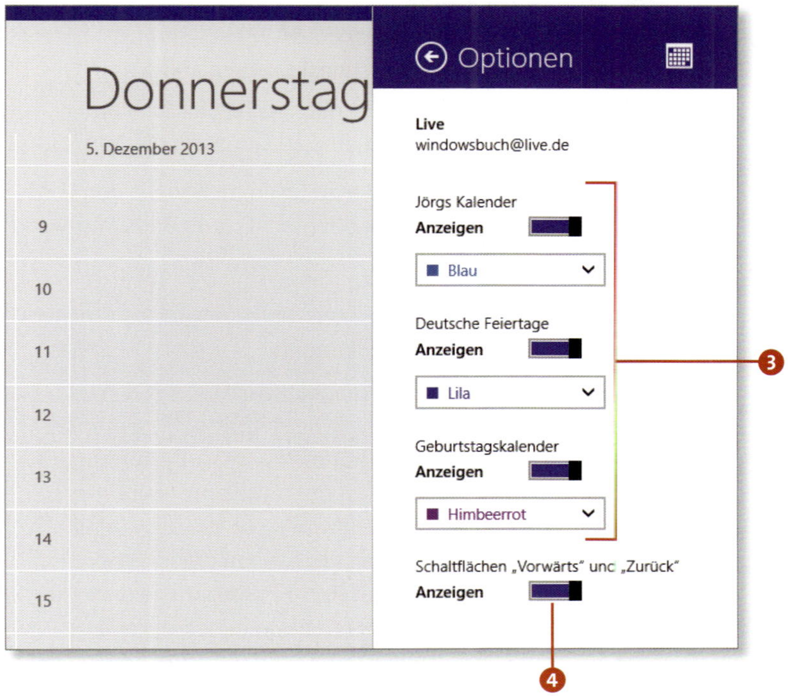

Mit der Kalender-App arbeiten

Wie Sie mit der *Kalender*-App arbeiten und so Ihren Terminkalender stets aktuell halten und immer parat haben, erfahren Sie ausführlich im Abschnitt »Alle Termine im Griff« auf Seite 196.

Mehrere Apps gleichzeitig auf dem Bildschirm anzeigen

Apps werden für gewöhnlich im Vollbildmodus ausgeführt, dennoch bietet Windows die Möglichkeit, mehrere Apps gleichzeitig auf dem Bildschirm anzuzeigen. Da auch der Desktop als App behandelt wird, können Sie so z. B. die Apps *Sport* oder *Kalender* rechts oder links an den Desktop »andocken«.

1. Öffnen Sie zunächst die beiden Apps, die Sie nebeneinander platzieren möchten, also z. B. *Desktop* und *Kalender*.
2. Wechseln Sie nun zum Desktop, und führen Sie die Maus in die linke obere Ecke, um sich die Leiste mit allen geöffneten Apps anzeigen zu lassen.
3. Klicken Sie mit der linken Maustaste auf die Vorschau der *Kalender*-App, und wählen Sie aus dem Kontextmenü den Befehl **Links einfügen** oder **Rechts einfügen** ❶ aus.
4. Auf einem Gerät mit Touchscreen ziehen Sie die App aus der Leiste am linken Rand heraus nach rechts, bis sich die Bildschirmanzeige sichtbar teilt, und lassen dann die App los.
5. Um die Apps wieder voneinander zu lösen, ziehen Sie den vertikalen Trennbalken ❷ nach links oder rechts zum Bildschirmrand oder drücken [Win] + [.].

Voraussetzungen und Einschränkungen

Eine Bildschirmauflösung von mindestens 1.024 × 768 Pixel wird vorausgesetzt, um zumindest zwei Apps nebeneinander darstellen zu können. Bei einer höheren Auflösung können bis zu vier Apps angezeigt werden. Ist die Auflösung zu gering, lassen sich keine Apps andocken. Dabei gibt Windows aber leider weder eine Fehlermeldung noch einen entsprechenden Hinweis aus. Um die Breite eines App-Fensters zu verändern, klicken Sie auf den Trennbalken und verschieben ihn mit gedrückter Maustaste, bis die gewünschte Größe erreicht ist.

Apps vollständig schließen

Apps, die im Hintergrund laufen und gerade nicht benötigt werden, werden von Windows in eine Art Ruhezustand versetzt, in dem sie so gut wie keine Systemressourcen verbrauchen. Aus diesem Grund ist ein Schließen der Apps nicht unbedingt erforderlich. Wenn Sie Ihre Apps dennoch selbst schließen möchten, gehen Sie wie folgt vor:

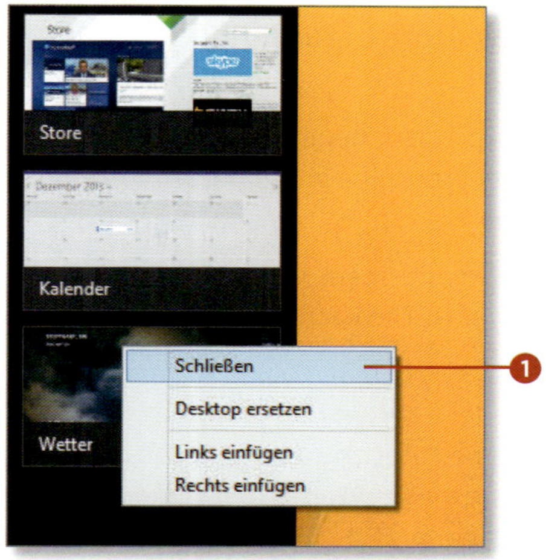

1. Blenden Sie mit der Tastenkombination ⊞ + ⭾ alle geöffneten Apps an der linken Bildschirmseite ein. Klicken Sie mit der rechten Maustaste auf die zu schließende App, und wählen Sie aus dem Kontextmenü den Befehl **Schließen** ❶ aus. Die App wird aus der Leiste entfernt, zugleich aber im Hintergrund im Ruhezustand für eine erneute Verwendung bereitgehalten.
2. Haben Sie die App, die Sie beenden möchten, bereits geöffnet, führen Sie die Maus ganz oben an den Bildschirmrand, bis sich der Mauszeiger in ein Händchen verwandelt. Klicken Sie nun, und ziehen Sie das Fenster mit gedrückter linker Maustaste an den unteren Bildschirmrand. Das App-Fenster verkleinert sich. Sobald Sie den unteren Bildschirmrand erreicht haben, verharren Sie dort für einen Moment, bis sich die Kachel dreht und das Logo der App angezeigt wird. Lassen Sie erst jetzt die Maustaste wieder los. Bei dieser Methode wird die App nicht in den Ruhezustand versetzt, sondern vollständig geschlossen.

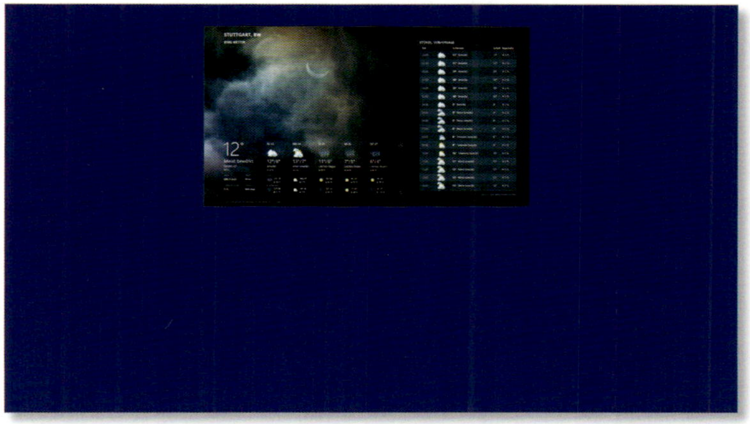

3. Wenn Sie Alt + F4 drücken, wird die App ebenfalls vollständig geschlossen.

Desktop-Anwendungen sollten Sie weiterhin schließen

Im Gegensatz zu Apps sollten Sie herkömmliche Desktop-Anwendungen, die Sie nicht benötigen, eigenhändig schließen (siehe dazu den Abschnitt »Programme vollständig beenden« auf Seite 88). Denn wenn Sie zu viele Programme gleichzeitig geöffnet haben, kann dies das System deutlich verlangsamen.

Der Windows Store – Markplatz für neue Apps

Eine App aus dem Windows Store herunterladen und installieren

Der Windows Store ist ein Markplatz für neue Apps. Sortiert in verschiedene Kategorien, bietet der Store eine große Anzahl kostenloser und kostenpflichtiger Apps.

1. Öffnen Sie den Windows Store mit einem Klick auf die Kachel **Store** ❶ auf dem Startbildschirm. Die Kachel zeigt eine Einkaufstasche auf grünem Grund.
2. Die Apps werden in verschiedene Kategorien unterteilt, z. B. Sport, Spiele, Büro etc. Um eine Kategorie auszuwählen, öffnen Sie mit der rechten Maustaste die App-Leiste und klicken dann auf die Bezeichnung der Kategorie, also z. B. auf das Wort **Produktivität** ❷.
3. Der Store listet alle Apps auf, die in dieser Kategorie zur Verfügung stehen, kostenlose wie kostenpflichtige. Wir entscheiden uns für die nützliche App *To-do-Liste* ❸ und klicken sie entsprechend an.

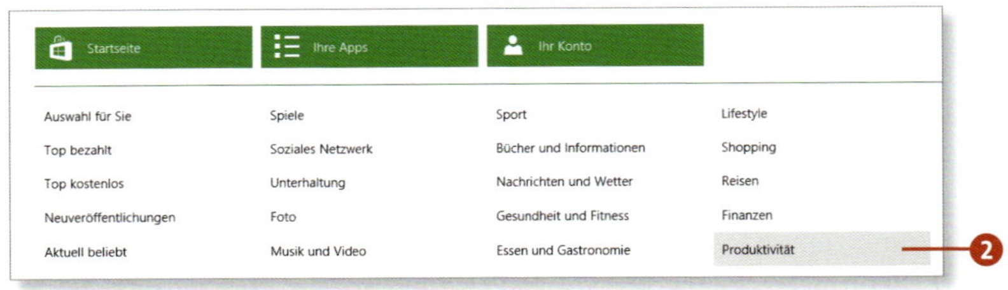

Microsoft-Konto benötigt

Voraussetzung für die Verwendung des Windows Stores ist ein Microsoft-Konto, mit dem Sie sich im Store anmelden müssen. Alle Apps, die Sie installieren, egal, ob kostenlos oder kostenpflichtig, werden diesem Microsoft-Konto zugeordnet. Das ist praktisch, denn selbst wenn Sie einen neuen Computer kaufen oder Windows neu installieren, haben Sie weiterhin über den Store Zugriff auf Ihre Apps und können sie bei Bedarf neu installieren. Wie Sie ein solches kostenloses Konto anlegen können, erfahren Sie im Abschnitt »Bei Windows anmelden« auf Seite 32.

4. Auf der nächsten Seite sehen Sie eine Beschreibung der ausgewählten App. Unterhalb des App-Namens wird der Preis angegeben; die App *To-do-Liste* kostet nichts, daher steht hier der Vermerk **Kostenlos** ❹. Informationen zur Downloadgröße, einer eventuell vorhandenen Altersfreigabe und zum Namen des Herausgebers finden Sie unterhalb des Titelbildes ❺.

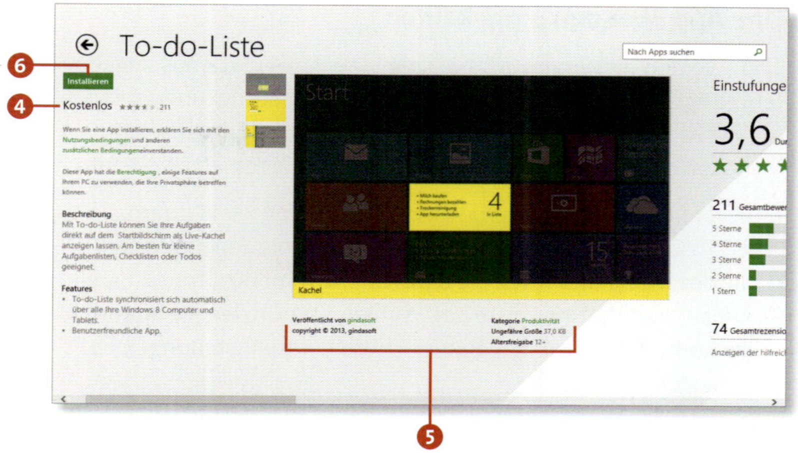

5. Klicken Sie auf **Installieren** ❻, um die App herunterzuladen und anschließend automatisch installieren zu lassen. Am Ende des Vorgangs gibt Windows einen kurzen Hinweis auf die erfolgte Installation aus.

6. Wenn Sie eine App suchen, aber ihre Kategorie nicht kennen, können Sie auch den Store durchsuchen. Öffnen Sie ihn, und tippen Sie rechts oben den Suchbegriff ein ❼. Die Suche findet in Echtzeit statt, das heißt, mit jedem Buchstaben den Sie eingeben, wird das Suchergebnis aktualisiert. Wählen Sie aus den darunter angezeigten Ergebnissen einen Eintrag aus.

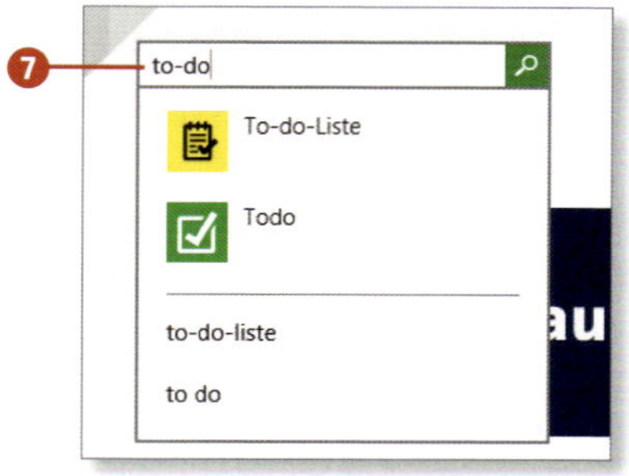

7. Wurde die richtige App noch nicht aufgelistet, drücken Sie die Taste [↵], um weitere Ergebnisse anzeigen zu lassen. Auf einer neuen Seite werden nun alle zum Suchbegriff passenden Titel aufgelistet, auch die gesuchte App *To-do-Liste* ❽.

Wo ist die neue App?

Nach der Installation finden Sie Ihre neue App zunächst auf der Übersichtsseite aller Apps. Sie erreichen diese, indem Sie auf Pfeilschaltfläche unten links auf dem Startbildschirm klicken (sie erscheint, wenn Sie die Maus bewegen). Klicken Sie die neue Kachel mit der rechten Maustaste an, und wählen Sie den Befehl **An „Start" anheften**, wenn Sie die App auf dem Startbildschirm platzieren möchten.

Eine App über den Store kaufen

Zwar werden im Windows Store sehr viele Apps kostenlos angeboten, einige sind aber auch kostenpflichtig. Der Bezug einer solchen App ist sehr einfach, Sie benötigen neben dem obligatorischen Microsoft-Konto allerdings eine Kreditkarte oder ein PayPal-Konto.

1. Bevor Sie eine App erwerben können, müssen Sie in Ihrem Microsoft-Konto eine Zahlungsmethode hinterlegen. Öffnen Sie den Store, und rufen Sie dann mit [⊞] + [I] die Store-Einstellungen der Charms-Leiste auf. Wählen Sie nun den Menüpunkt **Ihr Konto** ❶, um zu den gewünschten Kontoeinstellungen zu gelangen.
2. Klicken Sie im Abschnitt **Zahlungs- und Abrechnungsinformationen** auf die Schaltfläche **Zahlungsmethode hinzufügen** ❷.
3. Wählen Sie dann Ihre favorisierte Zahlungsmethode aus ❸, und geben Sie die erforderlichen Daten ein. Sie haben die Wahl zwischen PayPal und den Kreditkarten Visa, Mastercard oder American Express. Dann ist noch die Angabe einer Rechnungsadresse erforderlich. Alle Felder, die mit einem roten Sternchen gekennzeichnet sind, müssen ausgefüllt werden.

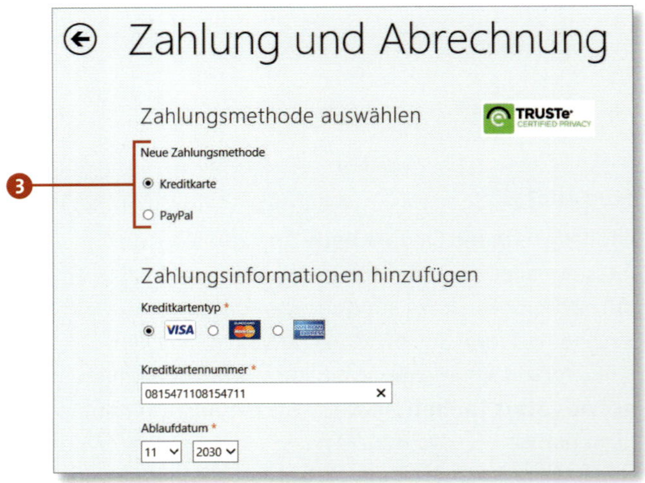

i

Zahlungsmethode PayPal

Wenn Sie PayPal als Zahlungsmethode auswählen, werden Sie im Anschluss an die Dateneingabe auf die PayPal-Webseite weitergeleitet, auf der Sie sich dann mit Ihren PayPal-Zugangsdaten anmelden müssen. Damit geben Sie Microsoft die Erlaubnis, künftig anfallende Rechnungsbeträge aus dem Store von Ihrem PayPal-Konto einzuziehen.

4. Haben Sie alle Angaben gemacht und am Ende der Seite auf **Absenden** geklickt, werden Sie auf die Übersichtsseite Ihres Kontos zurückgeleitet. Kontrollieren Sie an dieser Stelle die Einstellung **Beim Kaufen einer App immer nach Kennwort fragen** ❹. Diese sollte aus Sicherheitsgründen immer auf **Ja** stehen. Über den Pfeil ❺ gelangen Sie schließlich wieder zurück in den Store.

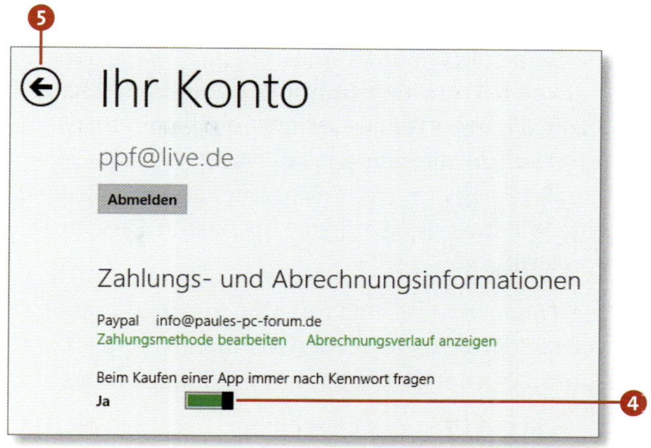

5. Wählen Sie nun aus den zur Verfügung stehenden Kategorien die App aus, die Sie gerne erwerben möchten. Daraufhin öffnet sich die Übersichtsseite der App. Klicken Sie hier zunächst auf die Schaltfläche **Kaufen** ❻ und direkt im Anschluss an gleicher Stelle auf **Bestätigen**.

6. Es folgt eine Sicherheitsabfrage. Authentifizieren Sie sich, und geben Sie das Kennwort zu Ihrem Microsoft-Konto ein ❼. Mit **OK** wird die Eingabe übernommen. Sogleich wird der Zahlungsvorgang ausgeführt, das Programm heruntergeladen und installiert. Ist die Installation abgeschlossen, weist Windows Sie in einem kleinen Fenster darauf hin.

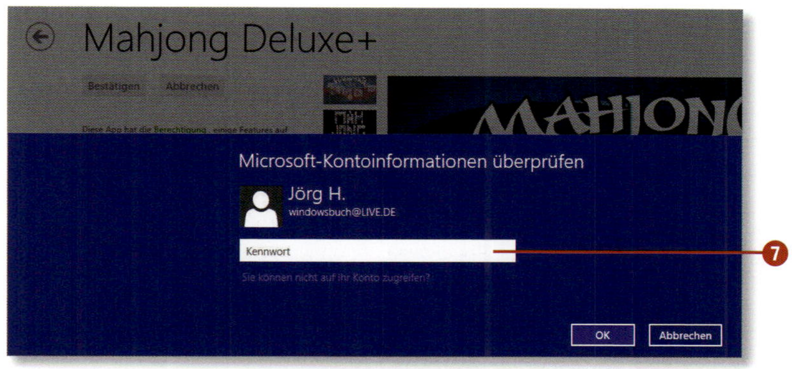

Damit ist die App gekauft und kann sofort verwendet werden. Sie finden sie rechts auf der Übersichtsseite aller Apps, die Sie erreichen, indem Sie auf den kleinen Pfeil links unten auf dem Startbildschirm klicken.

Einmal bezahlen, mehrfach nutzen

Apps, die Sie über den Windows Store bezogen haben (egal, ob kostenlos oder kostenpflichtig), dürfen Sie auf bis zu fünf Computern installieren und verwenden.

Apps jederzeit auf dem neuesten Stand halten

Einer der Vorteile der neuen Windows-Apps ist ohne Zweifel ihre Aktualität. Sie müssen sich um nichts kümmern, Windows schaut immer mal wieder nach, ob es für Ihre Apps Updates gibt, lädt diese herunter und installiert sie automatisch. Der Nachteil: Sie bekommen von der Aktualisierung Ihrer Apps nichts mit, und nicht jeder Anwender möchte Windows diese Aufgabe überlassen. Sie können die Einstellung ändern:

1. Öffnen Sie den Windows Store, und rufen Sie mit [Win] + [I] die App-Leiste auf. Klicken Sie darin auf den Menüpunkt **App-Updates** ①, um zu den entsprechenden Einstellungen zu gelangen.
2. Standardmäßig ist die Option **Eigene Apps automatisch aktualisieren** eingeschaltet. Um sie zu deaktivieren, stellen Sie den Schalter auf **Nein** ②. Fortan werden Sie von Windows benachrichtigt, sobald neue Updates für Ihre Apps vorliegen, und Sie können selbst auswählen, für welche App Sie ein Update installieren möchten.
3. Über die Schaltfläche **Nach Updates suchen** ③ können Sie jederzeit – unabhängig davon, ob Sie die automatische Aktualisierung ein- oder ausgeschaltet haben – manuell nach Updates suchen.

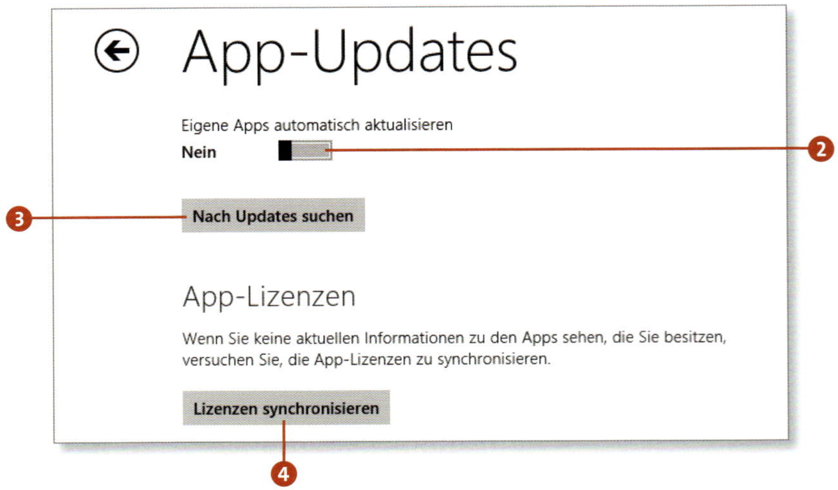

Fehler bei Updates und App-Installationen beheben

Sollte es bei der Installation einer neuen App oder beim Versuch, ein Update einzuspielen, zu einem Fehler kommen, kann die Ursache eine fehlerhafte Synchronisation Ihrer App-Lizenzen sein. Um dieses Problem zu beheben, klicken Sie im Abschnitt **App-Lizenzen** auf **Lizenzen synchronisieren** ④ und führen die Installation bzw. das Update erneut aus.

Eine App wieder deinstallieren

Apps, die Sie nicht verwenden oder die Ihnen nicht gefallen, können Sie natürlich auch wieder deinstallieren. Auch wenn der Speicherplatz bei den großen Festplatten heutzutage kaum noch ein echtes Problem darstellt, geht irgendwann bei zu vielen Apps auch einfach der Überblick verloren.

1. Um eine App zu deinstallieren, klicken Sie die dazugehörige Kachel auf dem Startbildschirm mit der rechten Maustaste an, um die App-Leiste zu öffnen.
2. Wählen Sie aus der Leiste den Menüpunkt **Deinstallieren** ❶ aus.
3. Ein kleines Hinweisfenster öffnet sich mit der Meldung, dass die App mit allen Komponenten vom Computer entfernt wird. Bestätigen Sie den Vorgang mit einem Klick auf die Schaltfläche **Deinstallieren** ❷. Die App wird nun ohne weitere Rückfrage entfernt.

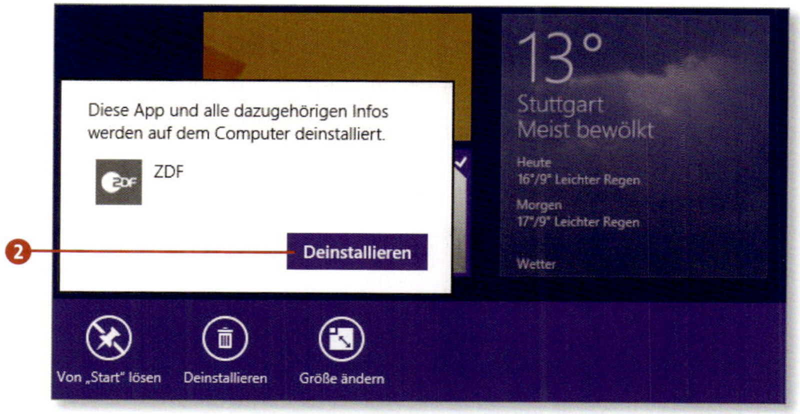

Apps nachträglich wieder installieren

Da Sie Windows-Apps über den Store herunterladen und installieren, stehen Ihnen keine Download-Dateien zur Verfügung, mit denen Sie die App zu einem späteren Zeitpunkt wieder neu installieren können. Der Store selbst protokolliert aber genau, welche App Sie wann erworben haben und ob diese App noch auf dem Rechner installiert ist. Dank dieser Auflistung können Sie alle Apps jederzeit wieder neu installieren. Wie Sie diese Apps finden, lesen Sie im Abschnitt »Apps suchen« auf Seite 64.

Wo werden die Apps gespeichert?

Windows speichert alle Apps im Ordner *Programme\WindowsApps* auf Ihrem Systemlaufwerk. Eine Änderung des Speicherpfades ist leider nicht möglich.

Programme in der Desktop-Ansicht

Eine Anwendung suchen und starten

Da es unter Windows 8.1 kein Startmenü mehr gibt, scheint es im ersten Moment schwer möglich, ein Programm zu starten, zu dem es keine Verknüpfung auf dem Desktop gibt. Die Lösung ist einfach: Starten Sie Ihre Programme über den Startbildschirm.

1. Eine Desktop-Anwendung können Sie starten, indem Sie die entsprechende Kachel ❶ auf dem Startbildschirm anklicken. Ist das Programm auf dem Startbildschirm nicht vorhanden, öffnen Sie durch einen Klick auf den kleinen Pfeil ❷ links unten die Übersichtsseite **Apps**.

2. In der Übersicht werden alle auf dem Rechner vorhandenen Apps und Programme aufgelistet. Auch hier öffnen Sie ein Programm durch Anklicken oder Antippen der jeweiligen Kachel.

3. Haben Sie viele Programme installiert, kann es auf dem Bildschirm etwas unübersichtlich werden. Bevor Sie lange nach der Kachel suchen, tippen Sie einfach den Namen der Anwendung auf dem Startbildschirm ein, z. B. »Rechner« ❸. Bereits nach wenigen eingetippten Buchstaben zeigt Windows Ihnen die ersten Suchergebnisse an ❹. Sie starten das Programm durch einen Mausklick auf das passende Suchergebnis.

An Taskleiste anheften und Verknüpfungen erstellen

Programme, die Sie häufig verwenden, können Sie an die Taskleiste heften, um sie schneller aufrufen zu können. Wie das geht, lesen Sie im Abschnitt »Programme an die Taskleiste heften« auf Seite 82.

Zwischen mehreren Fenstern und Tabs wechseln

Schnell hat man zwei oder drei oder vielleicht noch mehr Programme auf dem Desktop gestartet. Doch mit jedem neuen Programmfenster geht die Übersicht ein Stück mehr verloren. Das Gleiche gilt für den Internetbrowser: Rasch sind mehrere Webseiten geöffnet, das macht die Navigation nicht gerade einfacher.

1. Textverarbeitungsprogramm, E-Mail-Client, Taschenrechner und Internetbrowser – ehe man sichs versieht, hat man zahlreiche Programmfenster geöffnet. Um zwischen den Fenstern zu wechseln, drücken Sie die `Alt`-Taste, halten sie gedrückt und drücken dann zusätzlich die Taste `⇆`. Die Fenster erscheinen als Miniaturen in einer kleinen Leiste. Mit jedem erneuten Druck auf `⇆` wandert die Markierung **1** eine Position weiter. Ist das gewünschte Programmfenster erreicht, lassen Sie die `Alt`-Taste los. Das ausgewählte Programm wird groß angezeigt.

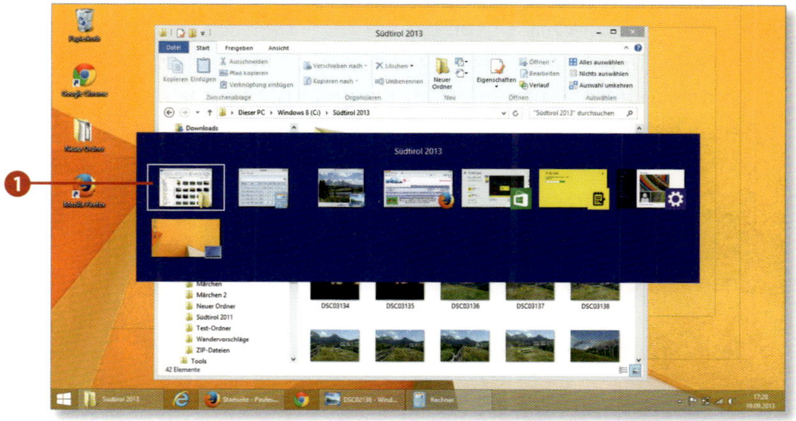

2. Um im Browser zwischen verschiedenen Seiten hin und her zu springen, halten Sie zunächst die Taste `Strg` gedrückt. Mit jedem Druck auf `⇆` wechseln Sie zwischen den einzelnen Tabs **2** Ihres Browsers. Das Ganze funktioniert sowohl im Microsoft-eigenen Internet Explorer als auch in anderen Browsern wie Mozilla Firefox o. Ä.

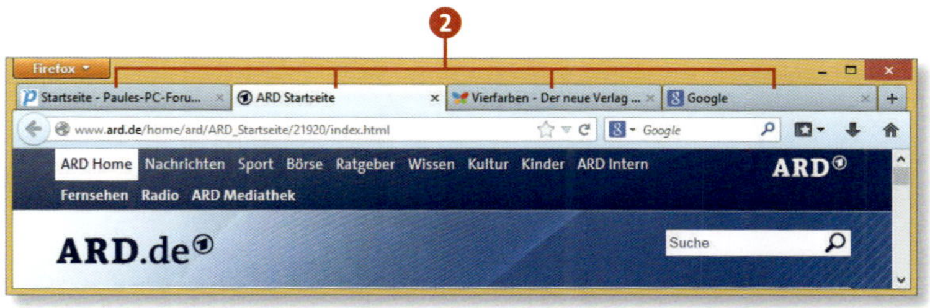

Auch Apps werden angezeigt

Mit der Tastenkombination `Alt` + `⇆` werden nicht nur Desktop-Fenster, sondern auch geöffnete Windows-Apps angezeigt, zu denen Sie dann wechseln können. Wie Sie sich nur die geöffneten Apps anzeigen lassen und dazwischen wechseln, lesen Sie im Abschnitt »Zwischen Apps wechseln« auf Seite 68.

Programme an die Taskleiste heften

Häufig verwendete Programme können Sie mit wenigen Mausklicks an die Taskleiste anheften. Von dort lassen sie sich schnell und unkompliziert starten, ohne dass Sie zuvor auf den Startbildschirm wechseln und dort die Programmkachel suchen müssen. Leider können nur Desktop-Anwendungen, aber keine Windows Apps angeheftet werden.

1. Wechseln Sie zum Startbildschirm, und klicken Sie mit rechts auf die Kachel des Programms, das Sie gerne anheften möchten ❶, z. B. Microsoft Word. Aus dem Menü wählen Sie dann den Eintrag **An Taskleiste anheften** ❷.
2. Drücken Sie die [Windows]-Taste, um wieder zum Desktop zu wechseln. Die Taskleiste zeigt nun das Programmsymbol der ausgewählten Anwendung ❸, die Sie fortan mit nur einem Mausklick starten können.
3. Das Gleiche geht auch über den Desktop: Wird das Programm bereits ausgeführt, führen Sie einen Rechtsklick auf das Programmsymbol in der Taskleiste aus und wählen den Menüpunkt **Dieses Programm an Taskleiste anheften** aus dem Kontextmenü.
4. Möchten Sie das Programm zu einem späteren Zeitpunkt wieder von der Taskleiste lösen, klicken Sie mit rechts auf das Programmsymbol und wählen aus dem Kontextmenü den Befehl **Dieses Programm von der Taskleiste lösen** ❹.

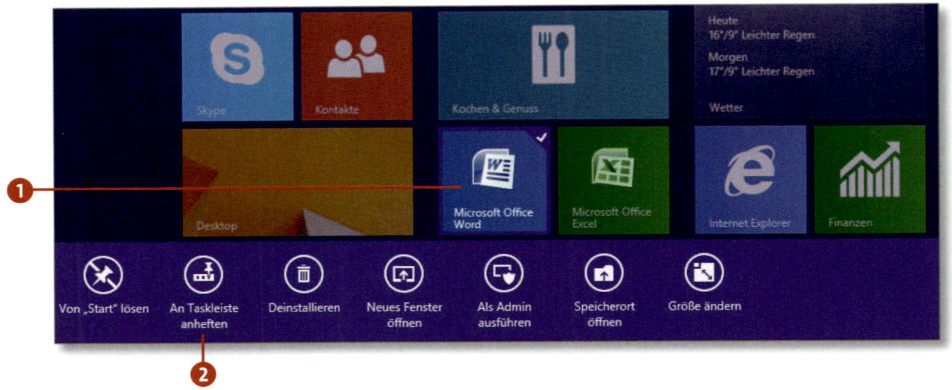

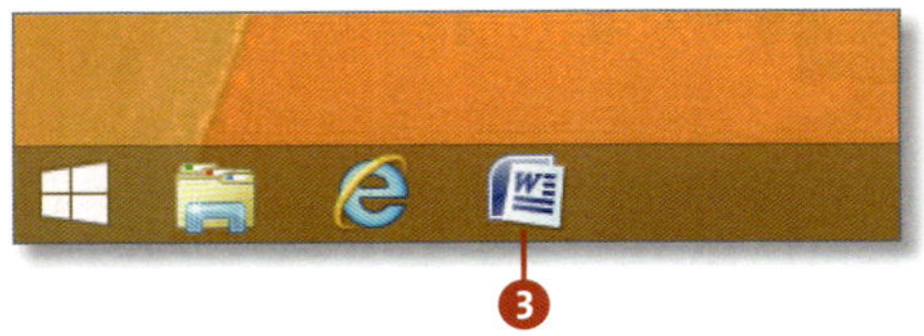

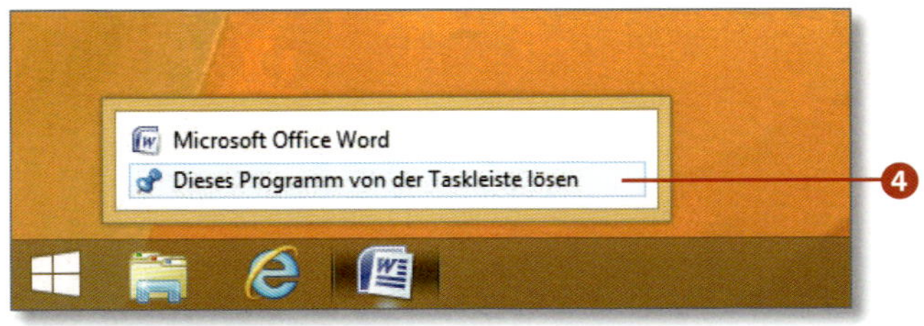

Programme in der Taskleiste sortieren

Sie können die Reihenfolge der Programmsymbole in der Taskleiste beliebig ändern. Klicken Sie dazu einfach ein Symbol an und verschieben es mit gedrückter Maustaste an die gewünschte Position. Sobald Sie die Taste wieder loslassen, wird das Symbol neu einsortiert.

Programme an den Startbildschirm heften und sie davon lösen

Für jedes Programm, das Sie auf Ihrem Computer installieren, legt Windows automatisch eine entsprechende Kachel auf der Übersichtsseite **Apps** ab. Von dort aus können Sie Programme an den Startbildschirm anheften und bei Bedarf natürlich auch wieder davon lösen.

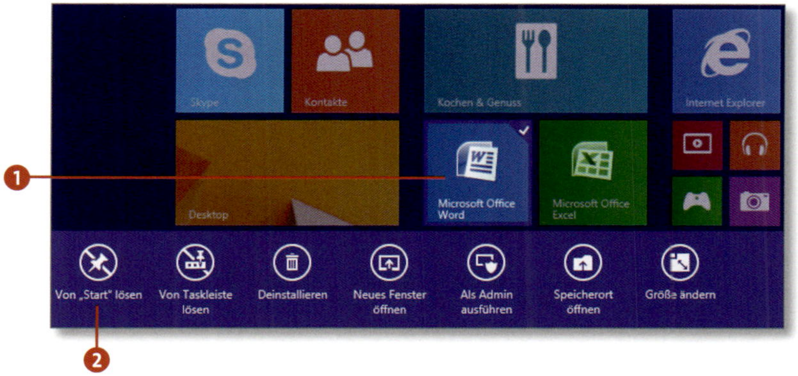

1. Wechseln Sie zum Startbildschirm, und klicken Sie die Kachel des zu lösenden Programms mit der rechten Maustaste an ❶.
2. Die App-Leiste am unteren Bildschirmrand öffnet sich. Klicken Sie darin auf den Menüeintrag **Von „Start" lösen** ❷. Daraufhin verschwindet das Programm sofort, ohne Rückfragen, vom Startbildschirm (bleibt aber unter **Apps** erhalten).
3. Möchten Sie ein Programm zu einem späteren Zeitpunkt wieder an den Startbildschirm anheften, öffnen Sie zunächst die Seite **Apps**, indem Sie auf dem Startbildschirm auf den kleinen Pfeil ❸ links unten klicken. Diese Schaltfläche wird erst eingeblendet, wenn Sie den Mauszeiger auf dem Bildschirm bewegen.
4. Führen Sie einen Rechtsklick auf den gewünschten Eintrag aus, und wählen Sie im Menü der App-Leiste den Eintrag **An „Start" anheften** ❹.

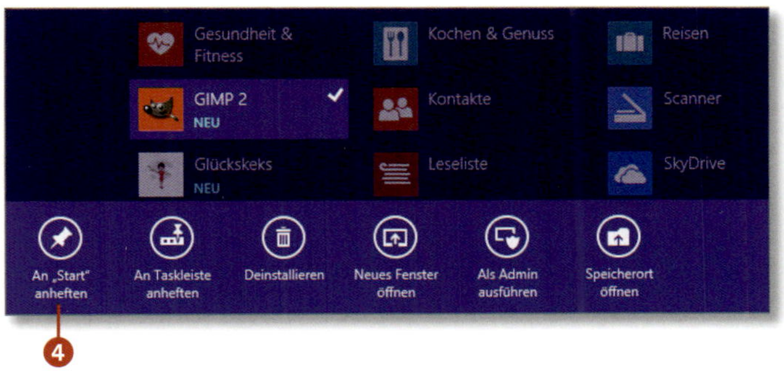

Ordner an den Startbildschirm anheften

Auch Dateiordner können Sie auf die beschriebene Weise über ihr Kontextmenü an den Startbildschirm anheften. Ein Klick auf die Kachel auf dem Startbildschirm öffnet den Ordner dann auf dem Desktop. Bei einzelnen Dateien funktioniert das aber leider nicht.

Fenster vergrößern und verkleinern

Für gewöhnlich lassen sich Programmfenster in der Größe beliebig verändern, etwa um mehrere Fenster zur gleichen Zeit auf dem Bildschirm darzustellen. Es gibt aber auch Anwendungen, die mit fest definierten Fenstergrößen ausgeführt werden und deren Ausmaße daher nicht veränderlich sind.

1. Um ein Fenster in der Größe zu verändern, fahren Sie mit der Maus an den Rand, bis sich der Mauszeiger zu einem Doppelpfeil verändert ❶.
2. Klicken Sie auf den Rand, halten Sie die linke Maustaste gedrückt, und ziehen Sie das Fenster schmaler oder breiter. Auf die gleiche Weise können Sie das Fenster in der Höhe verändern.
3. Wenn Sie das Seitenverhältnis eines Fensters beibehalten möchten, führen Sie den Mauszeiger genau in eine der vier Fensterecken, bis er sich in einen Doppelpfeil verwandelt ❷. Nun können Sie das Fenster unter Beibehaltung der Seitenverhältnisse in der Größe verändern.

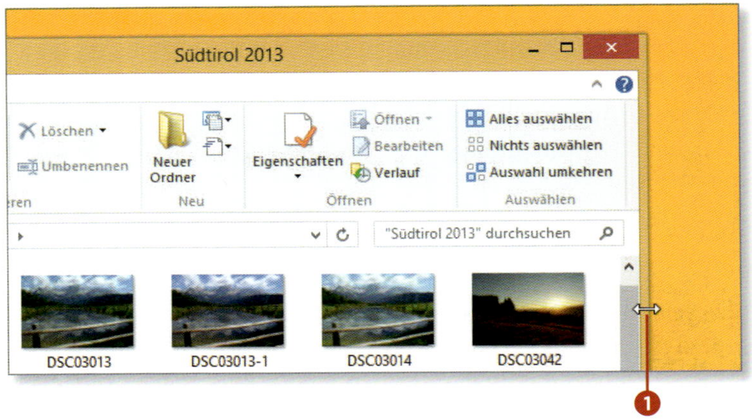

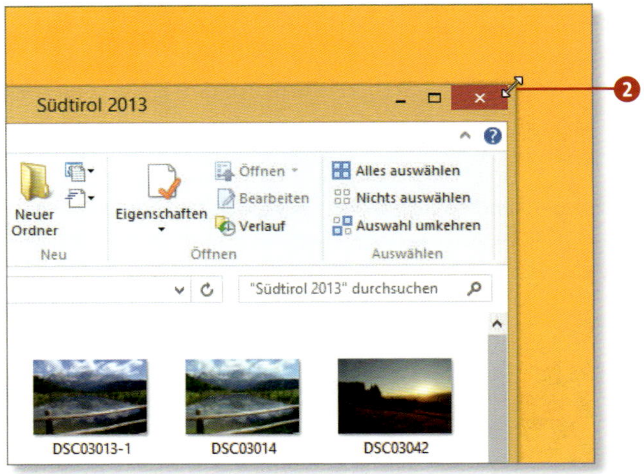

Fenster im Vollbildmodus

Erstreckt sich das Fenster über die gesamte Bildschirmgröße, wird es maximiert dargestellt. In diesem Fall lässt sich die Größe zunächst nicht wie beschrieben verändern, weil sich die Ränder nicht mit der Maus greifen lassen. Verkleinern Sie das Fenster durch einen Klick auf das mittlere Symbol rechts oben in der Kopfleiste. Jetzt können Sie die Größe des Fensters beliebig ändern.

Fenster auf Vollbildansicht stellen

Die meisten Programmfenster können Sie nach Belieben in ihrer Größe anpassen. Um ein Fenster formatfüllend auf dem ganzen Bildschirm anzuzeigen, gibt es gleich mehrere Wege.

1. Klicken Sie rechts oben in der Kopfleiste des Fensters auf das mittlere der drei kleinen Symbole ❶. Mit diesem Befehl wird das Fenster maximiert dargestellt.
2. Stattdessen können Sie auch in die Kopfleiste des Fensters klicken und es mit gedrückter Maustaste ganz nach oben an den Bildschirmrand ziehen ❷. Oben angekommen, lassen Sie die Maustaste wieder los. Das Fenster wird nun in voller Größe angezeigt.
3. Und noch eine Variante: Wenn Sie einen Doppelklick auf die Kopfleiste des Fensters ausführen, wird es sogleich maximiert. Ein weiterer Doppelklick macht den Vorgang rückgängig.
4. Um ein maximiertes Fenster wieder in seine Ursprungsgröße zurückzubringen, klicken Sie entweder erneut auf das mittlere Symbol in der Kopfleiste, oder Sie klicken auf eine freie Stelle im Kopf des Fensters und ziehen es mit gedrückter Maustaste nach unten. Ein kurzes Stück reicht aus, damit es die ursprüngliche Größe wieder annimmt.

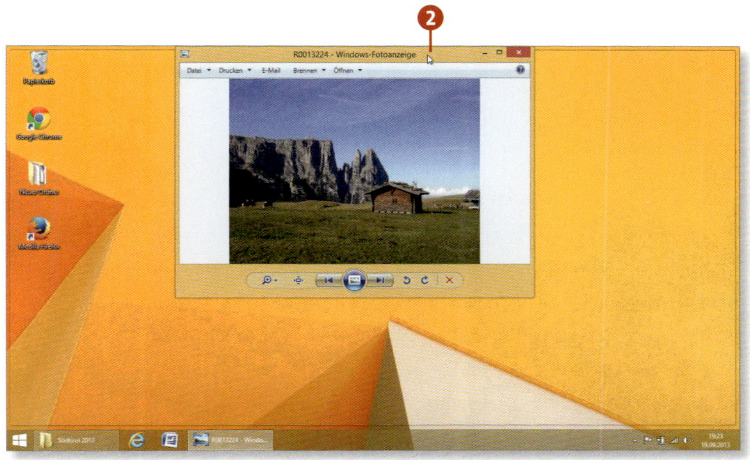

Fenster per Tastenkürzel verändern

Auch mit der Tastatur lassen sich unter Windows 8.1 Fenster maximieren oder minimieren. Drücken Sie die Tasten ⊞ + ↑, wird das aktive Fenster maximiert. Mit dem Tastenkürzel ⊞ + ↓ wird ein maximiertes Fenster wieder in die ursprüngliche Größe gebracht, und beim erneuten Drücken von ⊞ + ↓ wird es schließlich minimiert (in der Taskleiste abgelegt und im Hintergrund ausgeführt).

Fenster nebeneinander anordnen

Sie möchten die laufende eBay-Auktion im Auge behalten, aber nebenher noch auf anderen Webseiten surfen oder ein Dokument bearbeiten? Stellen Sie mehrere Fenster einfach nebeneinander oder auch übereinander dar.

1. Minimieren Sie zunächst alle Fenster, außer den beiden, die Sie nebeneinander anordnen möchten (zum Minimieren von Fenstern siehe Seite 87).
2. Führen Sie nun einen Rechtsklick auf eine freie Stelle in der Taskleiste aus, und wählen Sie den Befehl **Fenster nebeneinander anzeigen** ❶ aus dem Kontextmenü. Die beiden Programmfenster werden nun nebeneinander dargestellt, und Sie können in beiden Fenstern arbeiten.
3. Möchten Sie die Fenster lieber übereinander statt nebeneinander anordnen? In diesem Fall wählen Sie den Befehl **Fenster gestapelt anzeigen** ❷ aus dem Kontextmenü der Taskleiste aus.
4. Sollen die Fenster wieder voneinander gelöst werden, klicken Sie erneut mit der rechten Maustaste auf die Taskleiste und wählen **Alle Fenster nebeneinander an rückgängig machen** ❸ bzw. **Alle Fenster gestapelt anzeigen rückgängig machen**.

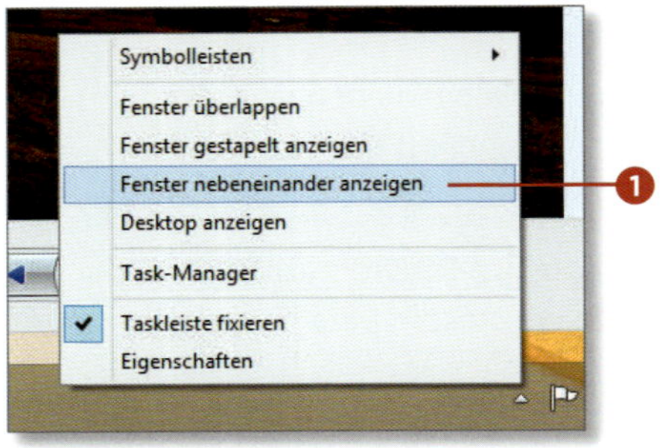

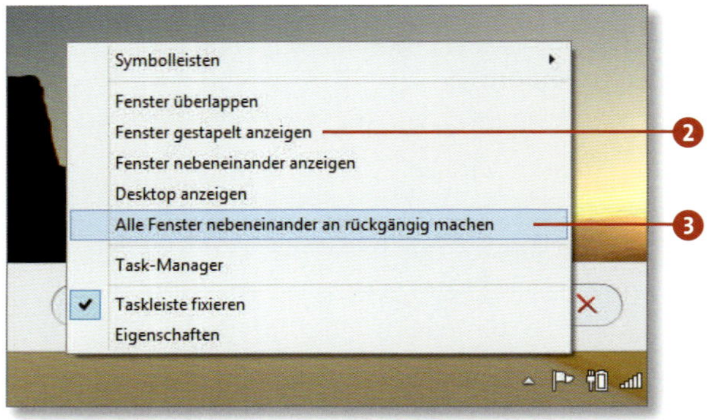

Mehrere Fenster auf dem Bildschirm anordnen

Wenn Sie vier Fenster geöffnet haben, wird der Bildschirm entsprechend in vier Teile aufgeteilt. Natürlich können Sie auch noch mehr Fenster anordnen, allerdings werden sie dann irgendwann so klein, dass ein effektives Arbeiten kaum noch möglich ist.

Programme beenden

Programme ausblenden (minimieren)

Wenn Sie ein Programm für den Moment nicht mehr benötigen, zu einem späteren Zeitpunkt aber wieder damit weiterarbeiten möchten, können Sie das Programm ausblenden, anstatt es ganz zu beenden. Es läuft dann im Hintergrund weiter und kann per Mausklick wieder aus der Taskleiste heraus geöffnet werden.

1. Der schnellste Weg, alle laufenden Programme in der Taskleiste abzulegen, ohne sie zu schließen, ist die Tastenkombination ⊞ + M. Alle Programme werden minimiert, und der Desktop wird angezeigt.
2. Eine weitere Möglichkeit ist eine versteckte Schaltfläche in der Taskleiste ❶. Klicken Sie ganz rechts neben Datum und Uhrzeit, werden ebenfalls alle Programmfenster auf einmal minimiert.
3. Falls Sie nicht alle, sondern nur ein bestimmtes Programm ausblenden wollen, klicken Sie im Programmfenster rechts oben auf die Schaltfläche **Minimieren** ❷.
4. Möchten Sie eines der ausgeblendeten Programme wieder nutzen, klicken Sie einfach in der Taskleiste auf den zum Programm gehörenden Tab ❸. Sie können auch mit der Maus auf einen Tab zeigen und anschließend auf das Miniaturfenster ❹ der Anwendung klicken.

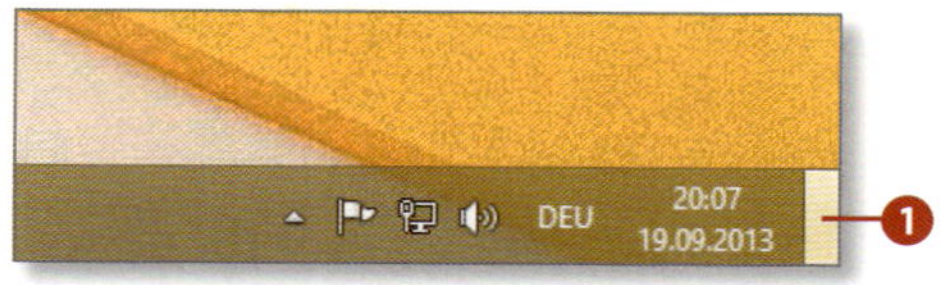

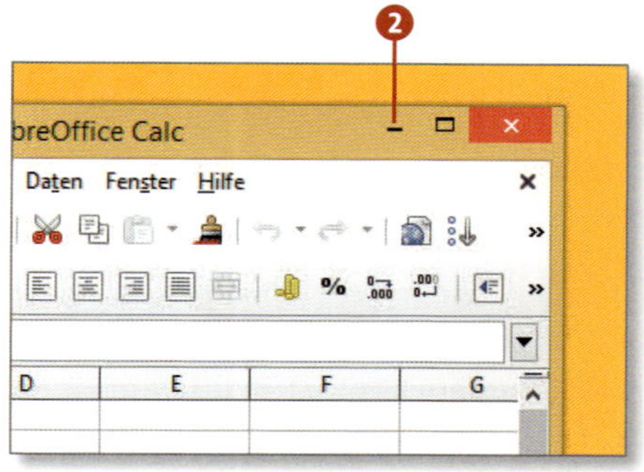

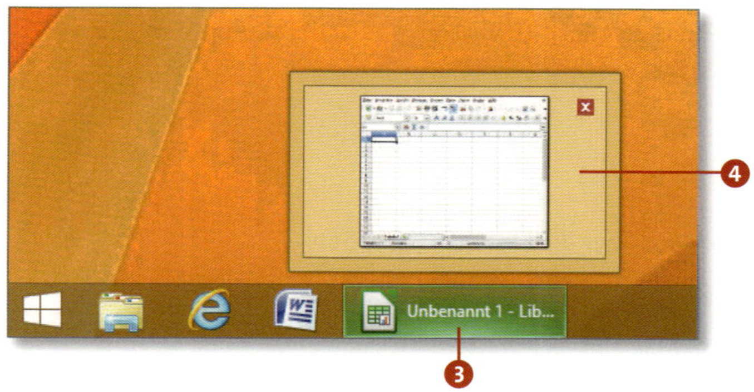

Behalten Sie Ihre Systemressourcen im Auge

Auch ein ausgeblendetes Programm beansprucht Arbeitsspeicher und Prozessorleistung. Haben Sie zu viele Programme geöffnet, kann dies die Leistung des Computers stark beeinträchtigen. Anwendungen, die Sie länger nicht benötigen, sollten Sie daher nicht nur minimieren, sondern die Arbeit speichern und anschließend das Programm beenden.

Programme vollständig beenden

Möchten Sie die Arbeit mit einem Programm beenden, sollten Sie zunächst Ihre Arbeit abspeichern, z. B. das noch geöffnete Word-Dokument, und die Anwendung dann ordnungsgemäß schließen. Das Gleiche gilt, wenn Sie Ihren Computer herunterfahren: Sichern Sie zuvor Ihre Daten, und beenden Sie die noch laufenden Programme.

1. Sie können die meisten Programme schließen, indem Sie im Programmfenster den Eintrag **Datei** aus der Menüleiste auswählen und im Menü auf **Beenden** ❶ oder **Schließen** klicken. Die Bezeichnung kann sich von Programm zu Programm unterscheiden.
2. Falls es den zuvor genannten Menüeintrag in Ihrem Programm nicht gibt, schließen Sie die Anwendung am einfachsten über das kleine Kreuz rechts oben im Kopf des Fensters ❷.
3. In seltenen Fällen kann es vorkommen, dass ein Programm weder über das Menü **Datei** noch über die **Schließen**-Schaltfläche rechts oben im Fensterkopf verfügt. In diesem Fall klicken Sie einfach mit der rechten Maustaste auf den Tab des Programms in der Taskleiste ❸ und wählen aus dem Kontextmenü den Befehl **Fenster schließen** ❹ aus.

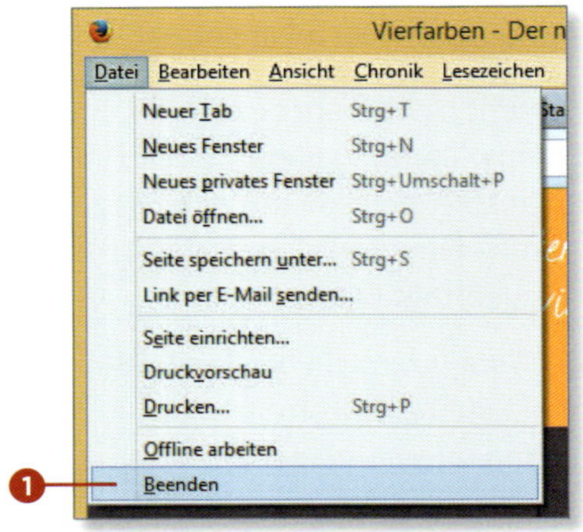

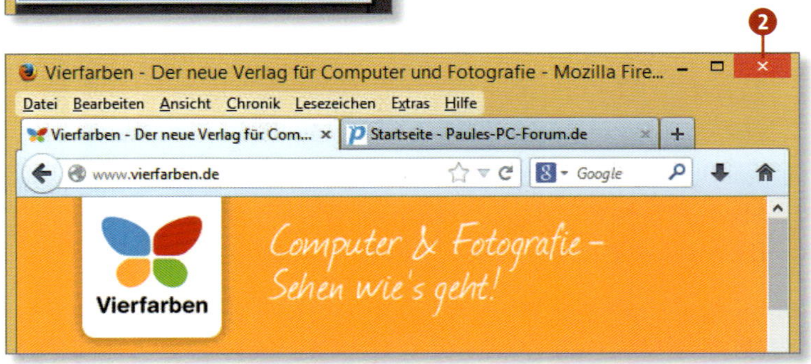

Programme über die Tastatur schließen

Mit der Tastenkombination [Alt] + [F4] können Sie ein Programm ebenfalls schließen. Beachten Sie dabei, dass dieser Befehl das jeweils aktive Fenster schließt. Sie müssen also zuvor das richtige Programmfenster aufrufen, um nicht versehentlich das falsche Programm zu beenden. Auch bei dieser Variante sollten Sie alle Dokumente, an denen Sie gerade arbeiten, zuvor speichern.

Programme entfernen

Verknüpfungen vom Desktop entfernen

Da das altbekannte Startmenü unter Windows 8.1 nicht mehr existiert, legen viele Anwender Verknüpfungen zu den wichtigsten Programmen auf dem Desktop ab, damit sie zum Aufrufen nicht extra zum Startbildschirm wechseln und die entsprechende Kachel suchen müssen. Möchten Sie eine Verknüpfung wieder entfernen, ohne dabei das Programm zu deinstallieren, gehen Sie wie folgt vor:

1. Wechseln Sie zum Desktop, und klicken Sie dort mit der rechten Maustaste die Verknüpfung an, die Sie entfernen möchten. Im Beispiel ist es die Verknüpfung zum Programm **Google Chrome**. Wählen Sie aus dem Kontextmenü nun den Eintrag **Löschen** ❶ aus.

2. Es folgt eine Sicherheitsabfrage. Möchten Sie die Verknüpfung wirklich in den Papierkorb verschieben? Bestätigen Sie die Abfrage mit **Ja** ❷. Die Verknüpfung wird daraufhin entfernt.

3. Ein Blick in den Explorer zeigt, dass wirklich nur die Verknüpfung zum Programm entfernt, das Programm selbst ❸ aber nicht deinstalliert wurde, sondern weiterhin auf dem Computer vorhanden ist.

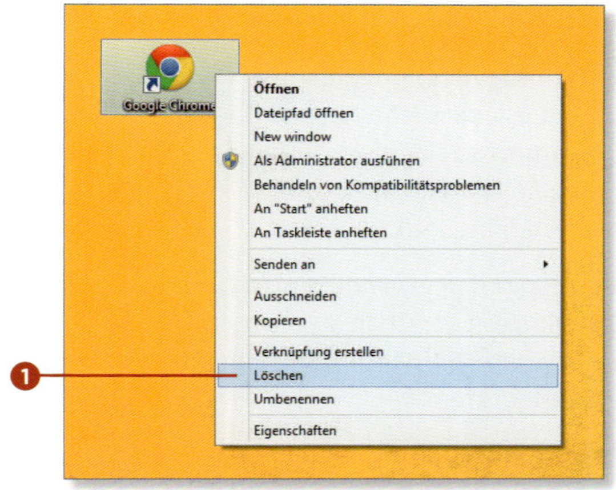

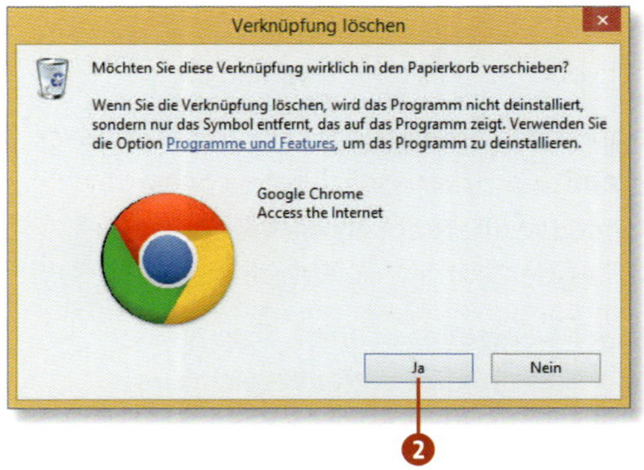

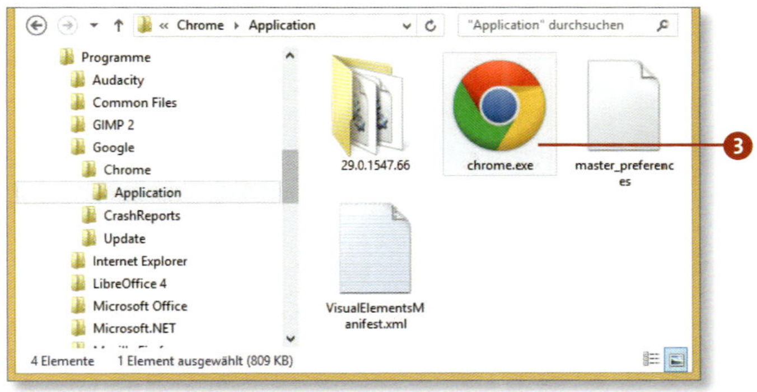

Verknüpfung wiederherstellen oder neu anlegen

Die Verknüpfung wurde nicht vollständig gelöscht, sondern lediglich in den Papierkorb verschoben. Möchten Sie die Verknüpfung wiederherstellen, öffnen Sie den Papierkorb, wählen die gewünschte Verknüpfung aus und klicken im Anschluss auf **Ausgewählte Elemente wiederherstellen**. Sollten Sie den Papierkorb in der Zwischenzeit geleert haben, erstellen Sie die Verknüpfung einfach neu, wie im Abschnitt »Eine Desktop-Verknüpfung erstellen« auf Seite 41 beschrieben.

Programme vollständig deinstallieren

Wenn Sie ein Programm nicht mehr benötigen, sollten Sie es deinstallieren. Dabei reicht es aber nicht aus, nur die Programmdatei oder das Programmverzeichnis zu löschen. Um Fehler zu vermeiden, deinstallieren Sie Ihre Programme stets ordnungsgemäß über die Systemsteuerung.

1. Öffnen Sie auf dem Desktop mit der Tastenkombination ⊞ + I das Menü **Einstellungen** der Charms-Leiste. Tippen oder klicken Sie auf den Menüeintrag **Systemsteuerung** ❶, um diese aufzurufen.
2. Das Dialogfenster **Alle Systemsteuerungselemente** öffnet sich und listet einige Menüpunkte auf. Wählen Sie hier den Eintrag **Programme und Features** ❷ mit einem Mausklick aus.
3. Nun öffnet sich eine Liste mit allen Programmen, die auf Ihrem Computer installiert sind. Damit Sie das zu deinstallierende Programm in der langen Liste schneller finden, klicken Sie auf den Spaltenkopf **Name** ❸, um eine alphabetische Sortierung der Einträge zu erreichen.
4. Liegt die Installation erst wenige Tage zurück, können Sie die Einträge mit einem Klick auf die Spaltenbezeichnung **Installiert am** ❹ auch nach ihrem Installationsdatum sortieren.

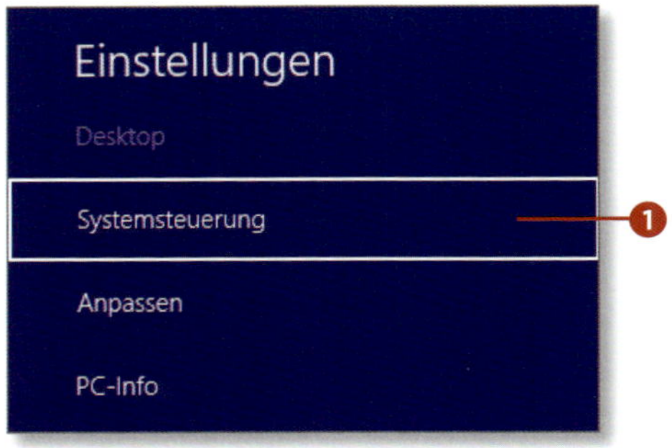

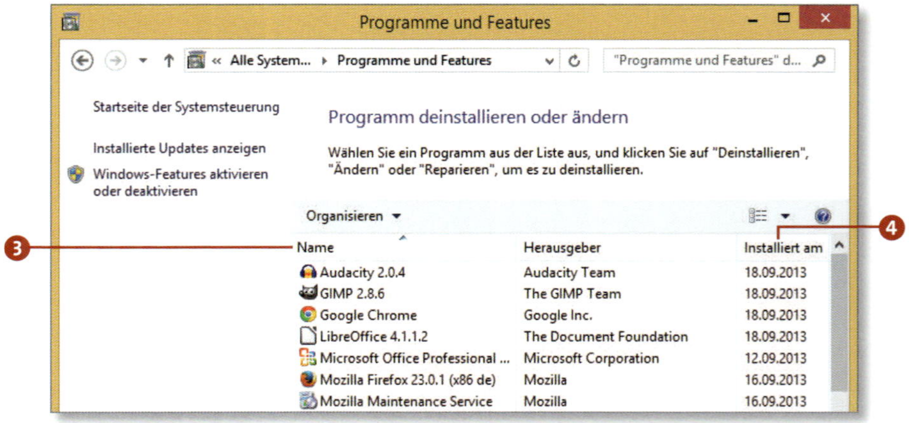

Externe Deinstallationsprogramme

Auf dem Softwaremarkt gibt es eine große Anzahl sogenannter *Deinstallationstools*, die eine saubere und mühelose Deinstallation versprechen. Windows 8.1 beherrscht diese Aufgabe aber absolut ausreichend, daher können Sie auf externe Programme verzichten.

5. Wählen Sie das Programm, das Sie deinstallieren möchten, mit einem Mausklick aus **5**. Dann klicken Sie oben in der Menüleiste auf die Schaltfläche **Deinstallieren** **6**, um den Vorgang zu starten.

6. Bestätigen Sie die darauffolgende Abfrage, ob Sie das Programm wirklich deinstallieren möchten **7**. Bei dieser Rückfrage handelt es sich nicht um einen standardisierten Windows-Dialog, daher unterscheiden sich die Fenster in Größe, Optik und enthaltenem Text von Anwendung zu Anwendung. Bei englischsprachigen Programmen ist dieses Dialogfenster z. B. auch entsprechend in Englisch gehalten.

7. Falls die Benutzerkontensteuerung Sie auffordert, den Vorgang zu bestätigen, kommen Sie dieser Abfrage mit einem Klick auf **Ja** nach. Ob ein solcher Dialog erscheint, hängt von der Art der Deinstallationsroutine ab.

8. Nun beginnt die eigentliche Deinstallation. Am Ende wird meist ein Hinweis auf den erfolgreichen Abschluss des Vorgangs ausgegeben. Bei manchen Programmen, wie hier bei der Deinstallation des Internetbrowsers Opera, werden Sie am Ende zu einer Webseite weitergeleitet, auf der Sie Angaben zum Grund für die Deinstallation machen können.

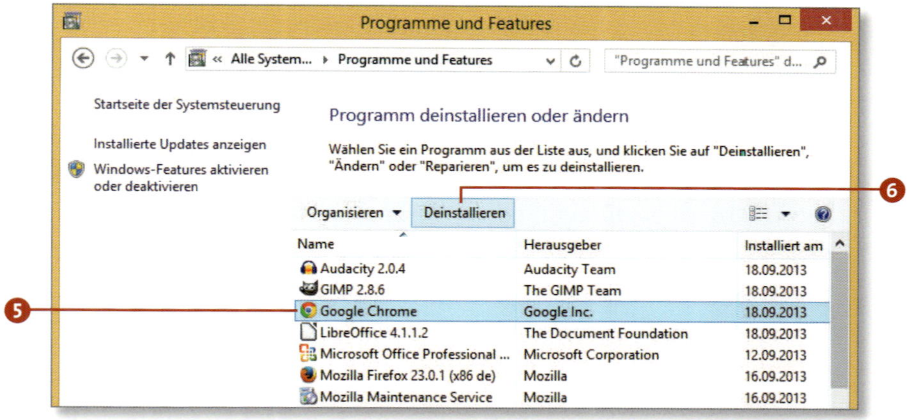

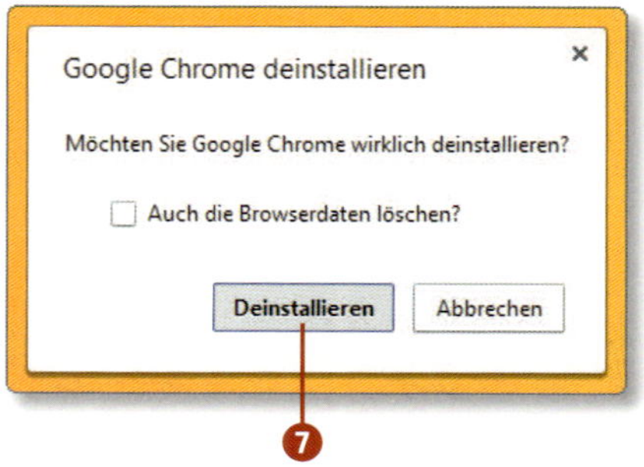

Programme deinstallieren

Die zum deinstallierten Programm gehörenden Verknüpfungen auf dem Desktop oder in der Taskleiste sowie die dazugehörigen Kacheln auf dem Startbildschirm werden bei der Deinstallation ebenfalls entfernt. Sollte es beim Deinstallieren zu Problemen kommen, hilft es oft, das Programm nochmals neu in das ursprüngliche Verzeichnis zu installieren und die Deinstallation anschließend erneut durchzuführen.

Ein Programm von DVD installieren

Wenn Sie im Handel ein Programm kaufen, z. B. ein Computerspiel, wird dieses auf CD oder DVD ausgeliefert. Bevor Sie das Programm nutzen können, müssen Sie es auf Ihrem Rechner installieren. Auf welche Festplatte, in welchen Ordner und in welchem Umfang Sie das Programm installieren, können Sie oft selbst festlegen.

1. Legen Sie die Programm-CD oder -DVD in das passende Laufwerk Ihres Computers ein, und schließen Sie die Laufwerkslade.
2. Der Datenträger wird eingelesen, und nach einem kurzen Moment öffnet sich rechts oben auf dem Bildschirm ein kleines Hinweisfenster ❶. Tippen oder klicken Sie auf dieses Fenster, um weitere Optionen zu erhalten.
3. Windows bietet Ihnen nun drei Optionen: Sie können das Programm z. B. von der eingelegten CD/DVD installieren ❷ oder sich den Inhalt der CD/DVD im Explorer anzeigen lassen ❸. Mit der dritten Option, **Keine Aktion durchführen** ❹, brechen Sie den Vorgang ab. Um das Programm zu installieren, klicken Sie also auf die Schaltfläche direkt unter der Überschrift **Programm von Medium installieren oder ausführen**.

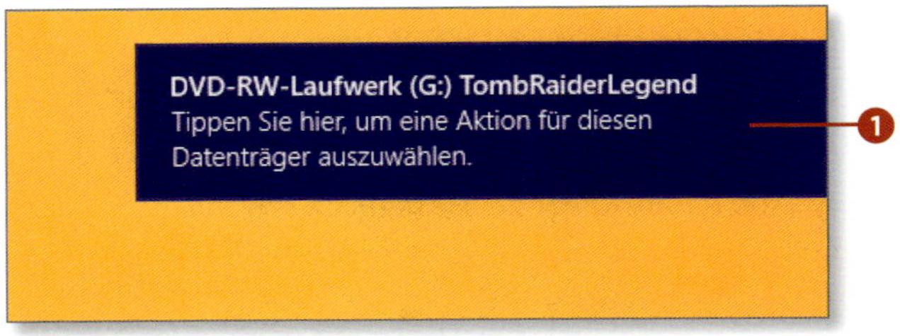

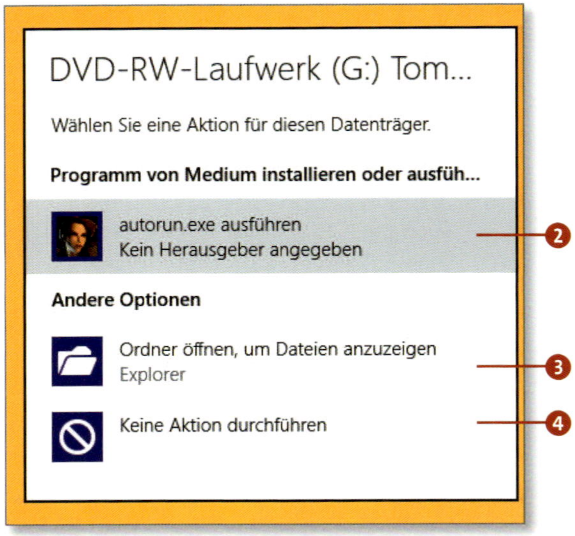

Hinweisfenster zu schnell geschlossen?

Das in Schritt 2 genannte Hinweisfenster bleibt nur für wenige Sekunden geöffnet. Sollte sich das Fenster bereits wieder geschlossen haben, bevor Sie daraufklicken konnten, öffnen Sie einfach nochmals für einen Moment die Laufwerkslade und schließen sie danach wieder. Der Datenträger wird daraufhin neu eingelesen, und das Hinweisfenster öffnet sich nach wenigen Sekunden zum zweiten Mal.

4. Wenn der Installationsdatenträger von Windows nicht erkannt wird oder sich das Autostartmenü aus anderen Gründen nicht öffnet, können Sie die Installation auch manuell starten. Öffnen Sie dazu den Explorer, z. B. über die Tastenkombination [Windows] + [E], und klicken Sie in der linken Spalte auf Ihr CD-/DVD-Laufwerk ❺.

5. In der Dateiliste auf der rechten Seite halten Sie nun Ausschau nach der Datei *setup.exe* ❻ und starten diese mit einem Doppelklick. Bei älteren Programmen kann die Installationsdatei auch *install.exe* heißen. Bei CD-Beilagen verschiedener Computerzeitschriften öffnen Sie das DVD-Menü häufig per Doppelklick auf die Datei *start.exe*.

6. Die Installation beginnt mit einer Sicherheitsabfrage der Benutzerkontensteuerung. Bestätigen Sie die Frage, ob Sie Änderungen an Ihrem System zulassen möchten, mit **Ja** ❼, um den Vorgang fortzusetzen.

7. Der genaue Ablauf der nachfolgenden Installation ist bei jeder Anwendung unterschiedlich. Für gewöhnlich müssen Sie gleich zu Beginn den Lizenzbedingungen zustimmen ❽ und im weiteren Verlauf einen Lizenzschlüssel eingeben. Ist die Installation abgeschlossen, können Sie das Programm über eine Verknüpfung auf dem Desktop oder über eine neue Kachel auf dem Startbildschirm starten.

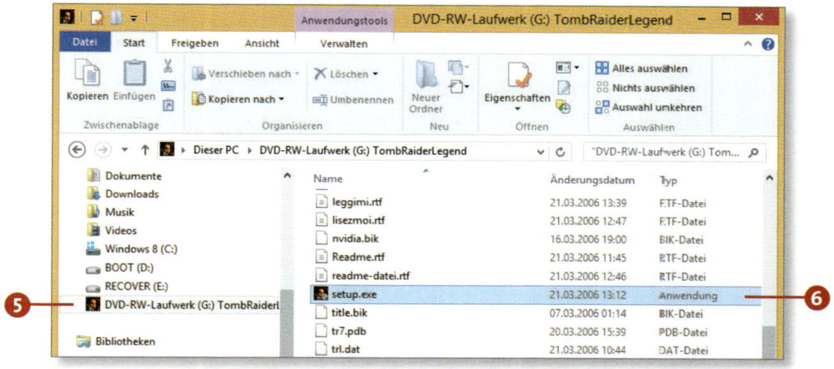

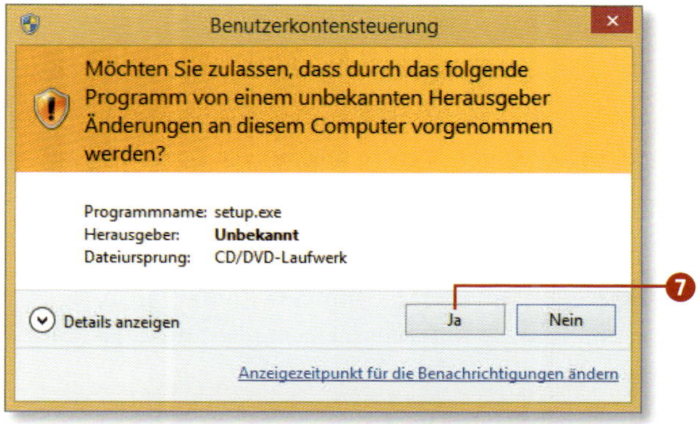

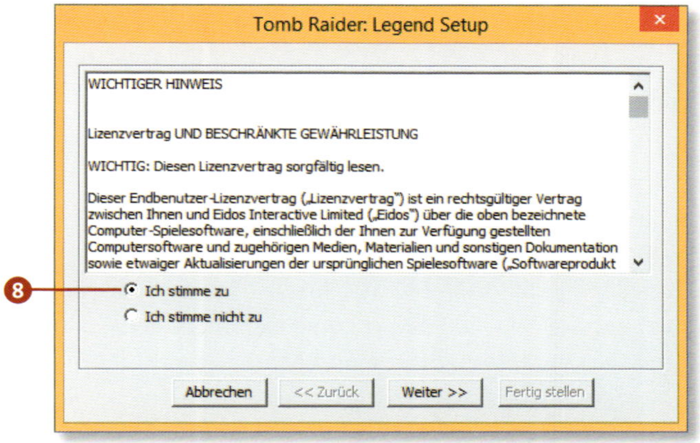

Lizenzschlüssel sicher aufbewahren

Bewahren Sie die Lizenzschlüssel, auch häufig als *Product Keys* oder *Seriennummern* bezeichnet, für Ihre Programme immer gut auf, denn diese legitimieren Sie als Anwender der Software. Ohne diesen Schlüssel wird die Installation vielfach abgebrochen, oder es stehen Ihnen nicht alle Funktionen der Anwendung zur Verfügung.

Die Kontakte-App mit Facebook verbinden

Windows stellt Funktionen bereit, mit deren Hilfe Sie Inhalte schnell mit anderen teilen können. Wenn Sie z. B. eine interessante Webseite über Facebook teilen wollen, müssen Sie Ihr Microsoft-Konto mit Ihrem Facebook-Konto verbinden.

1. Melden Sie sich mit Ihrem Microsoft-Konto unter Windows 8.1 an, und öffnen Sie die App *Kontakte* mit einem Klick auf die entsprechende Kachel.
2. Rechts unten am Bildschirmrand sehen Sie, mit welchen Diensten die *Kontakte*-App aktuell verbunden ist ❶. Standardmäßig ist dies zunächst Ihr Microsoft-Konto und eventuell Skype. Klicken Sie auf den Link **Verbunden mit**, um die Einstellungen zu öffnen.
3. Das Menü **Konten** öffnet sich. Um nun Ihr Facebook-Konto mit Ihrem Microsoft-Konto zu verbinden, klicken Sie auf den Link **Konto hinzufügen** ❷.
4. Die *Kontakte*-App zeigt Ihnen daraufhin alle Konten an, mit denen Sie eine Verbindung herstellen können. Wählen Sie den Eintrag **Facebook** ❸.

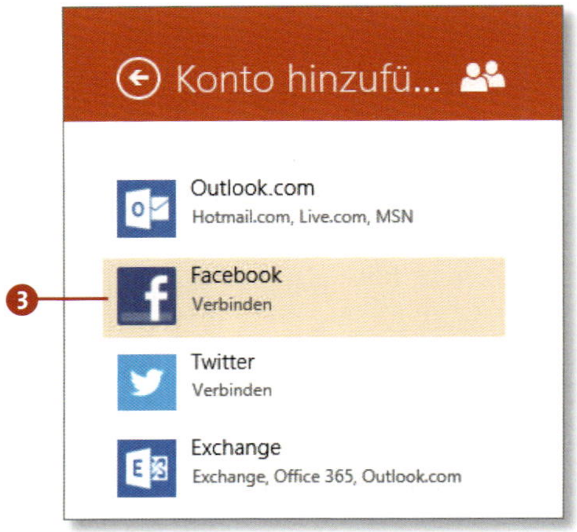

Kontakte auch in der Mail-App verwenden

Alle Kontakte, die Sie der *Kontakte*-App hinzufügen, stehen Ihnen auch in anderen Apps zur Verfügung. Wenn Sie z. B. eine neue E-Mail über die *Mail*-App schreiben und den Namen des Empfängers eingeben, schlägt Windows nach Eingabe der ersten Buchstaben passende Treffer aus Ihren Kontakten vor. Klicken Sie auf den kleinen Pfeil hinter dem Empfänger-Feld, um eine Liste aller Kontakte zu öffnen und daraus den gewünschten auszuwählen.

5. Es folgt ein kurzer Text, der Sie darauf hinweist, dass Sie nun Ihr Microsoft-Konto mit Facebook verbinden können. Da genau das unser Ziel ist, klicken Sie auf die Schaltfläche **Verbinden**.
6. Sie müssen sich nun bei Facebook anmelden ❹. Windows baut eine Verbindung zu Ihrem Facebook-Konto auf und synchronisiert Ihre Kontakte. Dieser Vorgang kann einige Minuten dauern. Klicken Sie abschließend auf **Fertig**. Die App zeigt Ihnen, alphabetisch sortiert, alle Kontakte an. Rechts unten in der Ecke sollten Sie jetzt das bekannte Facebook-Logo sehen, das anzeigt, dass auch Ihre Facebook-Kontakte in der App aufgeführt werden.
7. Wechseln Sie nun zur *Internet-Explorer*-App, und rufen Sie die Seite auf, die Sie über Facebook teilen möchten.
8. Öffnen Sie die Charms-Leiste, wählen Sie den Menüpunkt **Teilen**, und klicken Sie auf die Option **Kontakte (in sozialen Netzwerken posten)** ❺.
9. Geben Sie eine Nachricht ein ❻, und schicken Sie sie mit einem Klick auf **Senden** ❼ ab. Damit haben Sie die Nachricht auf Ihrer Facebook-Seite veröffentlicht.

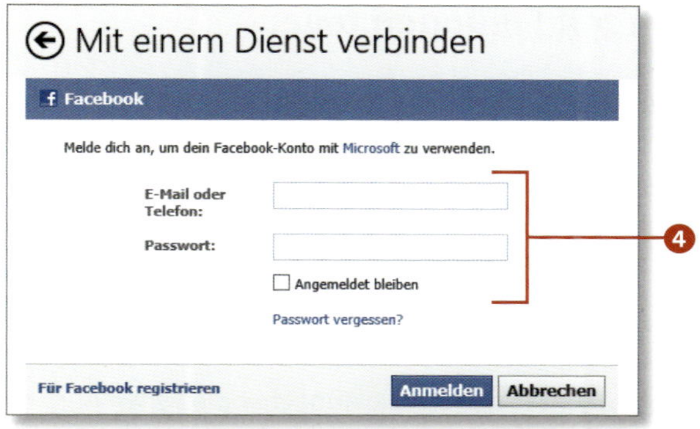

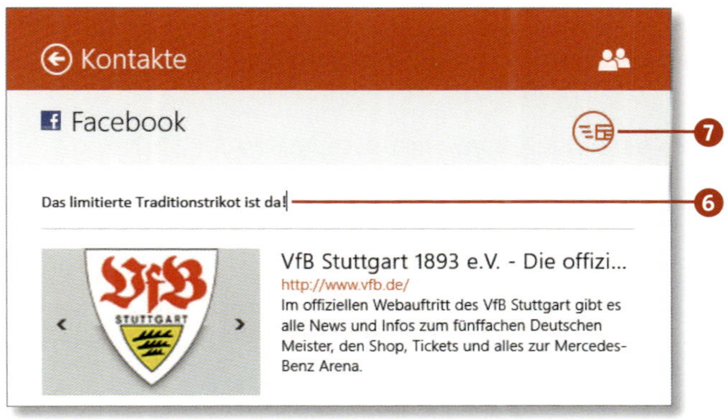

Wählerische Apps

Leider ist das Teilen von Informationen nicht aus jeder Windows-App heraus möglich. Wenn Facebook aufgrund von Serverausfällen nicht erreichbar ist, funktioniert der Befehl auch nicht. Versuchen Sie es in diesem Fall einfach ein paar Minuten später noch einmal. Inhalte des Desktops können prinzipiell nicht geteilt werden.

Informationen mit Freunden teilen

Sie haben in der *News*-App einen interessanten Artikel gefunden und möchten nun einen Bekannten oder Freund auf diesen Artikel hinweisen. Über den Menüpunkt **Teilen** der Charms-Leiste können Sie den Artikel per Mail weiterleiten, ohne die App zu verlassen. Zusätzlich können Sie aber auch Inhalte an andere Apps senden, z. B. an die Notizbuch-App *OneNote*, falls Sie diese installiert haben. Der Befehl **Teilen** funktioniert nicht nur in der *News*-App.

1. Um einen Artikel zu teilen, starten Sie zunächst die *News*-App auf dem Startbildschirm ❶ und rufen den Artikel auf, den Sie gerne teilen möchten.
2. Öffnen Sie nun mithilfe der Tastenkombination [Windows] + [H] das **Teilen**-Menü der Charms-Leiste.
3. Auf der rechten Seite sehen Sie die zum Teilen am häufigsten verwendeten Apps. Wählen Sie die Option **Mail** ❷, um die Seite per E-Mail zu teilen.
4. Der Bildschirm wird nun aufgeteilt. Auf der linken Seite sehen Sie weiterhin den Artikel, und rechts wird die *Mail*-App geöffnet. Tragen Sie schließlich die Adresse des Empfängers ein ❸, vergeben Sie einen Betreff, und ergänzen Sie bei Bedarf einen Text für Ihre Nachricht. Mit einem Klick auf die Schaltfläche **Senden** ❹ geht die E-Mail auf Reisen.

Teilen und Weitersagen

Um Inhalte per E-Mail zu teilen, müssen Sie in der *Mail*-App ein Konto eingerichtet haben. In der Charms-Leiste werden die Apps angezeigt, die am häufigsten zum Teilen verwendet werden. Doch nicht jede aufgeführte App kann jeden ausgewählten Inhalt teilen. Tritt ein solcher Fall ein, werden Sie von Windows darauf hingewiesen und gebeten, eine andere App zum Teilen zu verwenden.

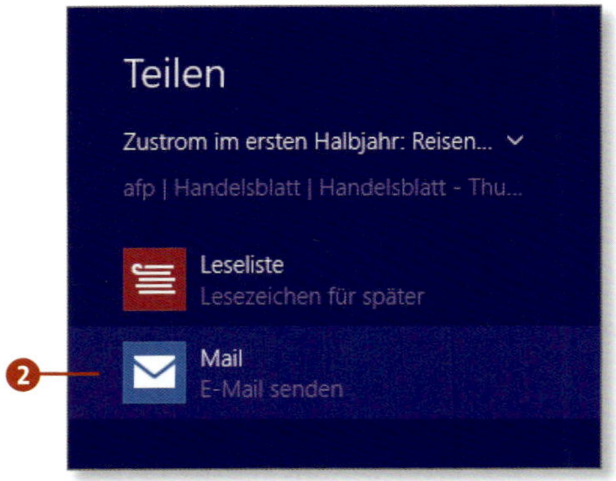

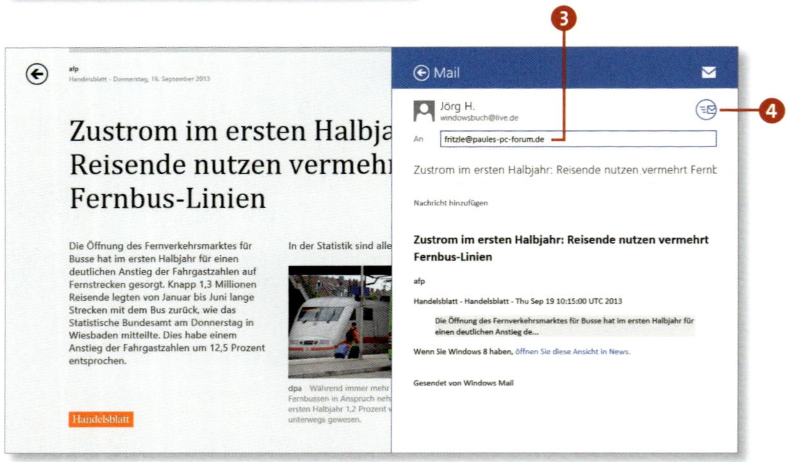

Einstellungen und Dateien suchen

Sie brauchen eine Datei oder eine bestimmte Einstellung? Suchen Sie z. B. nach der Möglichkeit, den Bildschirmschoner zu deaktivieren? Bevor Sie bei der Suche in die Tiefen des Systems abtauchen, finden Sie hier einen einfachen Lösungsvorschlag.

1. Wechseln Sie zum Startbildschirm, und tippen Sie dort einfach den Begriff »Bildschirmschoner« ein. Beim ersten Tastenanschlag öffnet sich die Suchoption ❶ und zeigt nach wenigen eingetippten Buchstaben bereits die ersten Treffer in der Ergebnisliste an ❷.
2. Die Zahl der Treffer verringert sich, je mehr Buchstaben des Wortes »Bildschirmschoner« Sie eingeben, und irgendwann taucht die gesuchte Option **Bildschirmschoner aktivieren oder deaktivieren** ❸ auf. Nun genügt ein Klick auf den Eintrag, um zu den Einstellungen zu gelangen.
3. Auf die gleiche Weise können Sie auch nach Dateien suchen. Tippen Sie einfach den Namen der gesuchten Datei ein. Durchsucht werden aber nur festgelegte Orte. Beachten Sie hierzu auch den Abschnitt »Dateien und Ordner im Explorer suchen« auf Seite 135.

Ordner werden nicht gefunden

Auf der Suche nach Dateien zeigt sich Windows leider nicht in der Lage, auch gleichnamige Ordner anzuzeigen. Für die Suche nach Dateien und Ordnern empfiehlt sich daher der Explorer auf dem Desktop.

4 Dateien und Ordner

Sind gelöschte Dateien wirklich unwiderruflich verloren, oder gibt es vielleicht doch noch eine Möglichkeit, sie zu rekonstruieren? Wie nutzt man den Explorer, um schnell Dateien und Ordner wiederzufinden, und was ist eigentlich der Unterschied zwischen Kopieren und Verschieben?

Disketten benutzt heute kaum noch jemand als Speichermedium; an ihre Stelle sind USB-Sticks und externe Festplatten getreten. Aber worauf sollten Sie achten, um einen möglichen Datenverlust bei der Verwendung dieser Wechselmedien zu vermeiden? Benötigt man zum Brennen von CDs oder DVDs tatsächlich keine zusätzliche Software mehr?

In diesem Kapitel erfahren Sie, wie Sie Ihre Daten effektiv verwalten können und wie Sie trotz Tausender Dateien genau die eine schnell wiederfinden, die Sie gerade dringend benötigen. Ich zeige Ihnen, wie Sie große Dateien platzsparend komprimieren, um sie per E-Mail zu verschicken, und erkläre, wofür man eigene Bibliotheken benötigt und wie man diese erstellen kann.

Nutzen Sie die neuen Möglichkeiten des Explorers voll aus, und passen Sie ihn an Ihre Bedürfnisse an. Gestalten Sie Ihre persönliche Schnellzugriffsleiste, und legen Sie für jeden Ordner fest, in welchem Layout er angezeigt werden soll. Große Symbole, kleine Symbole, Detailansichten – die Möglichkeiten sind zahlreich.

In diesem Kapitel

- Dateien, Ordner, Bibliotheken
- Alles im Überblick mit dem Explorer
- Dateien anzeigen und sortieren
- Das Kontextmenü einer Datei aufrufen
- Dateien und Ordner verschieben, kopieren oder löschen
- Mit komprimierten Dateien arbeiten
- Mit Datenträgern und Wechselmedien arbeiten
- Dateien und Ordner suchen
- Die Suche auf bestimmte Bereiche beschränken
- Weitere Suchoptionen
- Ein Dokument ausdrucken
- PDFs mit Windows 8.1
- Bibliotheken

Dateien, Ordner, Bibliotheken

Dateien und Ordner

Bei Ihrer täglichen Arbeit mit Windows 8.1 stoßen Sie immer wieder auf Dateien und Ordner. Sie schreiben z. B. in Microsoft Word einen Brief, und sobald Sie dieses Dokument abspeichern, erstellen Sie eine neue Datei. In Word trägt die Datei für gewöhnlich die Endung *.doc* oder auch *.docx* (welche es ist, hängt von der von Ihnen verwendeten Word-Version ab; die Endung *.docx* gibt es seit Word 2007). Excel-Dateien hingegen werden im Format *.xls* oder *.xlsx* abgespeichert. Beide Programme bieten außerdem die Möglichkeit, ein Dokument in weiteren Dateiformaten abzuspeichern ❶.

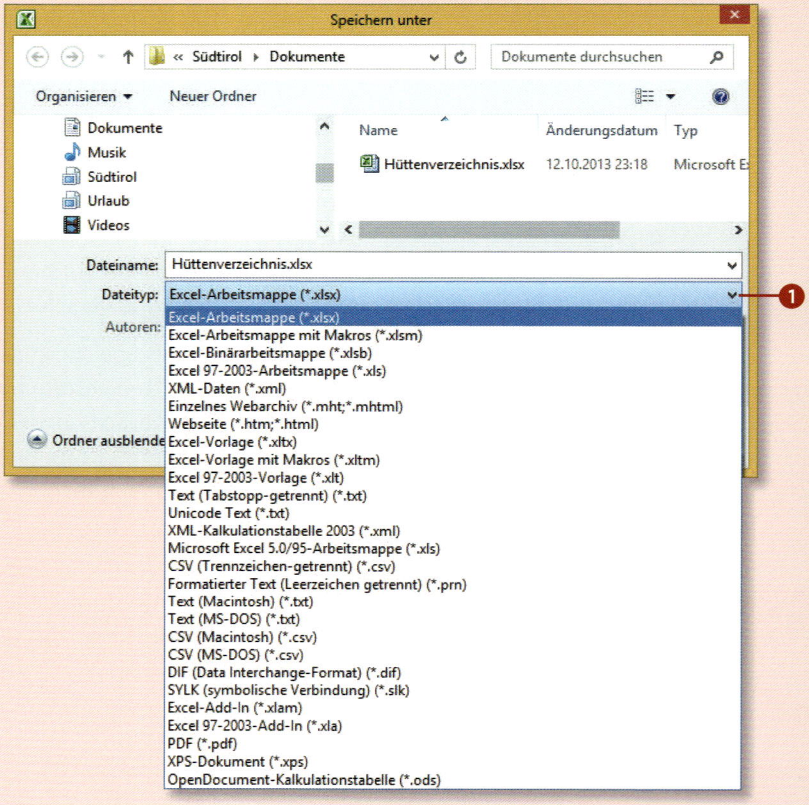

Die Dateinamenerweiterung dient Windows zur Erkennung des Dateityps und hilft dabei, das Programm zuzuordnen, mit dem die Datei geöffnet werden kann. Standardmäßig sind die Dateiendungen unter Windows ausgeblendet und werden im Explorer daher nicht angezeigt. Wie Sie die Dateiendungen einblenden und so die Sicherheit Ihres Systems erhöhen können, lesen Sie im Abschnitt »Dateiendungen einblenden« auf Seite 121.

Zu Zeiten von MS-DOS, aber auch in Windows-Versionen vor Windows 95, war der Dateiname auf maximal acht Zeichen begrenzt. Leer- und Sonderzeichen waren nicht erlaubt. Auf den Namen folgte, getrennt durch einen Punkt, die Dateiendung, die üblicherweise aus drei Zeichen besteht. Aus diesem Grund wurden die Namen in diesem Dateischema auch *8.3-Dateinamen* genannt.

Windows-8.1-Anwender brauchen sich über die Länge eines Dateinamens praktisch keine Gedanken zu machen, denn theoretisch sind dafür 260 Zeichen möglich. Punkte, Leerzeichen und deutsche Umlaute können problemlos verwendet werden. Einige Beschränkungen gibt es aber dennoch; die folgenden Zeichen dürfen in einem Dateinamen nicht verwendet werden: \, /, :, *, ?, „, <, > und |.

Wohin eine Datei gespeichert wird, hängt vom verwendeten Programm ab. In Microsoft Word, aber auch in vielen anderen Anwendungen können Sie den Standardspeicherort 2 selbst festlegen. Programme, die diese Möglichkeit nicht bieten, speichern Dateien entweder in den Standardbibliotheken, z. B. **Dokumente** oder **Bilder**, oder legen die Daten im eigenen Programmverzeichnis (Benutzerverzeichnis) ab.

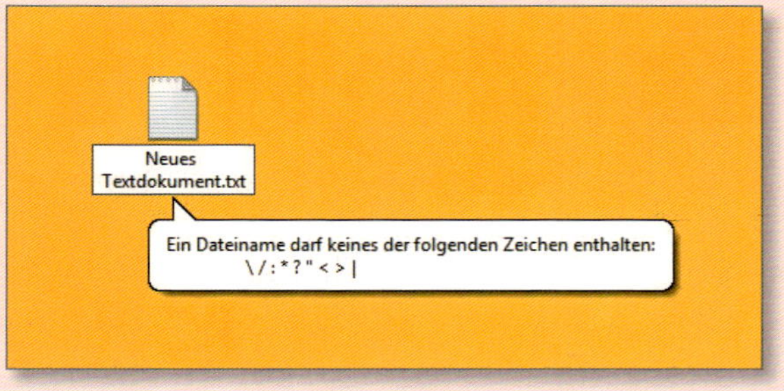

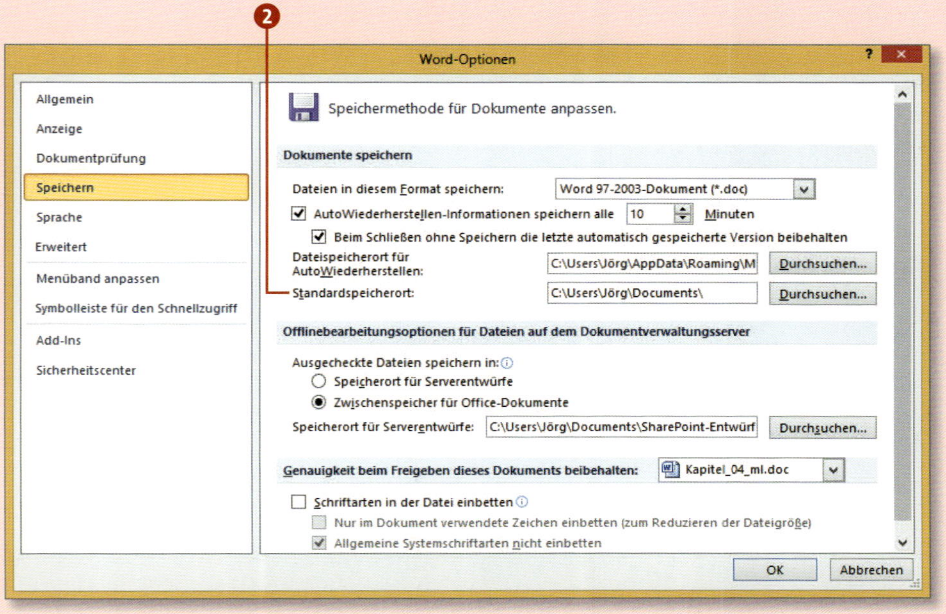

Bibliotheken

Zur besseren Organisation und Verwaltung Ihrer Daten können Sie beliebig viele Ordner erstellen, die wiederum weitere Unterordner enthalten können. Legen Sie z. B. einen Ordner mit dem Namen **Urlaub** an und darin Unterordner für verschiedene Reiseziele, z. B. **Südtirol** oder **Dänemark**. Ordner und Unterordner werden häufig auch *Verzeichnisse* und *Unterverzeichnisse* genannt.

Mithilfe von Bibliotheken ❶ wird die Verwaltung Ihrer Daten noch komfortabler. In Bibliotheken können Sie Dateien und Ordner aufnehmen, die auf unterschiedlichen Laufwerken gespeichert sind. Dabei werden die hinzugefügten Daten nicht in die Bibliothek kopiert oder verschoben, sondern bleiben an ihrem ursprünglichen Speicherort liegen. Es werden lediglich Verknüpfungen angelegt. So haben Sie mit dem Aufruf einer Bibliothek alle ihr zugeordneten Daten auf verschiedenen Laufwerken auf einmal im Blick.

Die Inhalte einer Bibliothek, also die Dateien und Ordner, lassen sich jederzeit in andere Bibliotheken verschieben. Bibliotheken können umbenannt und natürlich auch wieder gelöscht werden. Alle genannten Dateioperationen erledigen Sie mit dem Explorer (der früher noch *Windows-Explorer* hieß): Hier benennen Sie Dateien um oder verschieben sie, hier erstellen Sie Ordner oder löschen sie, und hier legen Sie auch eine neue Bibliothek an.

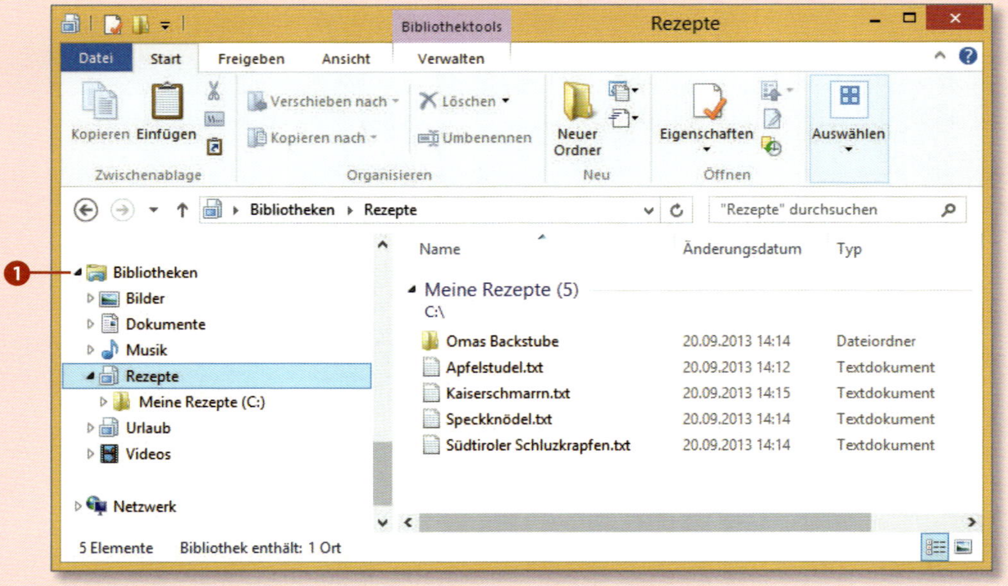

Alles im Überblick mit dem Explorer

Den Explorer öffnen

Egal, ob Sie Dateien und Ordner auf Ihrem Computer organisieren, Daten auf externen USB-Festplatten oder USB-Sticks speichern oder einfach einen neuen Ordner anlegen möchten, für alle Aufgaben ist der Explorer bestens gerüstet. Zum Starten dieses Programms stehen Ihnen mehrere Möglichkeiten zur Verfügung.

1. Vom Startbildschirm aus können Sie den Explorer öffnen, indem Sie einfach das Wort *»Explorer«* eintippen ❶ und den entsprechenden Programmeintrag ❷ aus den Suchergebnissen auswählen.
2. Wenn Sie sich bereits auf dem Desktop befinden, klicken Sie auf das Ordnersymbol ❸ in der Taskleiste.
3. Befindet sich das Ordnersymbol nicht in der Taskleiste, wurde es offenbar zu einem früheren Zeitpunkt von dort gelöst. Klicken Sie in diesem Fall mit der rechten Maustaste in die linke untere Ecke des Bildschirms, um das Schnellstartmenü zu öffnen. Darin klicken Sie auf **Explorer** ❹. (Lassen Sie sich nicht irritieren, wenn in der Ecke die Schaltfläche für den Startbildschirm erscheint. Ihn erreichen Sie auf die Art auch immer vom Desktop aus.) Der Rechtsklick öffnet aber immer das Schnellstartmenü. Falls Sie lieber mit der Tastatur arbeiten, können Sie zum Aufrufen des Schnellstartmenüs auch die Tastenkombination [Win] + [X] verwenden.

Den Explorer noch schneller starten

Einige verwenden gerne die Maus, um Windows zu bedienen, andere bevorzugen die Kombination von Maus und Tastatur. Am einfachsten und schnellsten öffnen Sie den Explorer mithilfe der Tastenkombination [Win] + [E].

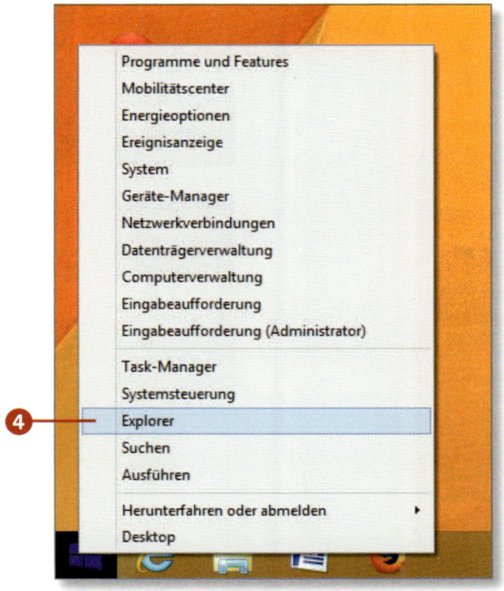

So ist der Explorer aufgebaut

Der Explorer wurde für Windows 8 bzw. Windows 8.1 überarbeitet und mit neuen Funktionen ausgerüstet. In den vorangegangenen Versionen wurde er noch als *Windows-Explorer* bezeichnet, heute nennt Microsoft das Programm offiziell *Datei-Explorer* oder einfach *Explorer*. Nicht nur der Name, auch die Optik hat sich verändert.

Das breite Menüband fällt sicherlich als Erstes ins Auge. Für viele Anwender wirkt der Explorer auf den ersten Blick nun etwas unübersichtlich, tatsächlich aber ist die Bedienung recht einfach gehalten und verlangt nur wenig Einarbeitungszeit.

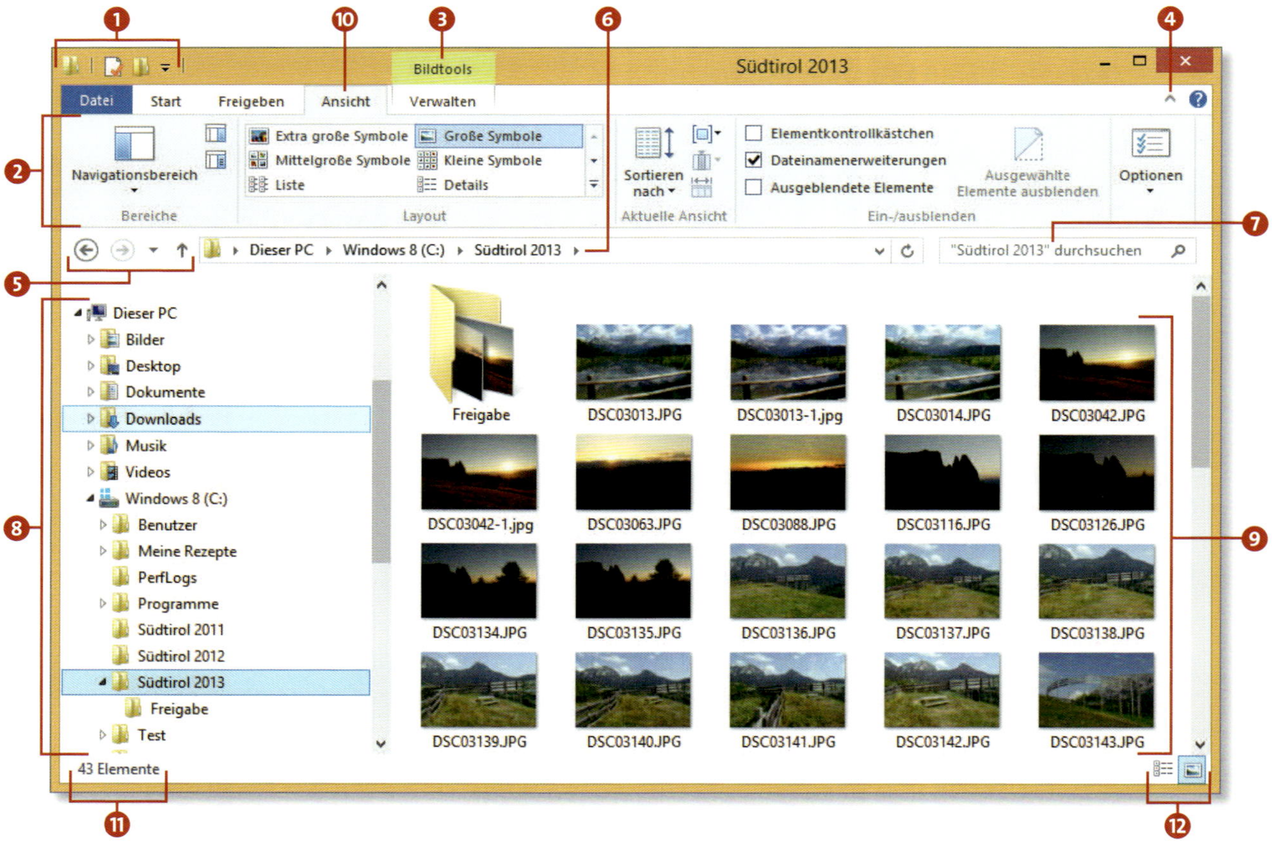

1. Ganz oben im Kopf des Fensters befindet sich die *Symbolleiste für den Schnellzugriff*. In diese Leiste können Sie häufig benötigte Befehle wie z. B. **Wiederholen**, **Löschen** oder **Umbenennen** integrieren und sie dann per Mausklick ausführen (siehe den Abschnitt »Die Symbolleiste individuell anpassen« auf Seite 107).

2. Über das *Menüband* haben Sie Zugriff auf alle verfügbaren Optionen. Sie können Dateien verschieben, neue Ordner erstellen, Dateien komprimieren und vieles mehr. Dabei zeigt das Menüband stets Befehle im Kontext zur gerade ausgewählten Datei. Wenn Sie eine Audiodatei ausgewählt haben, blendet der Explorer dazu passende Werkzeuge ein, z. B. zum Abspielen der Datei. Haben Sie hingegen ein Foto ausgewählt, bietet Ihnen die Registerkarte **Bildtools** (3) Optionen wie das Abspielen einer Diashow an. Über den kleinen, unscheinbaren Pfeil rechts oben (4) können Sie das Menüband ein- und ausblenden.

5. Klein, aber sehr praktisch sind die *Navigationsschaltflächen* direkt unterhalb des Menübandes. Über diese Schaltflächen können Sie zum zuletzt geöffneten Speicherort wechseln, den übergeordneten Ordner aufrufen oder zum nächsten Unterordner springen.

6. Die *Adressleiste* zeigt Ihnen schließlich an, wo Sie sich in der Ordnerstruktur gerade befinden. Sie können auf einen Teilbereich des Pfades klicken, um zur entsprechenden Ebene zu springen. Wenn Sie auf eine freie Stelle in der Adressleiste klicken, wird Ihnen der aktuelle Speicherpfad in seiner ursprünglichen Form angezeigt.

7. Rechts neben der Adressleiste befindet sich das *Suchfeld*, über das Sie nach Dateien und Ordnern auf Ihrem Computer suchen können. Die Suche beginnt stets im aktuell ausgewählten Verzeichnis. Unterordner werden bei der Suche ebenfalls berücksichtigt.

8. Der *Navigationsbereich* erstreckt sich über die gesamte linke Seite des Fensters. Sie haben hier Zugriff auf alle Festplatten und CD-/DVD-Laufwerke und, soweit vorhanden, auf Netzwerke und Heimnetzgruppen. Wenn Sie einen USB-Stick anschließen, wird dieser nach kurzer Zeit ebenfalls in der Liste angezeigt, sodass Sie auf die darauf gespeicherten Daten zugreifen können.

9. Im rechten Teil des Fensters sehen Sie die *Dateiliste*. Hier werden alle Inhalte der im Navigationsbereich angeklickten Laufwerke oder Ordner angezeigt. Die Darstellung lässt sich über das Menü **Ansicht** (10) verändern.

11. Ganz unten ist schließlich die *Statusleiste* zu finden. Sie zeigt die Anzahl der ausgewählten Elemente an. Haben Sie mehrere Elemente markiert, zeigt die Leiste die Anzahl der ausgewählten Dateien und die gesamte Dateigröße der Auswahl an.

12. Über die beiden Schaltflächen am rechten Rand der Statusleiste können Sie die Ansicht der Dateiliste verändern.

Die Symbolleiste des Explorers

Im Explorer gibt es einen zunächst recht unscheinbaren Bereich, der jedoch wichtige Optionen für Ihre Arbeit mit Dateien und Ordnern bereithalten und Ihnen so die Arbeit erleichtern und sie beschleunigen kann. Es handelt sich um die *Symbolleiste für den Schnellzugriff* in der Titelleiste des Programmfensters. Vielfach wird sie auch einfach als *Schnellzugriffsleiste* bezeichnet.

Standardmäßig sind in dieser Leiste zunächst nur drei Symbole zu sehen: Ganz links sehen Sie das Symbol für das Fenstermenü ❶, das Befehle für den Explorer enthält (**Verschieben**, **Größe ändern**, **Schließen** u. Ä.). Daneben finden Sie eine Schaltfläche für den Aufruf der Datei- oder Ordnereigenschaften ❷ (ein solches Element muss markiert sein, damit die Schaltfläche angeklickt werden kann) und schließlich ganz rechts ein Symbol zum Anlegen eines neuen Ordners ❸ (auch dafür muss ein Ordner angeklickt sein). Wenn Sie also z. B. einen neuen Ordner erstellen möchten, müssen Sie nicht erst zum Register **Start** im Menüband wechseln und dort die passende Schaltfläche suchen, sondern können einfach auf das Ordnersymbol in der Schnellzugriffsleiste klicken.

Würden nur diese drei Funktionen zur Auswahl stehen, wäre die Symbolleiste sicherlich nicht erwähnenswert. Klicken Sie daher einmal auf den kleinen Pfeil neben dem Ordnersymbol ❹. Es öffnet sich ein kleines Menü mit weiteren Optionen, die Sie der Symbolleiste hinzufügen können: **Rückgängig**, **Wiederholen**, **Löschen** und **Umbenennen**. Wenn Sie also z. B. auf **Löschen** klicken, wird die Leiste um dieses Symbol erweitert ❺.

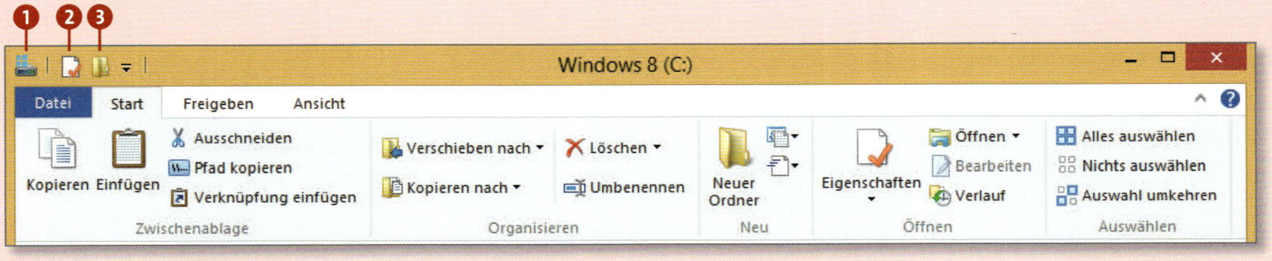

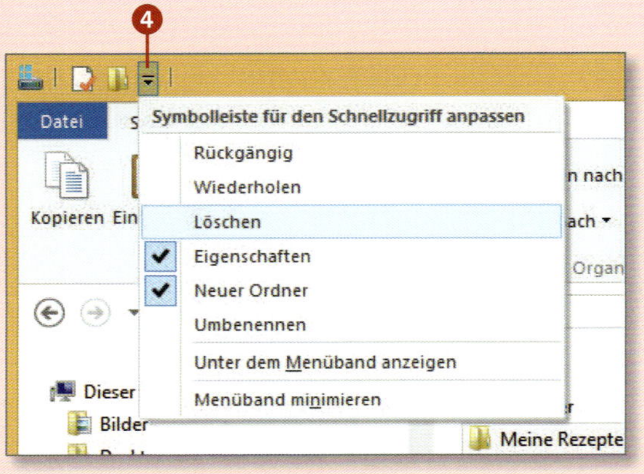

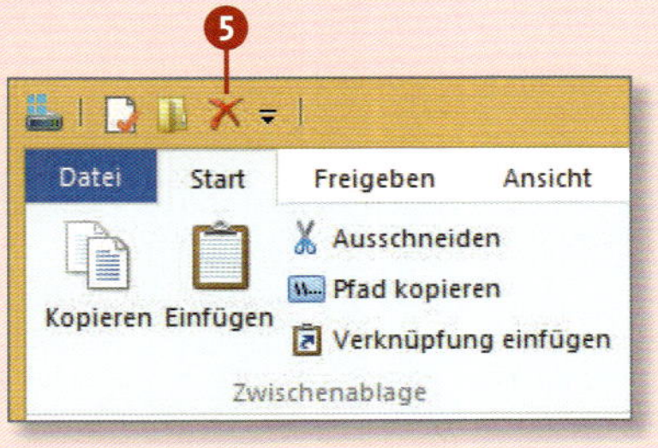

Die Symbolleiste individuell anpassen

Sie können der Symbolleiste praktisch jede Funktion hinzufügen, die sich auf einem Register des Menübandes befindet. Gehen Sie dazu wie folgt vor:

1. Öffnen Sie zunächst das Register des Menübandes, auf dem sich die Funktion befindet, die Sie hinzufügen möchten. Im Beispiel wählen wir **Bildtools** ❶.
2. Führen Sie einen Rechtsklick auf die Schaltfläche aus, die Sie hinzufügen möchten (hier **Diashow** ❷), und wählen Sie aus dem Menü den Eintrag **Zur Symbolleiste für den Schnellzugriff hinzufügen**.
3. In der Symbolleiste für den Schnellzugriff sehen Sie nun ganz rechts den neuen Befehl ❸.

Auf die gleiche Weise können Sie weitere Funktionen hinzufügen und die Symbolleiste beliebig erweitern.

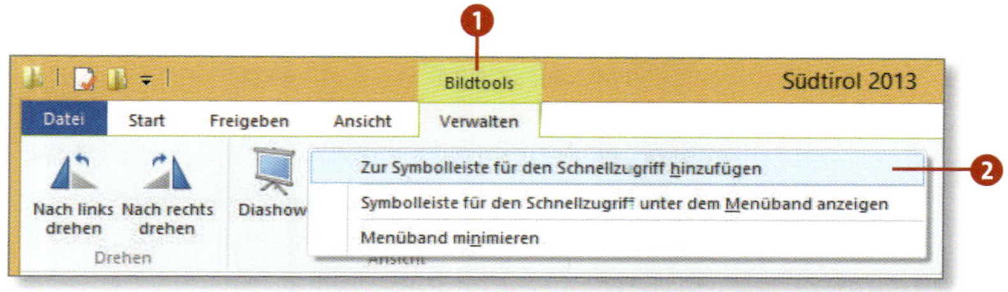

Symbole aus der Symbolleiste entfernen

Im Laufe der Zeit möchten Sie sicher auch mal wieder Symbole aus der Symbolleiste entfernen. So geht's:

1. Klicken Sie mit der rechten Maustaste auf die zu entfernende Funktion in der Symbolleiste.
2. Wählen Sie aus dem Kontextmenü den Eintrag **Aus Symbolleiste für den Schnellzugriff entfernen** ❹ aus.

Das ausgewählte Symbol wird daraufhin aus der Liste entfernt. Bei Bedarf können Sie das Symbol jederzeit erneut hinzufügen.

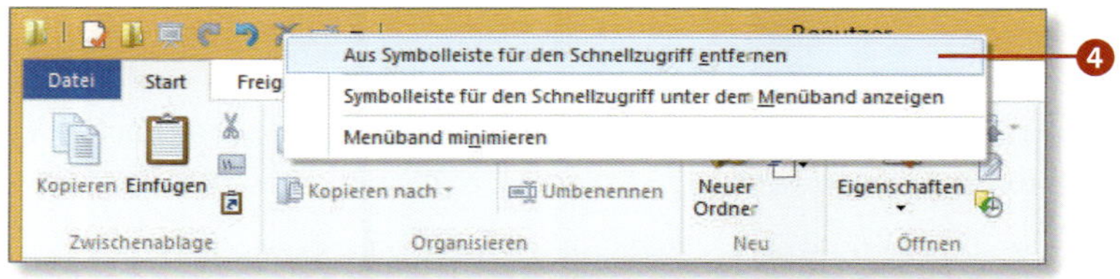

Hinweis zur Größe und Reihenfolge der Symbole

Leider lassen sich weder Größe noch Reihenfolge der Symbole in der Symbolleiste ändern. Neu hinzugefügte Symbole werden stets am rechten Rand eingefügt.

Die Ansichten des Explorers – 1

Der Explorer hat viele Gesichter. Insgesamt acht verschiedene Ansichten können vom Anwender ausgewählt werden. Für Dokumente, z. B. Word- und Excel-Dateien, empfiehlt sich die Ansicht **Details**, denn damit sehen Sie auf einen Blick, wann das Dokument zuletzt bearbeitet wurde und welche Größe es hat. Für Bilddateien eignen sich besonders gut die Ansichten **Mittelgroße Symbole**, **Große Symbole** und **Extra große Symbole**. All diese Einstellungen bieten ein kleines Vorschaubild des Fotos, damit Sie die Bilder betrachten können, ohne erst ein Bildprogramm öffnen zu müssen.

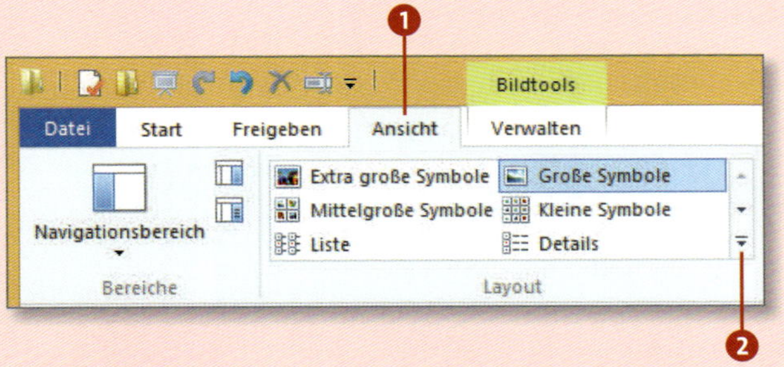

Um die Darstellung im Explorer zu wechseln, klicken Sie auf der Registerkarte **Ansicht** ❶ in der Gruppe **Layout** auf die Schaltfläche der gewünschten Ansicht:

- **Kleine**, **Mittelgroße**, **Große** oder **Extra große Symbole**
- **Liste**
- **Details**
- **Kacheln**
- **Inhalt**

Wenn Sie nicht alle Schaltflächen sehen können, erweitern Sie den Auswahlbereich durch einen Klick auf den nach unten zeigenden Pfeil ❷.

Die vier Symbolansichten eigenen sich besonders gut für die Anzeige von Bildern. Bei der Einstellung **Kleine Symbole** ist der Inhalt der Bilddatei noch nicht zu sehen. Mit **Mittelgroße Symbole** und **Große Symbole** variieren Sie die Größe der Vorschaubilder und damit auch die Anzahl der angezeigten Dateien.

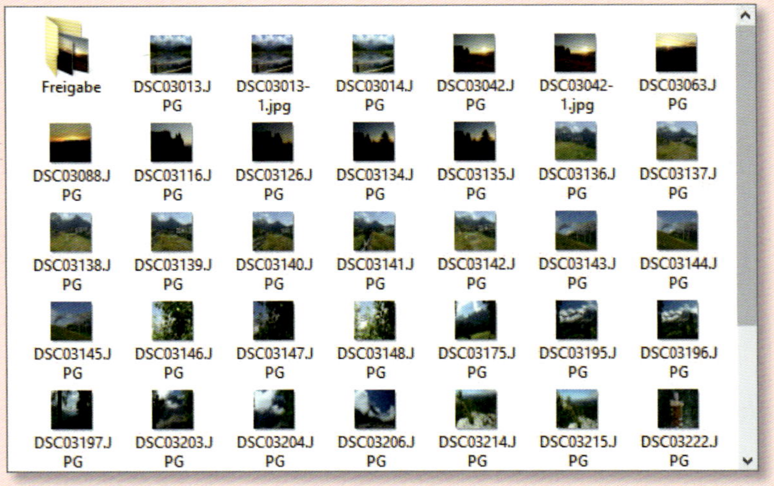

Viel Platz benötigt die Auswahl **Extra große Symbole**. Da die Darstellung der Symbole auf diese Art auch einiges an Rechenleistung benötigt, sollten Sie **Extra große Symbole** nur für Ordner verwenden, die wenige Bilder enthalten.

Wählen Sie die Ansicht **Liste**, werden alle Ordner und Dateien als Symbole in einer einfachen, mehrspaltigen Liste dargestellt. Außer dem Dateinamen enthält die Liste keine Informationen.

Freigabe	DSC03139.JPG	DSC03214.JPG
DSC03013.JPG	DSC03140.JPG	DSC03215.JPG
DSC03013-1.jpg	DSC03141.JPG	DSC03222.JPG
DSC03013-2.JPG	DSC03142.JPG	DSC03232.JPG
DSC03013-3.JPG	DSC03143.JPG	DSC03233.JPG
DSC03013-4.JPG	DSC03144.JPG	DSC03236.JPG
DSC03014.JPG	DSC03145.JPG	DSC03237.JPG
DSC03042-1.jpg	DSC03146.JPG	DSC03238.JPG
DSC03063.JPG	DSC03147.JPG	DSC03253.JPG
DSC03088.JPG	DSC03148.JPG	
DSC03116.JPG	DSC03175.JPG	
DSC03126.JPG	DSC03195.JPG	
DSC03134.JPG	DSC03196.JPG	

Die Ansicht **Details** zeigt, wie der Name wahrscheinlich schon erahnen lässt, mehr Informationen zu den aufgelisteten Dateien und Ordnern an. So sehen Sie neben dem Dateinamen auch das Datum der letzten Änderung, den Dateityp und die Dateigröße und, wenn welche vorhanden sind, Markierungen.

Name	Datum	Typ	Größe	Markierungen
Freigabe	12.09.2013 18:36	Dateiordner		
DSC03013.JPG	01.08.2013 14:59	JPG-Datei	3.973 KB	
DSC03013-1.jpg	17.08.2013 11:21	JPG-Datei	551 KB	
DSC03013-2.JPG	12.10.2012 09:45	JPG-Datei	1.332 KB	
DSC03013-3.JPG	10.08.2013 14:15	JPG-Datei	4.562 KB	
DSC03013-4.JPG	02.08.2013 20:48	JPG-Datei	2.923 KB	
DSC03014.JPG	01.08.2013 14:59	JPG-Datei	4.232 KB	
DSC03042-1.jpg	17.08.2013 11:21	JPG-Datei	364 KB	
DSC03063.JPG	02.08.2013 20:57	JPG-Datei	1.664 KB	
DSC03088.JPG	02.08.2013 21:01	JPG-Datei	1.601 KB	
DSC03116.JPG	02.08.2013 21:22	JPG-Datei	2.472 KB	
DSC03126.JPG	02.08.2013 21:31	JPG-Datei	2.594 KB	

Welche Details angezeigt werden, können Sie übrigens selbst festlegen. Klicken Sie einfach mit der rechten Maustaste auf einen beliebigen Spaltenkopf, und wählen Sie dann aus dem Kontextmenü die Details aus, die für Sie von Interesse sind. Den Vorgang müssen Sie für jedes gewünschte Detail wiederholen.

Die Ansichten des Explorers – 2

Die Ansicht **Kacheln** zeigt ein kleines Symbol für die Datei, ihren Namen, den Dateityp sowie die Dateigröße an. Die Dateien werden in mehreren Spalten aufgelistet. Bei Bild- und Grafikdateien wird als Symbol eine Miniaturansicht der Datei angezeigt.

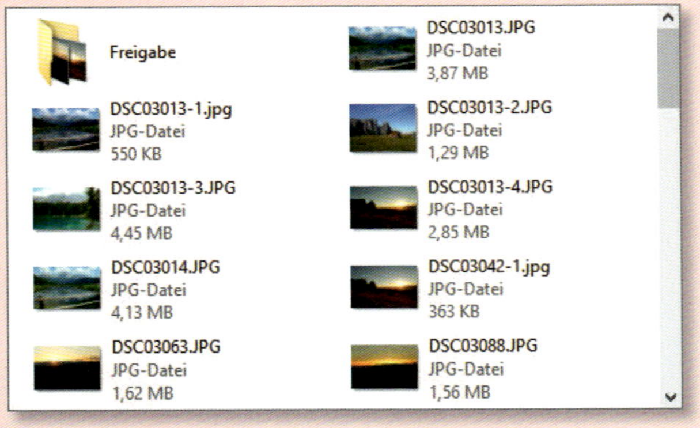

Bei der Ansicht **Inhalt** listet der Explorer alle Elemente in einer fortlaufenden Liste auf. Dargestellt werden wieder ein Dateisymbol, der Name der Datei, ihr Typ und ihre Größe und außerdem das Datum der letzten Änderung. Bei Bild- und Grafikdateien wird, wie zuvor bei der Kachelansicht, eine Miniaturvorschau angezeigt.

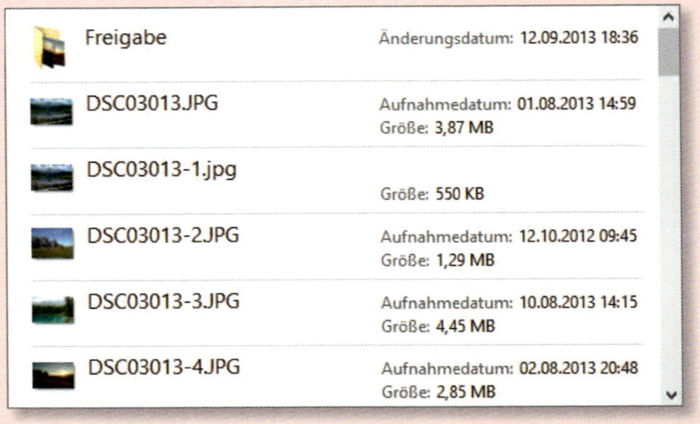

Der Explorer bietet, etwas versteckt in der Statusleiste am unteren Bildschirmrand, zwei Optionen ❶ zur schnellen Änderung der Darstellung. Klicken Sie auf die linke Schaltfläche, um sich die Ansicht **Details** anzeigen zu lassen, und auf die rechte Schaltfläche für die Ansicht **Große Symbole**. Nur diese beiden Ansichten stehen im Schnellzugriff zur Verfügung. Sie können aber alle Ansichten auch mithilfe der Tastatur aktivieren: Drücken Sie Strg + ⇧ und dazu eine Ziffer von 1 bis 8. Jeder Ziffer ist eine andere Ansicht zugeordnet.

Dateien anzeigen und sortieren

Dateien im Explorer anzeigen

Nachdem Sie den Explorer gestartet haben, sehen Sie auf der linken Seite u. a. eine Auflistung verschiedener Bibliotheken und Favoriten-Ordner. Unter der Bezeichnung **Dieser PC** werden alle angeschlossenen Laufwerke aufgeführt, also Festplatten und CD-/DVD-Laufwerke; diese sind allerdings erst sichtbar, wenn Sie auf den kleinen Pfeil vor dem Eintrag **Dieser PC** klicken und damit die Liste aufklappen. Dieser Pfeil wiederum wird erst sichtbar, wenn Sie mit der Maus auf ein Element zeigen. Führen Sie den Mauszeiger aus dem Navigationsbereich heraus, werden die Pfeile wieder ausgeblendet. Alle Laufwerke und Ordner, vor denen Sie einen solchen Pfeil sehen, können Sie aufklappen und sich so ihre Unterverzeichnisse anzeigen lassen. Sobald Sie einen Ordner durch Anklicken markieren, zeigt der Datei-Explorer dessen Inhalt in der rechten Fensterhälfte an.

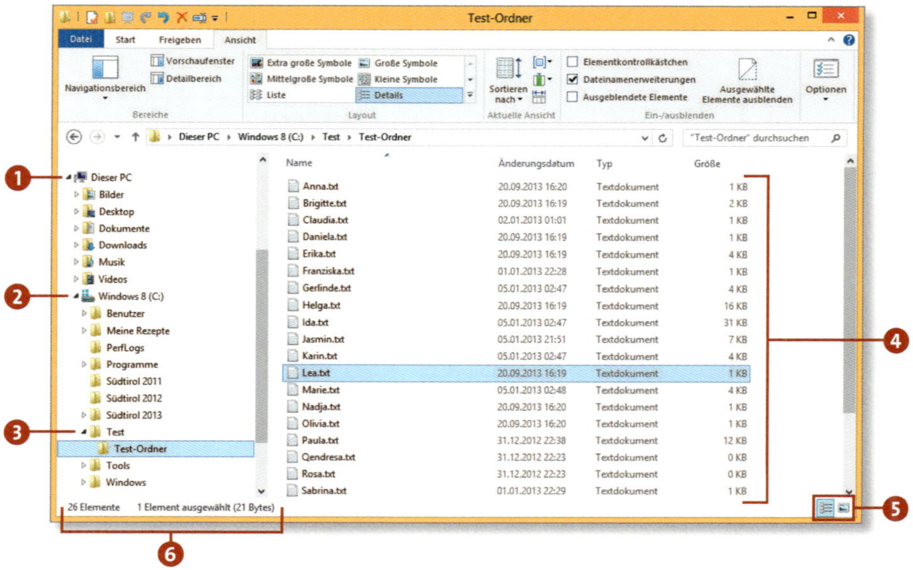

❶ In der Kategorie **Dieser PC** sind alle angeschlossenen Laufwerke aufgelistet.

❷ Das Systemlaufwerk *C:* ist das Laufwerk, auf dem Windows installiert ist.

❸ das Verzeichnis **Test** mit dem Unterverzeichnis **Test-Ordner**

❹ der Inhalt des links ausgewählten Ordners in der Detailansicht

❺ Schaltflächen zum schnellen Umschalten zwischen den Ansichten **Details** und **Große Symbole**

❻ die Statusleiste mit Angaben zur Anzahl der Elemente im ausgewählten Ordner und zu dessen Dateigröße

Das Kontextmenü einer Datei aufrufen

Über das Kontextmenü erreichen Sie viele Einstellungs- und Bearbeitungsmöglichkeiten für Dateien und Ordner. Dabei passt sich das Kontextmenü stets dem ausgewählten Element an und listet jeweils dazu passende Funktionen auf.

Um das Kontextmenü einer Datei zu öffnen, klicken Sie diese im Explorer mit der rechten Maustaste an. Das Menü enthält Funktionen zur Bearbeitung oder Weiterverwendung der ausgewählten Datei. Welche Funktionen das im Einzelnen sind, hängt vom Dateityp ab. Das Kontextmenü einer Bilddatei enthält z. B. Befehle, um das Bild nach links oder rechts zu drehen oder es als Desktop-Hintergrund festzulegen. Haben Sie hingegen über das Kontextmenü eine Audiodatei geöffnet, stellt Windows Optionen wie die Wiedergabe mit dem Windows Media Player zur Verfügung.

Funktionen wie **Ausschneiden**, **Kopieren**, **Verknüpfung erstellen**, **Löschen**, **Umbenennen** und **Eigenschaften** finden Sie in den Kontextmenüs aller Dateitypen. Der Befehl **Einfügen** ist erst verfügbar, wenn sich ein kopiertes oder ausgeschnittenes Element in der Zwischenablage befindet.

Auch den Menüpunkt **Senden an** finden Sie im Kontextmenü aller Dateitypen. Darüber können Sie die ausgewählte Datei z. B. in die Bibliothek **Dokumente** verschieben, sie als Anhang per E-Mail versenden oder in ein ZIP-Archiv packen.

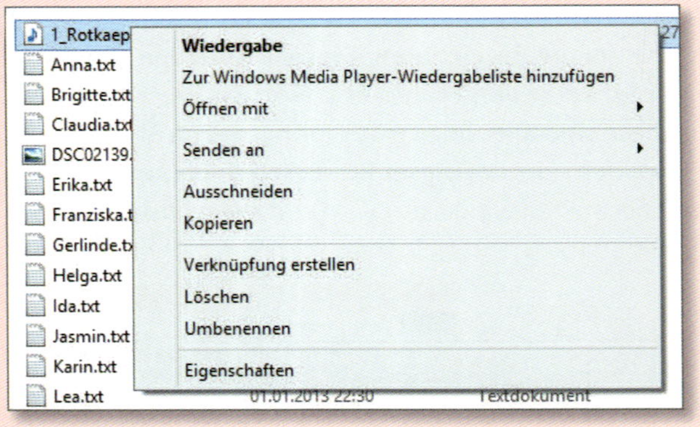

Bei der Installation mancher Programme wird das Kontextmenü um programmspezifische Funktionen erweitert. Sie können aber für gewöhnlich bei der Installation angeben, ob Sie diesen Erweiterungen zustimmen möchten.

Auch für Ordner können Sie ein Kontextmenü öffnen, und auch hier unterscheiden sich die zur Auswahl stehenden Funktionen je nach Inhalt des ausgewählten Ordners. Enthält ein Ordner Fotos oder Audiodateien, können Sie diese über den Menüpunkt **Mit Windows Media Player wiedergeben** abspielen. Fotos werden dann als Diashow wiedergegeben. Das Menü **Senden an** unterscheidet sich nicht von dem für einzelne Dateien, und auch die Standardeinträge **Kopieren**, **Umbenennen**, **Löschen** etc. sind vorhanden.

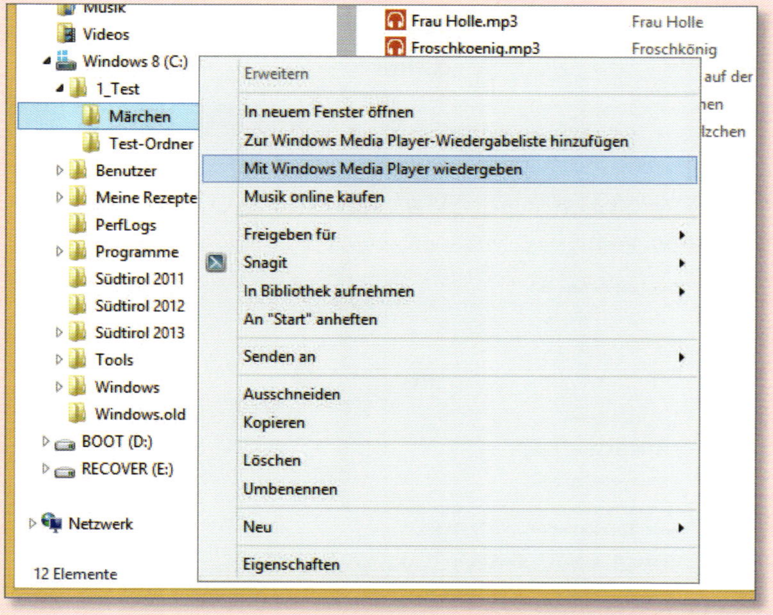

Anstelle des normalen Kontextmenüs können Sie auch ein erweitertes Menü mit zusätzlichen Funktionen einblenden. Halten Sie einfach die [⇧]-Taste gedrückt, während Sie mit der rechten Maustaste das Kontextmenü einer Datei oder eines Ordners aufrufen. Mit der neuen Option **Als Pfad kopieren** kopieren Sie den kompletten Dateipfad in die Zwischenablage und können ihn mit dem Befehl **Einfügen** aus dem Kontextmenü oder mit [Strg] + [V] in eine andere Anwendung, z. B. ein Word-Dokument oder eine E-Mail, übernehmen. So sparen Sie sich lästige Tipparbeit. Das Menü **Senden an** wurde dabei ebenfalls deutlich erweitert: Hier finden Sie nun weitere Ziele zum Speichern Ihrer Daten.

Kennen Sie eigentlich die Kontextmenü-Taste [▤]? Sie befindet sich in der untersten Reihe zwischen [Alt Gr] und [Strg] und öffnet das Kontextmenü eines markierten Elements.

Die Eigenschaften von Dateien ändern

Zu jeder Datei können Sie den Dialog **Eigenschaften** aufrufen. Er enthält Details zur Datei, z. B. den Typ und die Größe, sowie weiterführende Informationen wie Autor und Änderungsdatum. Sie können einer Datei weitere Informationen hinzufügen, z. B. Kommentare oder Suchbegriffe. Fotos lassen sich zusätzlich sogar bewerten.

1. Um die Eigenschaften einer Datei aufzurufen, öffnen Sie zunächst den Explorer und klicken die gewünschte Datei mit der linken Maustaste an. Wechseln Sie zum Register **Start** ❶, und klicken Sie dort auf den oberen Teil der Schaltfläche **Eigenschaften** ❷.

2. Im Fenster **Eigenschaften**, das sich nun öffnet, sehen Sie auf dem Register **Allgemein** ❸ neben dem Dateinamen u. a. den Dateityp und unmittelbar darunter eine Angabe dazu, mit welchem Programm die Datei geöffnet wird ❹. In diesem Beispiel wird die ausgewählte MP3-Datei mit der *Musik*-App abgespielt. Über die Schaltfläche **Ändern** ❺ können Sie gegebenenfalls ein anderes Programm zum Abspielen der Audiodatei auswählen.

3. Dem nächsten Abschnitt können Sie den Speicherort sowie die Dateigröße entnehmen ❻ und sehen, wann die Datei erstellt wurde, wann sie zuletzt geändert wurde und wann der letzte Zugriff erfolgt ist ❼.

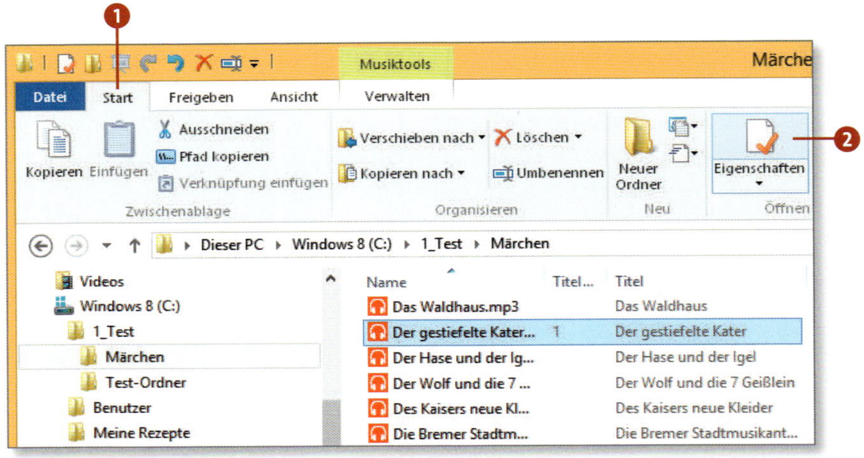

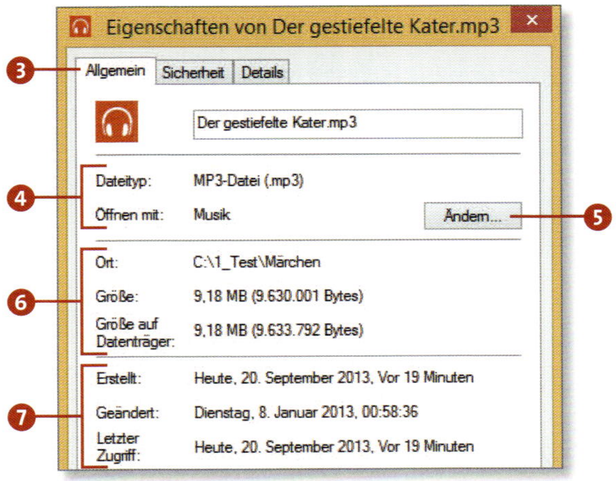

Jeder Dateityp verfügt über andere Eigenschaften

Welche Eigenschaften für eine Datei angezeigt werden, hängt von ihrem Typ ab. Bei Fotos finden Sie z. B. Angaben zur Belichtungszeit oder zur verwendeten Blende, während Sie bei Office-Dokumenten die Anzahl der Seiten, Wörter und Zeichen sehen.

4. Wechseln Sie zum Register **Details** ❽, um weitere Informationen aufzurufen. In diesem Bereich können Sie einiges abändern und leere Bereiche der Spalte **Wert** mit Daten füllen, z. B. einen Titel vergeben oder einen Kommentar ergänzen. Führen Sie den Mauszeiger dorthin, wird ein Textfeld eingeblendet, und Sie können den vorhandenen Text beliebig ändern. Klicken Sie unten auf die Schaltfläche **OK**, um alle Änderungen zu speichern.

5. Bevor Sie eine Datei weitergeben, z. B. per E-Mail verschicken, sollten Sie einen Blick auf deren Dateieigenschaften werfen und gerade bei Office-Dokumenten und Mediadateien persönliche Angaben entfernen. Markieren Sie die Datei im Explorer, und klicken Sie dieses Mal auf den unteren Teil der Schaltfläche **Eigenschaften**. Es öffnet sich ein kleines Menü, aus dem Sie den Eintrag **Eigenschaften entfernen** ❾ auswählen.

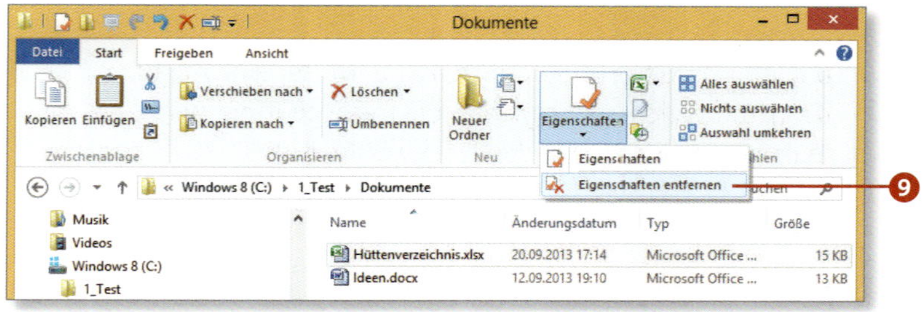

6. Sie haben nun die Wahl. Um eine Kopie Ihrer Datei erstellen und daraus alle Eigenschaften entfernen zu lassen, wählen Sie die Option **Kopie erstellen, in der alle möglichen Eigenschaften entfernt sind** ❿.

7. Möchten Sie hingegen selbst festlegen, welche Informationen gelöscht werden sollen, markieren Sie die Option **Folgende Eigenschaften aus dieser Datei entfernen** ⓫. Sie können darunter dann die Informationen markieren, die Sie löschen möchten, indem Sie in das jeweilige Kästchen klicken.

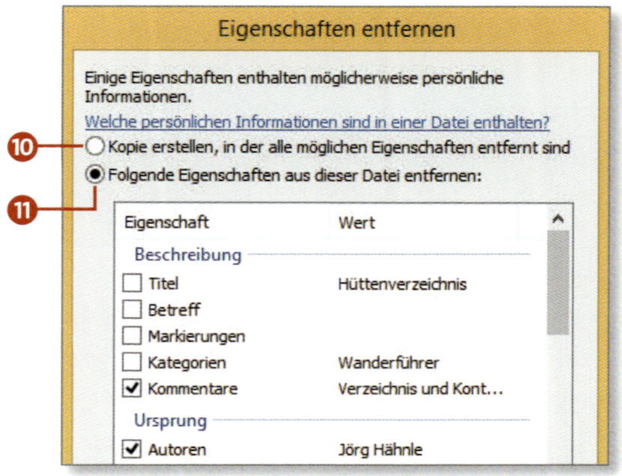

Keine Kopie!

Wenn Sie selbst auswählen, welche Eigenschaften gelöscht werden sollen, werden diese Informationen direkt aus der Originaldatei entfernt, in diesem Fall wird also keine Kopie der Datei erstellt. Einmal gelöschte Eigenschaften können dann nicht wieder rekonstruiert werden.

Dateien nach Datum sortieren

Die Möglichkeit, Dateien im Explorer nach festgelegten Kriterien zu sortieren, erleichtert deren Verwaltung ungemein. Eine Variante ist die Sortierung der Dateien nach ihrem Erstellungsdatum.

1. Starten Sie den Explorer, und öffnen Sie den Ordner, der die zu sortierenden Daten enthält. Wechseln Sie dann zum Register **Ansicht**.
2. Klicken Sie dort auf die Schaltfläche **Sortieren nach** 1.
3. In dem kleinen Menü, das sich daraufhin öffnet, ist die Sortierung **Name** 2 in aufsteigender Folge 3 (alphabetisch von A bis Z) voreingestellt. Wählen Sie den Eintrag **Änderungsdatum** 4, um eine neue Sortierung vorzunehmen. Das Auswahlfenster schließt sich wieder, und die Daten werden fortan nach dem Datum in absteigender Reihenfolge sortiert. Die neuesten Daten stehen ganz oben in der Liste.
4. Möchten Sie die Daten lieber in umgekehrter Reihenfolge sortiert haben, klicken Sie noch einmal auf **Sortieren nach** und wählen anschließend die Option **Absteigend** 5 aus.

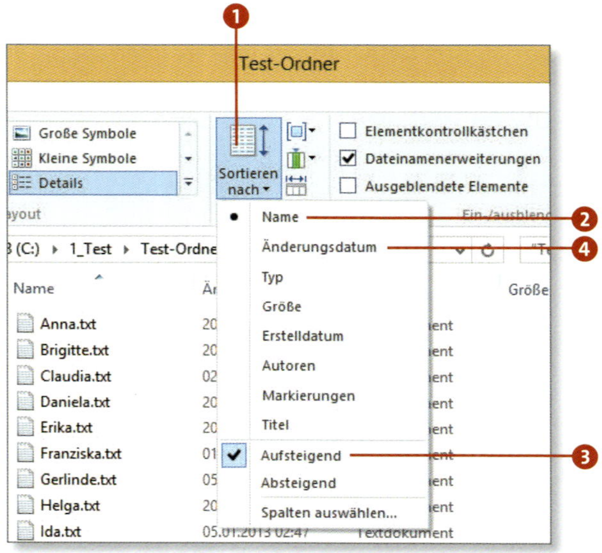

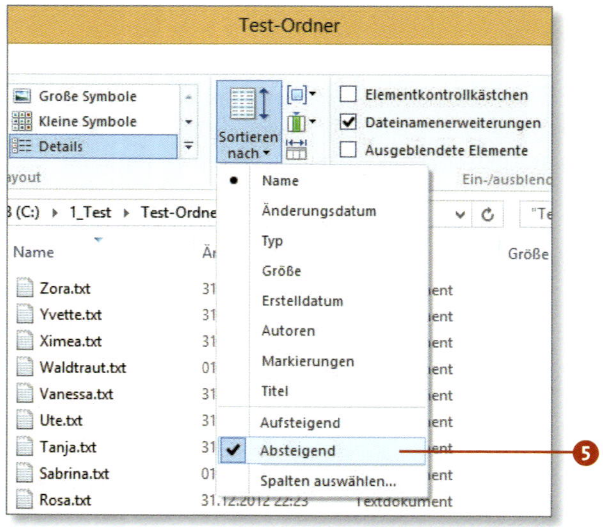

> **Breite der Spalten ausrichten**
>
> Je nachdem, welche Informationen in einer Spalte angegeben werden, sind diese mal länger, mal weniger lang. Um die Breite einer einzelnen Spalte zu ändern, klicken Sie im Spaltenkopf auf den Unterteilungsstrich und ziehen die Spalte mit gedrückter Maustaste auf die gewünschte Breite. Die Breite aller Spalten passen Sie mit einem Klick auf **Größe aller Spalten anpassen** in der Gruppe **Aktuelle Ansicht** auf der Registerkarte **Ansicht** des Explorers an.

Dateien nach Größe und anderen Kriterien sortieren

Sie möchten Ihre Daten nicht nach Name oder Datum, sondern z. B. nach der Dateigröße sortieren? Kein Problem, Sie können viele Informationen als Sortierkriterien verwenden.

1. Öffnen Sie einen Ordner im Explorer.
2. Sie können die Sortieroptionen mit einem Klick auf **Sortieren nach** ❶ einblenden, oder Sie öffnen mit einem Rechtsklick auf eine freie Stelle innerhalb des Ordners dessen Kontextmenü. Wählen Sie aus dem Menü die Option **Größe** ❷ aus. Da sich das Menü nach erfolgter Auswahl schließt, müssen Sie es erneut öffnen, falls Sie die Reihenfolge ❸ ändern möchten.
3. Um Spalten mit Informationen zu entfernen oder neue hinzuzufügen, öffnen Sie den Ordner und klicken dann auf der Registerkarte **Ansicht** auf **Spalten hinzufügen** ❹. Aus dem zugehörigen Menü wählen Sie die gewünschten Informationen aus.
4. Wenn Sie auf **Spalten auswählen** ❺ klicken, können Sie aus einer langen Liste eine Auswahl treffen, indem Sie jeweils das Kontrollkästchen markieren ❻. Nach einem Klick auf **OK** werden die ausgewählten Spalten hinzugefügt.

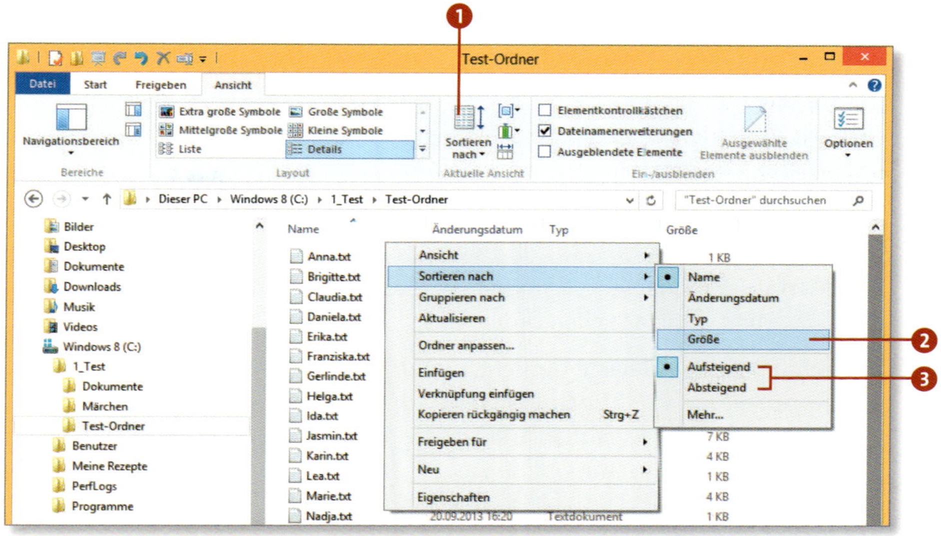

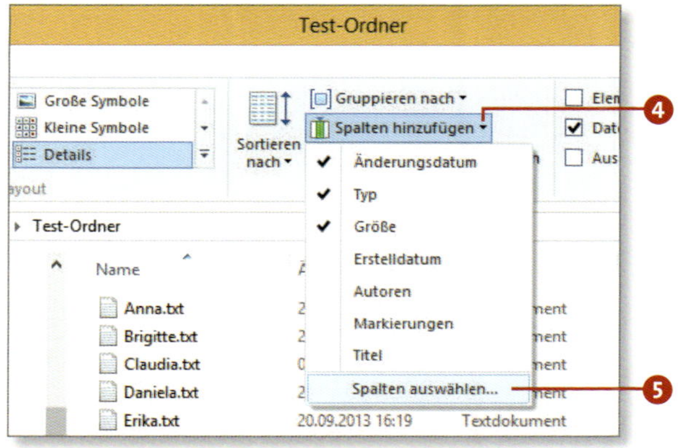

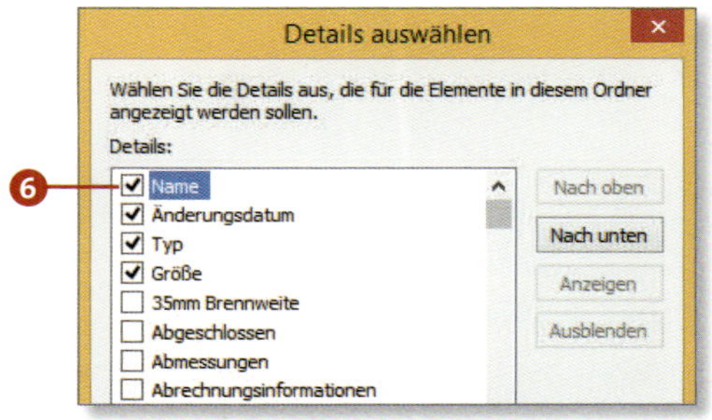

Spalten ohne Inhalt

Je nach Dateityp enthalten nicht alle Spalten tatsächlich Informationen. So bleibt z. B. die Spalte **Brennweite** bei einer Textdatei leer.

Dateien gruppieren und filtern

Die Sortierung von Dateien ist praktisch, allerdings lassen sich diese immer nur nach *einem* Kriterium sortieren, also z. B. nach Name *oder* nach Dateigröße. Mithilfe der Gruppierung können Sie Ihre Dateien in Gruppen einteilen und sie innerhalb einer solchen Gruppe nach einem weiteren Kriterium sortieren.

1. Öffnen Sie den Explorer, z. B. mithilfe der Tastenkombination ⊞ + [E], und wählen Sie den Ordner aus.
2. Wechseln Sie zum Register **Ansicht**, und klicken Sie im Menüband auf die Schaltfläche **Gruppieren nach** ❶. Ein kleines Menü wird unterhalb der Schaltfläche ausgeklappt. Wählen Sie aus der Liste nun die gewünschte Option aus, z. B. **Name**.
3. Alle Dateien werden jetzt in alphabetischer Reihenfolge in mehrere Gruppen aufgeteilt. Um die Sortierung innerhalb der Gruppen zu ändern, klicken Sie im Menüband auf **Sortieren nach** ❷ und wählen im Menü einen Eintrag aus, z. B. **Größe**. Sie sehen, die Gruppierung bleibt erhalten, innerhalb der Gruppierung werden die Daten nun aber zusätzlich noch nach ihrer Größe sortiert.
4. Um eine Gruppe auszublenden, klicken Sie auf den kleinen Pfeil unmittelbar vor der Gruppenbezeichnung ❸. Die Gruppe wird »zugeklappt«. Mit einem erneuten Klick auf den Pfeil blenden Sie die Gruppe wieder ein.

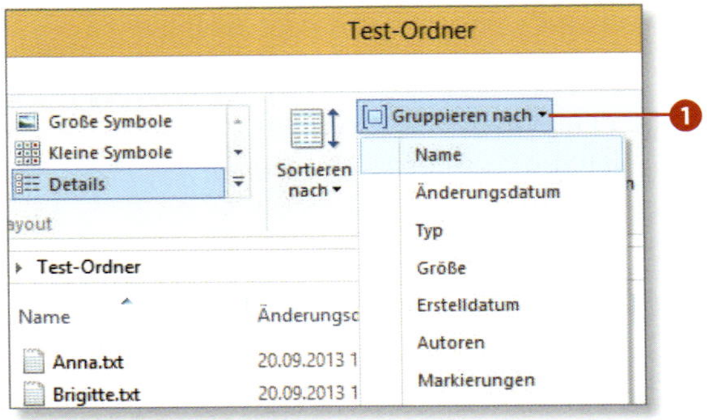

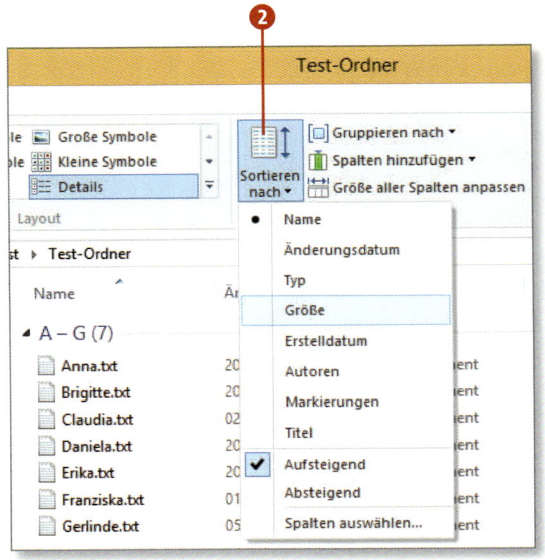

Spaltenköpfe zur Sortierung nutzen

Die auf- oder absteigende Sortierung können Sie auch erreichen, indem Sie auf den Kopf der Spalte klicken, die Sie neu sortieren möchten. Mit jedem Klick wechseln Sie zwischen der auf- und der absteigenden Sortierung.

Dateien markieren

Wenn Sie mehrere Dateien aus einem Ordner in einen anderen kopieren möchten, wäre das Kopieren und Einfügen jeder einzelnen Datei recht umständlich. Einfacher geht es, wenn Sie mehrere Dateien markieren und anschließend die gewünschte Aktion ausführen.

1. Öffnen Sie zunächst den Ordner, in dem sich die Dateien befinden, mit denen Sie arbeiten möchten. Klicken Sie die erste Datei an, die Sie markieren möchten ❶, und drücken Sie dann die [⇧]-Taste.

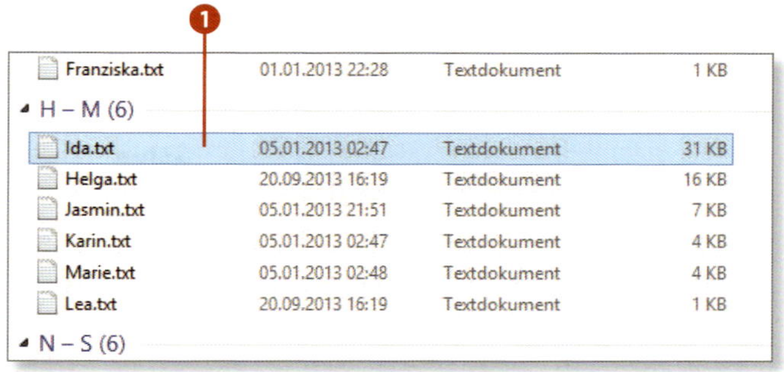

2. Halten Sie die [⇧]-Taste gedrückt, und klicken Sie auf die letzte Datei in der Liste, die Sie markieren möchten. Alle Dateien dazwischen sind nun ebenfalls markiert ❷.

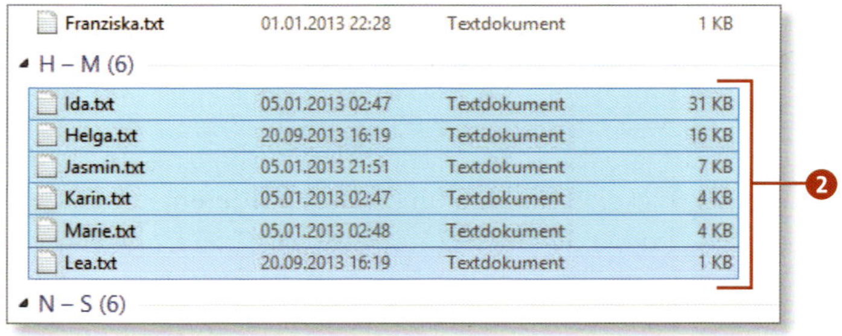

3. Liegen die benötigten Dateien nicht alle hintereinander, klicken Sie die erste Datei an, aber halten Sie dieses Mal die [Strg]-Taste gedrückt, während Sie nacheinander einzelne Dateien anklicken und auf diese Weise alle markieren.

4. Eine weitere Möglichkeit: Wechseln Sie zum Register **Ansicht** ❸, und setzen Sie dort mit einem Klick ein Häkchen vor dem Eintrag **Elementkontrollkästchen** ❹. Wenn Sie nun mit der Maus auf einen Dateinamen zeigen, wird davor ein kleines Kästchen eingeblendet ❺. Klicken Sie in das Kästchen, um die jeweilige Datei zu markieren.

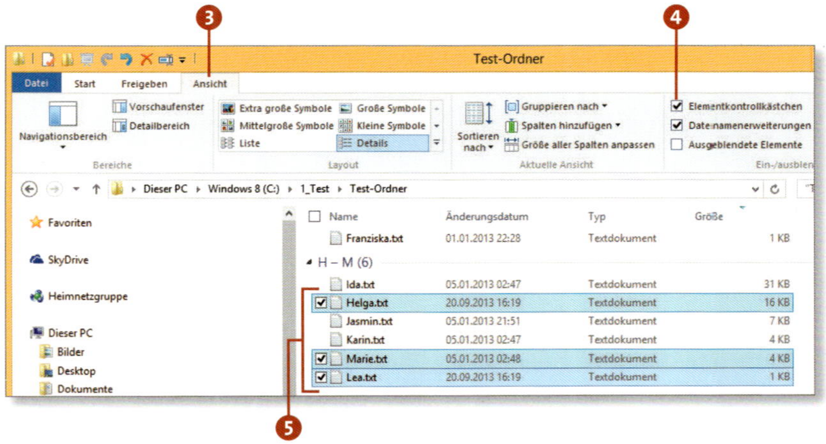

Einzelne Dateien wieder aus der Auswahl entfernen

Haben Sie mithilfe der [⇧]- oder der [Strg]-Taste Dateien markiert und möchten nun einzelne Dateien wieder aus der Auswahl entfernen, halten Sie erneut die [Strg]-Taste gedrückt, und klicken Sie die zu entfernenden Dateien an.

Der Dateipfad

Der *Dateipfad* – oder kurz *Pfad* – beschreibt den Weg zu einem Ordner oder zu einer Datei. Ausgangspunkt dieser Wegbeschreibung ist dabei immer das Laufwerk, auf dem das Objekt gespeichert ist. Wenn Sie wissen möchten, wie der Pfad zu einer Datei lautet, hilft Ihnen der Explorer weiter.

1. Starten Sie den Explorer, und öffnen Sie den Ordner, in dem sich die Datei befindet. Oben in der Adressleiste ❶ zeigt der Explorer den Speicherort einer Datei in vereinfachter Form an.
2. Klicken Sie mit der Maus in dieses Adressfeld, wird der vollständige Dateipfad angezeigt ❷. Zuerst wird das Laufwerk angegeben, in diesem Beispiel *C:*. Es folgen das Hauptverzeichnis (hier der Ordner *Kurs*), und eventuell vorhandene Unterverzeichnisse (hier der Unterordner *Entenhausen*), jeweils getrennt durch einen Backslash. Der vollständige Pfad lautet also *C:\Kurs\Entenhausen\Donald.txt*.
3. Den Dateipfad können Sie kopieren, indem Sie auf der Registerkarte **Start** auf die Schaltfläche **Pfad kopieren** ❸ klicken.

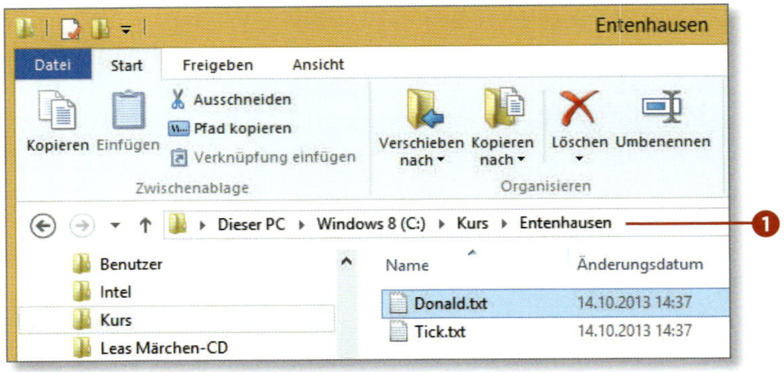

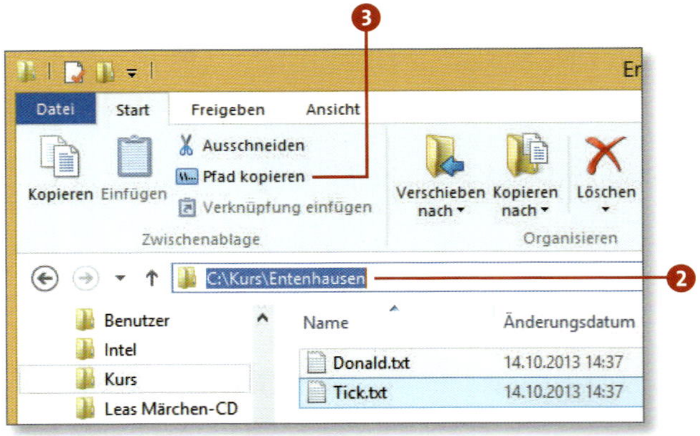

Dateipfad dauerhaft einblenden

Wenn Sie den Dateipfad häufiger benötigen, können Sie ihn sich über die Option **Spalten hinzufügen** auf der Registerkarte **Ansicht** einblenden lassen. Wählen Sie aus den zur Verfügung stehenden Optionen den Eintrag **Pfad** aus, und bestätigen Sie die Auswahl mit **OK**. Wiederholen Sie diese Einstellung bei Bedarf für andere Ordner.

Dateiendungen einblenden

Jede Datei auf Ihrem Computer verfügt über eine Endung, die durch einen Punkt getrennt an den Dateinamen angehängt wird und für gewöhnlich aus drei Zeichen besteht (siehe dazu auch den Abschnitt »Dateien, Ordner, Bibliotheken« auf Seite 100). Diese Endung kennzeichnet das Format einer Datei. Standardmäßig werden unter Windows alle Dateiendungen ausgeblendet.

1. Starten Sie den Datei-Explorer durch einen Klick auf das Ordner-Symbol in der Taskleiste oder mithilfe der Tasten [Win] + [E], und wählen Sie darin das Register **Ansicht** ❶.
2. Setzen Sie im Abschnitt **Ein-/Ausblenden** ein Häkchen vor dem Eintrag **Dateinamenerweiterungen** ❷. Der Explorer zeigt ab sofort alle Dateien mit deren Dateiendungen an ❸. Diese Einstellung gilt systemweit für alle Laufwerke und Ordner. Anhand der Dateiendung können Sie das Format einer Datei leicht erkennen.
3. Wenn Sie die Explorer-Ansicht **Details** ❹ verwenden, können Sie den Dateityp außerdem der Spalte **Typ** ❺ entnehmen.
4. Um die Dateiendungen wieder auszublenden, deaktivieren Sie die Option **Dateinamenerweiterungen** einfach wieder.

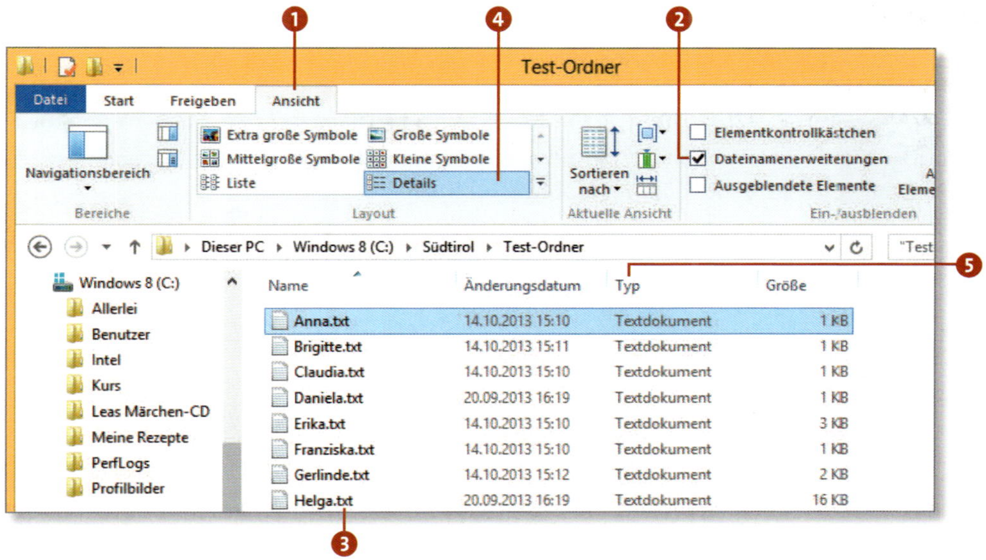

Dateiendungen einblenden?

Schadprogramme verbergen sich häufig in ausführbaren Dateien, die Sie z. B. an den Endungen *.exe*, *.bat* oder *.reg* erkennen. Solche Dateien dienen vielfach der Installation von Programmen, werden aber ab und zu auch dazu benutzt, Viren auf fremden Rechnern einzuschleusen. Da in Dateinamen auch Punkte erlaubt sind, kann eine Datei mit dem Namen *virus.exe* schnell in *virus.txt.exe* umbenannt werden. Wenn nun die Dateierweiterungen ausgeblendet sind, ist die Datei im Explorer als *virus.txt* aufgeführt. Bei einem flüchtigen Blick denkt der Anwender, es handle sich um eine harmlose Textdatei, tatsächlich aber versteckt sich dahinter eine ausführbare Datei, die das Virus auf Ihrem Rechner installieren würde, wenn Sie sie öffnen.

Die Dateivorschau im Explorer aktivieren

Wäre es nicht ungemein praktisch, wenn man den Inhalt eines Dokuments betrachten könnte, ohne das Dokument zu öffnen? Das Vorschaufenster des Explorers bietet diese Möglichkeit. Darüber können Sie einen Blick in viele Dateien, z. B. Office-Dokumente oder Textdateien, werfen.

1. Damit Dokumente in der Vorschau angezeigt werden können, muss der Vorschauhandler aktiviert sein. Kontrollieren Sie diese Einstellung in den Ordneroptionen. Öffnen Sie dazu im Explorer das Register **Ansicht**, und klicken Sie dort auf den oberen Teil der Schaltfläche **Optionen** ❶.
2. Im Fenster **Ordneroptionen** öffnen Sie ebenfalls das Register **Ansicht** ❷ und scrollen im Abschnitt **Erweiterte Einstellungen** bis ans Ende der Liste ❸.
3. Die Option **Vorschauhandler im Vorschaufenster anzeigen** ❸ sollte aktiviert sein. Falls das nicht der Fall ist, setzen Sie das Häkchen vor dem Eintrag und speichern die neue Einstellung mit einem Klick auf **OK** ❹.
4. Wenn Sie jetzt im Menüband des Explorers die Option **Vorschaufenster** ❺ wählen, wird auf der rechten Seite ein Vorschaubereich eingeblendet ❻. Markieren Sie z. B. ein Office-Dokument, wird dessen Inhalt sogleich dort angezeigt. Bearbeiten können Sie das Dokument aber trotzdem nur, wenn Sie es öffnen.

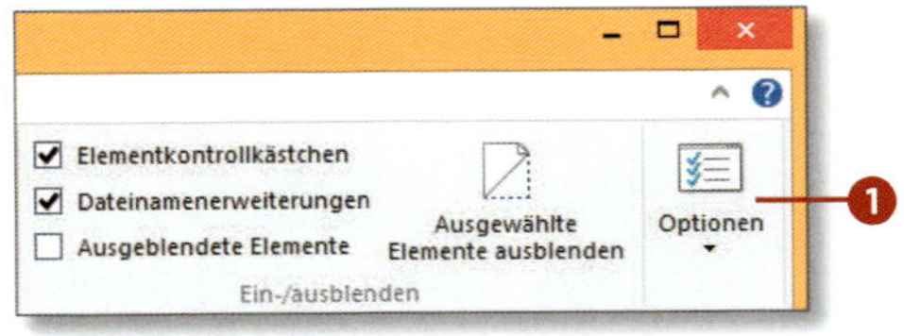

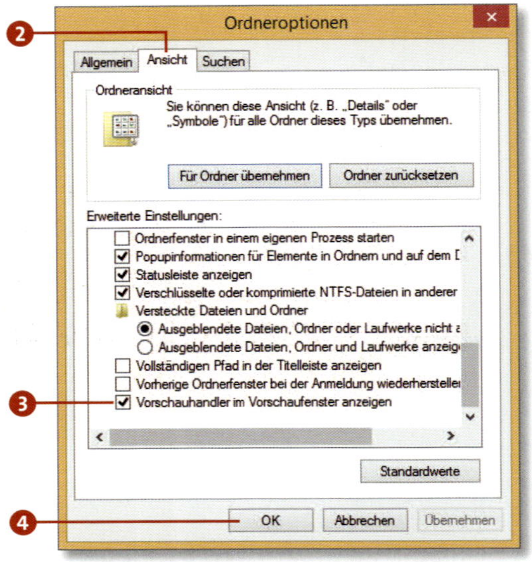

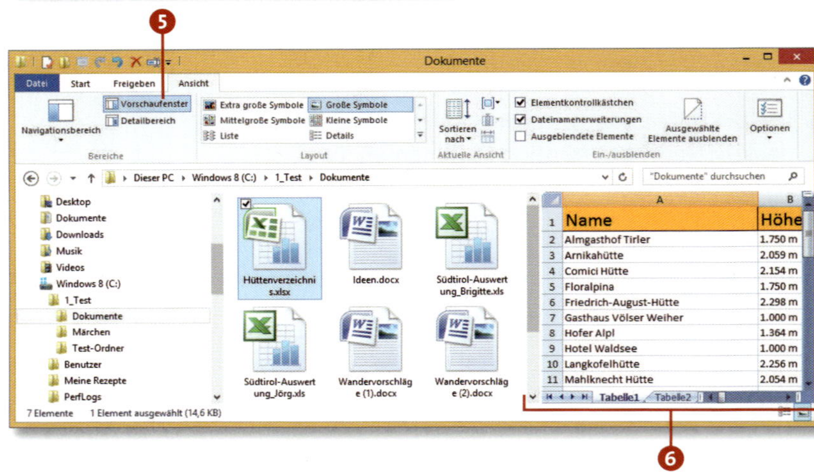

Vorschau nicht für alle Dateiformate

Sehr gut geeignet ist die Vorschau für Textdateien, WordPad-Dokumente sowie Bild- und Grafikdateien. Office-Dokumente können hier nur angezeigt werden, wenn Microsoft Office auf dem PC installiert ist.

Dateien und Ordner verschieben, kopieren oder löschen

Dateien und Ordner verschieben

Eine oder mehrere Dateien sollen in ein anderes Verzeichnis verschoben werden. Für diese Aufgabe bietet der Explorer von Windows 8.1 eine schnelle und bequeme Lösung.

1. Markieren Sie zunächst im Explorer die Dateien, die Sie an einen anderen Ort verschieben möchten.
2. Ist die Auswahl getroffen, wechseln Sie zum Register **Start** ❶.
3. Klicken Sie nun im Menüband auf die Schaltfläche **Verschieben nach** ❷, und wählen Sie den gewünschten Zielordner aus dem Menü aus. Angezeigt werden hier die Standardbibliotheken sowie die zehn zuletzt verwendeten Ordner.
4. Ist das benötigte Ziel nicht in der Liste aufgeführt, klicken Sie auf den Eintrag **Speicherort auswählen** ❸. Wählen Sie dann das Ziel aus ❹, und klicken Sie schließlich auf **Verschieben** ❺, um den Vorgang einzuleiten.
5. Existiert das Ziel noch nicht, können Sie über den Befehl **Neuen Ordner erstellen** ❻ einen neuen Ordner anlegen und die Daten im Anschluss dorthin verschieben.

Aktion rückgängig machen

Verschieben Sie eine Datei, wird sie aus dem Quellordner entnommen und in den Zielordner verschoben. Es verbleibt also keine Kopie im Ursprungsordner. Mit den Tasten [Strg] + [Z] können Sie die letzte Aktion wieder rückgängig machen.

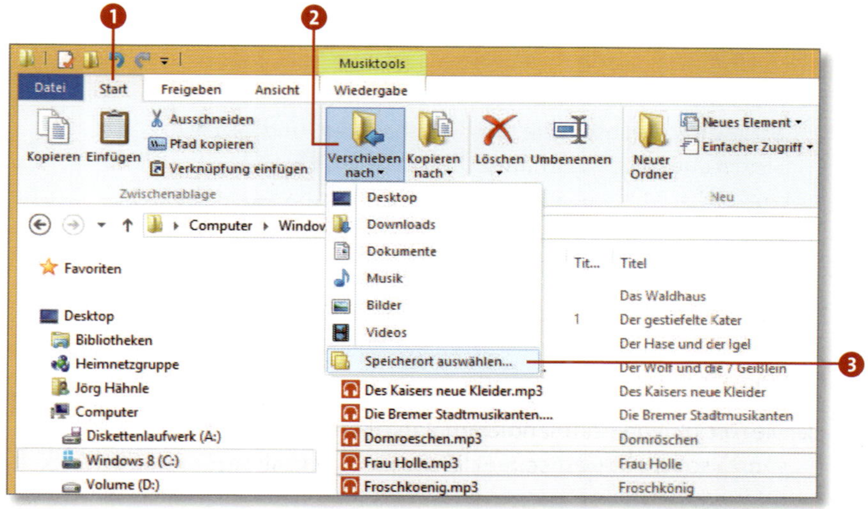

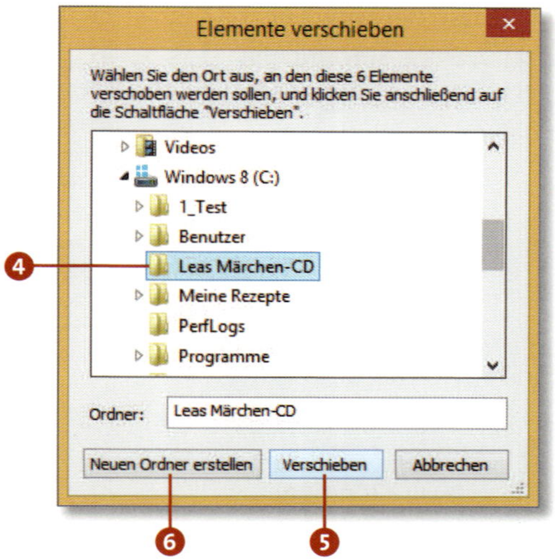

Dateien und Ordner umbenennen

Sie haben einen Tippfehler im Dateinamen entdeckt oder wollen den Namen aus anderen Gründen aktualisieren? Auch dafür hält das neue Menüband eine einfache Lösung parat.

1. Markieren Sie die Datei im Explorer mit einem einfachen Mausklick. Wechseln Sie zum Register **Start**, und klicken Sie dort auf die Schaltfläche **Umbenennen** ❶.
2. Der Dateiname wird markiert (blau hinterlegt) ❷, und Sie können mit der Änderung beginnen. Sobald Sie jetzt eine Taste drücken, wird der alte Dateiname gelöscht. Sie können aber auch mit der Maus an die Stelle klicken, die Sie korrigieren oder an der Sie etwas ergänzen möchten, und dann erst tippen.
3. Um die durchgeführte Änderung zu übernehmen, drücken Sie die [↵]-Taste oder klicken auf eine freie Stelle im Ordnerfenster.
4. Falls Ihnen der Weg über die neue Schaltfläche nicht zusagt, können Sie auch das Kontextmenü der markierten Datei aufrufen (per Rechtsklick). Wählen Sie darin die Option **Umbenennen** ❸ aus. Auch in diesem Fall genügt ein Druck auf die [↵]-Taste, um den neuen Namen zu übernehmen.

Mehrere Dateien gleichzeitig umbenennen

Sie möchten drei Dateinamen gleichzeitig ändern? Markieren Sie alle drei Dateien, und klicken Sie dann auf **Umbenennen**. Vergeben Sie einen Namen, und drücken Sie [↵]. Alle ausgewählten Dateien erhalten nun den gleichen Namen, zur Unterscheidung jeweils mit dem Zusatz einer Ziffer, z. B. *Datei (1)*, *Datei (2)* etc.

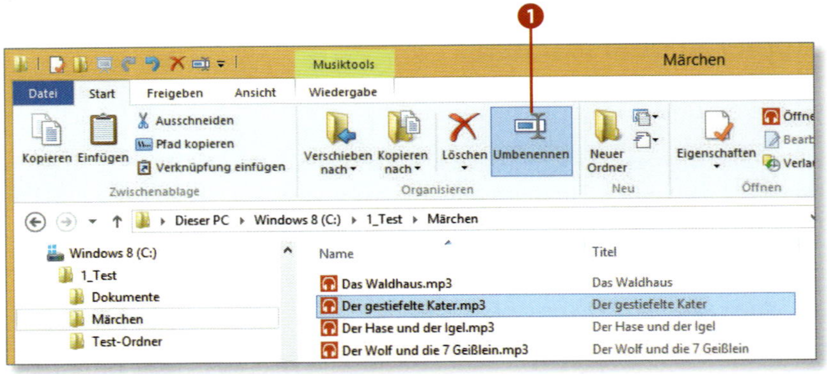

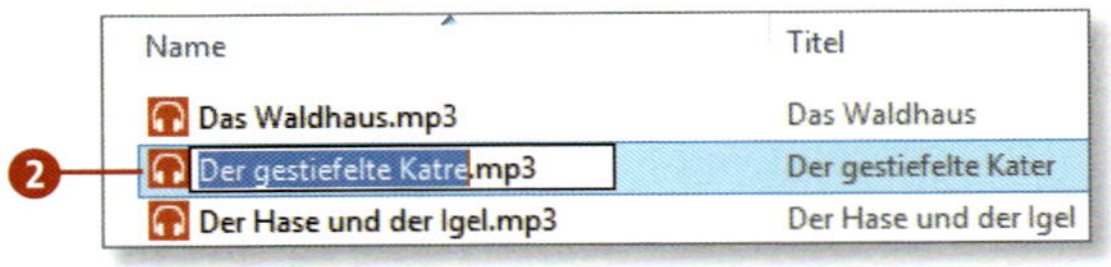

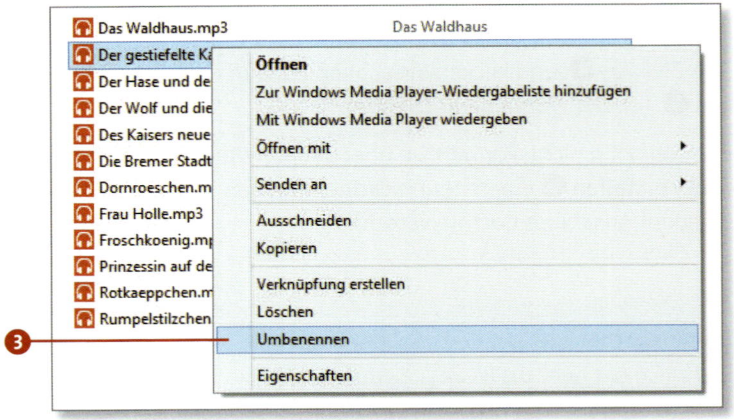

Dateien und Ordner löschen

Wird der Speicherplatz auf der Festplatte langsam knapp, oder möchten Sie mal wieder etwas Ordnung schaffen und nicht mehr benötigte Daten löschen?

1. Öffnen Sie das Register **Start** des Explorers. Navigieren Sie zu dem Ordner, der die Datei(en) enthält, die Sie entfernen möchten ❶. Markieren Sie diese ❷.
2. Nun setzen Sie einen Klick auf den oberen Teil der Schaltfläche **Löschen** ❸ im Menüband.
3. Es folgt eine Sicherheitsabfrage. Klicken Sie auf **Ja**, wenn die Datei entfernt werden soll, oder auf **Nein**, falls Sie es sich anders überlegt haben. Die Datei wird aus dem Ordner entfernt. Sie wird aber nicht endgültig gelöscht, sondern lediglich in den Papierkorb verschoben. Eine solche Datei können Sie wieder aus dem Papierkorb fischen (siehe den Abschnitt »Gelöschte Dateien und Ordner wiederherstellen« auf Seite 126).
4. Um eine Datei vollständig zu löschen, klicken Sie auf den unteren Teil der **Löschen**-Schaltfläche und wählen die Option **Endgültig löschen** ❹. Auch hier erfolgt eine Sicherheitsabfrage. Stimmen Sie zu, wird die Datei unwiderruflich von der Festplatte gelöscht. Eine Rekonstruktion der Datei ist mit Windows-eigenen Mitteln dann nicht mehr möglich!

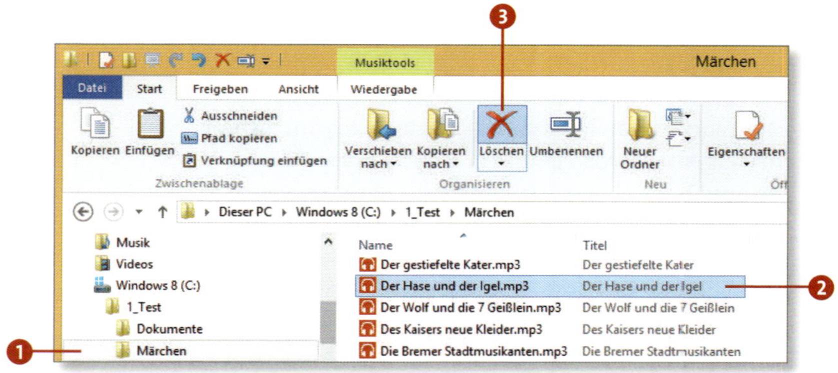

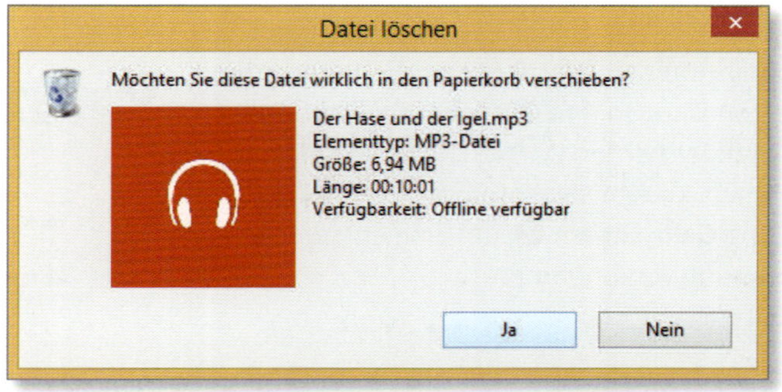

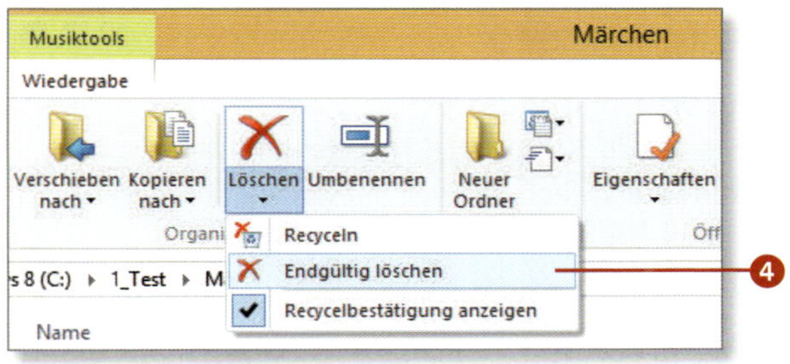

Eigenschaften des Papierkorbs festlegen

Sobald die Speicherkapazität des Papierkorbs erreicht ist, löscht Windows die ältesten darin liegenden Daten endgültig. Eine Wiederherstellung dieser Dateien ist dann nicht mehr möglich. Über den Menüpunkt **Eigenschaften des Papierkorbs**, den Sie im Menüband finden, wenn Sie den Papierkorb geöffnet haben, können Sie dessen Größe selbst festlegen.

Gelöschte Dateien und Ordner wiederherstellen

Einen Moment ist man nicht konzentriert bei der Sache, und schon hat man eine Datei gelöscht, die man eigentlich noch gebraucht hätte. Was nun? Die gute Nachricht: Sie können gelöschte Dateien wiederherstellen. Der Haken: Dies geht nur, solange genügend Platz im Papierkorb vorhanden ist. Wird der Platz knapp, löscht Windows die ältesten Dateien von sich aus.

1. Um eine Datei wiederherzustellen, führen Sie einen Doppelklick auf das Papierkorb-Symbol ❶ auf Ihrem Desktop aus.
2. Im Programmfenster des Papierkorbs werden die gelöschten Dateien und Ordner aufgelistet. Falls die zuletzt gelöschten Dateien nicht oben in der Liste stehen, klicken Sie einmal auf die Spaltenbezeichnung **Gelöscht am** ❷, um eine entsprechende Sortierung vorzunehmen.
3. Weit oben sollten Sie nun die Datei finden, die Sie vor Kurzem gelöscht haben. Sie können sie mit einem Mausklick markieren. Sie können auch mehrere Dateien markieren, falls Sie nicht nur eine Datei wiederherstellen möchten.
4. Sind alle wiederherzustellenden Dateien ausgewählt, klicken Sie auf die Schaltfläche **Ausgewählte Elemente wiederherstellen** ❸. Die Dateien werden daraufhin an ihrem letzten Speicherort wiederhergestellt.

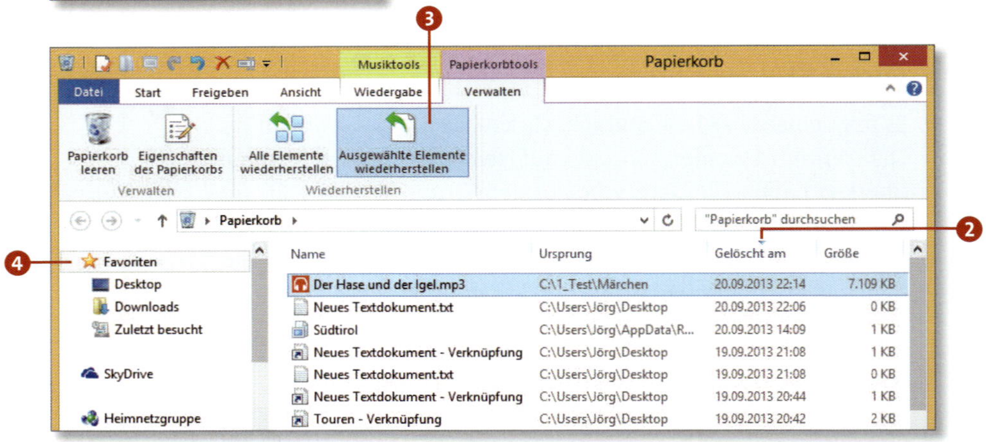

Ordner zur Favoritenliste hinzufügen

Um sich nicht durch verzweigte Ordnerstrukturen klicken zu müssen, können Sie Ordner als Favoriten markieren. Öffnen Sie den Explorer. Auf der linken Seite sehen Sie die Favoriten ❹ (standardmäßig sind dies zunächst nur die Ordner **Desktop**, **Downloads** und **Zuletzt besucht**). Wählen Sie den Ordner aus, den Sie den Favoriten hinzufügen möchten, und verschieben Sie ihn mit gedrückter Maustaste an die gewünschte Position innerhalb der Favoritenliste. Wenn Sie die Maustaste loslassen, wird der Ordner dort als Verknüpfung abgelegt. Um ihn wieder von dort zu entfernen, klicken Sie ihn mit rechts an und wählen **Entfernen**. Dabei gehen keine Daten verloren, weil nur die Verknüpfung gelöscht wird.

Mit komprimierten Dateien arbeiten

Dateien komprimieren

Moderne Rechner verfügen heute meist über große Festplatten, deren Speicherkapazität nicht selten in den Terabyte-Bereich reicht. Über die Größe einer Datei muss man sich daher meist keine Gedanken machen. Anders sieht es aus, wenn Sie Daten per E-Mail versenden möchten. Reduzieren Sie das Dateivolumen, das spart eine Menge Zeit beim Versenden und Empfangen der Daten.

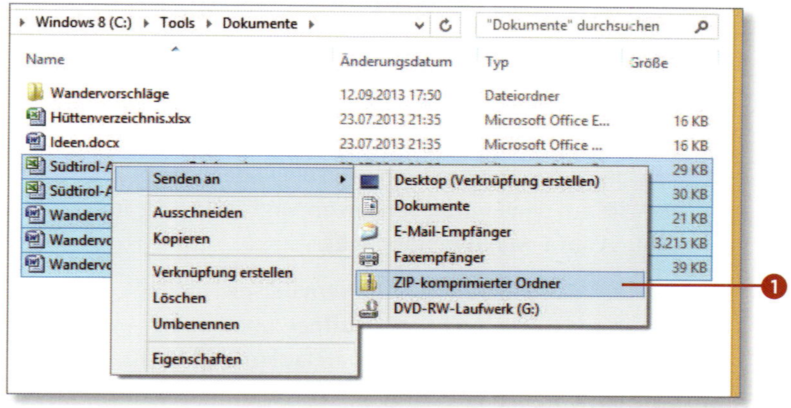

1. Wählen Sie im Explorer eine oder mehrere Dateien aus, und klicken Sie die Auswahl anschließend mit der rechten Maustaste an, um das Kontextmenü zu öffnen.
2. Zeigen Sie mit dem Mauszeiger auf den Menüeintrag **Senden an**, und klicken Sie anschließend auf die Option **ZIP-komprimierter Ordner** ❶. Das Archiv wird nun erstellt. Wenn Sie sehr viele Dateien ausgewählt haben, kann dieser Prozess einen Moment dauern.
3. Vergeben Sie einen möglichst aussagekräftigen Namen für Ihr ZIP-Archiv ❷, und schließen Sie die Tastatureingabe mit der [↵]-Taste ab.
4. Anstelle einzelner Dateien können Sie bei Bedarf auf die gleiche Weise auch einen kompletten Ordner komprimieren.

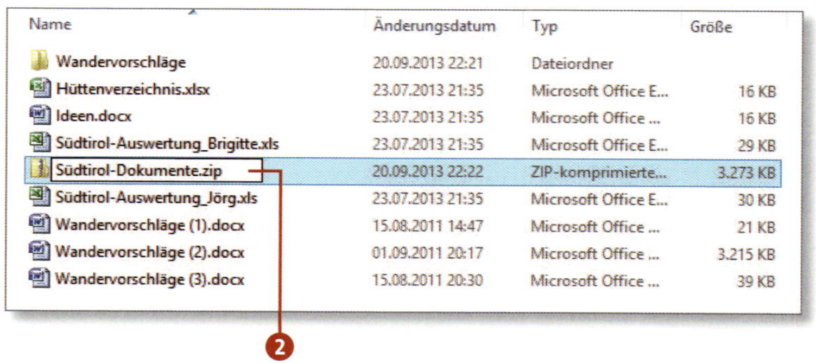

Nützliche Helferlein

Das Komprimieren und Dekomprimieren von Daten wird oft als *Verpacken* bzw. *Packen* und *Entpacken* bezeichnet. Auf dem Softwaremarkt gibt es einige Alternativen zur Windows-internen ZIP-Funktion, die leistungsstärker sind, zahlreiche Zusatzfunktionen bieten und darüber hinaus auch mehrere Archivformate unterstützen, z. B. die Programme WinRAR, WinZip oder 7Zip.

Ein Archiv per E-Mail versenden

Das ZIP-Archiv ist erstellt, und nun wartet der Empfänger ungeduldig auf die Daten, die Sie ihm per E-Mail zusenden möchten. Wie lässt sich diese Aufgabe am einfachsten lösen? Auch hier stehen Ihnen mehrere Wege zur Auswahl.

1. Wechseln Sie zum Desktop, und öffnen Sie den Explorer.
2. Klicken Sie mit der rechten Maustaste auf das zu versendende ZIP-Archiv. Das Kontextmenü der Datei öffnet sich. Zeigen Sie auf den Eintrag **Senden an**, und klicken Sie im Anschluss auf **E-Mail-Empfänger** 1.
3. In Ihrem E-Mail-Programm, in diesem Beispiel Outlook, wird nun eine neue Nachricht geöffnet, und das ZIP-Archiv wird ihr automatisch als Dateianhang 2 hinzugefügt.
4. Tragen Sie die Mail-Adresse des Empfängers ein 3, und ändern Sie bei Bedarf den Text der Betreffzeile sowie die Nachricht selbst. Mit einem Klick auf **Senden** 4 wird die Mail schließlich abgeschickt.

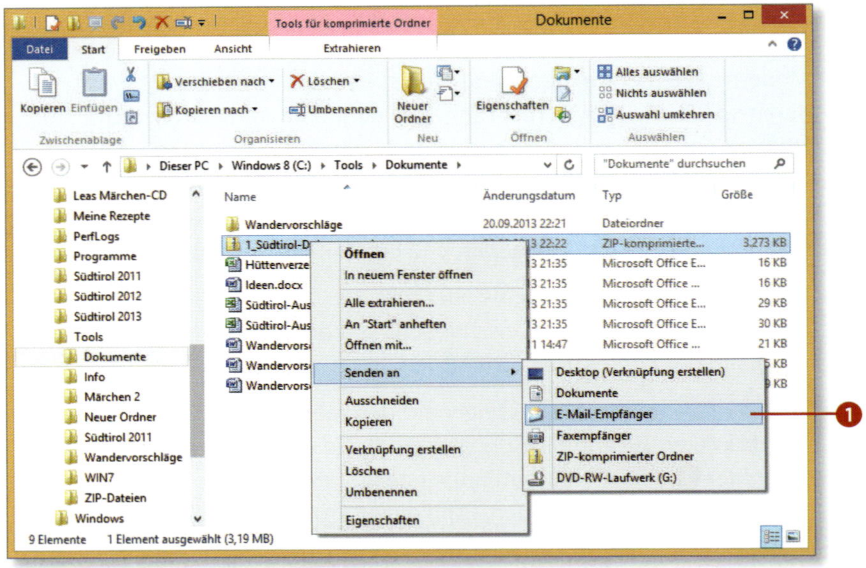

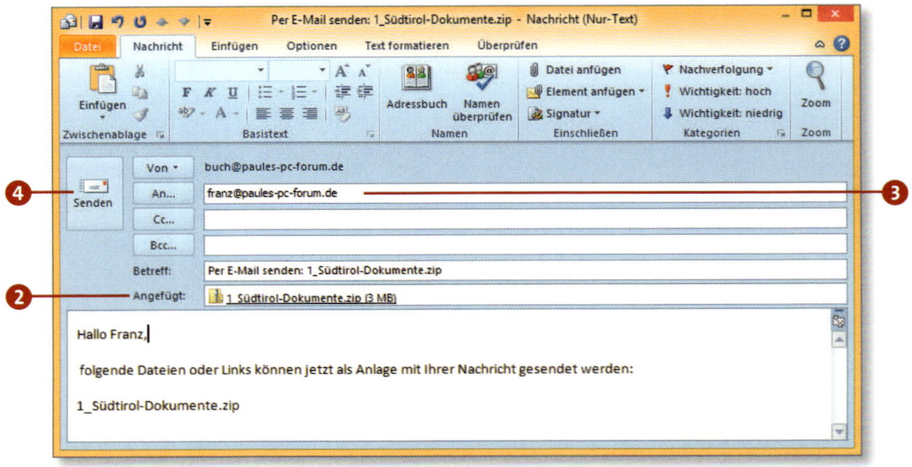

Kein E-Mail-Programm?

Wenn Sie kein E-Mail-Programm installiert haben, können Sie auf die vorinstallierte *Mail*-App ausweichen (wenn Sie hier ein Konto eingerichtet haben). Klicken Sie auf die Kachel **Mail**, und danach rechts oben auf das Plus, um eine neue Nachricht zu erstellen. Nachdem Sie die Adresse des Empfängers, einen Betreff und einen Nachrichtentext eingegeben haben, wählen Sie über die App-Leiste den Menüpunkt **Anhang** und klicken sich im Anschluss durch die Ordner zu Ihrer ZIP-Datei. Haben Sie diese angefügt, können Sie die Mail mit Dateianhang auf die Reise schicken.

Dateien entpacken

Eine E-Mail landet in Ihrem Postfach und mit ihr eine ZIP-Datei im Anhang. Oder vielleicht befindet sich die Datei auch auf einem USB-Stick. Egal, auf welchem Weg die Datei zu Ihnen gefunden hat, nun stellt sich die Frage, wie sie sich entpacken lässt.

1. Speichern Sie die Datei in einen beliebigen Ordner, rufen Sie ihn auf, und markieren Sie die ZIP-Datei mit einem Klick ❶. Der Explorer erkennt das Format der Datei und blendet im Menüband das Register **Tools für komprimierte Ordner** ❷ ein. Wechseln Sie zu diesem Register.
2. Das Menü präsentiert sich sehr aufgeräumt. Links sehen Sie die zuletzt verwendeten Ordner, allerdings sind sie ausgegraut und nicht wählbar. Daneben gibt es eine einzige Schaltfläche: **Alle extrahieren** ❸. Klicken Sie darauf.
3. Ein Dialogfenster öffnet sich, in dem Sie aufgefordert werden, einen Speicherort für die zu extrahierenden Dateien anzugeben. Über **Durchsuchen** ❹ können Sie einen Zielordner auswählen.
4. Ist die Auswahl getroffen, starten Sie den Vorgang mit einem Klick auf die Schaltfläche **Extrahieren** ❺. Das Archiv wird entpackt, und der Explorer zeigt die Dateien in einem neuen Fenster an. Das ZIP-Archiv selbst bleibt am Ursprungsort erhalten.

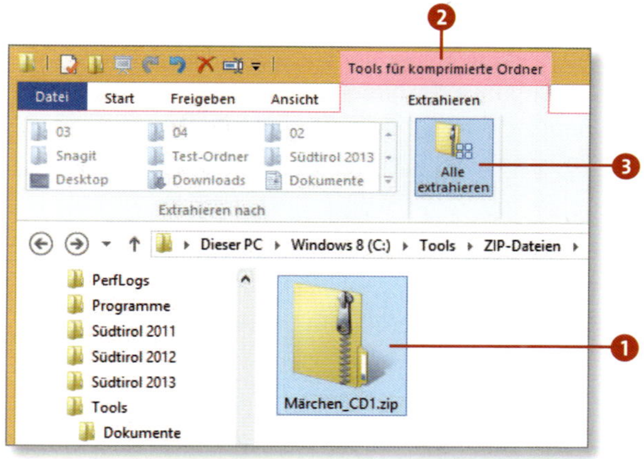

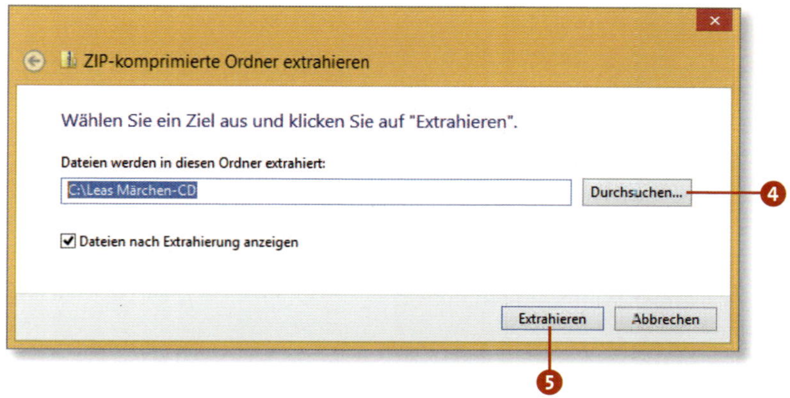

Kennwortgeschützte ZIP-Archive

Mit externen Programmen lassen sich ZIP-Archive auch mit einem Kennwort vor unberechtigtem Zugriff schützen. Sollten Sie eine geschützte ZIP-Datei erhalten, können Sie das Archiv und die darin enthaltenen Dateien nicht öffnen, ohne das Kennwort zu kennen.

Eine einzelne Datei aus einem Archiv extrahieren

Wenn Sie ein ZIP-Archiv markieren, stellen Sie schnell fest, dass der Explorer nur die Option **Alle extrahieren** anbietet. Zum Glück gibt es aber einen kleinen Trick, damit Sie nicht immer das komplette Archiv entpacken müssen, wenn Sie nur einzelne Dateien daraus benötigen.

1. Öffnen Sie im Explorer den Ordner, der die gesuchte ZIP-Datei enthält. Führen Sie nun einen Doppelklick auf das ZIP-Archiv aus, um es zu öffnen. Der Explorer zeigt Ihnen daraufhin alle Dateien an, die sich im Archiv befinden.
2. Anstatt nun alle Dateien zu extrahieren, markieren Sie nur die Dateien, die für Sie von Interesse sind. Nach erfolgter Auswahl klicken Sie mit der rechten Maustaste auf eine der markierten Dateien und wählen den Befehl **Kopieren** ❶ aus dem Kontextmenü.
3. Die Dateien befinden sich nun in der Zwischenablage. Öffnen Sie den Ordner, in den Sie die Dateien kopieren möchten.
4. Klicken Sie in diesem Ordner mit der rechten Maustaste auf eine freie Stelle und im Kontextmenü auf den Befehl **Einfügen** ❷. Die ausgewählten Dateien werden nun automatisch entpackt und als Kopie in den Ordner gelegt. Im ZIP-Archiv bleiben diese Dateien weiterhin erhalten.

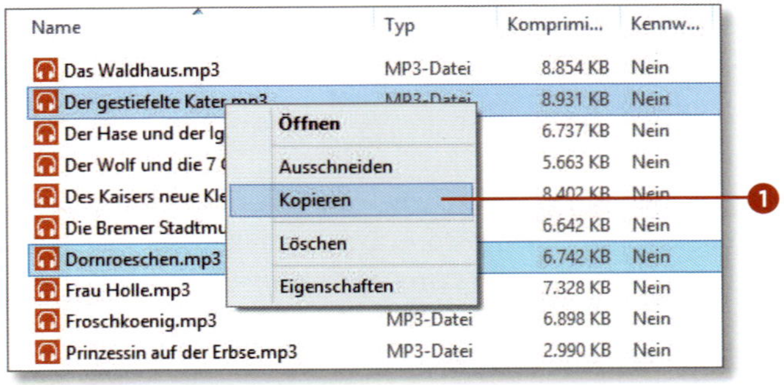

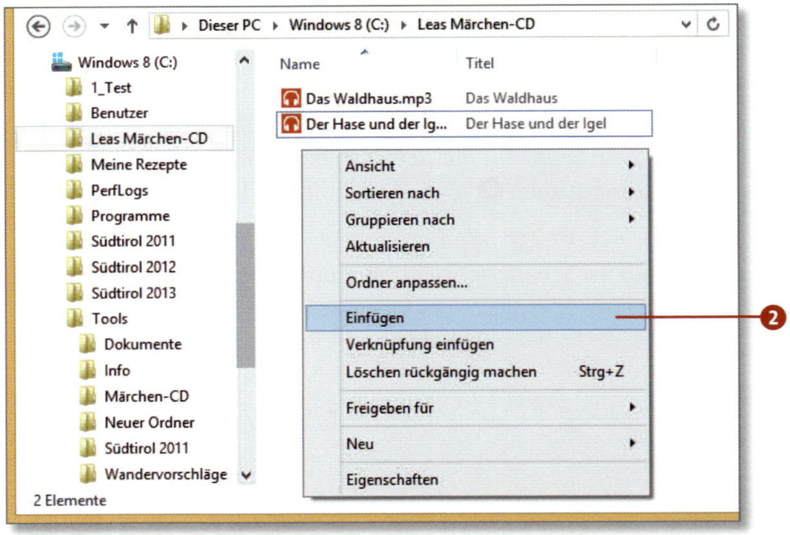

Dateien aus einem Archiv entfernen

Möchten Sie Dateien eines ZIP-Archivs entpacken und sie gleichzeitig aus dem Archiv entfernen, wählen Sie nicht die Option **Kopieren**, sondern klicken auf dem Register **Start** im Explorer auf den Befehl **Verschieben nach** und geben anschließend das Speicherziel für die entpackten Dateien an.

Mit Datenträgern und Wechselmedien arbeiten

Daten auf USB-Festplatte oder -Stick kopieren

USB-Festplatten und -Sticks eignen sich hervorragend zum Auslagern größerer Datenmengen oder als Sicherungslaufwerk für Ihre wertvollen Daten.

1. Schließen Sie Ihre USB-Festplatte oder den Stick an den Computer an. (Damit die Festplatte von Windows erkannt wird, müssen Sie sie gegebenenfalls einschalten.) Nach einem kurzen Moment erkennt Windows den neuen Datenträger. Öffnen Sie nun den Explorer. Auf der linken Seite wird das Gerät unter **Dieser PC** aufgelistet ❶ – im Beispiel trägt die Festplatte den Laufwerksbuchstaben I:, und der Stick ist als Wechseldatenträger unter H: angegeben. Navigieren Sie zu den Dateien, die Sie kopieren möchten, und markieren Sie sie ❷.

2. Klicken Sie auf dem Register **Start** des Menübandes auf die Schaltfläche **Kopieren nach** ❸, und wählen Sie den Eintrag **Speicherort auswählen** aus dem Menü.

3. Es öffnet sich ein Speicherdialog. Wenn Sie auf die Bezeichnung des externen Datenträgers ❹ klicken, werden die darauf befindlichen Verzeichnisse aufgelistet.

4. Wählen Sie den Zielordner auf dem Stick oder der Festplatte aus, und klicken Sie auf **Kopieren** ❺, um den Vorgang zu starten.

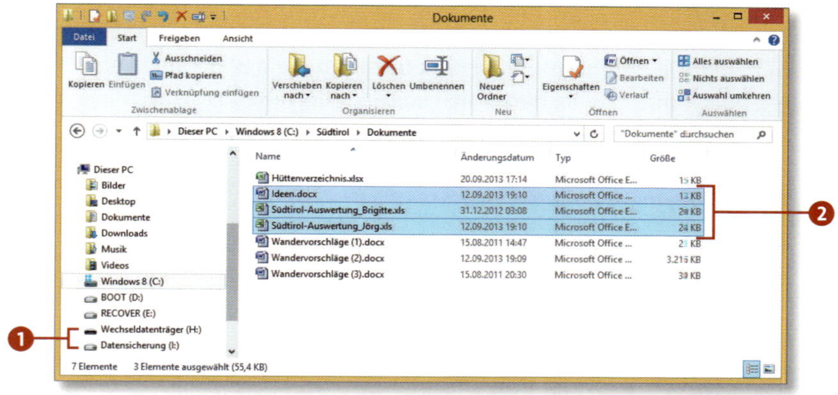

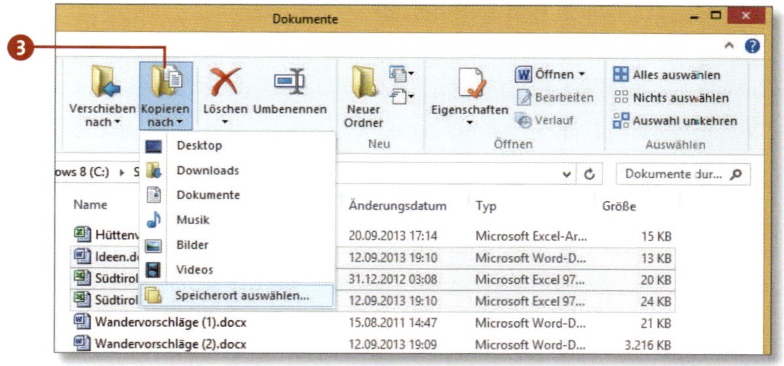

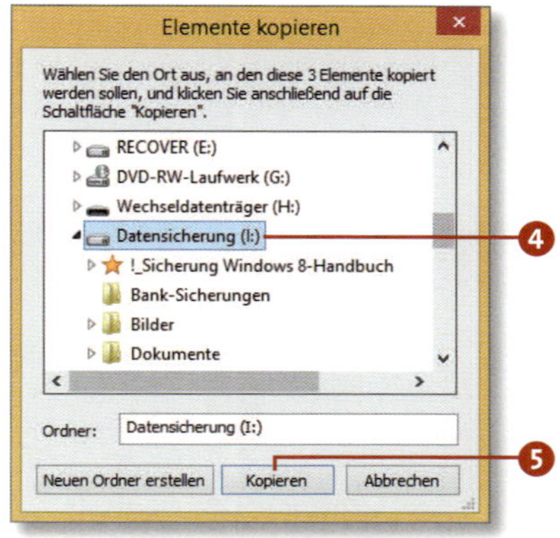

Hardware sicher entfernen, sonst droht Datenverlust!

Externe Datenträger sollten Sie nach Gebrauch nicht einfach ausschalten oder den USB-Stecker ziehen. Klicken Sie rechts unten in der Taskleiste auf den kleinen, nach oben zeigenden Pfeil, danach auf das USB-Stecker-Symbol und letztlich auf den Namen des Datenträgers, um diesen auszuwerfen und damit ordnungsgemäß abzumelden.

Eine DVD brennen

Möchten Sie Eltern, Freunden oder Bekannten die Bilder aus dem letzten Urlaub zeigen, bietet sich das Erstellen einer DVD an. Wird sie in den DVD-Player eingelegt, kann die Diashow sofort beginnen. Zum Brennen benötigen Sie lediglich einen DVD-Rohling und natürlich ein Brenner-Laufwerk an Ihrem Rechner.

1. Legen Sie einen leeren DVD-Rohling in Ihren DVD-Brenner ein, und schließen Sie die Lade. Nach einigen Sekunden öffnet sich rechts oben ein Hinweisfenster ❶. Tippen oder klicken Sie darauf, um eine Aktion für leere DVDs auszuwählen.
2. Ein weiteres Fenster öffnet sich, in dem Sie auf den Eintrag **Dateien auf Datenträger brennen** ❷ klicken.
3. Und wieder öffnet sich ein neues Fenster. Dieses Mal werden Sie gefragt, wie Sie den Datenträger verwenden möchten. Damit die DVD auf einem DVD-Player abgespielt werden kann, wählen Sie die Option **Mit einem CD/DVD-Player** ❸.
4. Wenn Sie möchten, können Sie an dieser Stelle auch den Titel des Datenträgers ändern. Klicken Sie dazu einfach in das Textfeld ❹, und geben Sie den neuen Titel ein. Als Titel voreingestellt ist immer das aktuelle Datum. Klicken Sie anschließend auf **Weiter** ❺.

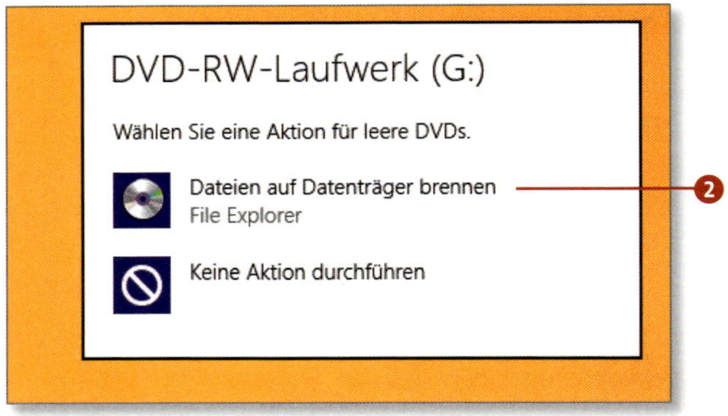

Speicherkapazitäten von DVDs und CDs

Normale CDs verfügen über ca. 700 MB Speicherplatz, DVDs gar über 4,7 GB. Sollten Sie bei der Zusammenstellung einer CD oder DVD zu viele Daten ausgewählt haben, weist Sie Windows auf die nicht ausreichende Kapazität hin.

5. Es öffnet sich der Explorer, in dem das DVD-Laufwerk ausgewählt ist. Übertragen Sie nun einfach die gewünschten Dateien in das geöffnete Fenster. Am einfachsten geht das, wenn Sie mithilfe der Tasten [Windows]+[E] zunächst ein zweites Explorer-Fenster öffnen.

6. Wählen Sie im neu geöffneten Explorer-Fenster die Dateien oder Ordner aus, die Sie auf die DVD brennen möchten, indem Sie sie markieren. Führen Sie einen Rechtsklick auf die Markierung aus, zeigen Sie im Kontextmenü auf den Befehl **Senden an**, und wählen Sie dann als Ziel den Eintrag Ihres DVD-Laufwerks ❻. Wiederholen Sie den Vorgang gegebenenfalls für weitere Daten.

7. Haben Sie alle Daten übertragen, wechseln Sie wieder zu dem Explorer-Fenster, das den Inhalt der zu brennenden DVD anzeigt. Falls Sie noch etwas ändern möchten, haben Sie hier noch Gelegenheit, z. B. Dateien wieder zu löschen, falls sie doch nicht mit auf die DVD sollen.

8. Öffnen Sie dann das Register **Laufwerktools/Verwalten** ❼, und klicken Sie dort auf **Brennvorgang abschließen** ❽.

9. Lassen Sie am besten die Voreinstellung der Brenngeschwindigkeit ❾ so, wie sie ist, und klicken Sie auf **Weiter** ❿, um den Brennvorgang zu starten.

10. Windows meldet den erfolgreichen Abschluss. Klicken Sie zum Beenden auf die Schaltfläche **Fertig stellen**.

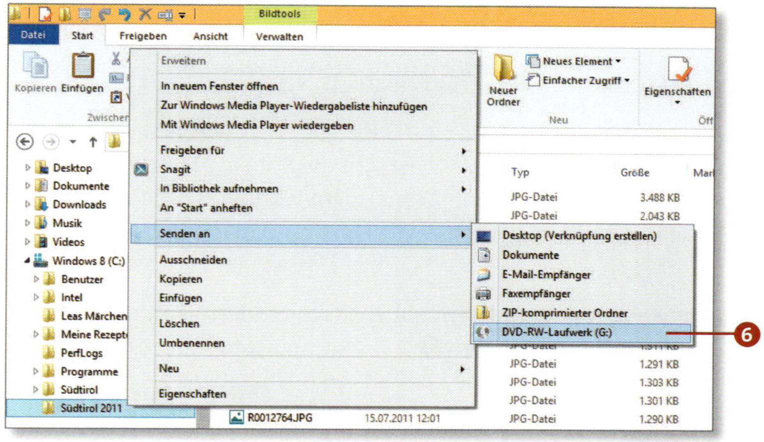

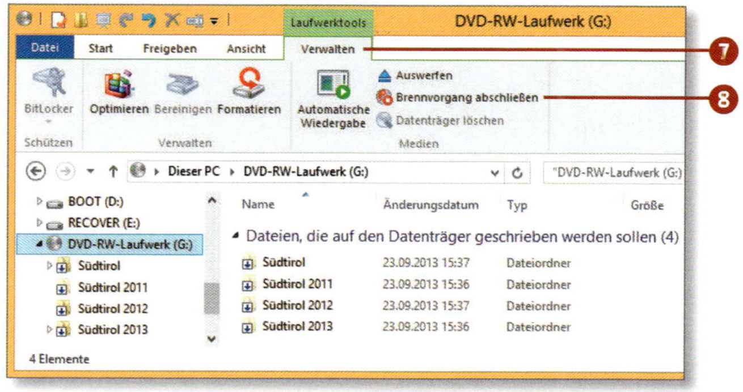

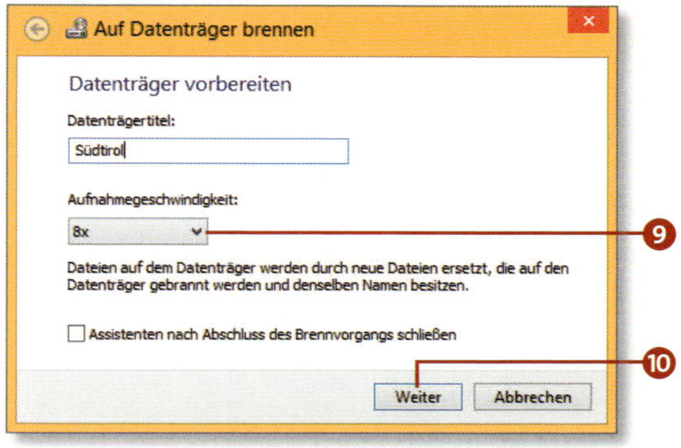

Alternative Brennprogramme

Brennprogramme von Drittanbietern, wie z. B. Nero, WinOnCD oder Ashampoo Burning Studio, bieten einen deutlich höheren Funktionsumfang als die in Windows integrierte Brennfunktion. So können Sie mit diesen Programmen z. B. auch CDs/DVDs mit Autostart-Funktion, Musik-CDs oder 1:1-Kopien erstellen.

Dateien und Ordner suchen

Dateien über den Startbildschirm suchen

Wenn Sie auf die Schnelle eine Datei suchen, können Sie die Suche direkt auf dem Startbildschirm beginnen. Allerdings gibt es eine Einschränkung: Durchsucht werden standardmäßig nur indizierte Orte wie die eigenen Dateien und Bibliotheken.

1. Geben Sie direkt auf dem Startbildschirm den Namen der gesuchten Datei ein ❶, z. B. »Rumpelstilzchen.mp3«. Bereits nach der Eingabe des ersten Buchstabens zeigt die Suchfunktion erste Treffer an. Je mehr Buchstaben Sie eingeben, desto genauer wird das Suchergebnis.
2. Nach Eingabe des Suchbegriffs zeigt Windows alle Übereinstimmungen an ❷: zunächst alle Dateien, die zu Ihrer Suche passen, und darunter Ergebnisse aus dem Internet. Klicken Sie auf einen Eintrag, um die Datei zu öffnen. Die MP3-Datei dieses Beispiels wird mit der *Musik*-App wiedergegeben.
3. Ein Klick auf einen Eintrag unterhalb des Trennstrichs öffnet eine Übersichtsseite mit zum Suchbegriff passenden Internetseiten. Wählen Sie eine dieser Seiten per Klick aus, wird diese in der *Internet-Explorer*-App geöffnet.

Erweiterte Sucheinstellungen

Haben Sie die gesuchte Datei nicht gefunden? Nutzen Sie in diesem Fall die Suchfunktion im Explorer: Sie bietet Ihnen speziellere Suchoptionen und Filtermöglichkeiten. So können Sie die Suche z. B. durch Kriterien wie Änderungsdatum oder Dateigröße verfeinern und auf weitere Bereiche ausdehnen.

Dateien und Ordner im Explorer suchen

Die Suche nach Dateien und Ordnern ist unter Windows 8.1 einfacher geworden. Wählen Sie das zu durchsuchende Laufwerk aus, geben Sie den Suchbegriff ein, und los geht's. Die ersten Treffer lassen nicht lange auf sich warten.

1. Öffnen Sie den Explorer über einen Klick auf das Ordnersymbol in der Taskleiste oder mit der Tastenkombination [Windows] + [E]. Im Navigationsbereich wählen Sie das Verzeichnis oder Laufwerk aus, das Sie durchsuchen möchten ❶.

2. Geben Sie rechts oben neben der Adressleiste den Suchbegriff ein ❷. Dies kann der Name einer Datei oder eines Ordners sein, aber auch ein Begriff, der innerhalb eines Dokuments vorkommt. Die Suche beginnt mit der Eingabe des ersten Zeichens und gibt nach und nach alle gefundenen Dateien und Ordner aus.

3. Haben Sie die Datei gefunden, können Sie diese mit einem Doppelklick öffnen.

4. Wenn Sie den Ordner öffnen möchten, der die Datei enthält, klicken Sie die Datei mit der rechten Maustaste an, und wählen Sie den Eintrag **Dateipfad öffnen** ❸ aus dem Kontextmenü.

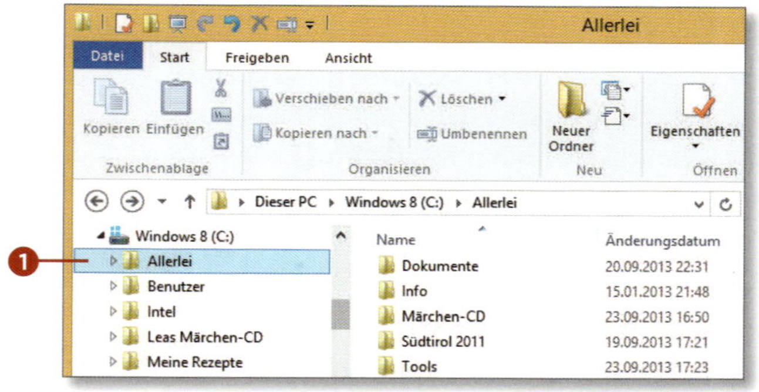

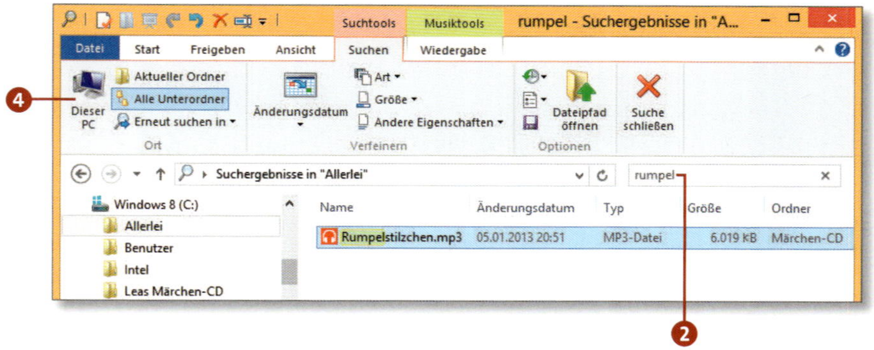

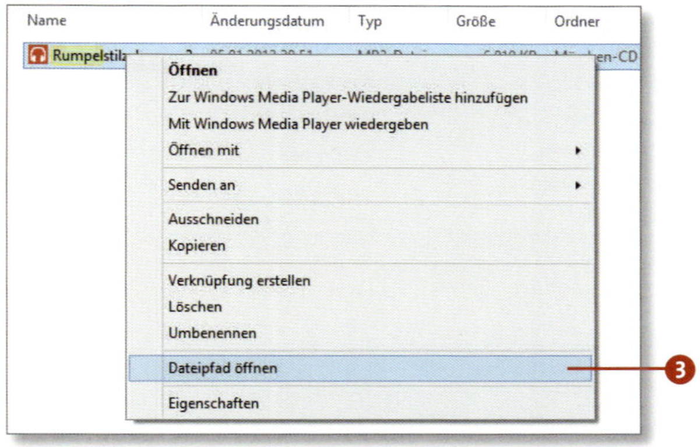

Den Suchbereich ausweiten

Sie können die Suche auch auf das komplette System ausweiten. Geben Sie den Suchbegriff ein, und klicken Sie dann im Menüband ganz links auf die Schaltfläche **Dieser PC** ❹. Sie müssen dann allerdings Geduld mitbringen, denn die Suche über alle Laufwerke hinweg dauert um einiges länger. Siehe dazu auch den Abschnitt »Die Suche auf bestimmte Bereiche beschränken« auf Seite 138.

Die Suche verfeinern

Die Gruppe **Verfeinern** auf der Registerkarte **Suchtools** bietet Einstellungen, um die Suche mithilfe verschiedener Kriterien weiter einzugrenzen. Über die Schaltfläche **Änderungsdatum** ❶ können Sie angeben, in welchem Zeitraum die gesuchte Datei zuletzt geändert wurde. Klicken Sie eine Option an, z. B. **Diese Woche**, überträgt der Explorer den entsprechenden Suchparameter in das Suchfeld.

Sie können das Datum aber sogar noch genauer bestimmen, indem Sie im Suchfeld auf die Zeitangabe des Suchparameters klicken, in unserem Beispiel also auf **Diese Woche** ❷. Daraufhin öffnet sich ein kleiner Kalender, in dem Sie einen bestimmten Tag festlegen können, indem Sie ihn anklicken ❸.

Auch ein Datumsbereich lässt sich definieren. Klicken Sie den ersten Tag an, halten Sie die ⇧-Taste gedrückt, und klicken Sie dann auf den zweiten Tag. Für einen kurzen Moment wird der gewählte Zeitraum angezeigt und dann wie gehabt als Parameter in das Suchfeld eingetragen.

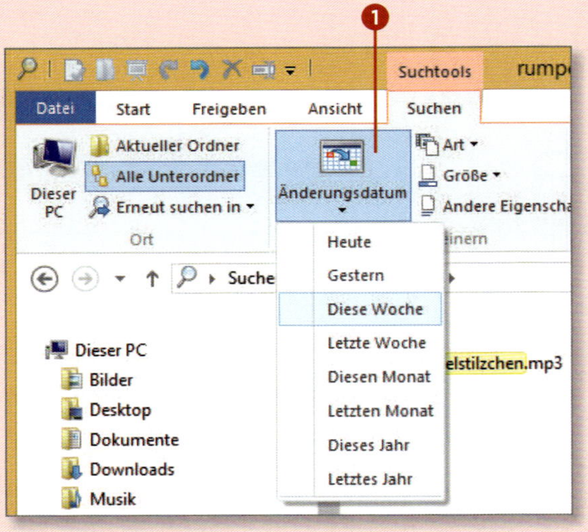

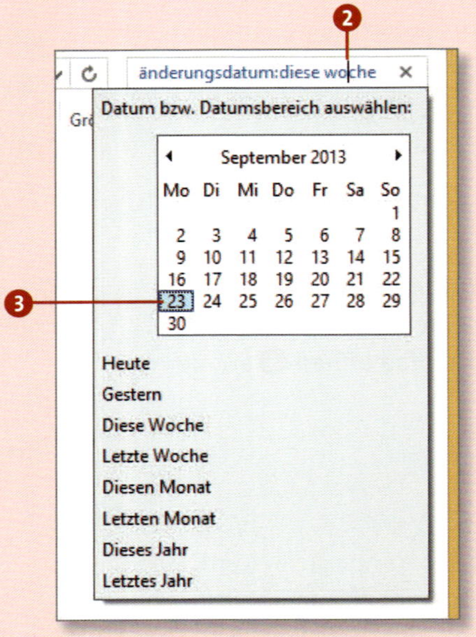

Über den Menüpunkt **Art** 4 in der Gruppe **Verfeinern** legen Sie fest, ob es sich z. B. um ein Dokument, eine E-Mail, einen Kontakt oder ein Bild handelt. Darunter finden Sie den Menüpunkt **Größe** 5. Wie die Bezeichnung schon vermuten lässt, können Sie hier die Dateigröße als Suchkriterium angeben. Dabei brauchen Sie nicht die exakte Größe der gesuchten Datei zu kennen; es reicht, wenn Sie einen der vorgegebenen Bereiche auswählen (von **Leer** bis **Riesig**).

Weitere Suchparameter finden Sie über die Schaltfläche **Andere Eigenschaften**. Wenn Sie hier den Eintrag **Bewertung** auswählen, können Sie nach Dateien mit einer entsprechenden Wertung suchen. Wählen Sie hier **Typ** aus, müssen Sie im Anschluss noch den Dateityp angeben, also die Endung der Datei, um entsprechende Ergebnisse zu erhalten. Falls Sie also z. B. nach einer Textdatei suchen, tragen Sie im Suchfeld hinter dem Parameter *typ:* ohne Leerzeichen den Zusatz »txt« ein; im Ganzen lautet der Parameter also *typ:txt*. Auch bei den anderen Optionen der Schaltfläche **Andere Eigenschaften** müssen Sie nach der Auswahl jeweils noch den genauen Parameter von Hand ergänzen.

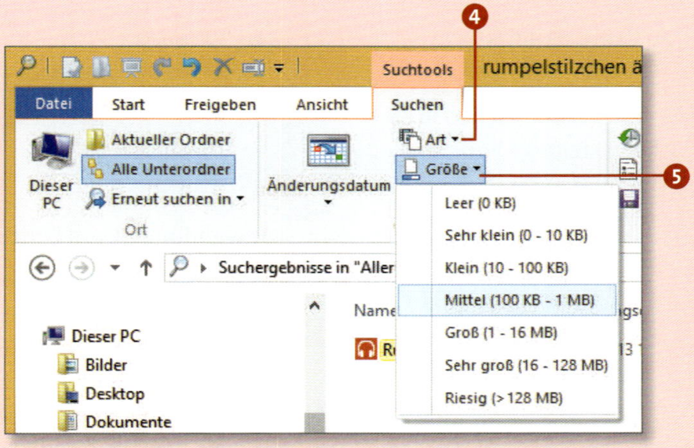

Die Suche auf bestimmte Bereiche beschränken

Für gewöhnlich tippt man auf der Suche nach Dateien, Ordnern oder nach dem Inhalt von Dokumenten einen Suchbegriff im Explorer ein und lehnt sich dann erst mal zurück. Wenn Sie den Suchbereich eingrenzen, geht das Ganze schneller.

1. Sobald Sie in das Suchfeld des Explorers klicken, wird die Registerkarte **Suchtools** ❶ eingeblendet.
2. Ganz links auf dieser Registerkarte können Sie festlegen, wo die Suche beginnen soll. Um sie zu beschleunigen, sollten Sie sie immer in dem Ordner durchführen, in dem Sie die gesuchte Datei vermuten. Die Option **Alle Unterordner** ❷ ist standardmäßig aktiviert, d. h., die Suche schließt vorhandene Unterordner mit ein.
3. Wenn Sie jedoch nicht wissen, wo sich die Datei befinden könnte, weiten Sie den Suchvorgang auf den ganzen Computer aus ❸. Alle Laufwerke werden daraufhin in die Suche eingeschlossen, was den Vorgang allerdings deutlich verlängert.
4. Ist die Suche abgeschlossen, wird die Option **Erneut suchen in** ❹ aktiv. Wenn Sie daraufklicken, öffnet sich ein kleines Menü mit der Möglichkeit, die Suche z. B. auf das Heimnetzwerk, auf Bibliotheken oder auch auf das Internet auszuweiten.

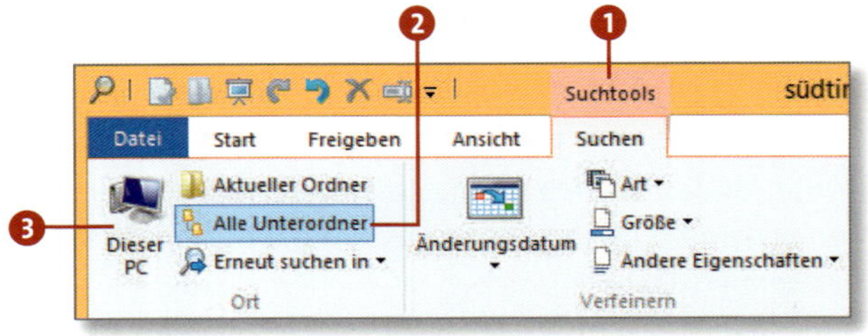

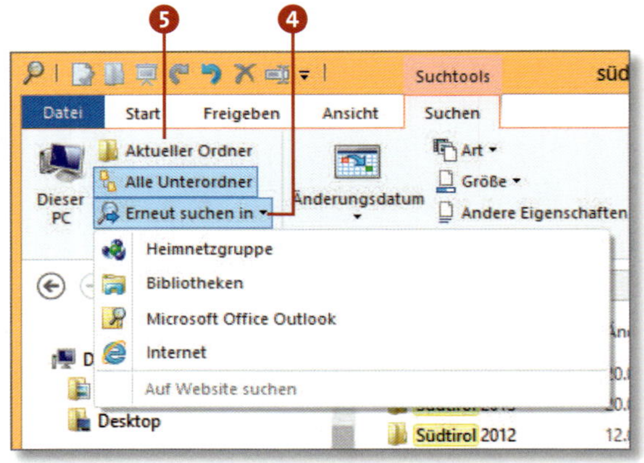

Suche auf einen Ordner begrenzen

Um die Suche auf einen ausgewählten Ordner zu begrenzen, klicken Sie auf die Schaltfläche **Aktueller Ordner** ❺. Unterordner werden dann bei der Suche nicht berücksichtigt.

Anwendungen von Drittanbietern

Sagt Ihnen die Windows-eigene Suchfunktion nicht zu? Im Internet finden Sie anhand der Suchbegriffe »Desktop-Suche« oder »Desktop Search« zahlreiche Alternativen von Drittanbietern, z. B. die Programme *Everything* oder *Copernic Desktop Search*. Solche Anwendungen sind meist kostenlos, bei *Copernic Desktop Search* müssen Sie dafür aber mit Werbeeinblendungen im Programmfenster leben. Achten Sie beim Download der Programme unbedingt darauf, dass es sich um eine seriöse Quelle handelt! Am besten nutzen Sie immer die Download-Seiten bekannter Anbieter wie *chip.de*, *pcwelt.de*, *netzwelt.de*, *heise.de* oder *zdnet.de*.

Weitere Suchoptionen

Auch in der Gruppe **Optionen** der Registerkarte **Suchtools** stehen weitere Einstellungsmöglichkeiten für die Suche im Explorer zur Verfügung:

- **Zuletzt ausgeführte Suchvorgänge** ❶: Über diese Option können Sie sich die die zuletzt durchgeführten Suchvorgänge anzeigen lassen und bei Bedarf erneut aufrufen. Bei häufig wiederkehrenden Suchvorgängen sparen Sie sich damit die erneute Eingabe aller Suchparameter. Löschen können Sie die Auflistung über den Befehl **Suchverlauf löschen** im Menü.

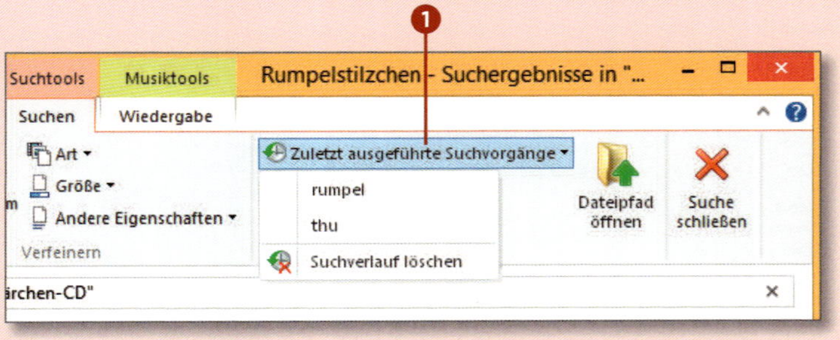

- **Erweiterte Optionen** ❷: Mithilfe dieser Schaltfläche haben Sie Zugriff auf zusätzliche Parameter. Wählen Sie den Menüeintrag **Teilweise Übereinstimmungen**, wenn Sie auf der Suche nach *Rumpelstilzchen* auch bei der Eingabe des Teilbegriffs *Rumpel* erfolgreich sein möchten. Diese Option ist standardmäßig aktiviert.

Über den Menüpunkt **Indizierte Orte ändern** ❸ der Schaltfläche **Erweiterte Optionen** legen Sie die Orte fest, die von Windows für die regelmäßige Erstellung eines Dateiindex berücksichtigt werden sollen. Elemente, die sich innerhalb dieser indizierten Orte befinden, können schneller aufgefunden werden.

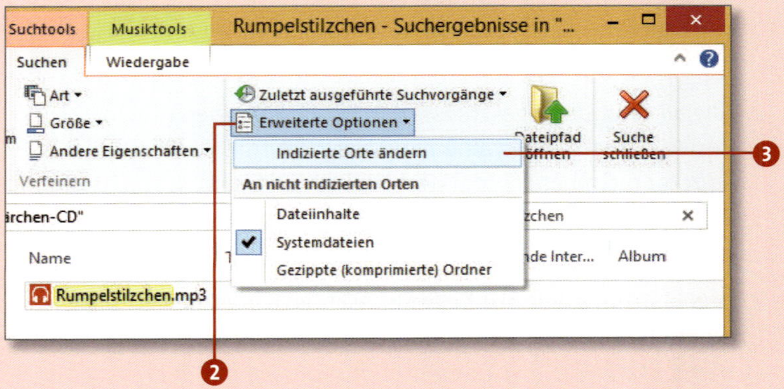

Ein Dokument ausdrucken

Sie können aus den meisten Desktop-Anwendungen und aus vielen Windows-Apps heraus Dokumente ausdrucken. Der Druckdialog ist bei allen Desktop-Programmen identisch. Ich erkläre ihn am Beispiel des Programms WordPad.

1. Das Dokument ist in WordPad geöffnet. Um es auszudrucken, klicken Sie zunächst auf **Datei** ❶. Zeigen Sie mit der Maus auf den Menüpunkt **Drucken** ❷, und wählen Sie im Anschluss den Befehl **Drucken** ❸ aus.
2. Alle am System angeschlossenen Drucker werden nun im Bereich **Drucker auswählen** angezeigt ❹. Falls der gesuchte Drucker nicht bereits markiert ist, wählen Sie ihn nun aus (siehe auch den Abschnitt »Einen Drucker als Standarddrucker definieren« auf Seite 238).
3. Legen Sie im Abschnitt **Seitenbereich** fest, was ausgedruckt werden soll. Die Auswahl **Alles** ❺ druckt das vollständige Dokument. Markierte Textabschnitte drucken Sie mit der Einstellung **Markierung** ❻, und wenn Sie nur bestimmte Seiten ausdrucken möchten, markieren Sie die Option **Seiten** ❼ und legen im Textfeld daneben den gewünschten Seitenbereich fest.
4. Geben Sie schließlich noch bei **Anzahl Exemplare** ❽ an, wie viele Ausdrucke Sie benötigen, und markieren Sie die Funktion **Sortieren** ❾, wenn ein Ausdruck der Seiten eines Dokuments in sortierter Reihenfolge erfolgen soll (immer die Seiten 1;2;3, 1;2;3 und nicht 1;1;1, 2;2;2, 3;3;3).
5. Haben Sie alle Einstellungen vorgenommen, schicken Sie das Dokument über die Schaltfläche **Drucken** ❿ an den eingeschalteten Drucker.

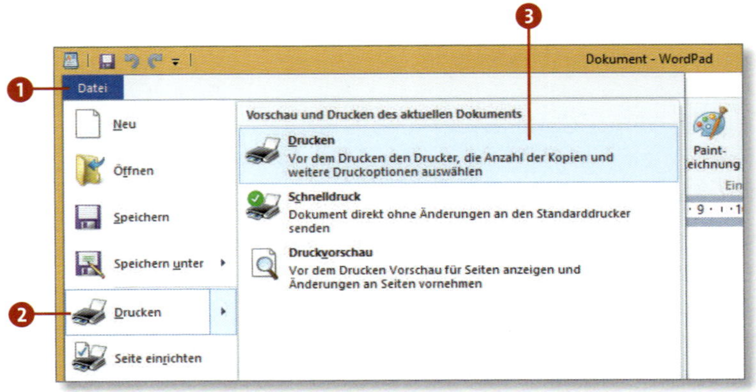

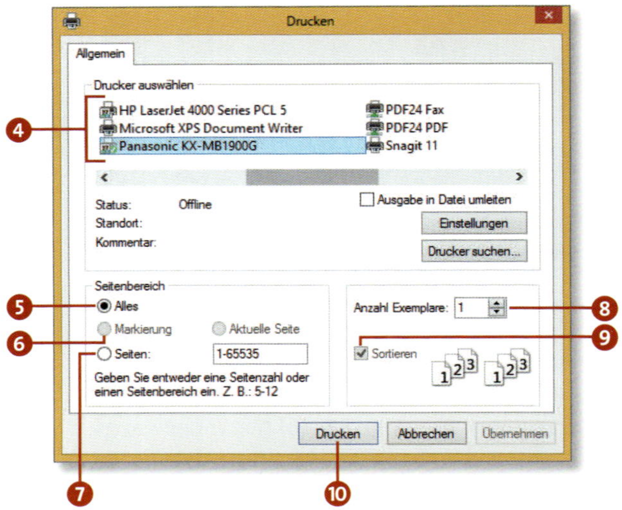

Tinte sparen

Viele Drucker unterstützen den Modus **Konzept-Druck** oder auch **Entwurf**. Dabei wird das Dokument unter Einsparung von Tinte oder Toner ausgedruckt. Der Ausdruck erscheint dann blasser, für den Eigenbedarf ist dies aber oft ausreichend. Sie finden diese Option in den Einstellungen Ihres Druckers.

PDFs mit Windows 8.1

Eine PDF-Datei anstelle eines Papierausdrucks erstellen

Man kann Dokumente auch als PDF-Dateien speichern und diese in elektronischer Form per E-Mail versenden. Das spart Zeit und Kosten. Mit dem kostenlosen Programm *PDF24 Creator* können Sie aus jeder druckfähigen Anwendung heraus PDF-Dateien erstellen.

1. Laden Sie sich von der Seite *http://www.pdf24.org* den kostenlosen *PDF24 Creator* herunter, und installieren Sie das Programm auf Ihrem System.
2. Wenn Sie ein Dokument als PDF-Datei speichern möchten, z. B. in WordPad, rufen Sie über **Datei > Drucken** den Druckdialog auf. Wählen Sie für die Ausgabe nicht Ihren Standarddrucker, sondern den virtuellen Drucker **PDF24 PDF** ❶ aus, und klicken Sie anschließend auf **Drucken** ❷.
3. Daraufhin öffnet sich der PDF24-Assistent mit zahlreichen Einstellungs- und Bearbeitungsmöglichkeiten. Legen Sie z. B. die Ausgabequalität ❸ fest, oder klicken Sie auf die Schaltfläche **Vorschau** ❹, um die PDF-Datei vorab zu betrachten.
4. Haben Sie alle Einstellungen vorgenommen, klicken Sie auf **PDF speichern** ❺ und geben danach den gewünschten Speicherort für die Datei an.

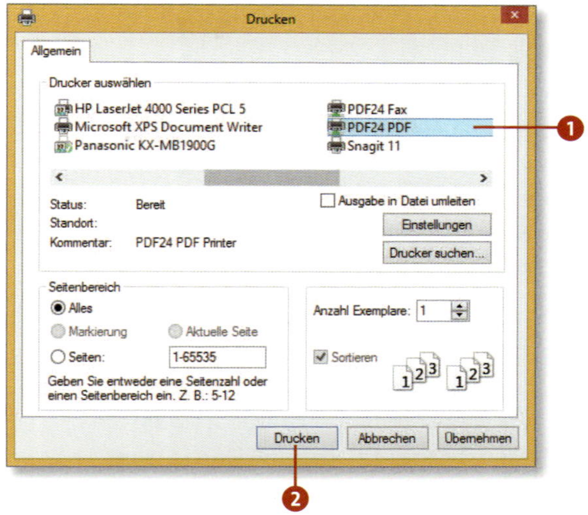

Was ist eine PDF-Datei?

PDF (*Portable Document Format*) ist ein Dateiformat, das für den plattformübergreifenden Austausch von Dokumenten entwickelt wurde. PDF-Dateien lassen sich mit einem Reader öffnen und können so z. B. auch dann angezeigt werden, wenn der andere Nutzer das Programm nicht installiert hat, mit dem die Ursprungsdatei erstellt wurde (z. B. Word). Außerdem können PDFs nicht aus Versehen verändert werden.

Eine PDF-Datei öffnen und drucken

Unter Windows 8.1 werden PDF-Dateien standardmäßig mit der *Reader*-App geöffnet. Zum Lesen einer PDF-Datei ist diese App vollkommen ausreichend, und sie erspart Ihnen die separate Installation eines PDF-Readers.

1. Wenn Sie eine PDF-Datei mit einem Doppelklick öffnen, startet automatisch die *Reader*-App und zeigt das Dokument im Vollbildmodus an. Rufen Sie mit einem Rechtsklick die App-Leiste auf. Über die Menüpunkte **Zwei Seiten**, **Eine Seite** und **Fortlaufend** (1) können Sie die Darstellung des Dokuments festlegen.
2. Gelegentlich möchte man ein PDF-Dokument natürlich auch mal ausdrucken. Öffnen Sie auch dafür die App-Leiste, und klicken Sie darin auf die Schaltfläche **Drucken** (2). Wenn Sie lieber mit der Tastatur arbeiten, drücken Sie die Tasten [Strg] + [P], um den Druckdialog aufzurufen.
3. Klicken Sie nun auf den Eintrag Ihres Druckers (3), und legen Sie dann die Druckoptionen fest, z. B. die Anzahl der Ausdrucke (4) oder welche Seiten gedruckt werden sollen (5). Mit **Drucken** (6) wird das Dokument schließlich zur Ausgabe an den Drucker übermittelt.

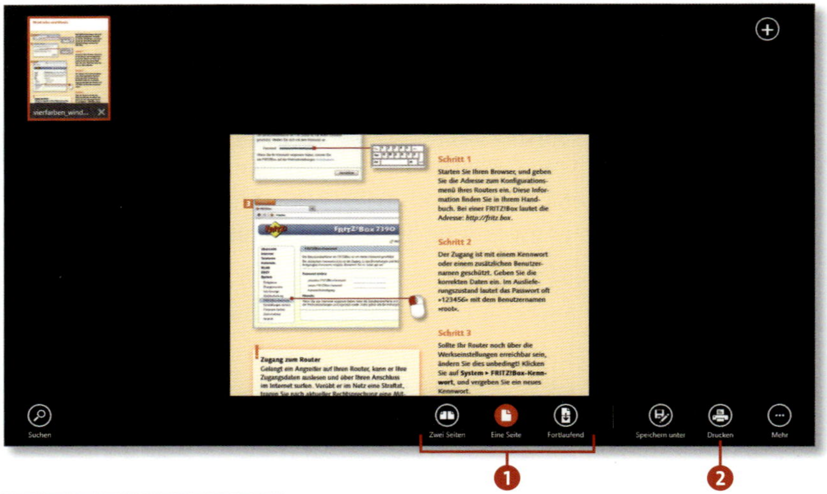

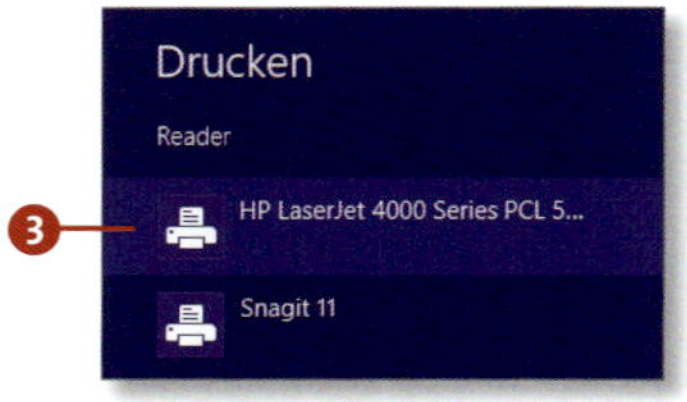

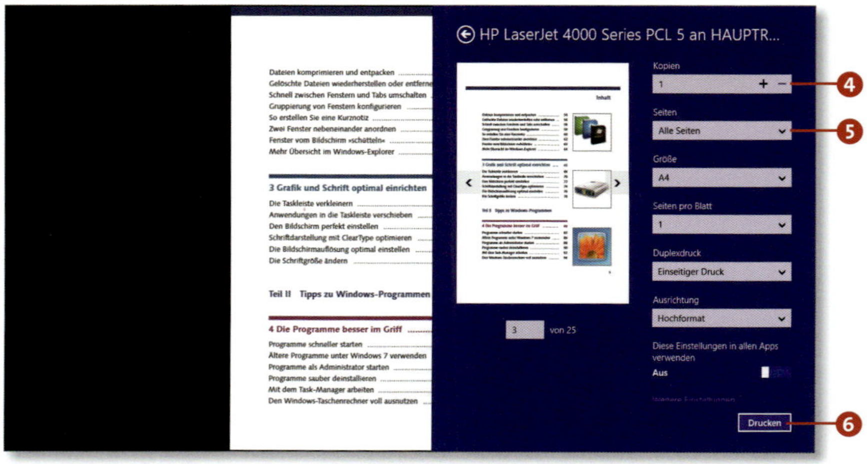

Innerhalb einer PDF-Datei suchen

Möchten Sie nach einer bestimmten Textpassage oder einem Begriff im Dokument suchen, wählen Sie aus der App-Leiste den Punkt **Suchen** und geben anschließend einen Suchbegriff ein. Mit den daraufhin eingeblendeten Schaltflächen **Zurück** und **Weiter** können Sie zu den einzelnen Fundstellen springen.

Bibliotheken

Die Bibliotheken in der Übersicht

Bibliotheken helfen bei der Organisation Ihrer Daten. Sie können in einer Bibliothek Dateien zusammenfassen, die auf verschiedenen Laufwerken und in verschiedenen Verzeichnissen gespeichert sind. Bibliotheken dienen also als eine Art Inhaltsverzeichnis, das selbst keine Daten, sondern nur Verknüpfungen zu den Daten enthält. So können Sie über die Bibliothek **Dokumente** auf Dateien zugreifen, die tatsächlich in den Verzeichnissen **Eigene Dokumente**, **Öffentliche Dokumente** und in anderen Ordnern gespeichert sind. Das funktioniert sogar laufwerksübergreifend: Ein Teil der Dokumente kann sich z. B. auf *C:* und ein anderer Teil auf den Festplatten *E:* oder *F:* befinden. Über eine Bibliothek haben Sie also stets an zentraler Stelle schnellen Zugriff auf Dateien, die über das ganze System verteilt sein können. Auf die Art müssen Sie Ihre Grundordnung nicht ändern. Die vier Standardbibliotheken **Bilder**, **Dokumente**, **Musik** und **Videos** werden im Explorer erst angezeigt, nachdem Sie die entsprechende Option aktiviert haben. Klicken Sie dazu mit der rechten Maustaste auf eine freie Stelle in der linken Spalte, z. B. ganz unten, und wählen Sie aus dem Kontextmenü die Option **Bibliotheken anzeigen** ❶ aus.

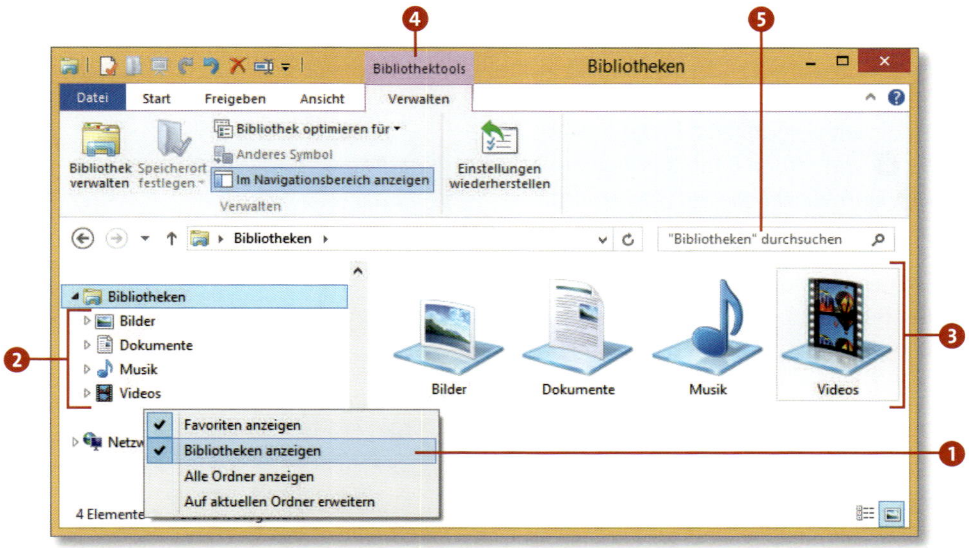

❷ die Standardbibliotheken **Bilder**, **Dokumente**, **Musik** und **Videos**

❸ Darstellung der Bibliotheken als Symbole im Dateibereich

❹ die Registerkarte **Bibliothektools/Verwalten**

❺ ausgewählte Bibliotheken durchsuchen

Eine neue Bibliothek erstellen und Ordner hinzufügen

Die vier Standardbibliotheken reichen für eine bequeme und effektive Verwaltung Ihrer Daten meist nicht aus. Zum Erstellen zusätzlicher Bibliotheken benötigen Sie nur wenige Mausklicks.

1. Öffnen Sie den Datei-Explorer, und klicken Sie in der linken Fensterhälfte auf den Eintrag **Bibliotheken** ❶. Darunter werden alle vorhandenen Bibliotheken aufgelistet. Falls nicht, klicken Sie auf den kleinen Pfeil vor dem Eintrag **Bibliotheken**.
2. Um nun eine neue Bibliothek hinzuzufügen, klicken Sie auf dem Register **Start** ❷ auf die Schaltfläche **Neues Element** ❸ und wählen den einzigen zur Verfügung stehenden Menüpunkt **Bibliothek** aus.
3. Ein neuer Eintrag wird erstellt. Vergeben Sie einen Namen für die neue Bibliothek, und schließen Sie Ihre Eingabe mit der [↵]-Taste ab.
4. Die neue Bibliothek wird mit einem Standardsymbol angezeigt. Um dieses Symbol zu ändern, klicken Sie zunächst in der linken Spalte auf die neue Bibliothek ❹ und öffnen dann das Register **Bibliothekstools/Verwalten** ❺. Dort klicken Sie auf die Schaltfläche **Anderes Symbol** ❻.
5. Im Dialog **Anderes Symbol** wählen Sie ein passendes Symbol aus ❼ und klicken auf **OK**. Ihre Bibliothek wird nun mit dem neuen Symbol dargestellt.

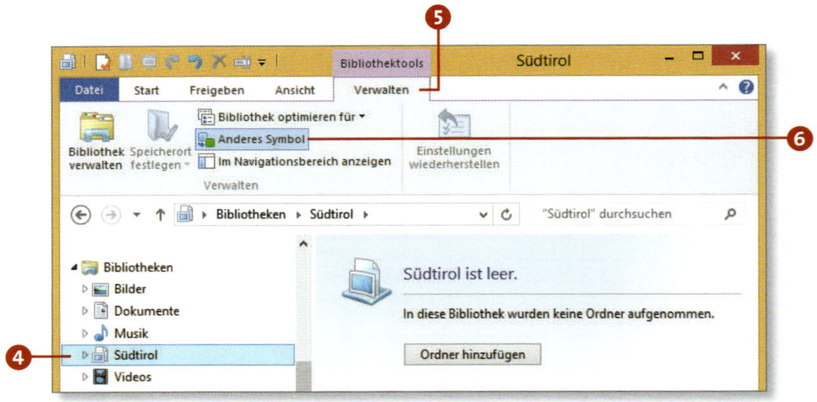

Bibliotheken an den Startbildschirm heften

Da Bibliotheken ähnlich behandelt werden wie Ordner, können Sie sie ebenfalls an den Startbildschirm heften. Klicken Sie mit der rechten Maustaste auf die Bibliothek, und wählen Sie dann den Befehl **An „Start" anheften** aus dem Kontextmenü.

6. Klicken Sie im Navigationsbereich des Explorers auf Ihre neu erstellte Bibliothek. Diese ist zu Anfang natürlich noch leer. Um dies zu ändern, klicken Sie im rechten Bereich auf die Schaltfläche **Ordner hinzufügen** ❽.
7. Ein neues Explorer-Fenster öffnet sich. Wählen Sie hier einen passenden Ordner aus, und fügen Sie ihn der Bibliothek über die Schaltfläche **Ordner aufnehmen** ❾ hinzu.
8. Möchten Sie weitere Ordner hinzufügen, klicken Sie diese im Explorer mit der rechten Maustaste an, zeigen auf den Befehl **In Bibliothek aufnehmen** und wählen eine Bibliothek aus ❿.

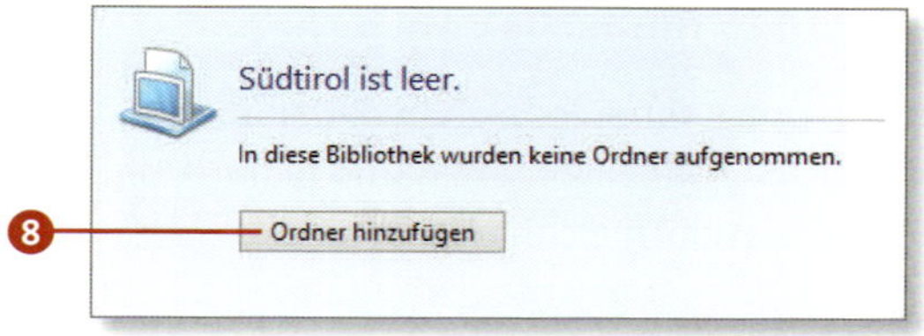

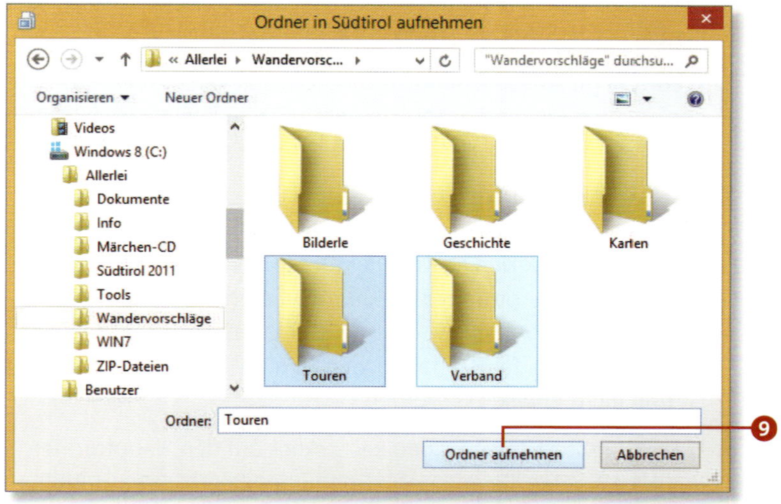

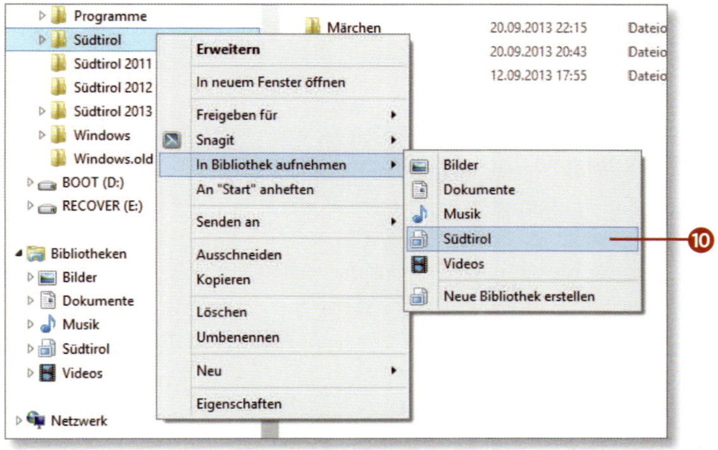

Standardspeicherort auswählen

Sie können auch direkt in der Bibliothek neue Dateien und Ordner erstellen. Da die Bibliothek nur ein virtueller Ordner ist, muss Windows wissen, an welchem »reellen« Speicherort die neue Datei oder der Ordner tatsächlich erstellt werden soll. Zu diesem Zweck können Sie über die Schaltfläche **Speicherort festlegen** auf dem Register **Bibliothektools/Verwalten** einen Standardspeicherort für die ausgewählte Bibliothek angeben. Standardmäßig wird dafür der erste Ordner genommen, den Sie hinzugefügt haben.

Einzelne Bibliotheken ausblenden

Falls Sie eine Bibliothek gerade nicht benötigen, können Sie sie aus dem Navigationsbereich ausblenden. Markieren Sie die Bibliothek, und klicken Sie dann auf dem Register **Bibliothektools/Verwalten** auf **Im Navigationsbereich anzeigen**, um diese Funktion zu deaktivieren. Die Bibliothek wird dann nicht mehr im Navigationsbereich gelistet. In der rechten Fensterhälfte ist sie aber weiterhin als Symbol zu sehen.

Dateien und Ordner aus einer Bibliothek entfernen

Natürlich lassen sich Dateien und Ordner jederzeit wieder aus einer Bibliothek entfernen. Wie Sie dabei vorgehen und worauf Sie achten sollten, erfahren Sie in dieser Anleitung.

1. Öffnen Sie die Bibliothek, markieren Sie in der rechten Fensterhälfte den Ordner oder die Datei(en) und klicken Sie auf der Registerkarte **Start** auf **Löschen** ❶. Alternativ drücken Sie [Entf].
2. Wenn Sie die anschließende Sicherheitsabfrage mit **Ja** bestätigen, werden die markierten Elemente in den Papierkorb verschoben (also auch am eigentlichen Speicherort gelöscht).
3. Eine Besonderheit stellt das Entfernen eines Hauptordners aus einer Ihrer Bibliotheken dar. Wenn Sie links im Navigationsbereich doppelt auf den Namen der Bibliothek klicken, werden darunter die Hauptordner mit ihrem »realen« Speicherort aufgelistet ❷. Wählen Sie einen dieser Ordner aus, werden Sie feststellen, dass der Befehl **Löschen** ❸ im Menüband ausgegraut ist und nicht angeklickt werden kann.
4. Führen Sie stattdessen einen Rechtsklick auf den Hauptordner aus, und wählen Sie im Kontextmenü den Befehl **Ort aus Bibliothek entfernen** ❹. In diesem Fall erfolgt keine Sicherheitsabfrage, weil der Ordner nicht gelöscht, sondern lediglich als Verknüpfung aus der Bibliothek entfernt wird.

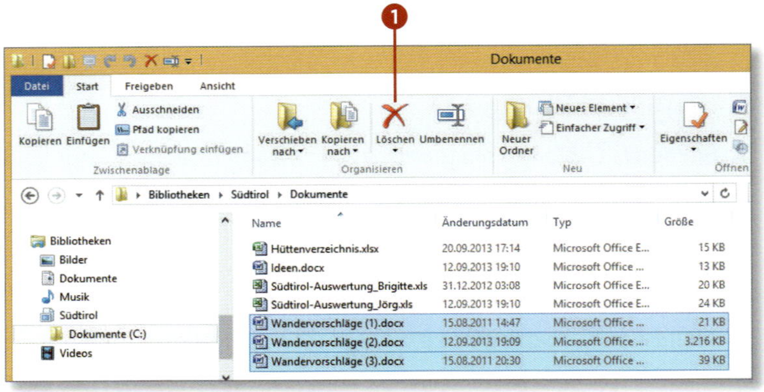

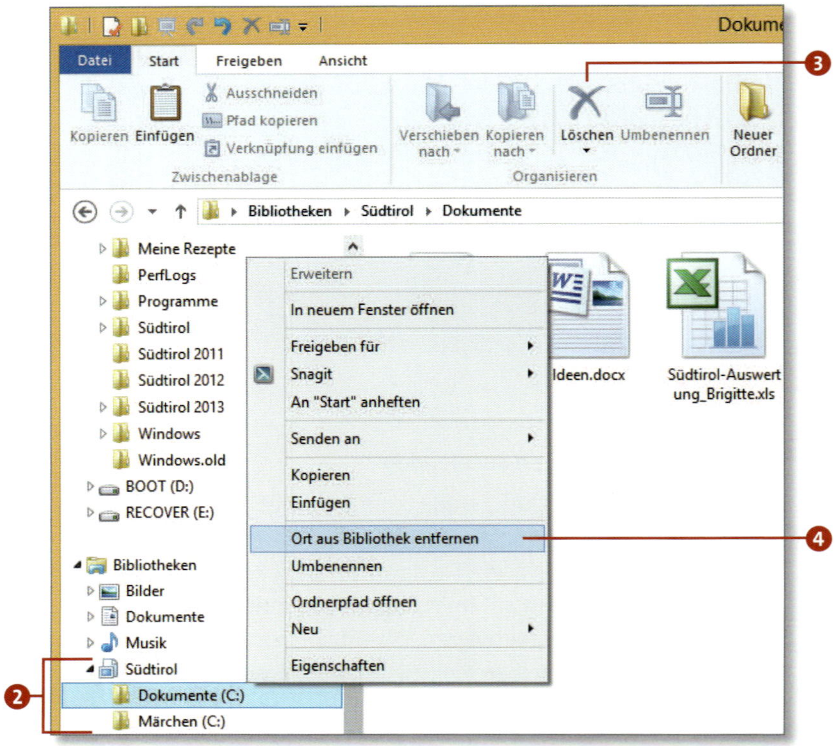

> **Wann wird gelöscht und wann nicht?**
>
> Wenn Sie die komplette Bibliothek oder einen der Speicherorte aus der Navigationsleiste entfernen, wird nichts gelöscht. Die Ordner bleiben am Ursprungsort erhalten, nur die Verknüpfungen werden entfernt. Wenn Sie jedoch Dateien oder Unterordner aus der Bibliothek löschen, werden diese nach erfolgter Sicherheitsabfrage tatsächlich gelöscht (auch am ursprünglichen Speicherort).

5 Internet

In diesem Kapitel

- Ins Internet mit Windows 8.1
- Surfen mit dem Internet Explorer
- Sicherheit im Internet
- Hotspots und öffentliche Netzwerke

Die nächste Wanderung in den Alpen planen, Reiseinformationen einholen oder gleich online einen Flug buchen. E-Mails abrufen, eine Überweisung tätigen und am Abend mal noch schnell schauen, was die Freunde auf Facebook so machen. Kurzum: Um online zu sein und stets auf dem neuesten Stand zu bleiben, braucht man einen Computer mit Internetanschluss.

Microsoft liefert seinen Browser, den Internet Explorer, unter Windows 8.1 gleich doppelt aus. Doch auch wenn die Basis dieselbe ist, unterscheidet sich die App-Version deutlich von der Desktop-Anwendung. Die ersten Schritte mit der *Internet-Explorer*-App sind gewöhnungsbedürftig, denn zunächst sucht man vergebens nach den Bedienelementen. Wie Sie mit beiden Programmen sicher umgehen, wie Sie Favoriten anlegen und verwalten, Seiten auf dem Desktop, in der Taskleiste oder auf dem Startbildschirm ablegen können, erfahren Sie in diesem Kapitel.

Und natürlich darf das Thema Sicherheit nicht fehlen! Onlinebetrüger, Viren oder Trojaner lauern buchstäblich an jeder Ecke. Damit will ich Ihnen keine Angst machen, aber es ist gut, die Gefahren zu kennen, um sie gezielt abwehren zu können. Erstmals hat Microsoft seinem Betriebssystem einen vollwertigen Virenschutz spendiert, der Ihnen zusammen mit der Windows-Firewall einen soliden Basisschutz für Ihr System bietet. Generell gibt es in Bezug auf die Sicherheit Ihres Systems ein paar grundlegende Einstellungen und Verhaltensweisen zu beachten, die ich Ihnen in diesem Kapitel näherbringen möchte.

Ins Internet mit Windows 8.1

Eine DSL-Verbindung einrichten

Bevor es ins Internet geht, müssen Sie Ihr Modem mit dem Computer verbinden. Halten Sie die Zugangsdaten bereit, die Sie von Ihrem Internetanbieter erhalten haben, sie werden zur Einrichtung der Internetverbindung benötigt.

1. Wechseln Sie zum Desktop, und rufen Sie die Systemsteuerung auf. Öffnen Sie dazu das Schnellstartmenü mit ⊞ + X, und klicken Sie dann auf den Eintrag **Systemsteuerung**.
2. Öffnen Sie die Netzwerkeinstellungen mit einem Klick auf den Link **Netzwerk- und Freigabecenter** ❶.
3. Im zugehörigen Dialogfenster wählen Sie den Menüpunkt **Neue Verbindung oder neues Netzwerk einrichten** ❷.
4. Ein weiteres Dialogfenster öffnet sich mit der Frage nach der gewünschten Verbindungsoption. Klicken Sie darin auf **Verbindung mit dem Internet herstellen** und anschließend auf **Weiter**. Dann wählen Sie die Option **Breitband (PPPoE)** zum Erstellen einer Modemverbindung.
5. Tragen Sie nun den von Ihrem Internetanbieter zugeteilten Benutzernamen und das dazugehörige Kennwort ein ❸. Im Feld **Verbindungsname** ❹ können Sie die Bezeichnung frei wählen. Mit einem Klick auf **Verbinden** ❺ wird die neu eingerichtete DSL-Verbindung hergestellt.

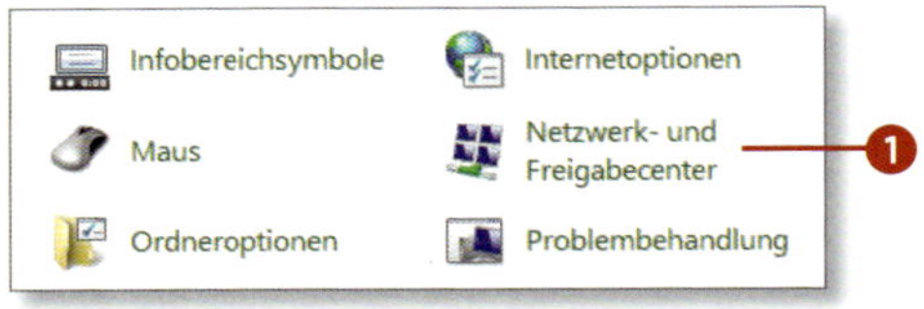

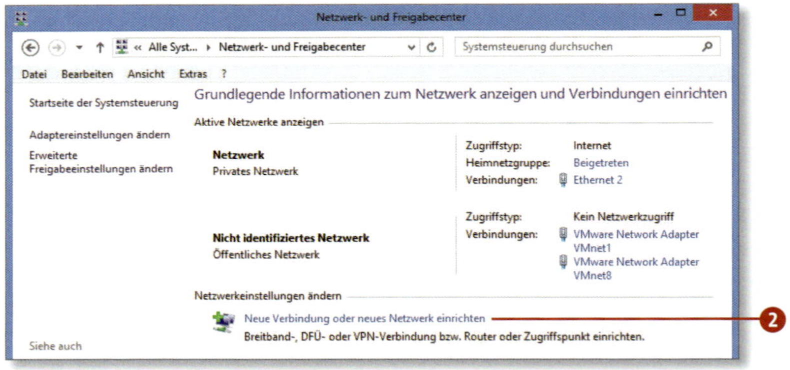

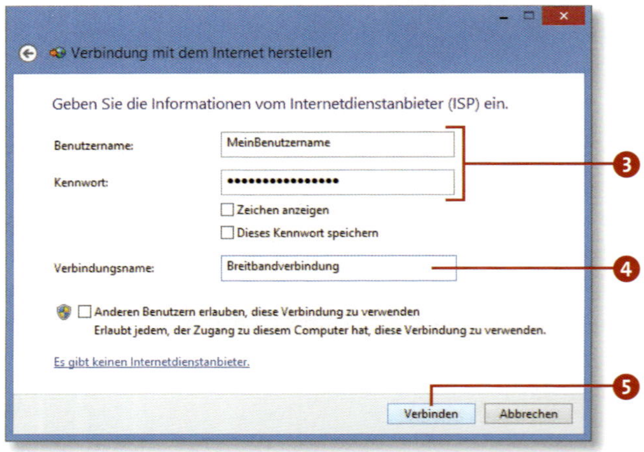

Antivirensoftware installieren

Zum Schutz vor Viren und Trojanern sollten Sie ein Antivirenprogramm installieren und es durch Updates immer auf dem neuesten Stand halten!

Per WLAN ins Internet

Egal, ob Sie auf dem Balkon, im Hotel oder am Flughafen sitzen, mithilfe einer WLAN-Verbindung können Sie fast überall ins Internet, einen WLAN-Hotspot vorausgesetzt (siehe dazu auch den Abschnitt »Hotspots und öffentliche Netzwerke« auf Seite 179). Die Verbindung mit einem WLAN ist recht einfach.

1. Wechseln Sie zum Desktop, und klicken Sie rechts unten in der Taskleiste auf das Netzwerksymbol ❶.
2. Ein Menü öffnet sich und zeigt Ihnen alle verfügbaren Drahtlosnetzwerke an, die sich in der Nähe befinden. Wählen Sie die bevorzugte Verbindung mit einem Mausklick aus. Wenn Sie sich nicht bei jedem Windows-Start neu am Netzwerk anmelden möchten, aktivieren Sie die Option **Automatisch verbinden** ❷.
3. Klicken Sie auf **Verbinden** ❸, um eine Verbindung aufzubauen.
4. Tragen Sie zur Authentifizierung den Netzwerkschlüssel ein, der bei der Einrichtung der WLAN-Verbindung im Router eingetragen wurde, und bestätigen Sie Ihre Eingabe mit **Weiter** ❹. Moderne Router bieten gar die Möglichkeit, die Zugangsdaten über eine Taste am Gerät automatisch an den Rechner zu übermitteln.
5. Auf die anschließende Frage, ob zu PCs und Geräten in diesem Netzwerk eine Verbindung hergestellt werden soll, klicken Sie bei einem Heim- oder Arbeitsnetzwerk auf **Ja**, und bei einem öffentlichen Netzwerk, z. B. in einem Hotel, wählen Sie aus Sicherheitsgründen **Nein**. Die Verbindung wird daraufhin aufgebaut.

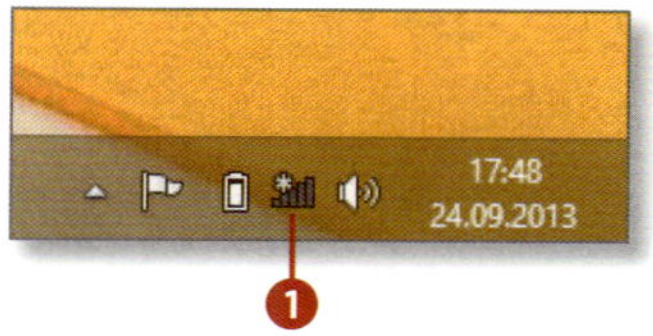

Keine Drahtlosnetzwerke verfügbar?

Sollten keine WLAN-Verbindungen angezeigt werden, aktivieren Sie zunächst die WLAN-Funktion, indem Sie den Schieberegler **WiFi** in der Charms-Leiste auf **Ein** stellen ❺. Ist die Option nicht aktivierbar, muss die WLAN-Funktion an Ihrem Laptop erst über eine spezielle Taste oder eine Tastenkombination eingeschaltet werden. Konsultieren Sie in diesem Fall das Bedienungshandbuch Ihres Geräts.

Surfen mit dem Internet Explorer

Der Internet Explorer in der Übersicht

Den Internet Explorer gibt es unter Windows 8.1 gleich in doppelter Ausführung: einmal als herkömmliche Desktop-Variante und einmal als Windows-App. Mit beiden Programmen können Sie im Internet surfen und beliebige Seiten betrachten. Die App-Variante stellt eher eine abgespeckte Version mit weniger Einstellungsmöglichkeiten dar und ist optimiert für den Einsatz auf mobilen Endgeräten, z. B. Tablet-PCs, weil sie Ressourcen schont und sich komfortabel mit dem Finger bedienen lässt. Sie starten die App über die entsprechende Kachel **Internet Explorer** auf dem Startbildschirm. Mit welcher Variante des Internet Explorers Sie ins Netz gehen, ist Geschmackssache. Beide Versionen haben ihre Vor- und Nachteile.

1. Vorschau auf geöffnete Seiten
2. eine neue Registerkarte öffnen
3. Über die Registerkartentools können Sie zuvor geschlossene Register wieder öffnen oder im geschützten Modus (*InPrivate*) surfen (siehe auch den Abschnitt »Der InPrivate-Modus des Internet Explorers« auf Seite 177).
4. Vor- und Zurück-Schaltflächen
5. die Adressleiste zur Eingabe der Internetadresse
6. Seite aktualisieren
7. eine Webseite an den Startbildschirm heften oder zu den Favoriten hinzufügen (siehe den Abschnitt »Favoriten anlegen und verwalten« auf Seite 158)
8. Über die Seitentools erreichen Sie u. a. die Option **Auf Seite suchen**, falls Sie nach einem bestimmten Begriff suchen möchten.

Die Desktop-Variante des Internet Explorers unterscheidet sich optisch nur wenig von ihren Vorgängern unter Windows Vista oder Windows 7. Die Webseiten werden wie gewohnt in einzelnen Tabs angezeigt, was einen schnellen Wechsel zwischen den geöffneten Seiten ermöglicht. Die Tabs können direkt neben der Adressleiste oder auch in einer separaten Zeile darunter angezeigt werden.

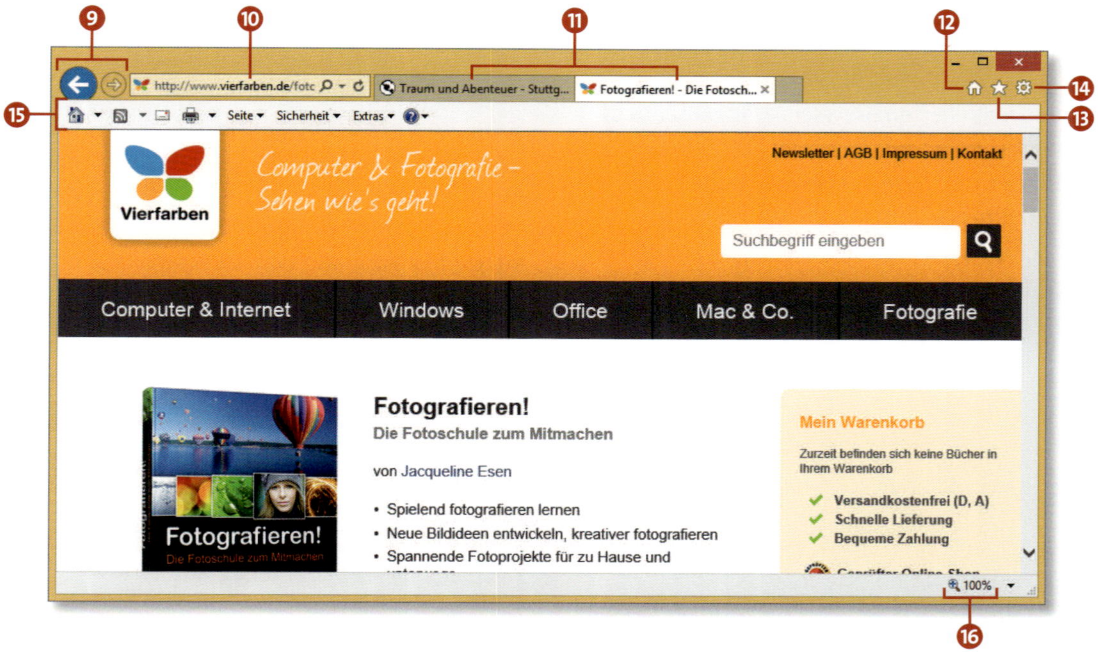

❾ Vor- und Zurück-Schaltflächen

❿ Adress- und Suchfeld

⓫ Registerkarten mit geöffneten Seiten

⓬ zur Standard-Startseite springen

⓭ das Favoritencenter öffnen

⓮ Über den Menüpunkt **Extras** erreichen Sie verschiedene Einstellungen des Browsers.

⓯ Die Befehlsleiste enthält Schaltflächen und Menüpunkte für den schnellen Zugriff auf häufig benötigte Optionen, z. B. das Ausdrucken einer Webseite.

⓰ Sie können die Zoomstufe ändern, um die Anzeige im Internet Explorer zu vergrößern oder zu verkleinern.

Einen Standardbrowser festlegen

Anstelle des vorinstallierten Internet Explorers können Sie jederzeit auch einen anderen Browser auf Ihrem System installieren, z. B. Firefox, Opera oder Google Chrome. Sie können diesen »fremden« Browser auch parallel zum Internet Explorer nutzen. Wenn Sie z. B. innerhalb einer E-Mail auf einen Link klicken, wird die Seite mit Ihrem Standardbrowser aufgerufen. Haben Sie neben dem Internet Explorer noch einen weiteren Webbrowser installiert, müssen Sie eines dieser Programme als Standardbrowser festlegen.

Beim ersten Start eines neu installierten Browsers erfolgt standardmäßig eine Abfrage, ob dieses Programm fortan als Standardbrowser festgelegt werden soll. Falls Sie hier **Nein** ausgewählt haben oder nachträglich einen anderen Browser zum Standardbrowser befördern möchten, öffnen Sie mit der Tastenkombination [Windows] + [X] das Schnellstartmenü, und wählen Sie darin die Option **Systemsteuerung**. Klicken Sie dann auf den Menüpunkt **Standardprogramme** und im Anschluss auf **Standardprogramme festlegen** (1).

Windows listet alle verfügbaren Programme auf. Wählen Sie Ihren bevorzugten Browser aus, z. B. **Firefox** (2), und klicken Sie anschließend auf **Dieses Programm als Standard festlegen** (3). Dem ausgewählten Programm werden daraufhin alle Standards zugewiesen. Mit **OK** schließen Sie das Einstellungsfenster wieder.

Eins noch: Ist anstelle des Internet Explorers ein anderer Browser als Standardbrowser angegeben, zieht sich die *Internet-Explorer*-App auf dem Startbildschirm schmollend zurück und wird deaktiviert. Die Kachel **Internet Explorer** ist zwar weiterhin vorhanden, ein Klick darauf öffnet dann aber nicht, wie zu erwarten wäre, die App, sondern den Internet Explorer auf dem Desktop.

Auswahl des Menüpunktes »Standardprogramme festlegen«

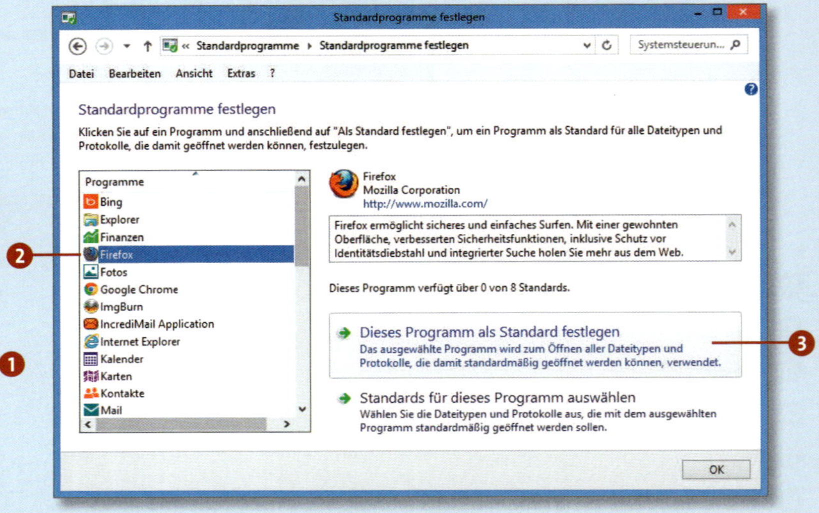

So legen Sie den Standardbrowser fest.

Eine Website über einen Link aufrufen

Viele Internetadressen werden Sie über Verweise aufrufen, sogenannte *Links*, entweder aus einer E-Mail heraus oder über Verweise auf einer anderen Webseite.

1. Links werden auf Internetseiten auf unterschiedliche Art angezeigt. Der klassische Textlink besteht aus einem Wort und wird in aller Regel in blauer Schrift und unterstrichen dargestellt. Ausnahmen bestätigen allerdings die Regel, sodass man inzwischen auch Links in einer anderen Farbgebung findet. Egal, wie der Link aussieht: Ein einfacher Mausklick genügt, um die verknüpfte Webseite aufzurufen.
2. Sie erkennen einen Link besonders zuverlässig, wenn Sie mit der Maus daraufzeigen, ohne sofort zu klicken. Handelt es sich um einen Link, ändert sich die Form des Mauszeigers von einem Pfeil zu einer kleinen Hand ❶.

❶

Verlinkte Bilder und Grafiken

Auch Bilder und Grafiken können mit einem Link versehen sein. Hier gilt das gleiche Prinzip: Wenn Sie mit der Maus auf die Grafik zeigen und sich der Mauszeiger in eine Hand verwandelt, handelt es sich um einen Link ❷. Bilder werden auf Webseiten vielfach in einer verkleinerten Ansicht dargestellt, klickt man auf das Bild, wird dieses vergrößert angezeigt.

❷

Eine Website über die Adressleiste aufrufen

Die Adressleiste befindet sich in der *Internet-Explorer*-App am unteren Bildschirmrand und wird automatisch nach ein paar Sekunden wieder ausgeblendet, wenn Sie nichts eingeben.

1. Um eine neue Internetadresse einzugeben, öffnen Sie die Adressleiste durch eine Wischbewegung vom unteren Bildschirmrand aus oder durch einen Klick mit der rechten Maustaste auf die Oberfläche der App.
2. Sobald Sie in die Adressleiste klicken ❶, werden darüber die von Ihnen am häufigsten besuchten Seiten angezeigt ❷. Ist eine dieser Seiten Ihr Ziel, klicken Sie auf die entsprechende Schaltfläche. So sparen Sie sich die Tipparbeit.
3. Falls die gewünschte Seite nicht dabei ist, tippen Sie die Adresse in das Textfeld ein. Die App schlägt Ihnen direkt bei der Eingabe Seiten vor ❸, die zu Ihrer Eingabe passen, und ergänzt sie automatisch ❹. Diese Ergänzungsfunktion orientiert sich ebenfalls an bereits von Ihnen geöffneten Seiten. Entspricht die automatische Eingabeergänzung Ihrem Ziel, drücken Sie [↵]. Sie können auch auf einen der Vorschläge klicken.

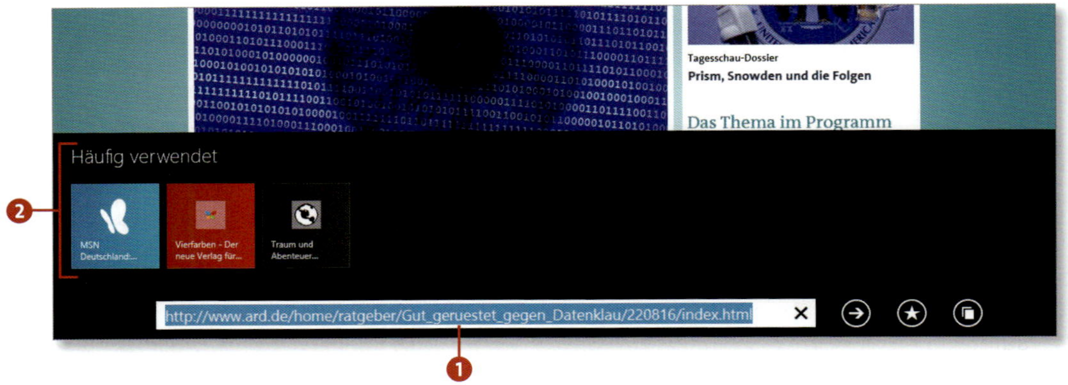

Eine Startseite festlegen

Starten Sie den Internet Explorer auf dem Desktop, und klicken Sie im Menü **Extras** auf **Internetoptionen**. Im Abschnitt **Startseite** können Sie dann die Adresse der Webseite eintragen. Ist die Seite bereits geöffnet, klicken Sie zur Übernahme einfach auf die Schaltfläche **Aktuelle Seite**. Sie können auch mehrere Seiten als Startseiten festlegen; in diesem Fall tragen Sie pro Zeile eine Adresse ein. Klicken Sie im Browser auf das Symbol **Startseite**, wird jede Seite in einem eigenen Tab angezeigt.

4. Wenn Sie schon eine Weile durchs Internet gesurft sind, können Sie mit den Pfeilschaltflächen links und rechts der Adressleiste 5 vor und zurück durch die bisher aufgerufenen Seiten springen.
5. Um eine Seite zu aktualisieren, z. B. einen Liveticker, klicken Sie auf den kreisförmigen Pfeil 6.
6. Bei der Desktop-Version des Internet Explorers sieht das Ganze so aus: Klicken Sie in das Adressfeld 7, oder öffnen Sie zunächst mit einem Klick auf **Neue Registerkarte** 8 einen neuen Tab.
7. Geben Sie nun die Adresse ein. Den ersten Teil der Adresse, *http://www.*, können Sie weglassen. Ihre Eingabe wird automatisch ergänzt, und mögliche Übereinstimmungen werden angezeigt 9. Passt einer der Vorschläge, können Sie ihn direkt anklicken und die entsprechende Seite so aufrufen, ohne die komplette Adresse eingeben zu müssen.

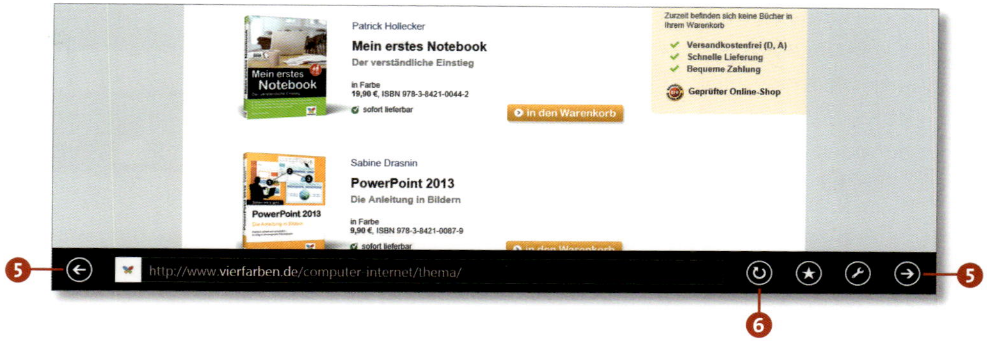

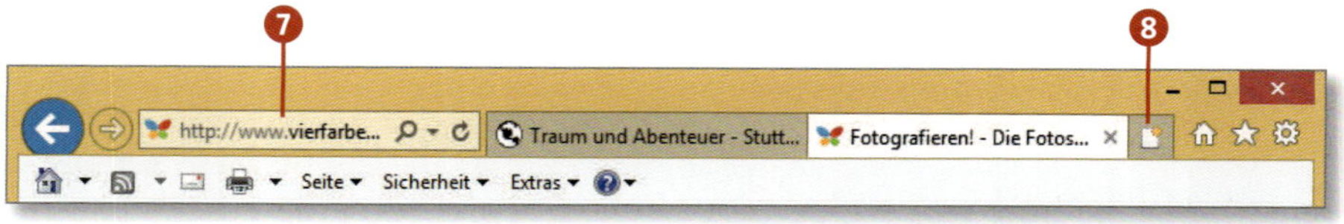

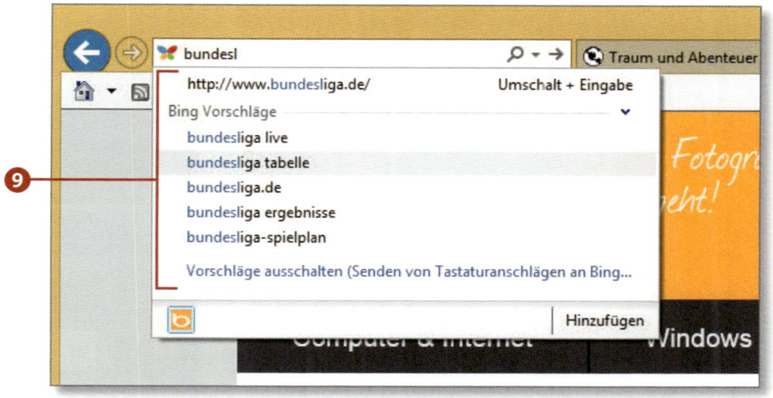

Auf Webseiten suchen

Drücken Sie im Internet Explorer die Tastenkombination [Strg] + [F], erweitert sich die Befehlsleiste am oberen Fensterrand und zeigt ein Suchfeld mit blinkender Schreibmarke an. Tippen Sie den Suchbegriff ein. Alle Übereinstimmungen werden auf der Seite farblich hervorgehoben. Die Tastenkombination funktioniert in der Desktop-Variante, in der *Internet-Explorer*-App und auch in vielen anderen Webbrowsern.

Eine neue Registerkarte anlegen in der Internet-Explorer-App

1. Zum Öffnen einer Seite in einem neuen Tab verwenden Sie in der *Internet-Explorer*-App entweder die Tastenkombination [Strg] + [T], oder Sie klicken mit der rechten Maustaste auf eine freie Stelle, um zunächst die Menüleiste zu öffnen. Klicken Sie anschließend auf das Pluszeichen ❶, um eine neue Registerkarte zu erstellen.

2. Um nun eine Internetseite aufzurufen, klicken Sie unten in das Adressfeld ❷ und geben dort eine neue Adresse ein (siehe dazu den Abschnitt »Eine Website über die Adressleiste aufrufen« auf Seite 154).

3. Wenn Sie einen Link zu einer Webseite benutzen und diese in einer neuen Registerkarte öffnen wollen, klicken Sie ihn mit der rechten Maustaste an und wählen den Befehl **Link in neuer Registerkarte öffnen** ❸ aus dem Kontextmenü.

4. Möchten Sie einen nicht benötigten Tab schließen, klicken Sie auf das **X** ❹ in der Miniaturvorschau. Wenn Sie alle Registerkarten bis auf eine schließen wollen, klicken Sie mit der rechten Maustaste auf die Vorschau der Seite, die Sie beibehalten möchten, und wählen aus dem Kontextmenü die Option **Andere Registerkarten schließen** ❺.

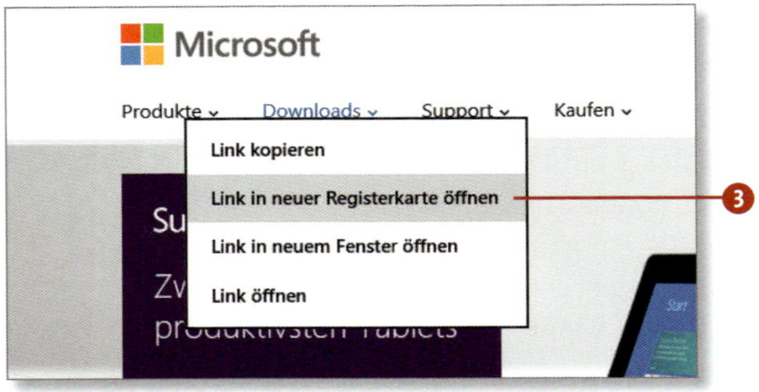

Link in neuem Fenster öffnen

Statt auf einer neuen Registerkarte können Sie einen Link auch in einem neuen Fenster öffnen. Wählen Sie hierfür die Option **Registerkarte in neuem Fenster öffnen** ❻. Windows teilt daraufhin den Bildschirm und öffnet die neue Seite in einem zweiten Fenster der *Internet-Explorer*-App.

Registerkarten in der Desktop-Version des Internet Explorers

Dank der Registerkarten (Tabs) können Sie bequem mehrere Webseiten zur gleichen Zeit geöffnet haben und zwischen ihnen wechseln.

1. Klicken Sie auf einen Tab ❶, um die zugehörige Seite in den Vordergrund zu holen.
2. Möchten Sie die Position einer Registerkarte verändern, klicken Sie sie an, und verschieben Sie sie mit gedrückter Maustaste an die gewünschte Stelle.
3. Soll die Registerkarte geschlossen werden, zeigen Sie mit der Maus darauf und klicken dann auf das kleine Kreuz ❷ auf der rechten Seite der Registerkarte. Alternativ können Sie auch einen Rechtsklick auf den Tab ausführen und aus dem Kontextmenü den Befehl **Registerkarte schließen** ❸ wählen.
4. Bei Bedarf können Sie alle Registerkarten außer der aktuell geöffneten schließen. Klicken Sie mit rechts auf den Tab, den Sie geöffnet lassen möchten, und wählen Sie aus dem Kontextmenü die Option **Andere Registerkarten schließen** ❹.

Webseiten zur App-Übersicht hinzufügen

Rufen Sie eine Seite im Internet Explorer auf, klicken Sie in der Befehlsleiste auf **Seite**, und wählen Sie **Website zu „Apps" hinzufügen**. Nachdem Sie den Vorgang mit **Hinzufügen** bestätigt haben, wird die Seite in Form einer Kachel auf der Übersichtsseite **Apps** eingefügt. Die *Internet-Explorer*-App beherrscht diese Option ebenfalls. Öffnen Sie auch hier zunächst die anzuheftende Seite, und blenden Sie dann mit einem Rechtsklick die App-Leiste ein. Die Funktion **An „Start" anheften** finden Sie im Menü **Favoriten** hinter dem Symbol mit der Pinnnadel. In diesem Fall wird die Seite auf dem Startbildschirm sowie unter **Apps** aufgelistet.

Inhalte aktualisieren

Auf manchen Webseiten, z. B. bei Livetickern, ändern sich die Inhalte im Minutentakt. Mit der Taste F5 können Sie den Inhalt der gerade geöffneten Seite aktualisieren. Sollen die Inhalte aller Registerkarten aktualisiert werden, führen Sie einen Rechtsklick auf eine Registerkarte aus und wählen dann den Befehl **Alle aktualisieren**.

Favoriten anlegen und verwalten

Fügen Sie die interessantesten Internetseiten zur Ihrer Favoritenliste hinzu, damit Sie sie immer schnell aufrufen können. Über das Favoritencenter können Sie sie bequem verwalten und organisieren. Die wichtigsten Seiten lassen Sie sich zusätzlich in der Favoritenleiste anzeigen.

1. Rufen Sie die Seite auf, die Sie den Favoriten hinzufügen möchten.
2. Führen Sie einen Rechtsklick auf eine freie Stelle der Seite aus, und wählen Sie aus dem Kontextmenü den Befehl **Zu Favoriten hinzufügen** ❶.
3. Im nächsten Dialogfenster können Sie einen beliebigen Namen für die neu hinzugefügte Seite eingeben oder den angezeigten Vorschlag übernehmen ❷. Im Abschnitt **Erstellen in** ❸ legen Sie fest, in welchen Ordner die Seite abgelegt werden soll. Klicken Sie auf den Pfeil am Feld, und wählen Sie aus dem Dropdown-Menü das bevorzugte Ziel aus.
4. Wenn Sie einen neuen Ordner anlegen möchten, klicken Sie auf die Schaltfläche **Neuer Ordner** ❹. Erneut öffnet sich ein Dialogfenster. Hier können Sie nun eine Bezeichnung für den neuen Ordner eingeben ❺ und im Feld darunter festlegen, zu welchem Ordner der neue hinzugefügt werden soll ❻. Mit der Auswahl **Favoriten** liegt der neue Ordner auf der obersten Ebene des Favoritencenters. Mit einem Klick auf **Erstellen** ❼ wird der Ordner hinzugefügt.

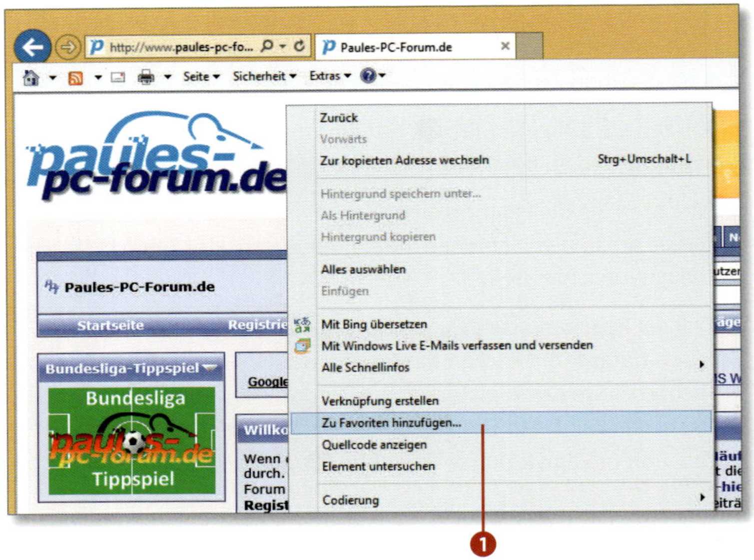

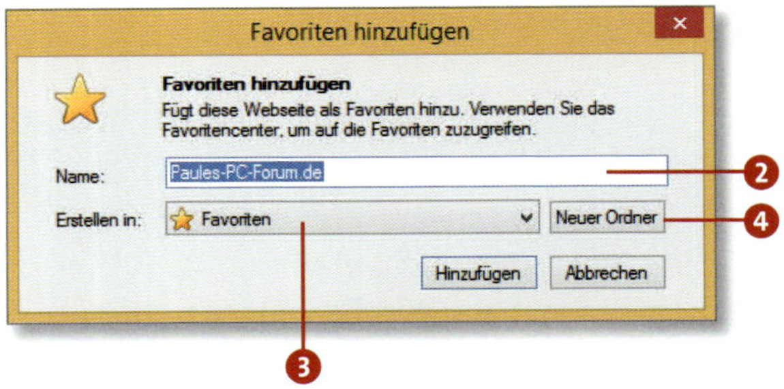

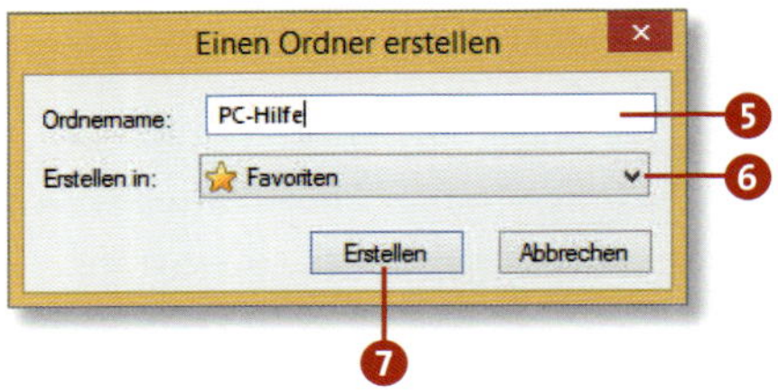

Nach Namen sortieren

Wenn Sie einen Eintrag mit der rechten Maustaste anklicken, können Sie aus dem Kontextmenü die Option **Nach Namen sortieren** auswählen.

5. Nun geht es wieder zurück zum Dialog **Favoriten hinzufügen**, und diesmal ist der neu erstellte Ordner bereits als Ziel ausgewählt ❽. Klicken Sie auf **Hinzufügen** ❾, um den neuen Favoriteneintrag endgültig anzulegen.
6. Öffnen Sie nun das Favoritencenter durch einen Klick auf den kleinen Stern ❿ rechts oben in der Symbolleiste des Internet Explorers. Hier werden nun alle Ihre Favoriten und Ordner aufgelistet. Wählen Sie einen Ordner ⓫ aus, zeigt Ihnen der Internet Explorer alle darin befindlichen Favoriteneinträge an. Sobald Sie auf einen Eintrag klicken, wird die entsprechende Internetseite aufgerufen.
7. Wenn Sie mit der Maus auf einen Eintrag zeigen, ohne zu klicken, wird rechts ein kleiner Pfeil eingeblendet ⓬. Indem Sie daraufklicken, wird die Webseite auf einer neuen Registerkarte geöffnet. Der Pfeil wird auch angezeigt, wenn Sie auf einen Ordner zeigen. Hier bewirkt er allerdings, dass gleich alle im Ordner befindlichen Seiten auf einmal geöffnet werden.
8. Möchten Sie einen Favorit entfernen, klicken Sie ihn mit der rechten Maustaste an und wählen dann die Option **Löschen** aus dem Menü. Der Eintrag wird ohne Rückfrage entfernt.

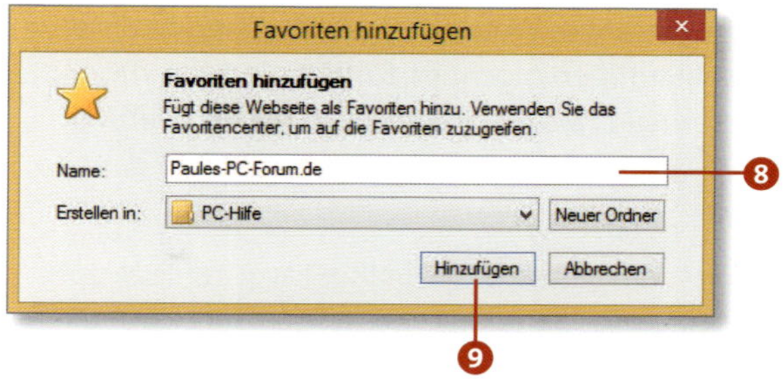

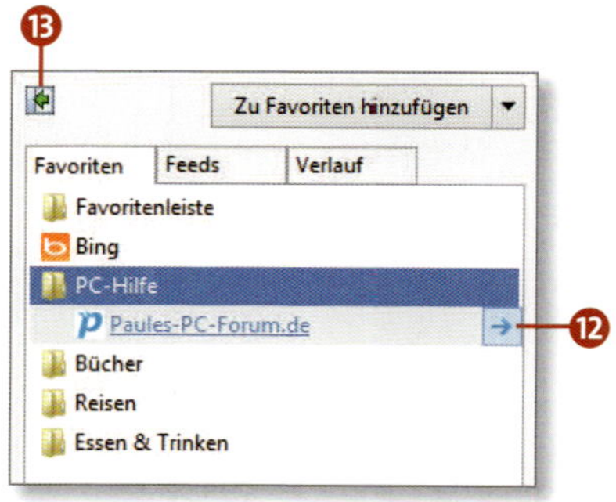

Webseiten auf dem Desktop ablegen

Wenn Sie schnell auf Webseiten zurückgreifen möchten, können Sie das über die Taskleiste tun (siehe den Kasten »Eine Webseite an die Taskleiste heften« auf Seite 160) oder entsprechende Verknüpfungen auf dem Desktop ablegen. Klicken Sie dazu mit der rechten Maustaste auf eine freie Stelle der Seite, und wählen Sie den Befehl **Verknüpfung erstellen** aus dem Menü. Die Verknüpfung wird direkt auf dem Desktop abgelegt.

Das Favoritencenter dauerhaft anheften

Wenn Sie den Browser schließen oder zu einer anderen Seite wechseln, wird das Favoritencenter automatisch geschlossen. Falls Sie über einen breiten Bildschirm verfügen, können Sie das Center aber dauerhaft an den linken Bildschirmrand heften. Klicken Sie dazu auf das Symbol mit dem nach links zeigenden Pfeil ⓭.

Favoriten anlegen in der Internet-Explorer-App

Wenn Sie auf eine interessante Webseite gestoßen sind und sie Ihrer Favoritenliste hinzufügen möchten, funktioniert das natürlich auch mit der *Internet-Explorer*-App, obwohl die Verwaltung der Favoriten hier im Vergleich zur Desktop-Variante nicht ganz so komfortabel ausfällt.

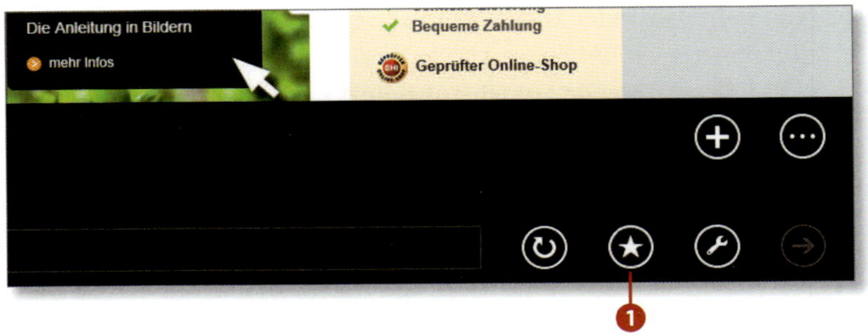

1. Öffnen Sie zunächst die Seite, die Sie in Ihre Favoritenliste aufnehmen wollen. Rufen Sie dann mit einem Rechtsklick auf die App-Oberfläche oder durch Wischen vom unteren Bildschirmrand die App-Leiste auf, und klicken Sie darin auf den Stern ❶ neben der Adressleiste.
2. Die Favoritenleiste der App wird geöffnet. Auch hier ist eine Schaltfläche mit einem Stern zu sehen, dieses Mal mit einem kleinen Pluszeichen versehen ❷. Klicken Sie darauf, um den Vorgang fortzusetzen.
3. Es öffnet sich ein kleines Dialogfenster. Darin können Sie nun die Bezeichnung der Seite ändern ❸ und auswählen, in welchem Ordner der Eintrag gespeichert werden soll ❹. Über die Schaltfläche **Neuer Ordner** ❺ lässt sich bei Bedarf auch ein zusätzlicher Ordner anlegen. Sind alle Einstellungen getroffen; speichern Sie den Favoriteneintrag mit **Hinzufügen** ❻.

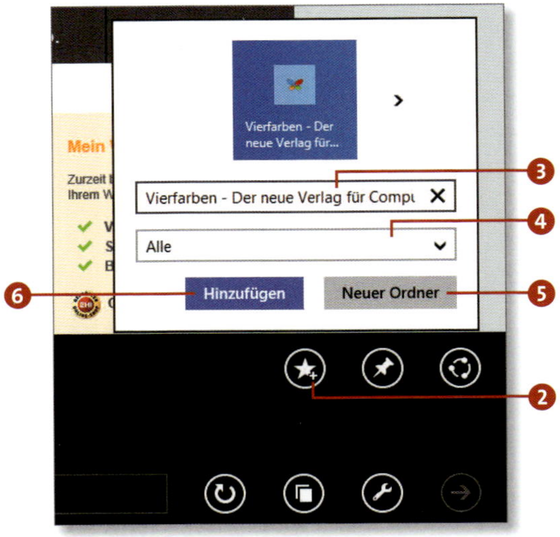

Eine Webseite an die Taskleiste heften

Öffnen Sie eine Webseite im Internet Explorer. Klicken Sie dann in der Adresszeile links neben der Internetadresse auf das kleine Symbol der Seite, und ziehen Sie es mit gedrückter Maustaste auf eine freie Stelle in die Taskleiste. Sobald Sie die Taskleiste erreicht haben und der Hinweis **An Taskleiste anheften** eingeblendet wird, lassen Sie die Maustaste los. Die Webseite wird an die Taskleiste geheftet und kann von dort mit nur einem Mausklick aufgerufen werden.

IE-App und Desktop-Variante im Zusammenspiel

Die Desktop-Variante des Internet Explorers und die *Internet-Explorer*-App teilen sich eine gemeinsame Favoritenliste. Favoriten und Ordner, die Sie in einer der Anwendungen angelegt haben, stehen Ihnen somit auch in der jeweils anderen Anwendung zur Verfügung.

Favoriten entfernen in der Internet-Explorer-App

Die Liste der Favoriten kann in der *Internet-Explorer*-App mitunter sehr lang werden. Sie finden darin nämlich nicht nur die Seiten, die Sie direkt über die App zu den Favoriten hinzugefügt haben, sondern auch jene, die Sie über die Desktop-Variante des Internet Explorers erstellt haben. Die Übersicht leidet also beträchtlich, weil Sie die gewünschte Seite erst aus einer sehr langen Favoritenliste heraussuchen müssen. Das bedeutet, Sie sollten ab und zu mal »aufräumen«.

1. Zum Entfernen einer Seite aus der Favoritenliste klicken Sie sie mit der rechten Maustaste an.
2. Anschließend wählen Sie den Befehl **Entfernen** ❶ aus dem Menü. Achtung: Die Seite wird damit auch aus dem Favoritencenter der Desktop-Version des Internet Explorers entfernt. Es erfolgt bei der Entfernung keine Rückfrage.
3. Möchten Sie einen Favoritenordner löschen, klicken Sie ihn mit der rechten Maustaste an und wählen ebenfalls den Befehl **Entfernen**. In diesem Fall zeigt Windows einen Löschhinweis. Klicken Sie auf **Löschen** ❷, um den Ordner zu entfernen. Darin enthaltene Favoriteneinträge werden ebenfalls gelöscht.

Die Internet-Explorer-App ist verschwunden?

Wenn Sie auf dem Desktop einen anderen Browser installiert und diesen als Standardbrowser definiert haben, entfernt Windows automatisch die *Internet-Explorer*-App. Ein Klick auf die Kachel **Internet Explorer** auf dem Startbildschirm öffnet dann die Desktop-Version des Internet Explorers.

Favoriten und Einstellungen sichern

Ihre Browsereinstellungen und Favoriten können Sie speichern und problemlos auf andere Rechner, z. B. Ihren Laptop, übertragen. So müssen Sie auf dem zweiten Computer nicht alle Einstellungen erneut vornehmen und Favoriten nicht neu anlegen.

1. Klicken Sie in der Menüleiste des Internet Explorers auf den Eintrag **Datei** ❶. Sollte die Menüleiste nicht angezeigt werden, drücken Sie die Alt-Taste, um sie einzublenden. Klicken Sie im Menü auf den Eintrag **Importieren und Exportieren** ❷. Die Frage, wie die Einstellungen im- oder exportiert werden sollen, beantworten Sie mit **In Datei exportieren** und **Weiter**.
2. Dann werden Sie gefragt, was alles gesichert werden soll: Favoriten, Feeds und/oder Cookies. Mit Letzteren werden u. a. Anmeldedaten für Shops oder Foren gespeichert. Setzen Sie das Häkchen vor den zu speichernden Daten ❸, und klicken Sie auf **Weiter** ❹.
3. Im nächsten Dialog geben Sie an, ob Sie alle Favoriten sichern möchten ❺ oder nur einen bestimmten Ordner ❻. Mit einem Klick auf **Weiter** ❼ geht es zum nächsten Schritt.
4. Legen Sie zum Schluss noch jeweils einen Namen für die Sicherung und ihren Speicherort fest, und bestätigen Sie das jeweils mit **Weiter**. Sind alle Daten gesichert, schließen Sie den Vorgang über **Fertig stellen** ab.

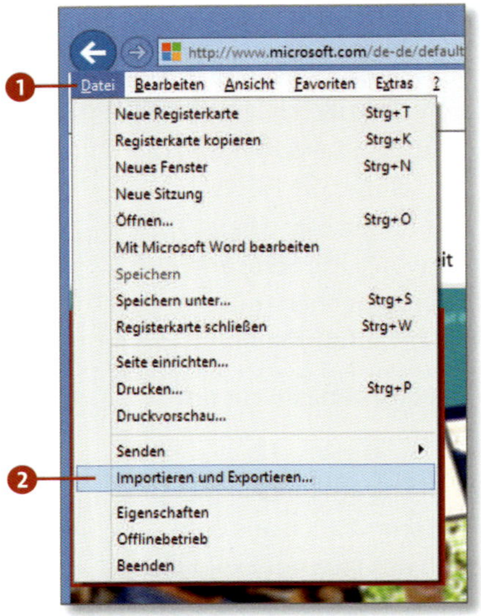

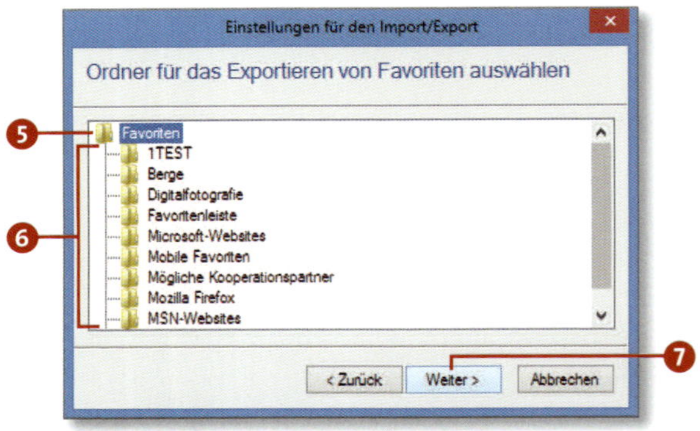

Automatische Synchronisation

Wenn Sie sich auf unterschiedlichen PCs mit einem *Microsoft-Konto* anmelden, werden viele Einstellungen und Vorgaben, z. B. die Favoriten, automatisch synchronisiert und stehen damit auf allen Rechnern zur Verfügung.

Favoriten auf einen neuen Rechner übertragen

Favoriten, Feeds, Cookies und andere Einstellungen sind gesichert und sollen nun auf einen anderen Rechner übertragen werden.

1. Starten Sie den Internet Explorer auf dem Desktop. Drücken Sie die [Alt]-Taste, um die Menüleiste des Explorers einzublenden, und klicken Sie darin auf den Menüpunkt **Datei**. Wählen Sie den Menüeintrag **Importieren und Exportieren**.
2. Zum Übertragen der Daten wählen Sie im nächsten Fenster die Option **Aus Datei importieren** ❶ und klicken anschließend auf die Schaltfläche **Weiter** ❷.
3. Legen Sie fest, welche Daten importiert werden sollen, indem Sie die Kästchen vor den entsprechenden Einträgen ❸ markieren. Natürlich lassen sich nur die Bereiche importieren, die Sie zuvor auch exportiert haben (siehe Seite 162).
4. Geben Sie jeweils den Dateinamen und den Speicherort der gesicherten Elemente an ❹, und klicken Sie wieder auf **Weiter**. Im darauffolgenden Dialog können Sie bestimmen, ob Sie z. B. alle Favoriten oder nur einen einzelnen Ordner importieren möchten. Mit **Weiter** geht es zum nächsten Schritt.
5. Nachdem Sie die Auswahl für alle Elemente getroffen haben, klicken Sie auf **Importieren** ❺, um die Daten zu übernehmen.

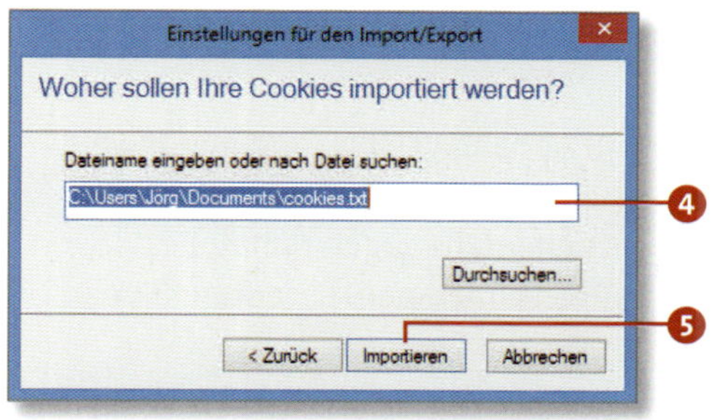

Eine Internetseite ausdrucken

Öffnen Sie die Seite im Internet Explorer auf dem Desktop, und klicken Sie im Menü **Datei** auf **Druckvorschau**. Um die Lesbarkeit zu erhöhen, klicken Sie auf das Zahnrad-Symbol im Vorschaufenster und aktivieren **Hintergrundfarben und -bilder drucken**. Empfehlenswert ist auch die Option **An Größe anpassen**. Damit wird die Größe der Seite an das Papierformat angepasst und entsprechend verkleinert ausgedruckt.

Favoriten aus Firefox und Co. übernehmen

Möchten Sie Ihre Einstellungen von einem anderen Browser in den Internet Explorer übernehmen, wählen Sie aus dem Import-/Export-Dialog die Option **Aus anderem Browser importieren** (❻ in Bild 1).

Mit Add-Ons arbeiten

Mit Add-Ons können Sie den Funktionsumfang des Internet Explorers erweitern und so z. B. eine Rechtschreibprüfung ergänzen. Manche Erweiterungen werden auch zusammen mit anderen Programmen installiert. Unerwünschte oder fehlerhafte Add-Ons können Sie deaktivieren oder ganz entfernen.

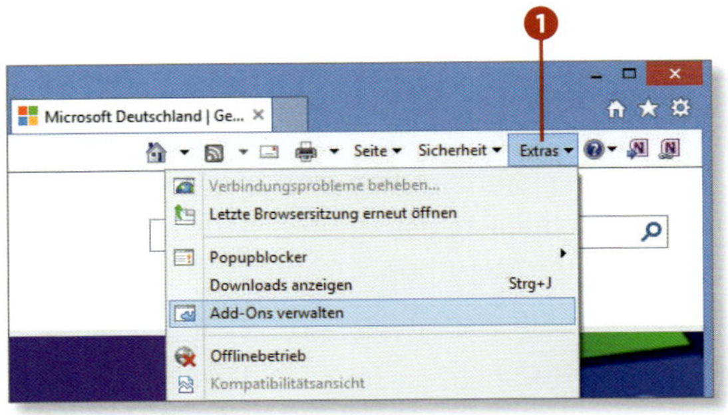

1. Starten Sie die Desktop-Variante des Internet Explorers. Öffnen Sie das Menü **Extras** ❶ in der Befehlszeile, und klicken Sie auf den Menüpunkt **Add-Ons verwalten**.

2. In der ersten Spalte des Fensters **Add-Ons verwalten** werden die vorhandenen Add-On-Typen aufgelistet. Die meisten Erweiterungen, z. B. die lästigen *Toolbars* (Werkzeugleisten), die oft mitinstalliert werden, finden Sie in der Kategorie **Symbolleisten und Erweiterungen** ❷. Wählen Sie ein Add-On mit einem Mausklick aus ❸. Der Spalte **Status** ❹ können Sie entnehmen, ob das Add-On aktiviert ist. Im unteren Teil des Fensters werden weitere Informationen zum ausgewählten Eintrag angezeigt. Um ein Add-On zu deaktivieren, klicken Sie auf die Schaltfläche **Deaktivieren** ❺.

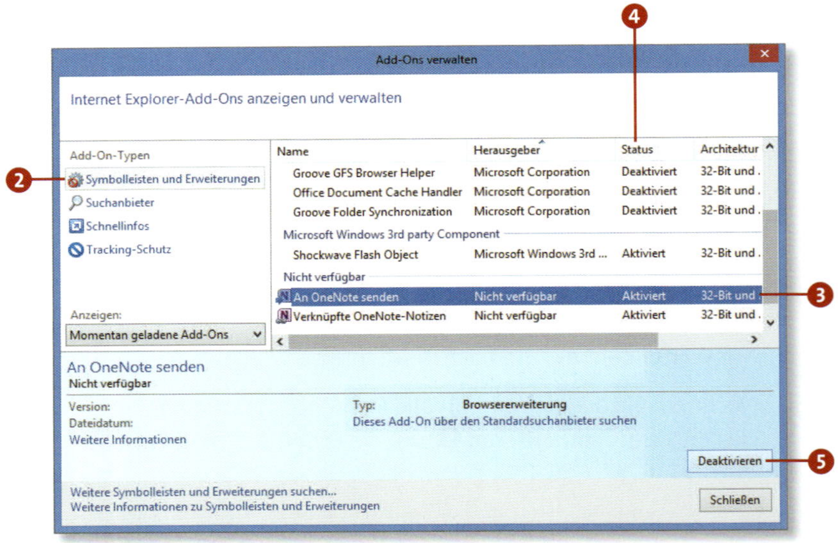

3. Es gibt Erweiterungen, die in Abhängigkeit zu anderen Erweiterungen stehen. Wenn Sie ein solches Add-On deaktivieren, werden zugehörige Add-Ons ebenfalls abgeschaltet. Bestätigen Sie den entsprechenden Hinweis mit einem erneuten Klick auf **Deaktivieren** ❻.

Deaktivierung zur Fehlersuche nutzen

Stürzt der Browser ab, ist die Ursache meist nicht eindeutig. Deaktivieren Sie in solch einem Fall nacheinander alle Add-Ons, und testen Sie dazwischen jeweils die Stabilität des Browsers. Tritt kein Fehler mehr auf, haben Sie das problematische Add-On ermittelt und können es dauerhaft deaktivieren.

Sicherheit im Internet

Phishing – lassen Sie sich nicht ködern!

Phishing ist ein Kunstwort, bestehend aus den englischen Begriffen *Password* (Kennwort) und *Fishing* (Angeln, Fischen). Meist erhält der Anwender per E-Mail eine fingierte Nachricht, z. B. vermeintlich von seiner Hausbank, die ihn dazu auffordert, eine bestimmte Seite aufzurufen und dort unter einem Vorwand persönliche Daten wie Kennwörter oder Kontoinformationen einzugeben. Die Seite sieht der Seite der Bank täuschend ähnlich, es handelt sich aber in Wirklichkeit um eine gefälschte und entsprechend manipulierte Webseite, die nur dem Zweck der illegalen Datenbeschaffung dient. Auf der Internetseite *http://www.bsi-fuer-buerger.de* des Bundesamtes für Sicherheit in der Informationstechnik finden Sie zahlreiche Tipps und Informationen zum Thema Phishing, z. B. an welchen Merkmalen Sie eine Phishing-Mail erkennen können.

Viren, Würmer und trojanische Pferde

Der Begriff *Malware* ist die Abkürzung für *Malicious Software*, zu Deutsch *böswillige Software*, und steht als Sammelbegriff für Viren, Würmer, Trojaner, Spyware und andere Programme, die schädliche Aktionen auf Ihrem Rechner durchführen. Malware spioniert z. B. Ihr Surfverhalten, Zugangsdaten, Kennwörter, Kreditkartendaten oder auch PINs und TANs für das Onlinebanking aus und leitet diese Daten unbemerkt weiter. Dabei versteckt sich die Schadsoftware so geschickt und arbeitet unauffällig im Hintergrund, dass sie vom Anwender meist nicht bemerkt wird.

Wie schütze ich mich vor Malware und anderen Bedrohungen?

Malware gelangt auf verschiedenen Wegen auf Ihren Computer. Um das Risiko einer Malware-Infektion zu minimieren, sollten Sie generell und immer ein paar Sicherheitshinweise beachten:

- Halten Sie Windows 8.1 stets auf dem neuesten Stand, und aktivieren Sie die automatischen Updates.
- Aktualisieren Sie regelmäßig Ihr Antivirenprogramm. Nur mit den neuesten Virensignaturen kann das Programm Schadsoftware erkennen und abwehren.
- Laden Sie Programme nur aus vertrauenswürdigen Quellen herunter! Häufig sind auch scheinbar harmlose Programme wie z. B. Bildschirmschoner oder kleine Computerspiele mit Malware infiziert oder laden diese bei der Installation aus dem Internet unbemerkt nach.
- Es gibt wirklich ganz perfide Tricks: Wenn beim Surfen im Internet eine Meldung auf Ihrem PC erscheint, die besagt, dass Ihr Computer infiziert ist, und Sie deshalb auffordert, eine Software zu installieren, die den angeblichen Schädling entfernt, brechen Sie den Vorgang sofort ab und verlassen die Webseite.
- Öffnen Sie keine E-Mails von unbekannten Absendern, und laden Sie niemals unbekannte Dateianhänge herunter (auch nicht direkt öffnen)! Am besten löschen Sie solche Mails umgehend.
- Seien Sie auch bei E-Mails, die Sie von Freunden erhalten, immer vorsichtig, und klicken Sie Links in diesen E-Mails nur nach Rückfrage an. Es kann sein, dass das Mail-Konto des Freundes *gehackt* wurde (jemand also unbefugt eingedrungen ist und im Namen Ihres Freundes E-Mails verschickt). Mein Tipp: Mails, die Ihnen aufgrund ihres Inhalts oder ihrer Gestaltung (u. a. Rechtschreibung) merkwürdig vorkommen, sollten Sie direkt löschen.
- Verwenden Sie nur sichere Kennwörter: mit mindestens acht Zeichen, Groß- und Kleinbuchstaben, Ziffern und Sonderzeichen. Verwenden Sie keine Namen von Haustieren oder Namen in Kombination mit Geburtstagsdaten. Verwenden Sie nichts, das allzu leicht erraten werden kann.

Das Thema PC-Sicherheit ist umfassend, und es gibt viele Gefahren, die im Internet auf jeden Anwender lauern. Bleiben Sie stets wachsam!

Nützliche Links zum Thema Sicherheit

Nachfolgend habe ich ein paar nützliche Internetseiten aufgelistet, die umfangreiche Informationen, Tipps und Hilfestellungen zum Thema enthalten. Nehmen Sie sich etwas Zeit, und stöbern Sie ein wenig auf den Seiten. Alle Artikel sind verständlich verfasst und auch für Einsteiger gut geeignet.

- Deutschland sicher im Netz: *http://www.dsin.de*
- Bundesamt für Sicherheit in der Informationstechnik: *http://www.bsi.bund.de*
- Bundesamt für Sicherheit in der Informationstechnik: *http://www.bsi-fuer-buerger.de*
- Microsoft-Sicherheitsportal: *http://www.microsoft.com/de-de/security/default.aspx*

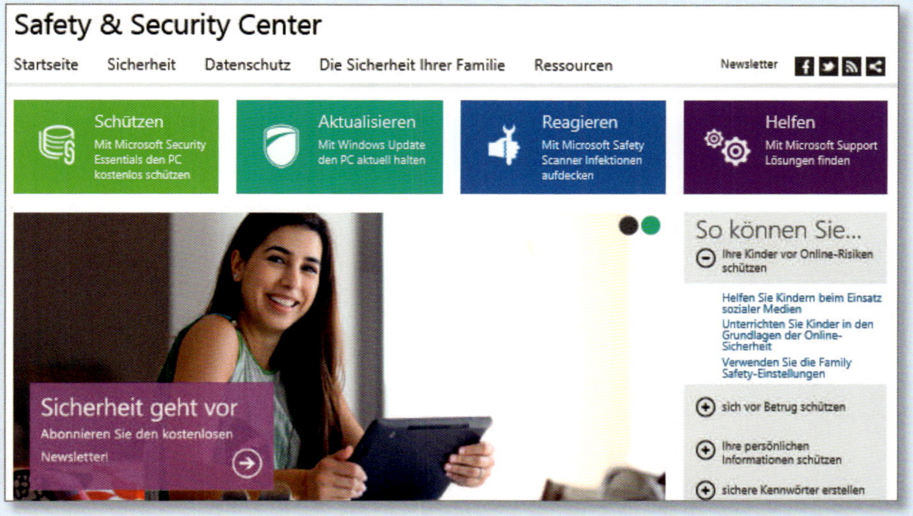

Das Wartungscenter im Überblick

Über das Wartungscenter können Sie wichtige Informationen zu den Themen Sicherheit und Wartung aufrufen. Stellt Windows ein Software- oder Hardwareproblem fest, wird es im Wartungscenter aufgelistet. Das kleine Fähnchen in der Taskleiste ❶ signalisiert, dass Probleme erkannt wurden, die Ihre Aufmerksamkeit erfordern. Wenn Sie auf dieses Fähnchen klicken, öffnet sich ein Hinweisfenster, das Auskunft über die vorliegenden Probleme gibt. Über den Link **Wartungscenter öffnen** ❷ rufen Sie das Wartungscenter schließlich zur Problembehandlung auf. Im Abschnitt **Sicherheit** des Dialogs finden Sie verschiedene Statusmeldungen, z. B. zur Firewall, zum Virenschutz oder zu den Internetsicherheitseinstellungen ❸. Sollte z. B. die Firewall deaktiviert sein, wird dies in diesem Bereich aufgeführt. Die Abschnitte lassen sich über die Pfeile ❹ aus- und einklappen, um mehr Übersicht zu schaffen.

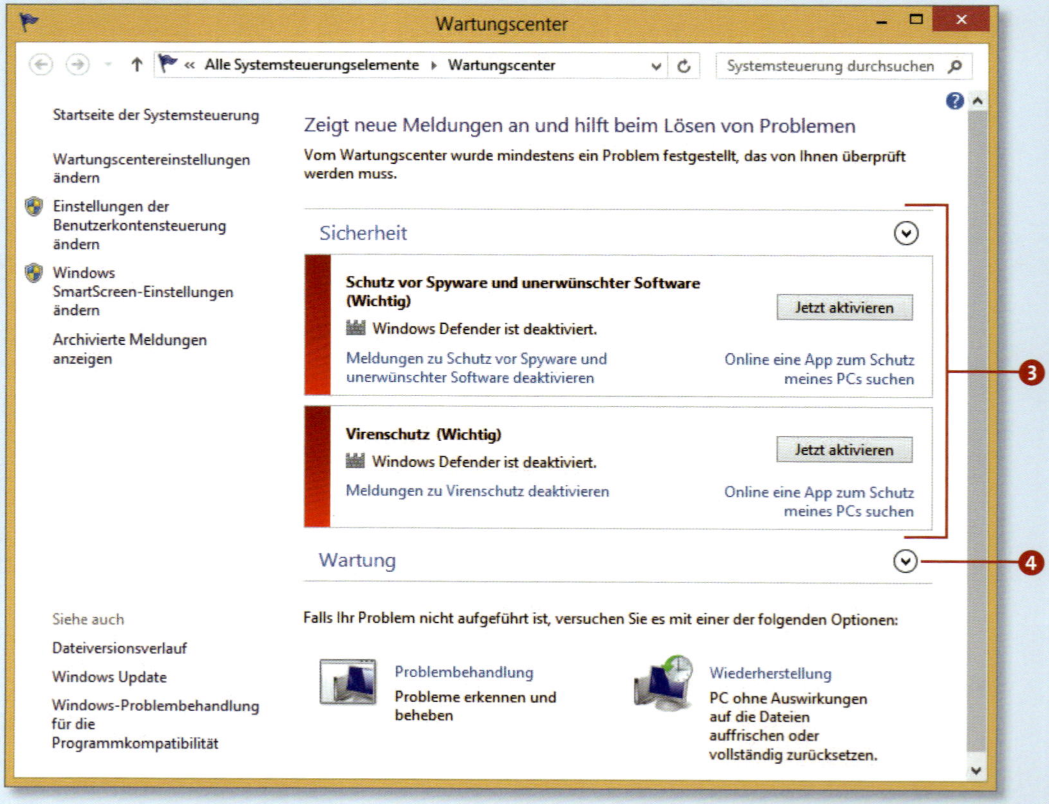

Der zweite Abschnitt befasst sich mit dem Thema Wartung. Hier können Sie z. B. sehen, ob die automatischen Wartungsfunktionen aktiviert sind und wann sie zuletzt ausgeführt wurden. Bei der automatischen Wartung werden Sicherheitsüberprüfungen, verschiedene Systemdiagnosen und Prüfungen nach vorliegenden Softwareupdates vorgenommen. Diese Funktion sollte stets aktiviert sein. Im Abschnitt **Nach Lösungen für Problemberichte suchen** 5 können Sie Windows anweisen, direkt nach Lösungen für die erkannten Soft- und Hardwareprobleme zu suchen. Darüber hinaus können Sie an dieser Stelle den Status der Heimnetzgruppe einsehen und, wenn ein solches Netzwerk vorhanden ist, dessen Einstellungen über die Option **Heimnetzgruppen-Einstellungen anzeigen** 6 kontrollieren und bei Bedarf ändern (siehe dazu auch den Abschnitt »Eine Heimnetzgruppe erstellen« auf Seite 282). Der Punkt **Dateiversionsverlauf** 7 zeigt Ihnen an, ob diese Funktion aktiviert ist (siehe den Abschnitt »Das Windows-Gedächtnis: der Dateiversionsverlauf« auf Seite 310). Der Punkt **Laufwerkstatus** 8 gibt schließlich Auskunft über den technischen Zustand Ihrer Festplatte(n).

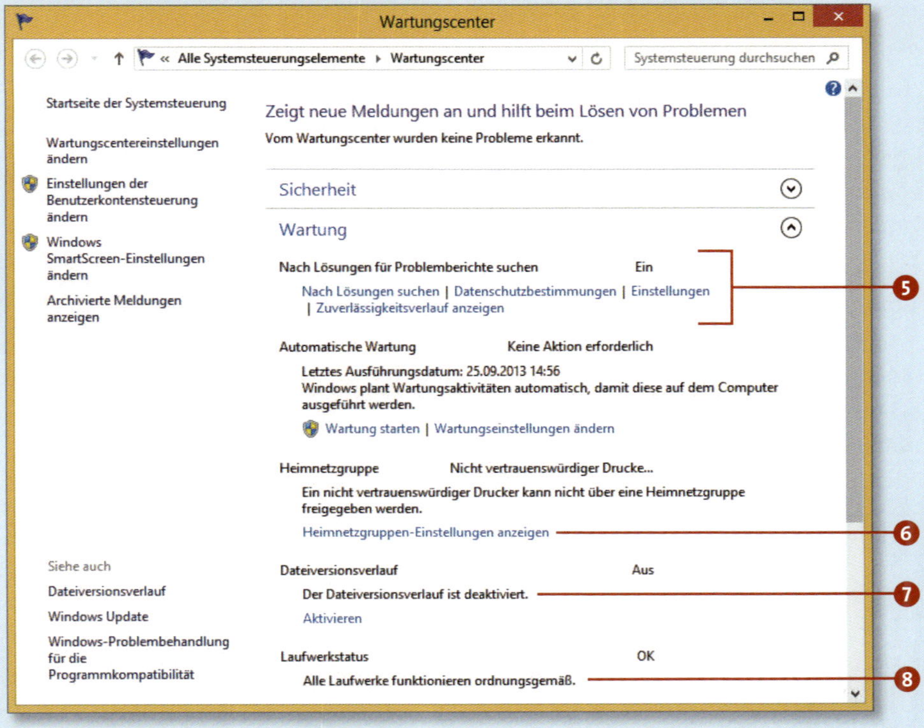

Mit dem Windows Defender Schadsoftware entfernen

Mit Windows 8 und Windows 8.1 liefert Microsoft sein Betriebssystem zum ersten Mal mit einem vollwertigen Antivirenprogramm aus, es heißt *Windows Defender*. Zwar gab es den Defender auch schon unter Windows Vista und Windows 7, dort diente er jedoch nur zum Schutz vor *Spyware*. Für Windows 8 bzw. 8.1 wurde er stark überarbeitet, und sein Funktions- und Leistungsumfang wurde erheblich erweitert.

1. Öffnen Sie die Charms-Leiste auf dem Desktop mit den Tasten [⊞] + [I], und klicken Sie darin auf den Eintrag **Systemsteuerung** ❶, um das gleichnamige Fenster aufzurufen.
2. Im Fenster **Alle Systemsteuerungselemente** klicken Sie auf **Windows Defender** ❷, um das Schutzprogramm zu öffnen.
3. Direkt auf der Startseite werden bereits wichtige Informationen ausgegeben. Überprüfen Sie, ob der Echtzeitschutz eingeschaltet ist ❸ und ob die Viren- und Spywaredefinitionen aktuell sind ❹. Weiter unten wird aufgeführt, wann die letzte automatische Schnellprüfung stattgefunden hat ❺.
4. Der Windows Defender überprüft in regelmäßigen Abständen Ihr System. In der rechten Fensterhälfte können Sie Ihren Rechner aber auch manuell auf Schadsoftware überprüfen, falls der Verdacht einer Infektion besteht. Wählen Sie zwischen den Optionen **Schnell**, **Vollständig** und **Benutzerdefiniert** ❻, und klicken Sie dann auf **Jetzt überprüfen** ❼.

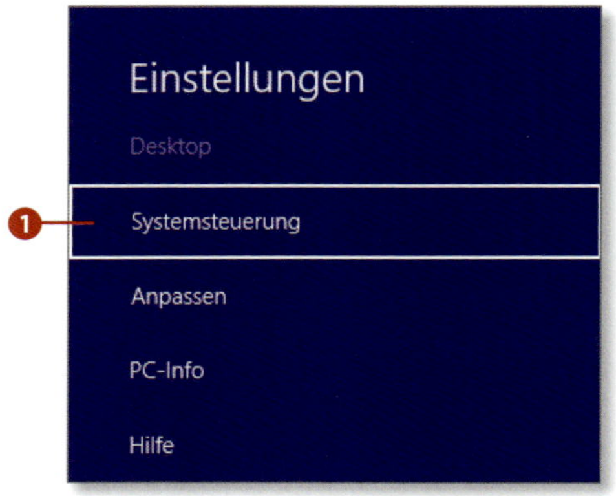

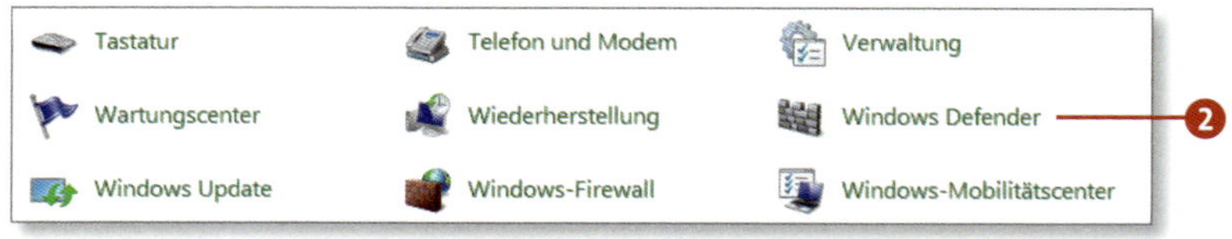

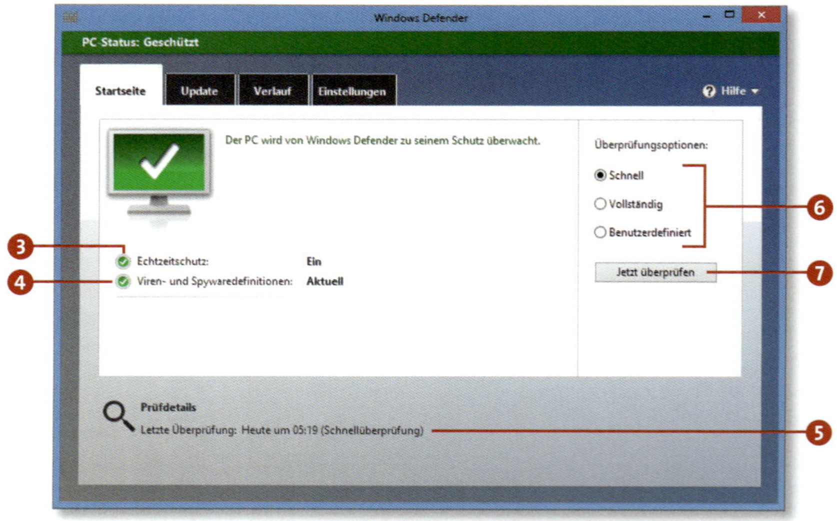

Prüfoptionen

Bei der Schnellprüfung werden die Bereiche untersucht, die am häufigsten von Schadsoftware infiziert werden. Die Option **Vollständig** prüft alle laufenden Programme und alle Dateien auf der Festplatte. Dieser Vorgang kann je nach Anzahl der zu prüfenden Dateien eine Stunde oder länger dauern.

5. Haben Sie **Benutzerdefiniert** gewählt, setzen Sie im Anschluss ein Häkchen vor die Festplatten oder Ordner, die überprüft werden sollen. Starten Sie den Scanvorgang dann mit **OK**.
6. Der Windows Defender scannt nun die vorgegebenen Bereiche. Wurde eine Bedrohung gefunden, schlägt das Programm Alarm und zeigt den erkannten Schädling an. Sie können nun entscheiden, was weiter geschehen soll. Klicken Sie in der Spalte **Empfohlene Aktion** auf den Pfeil am Menü ❽, und wählen Sie eine Aktion aus. Sie haben die Wahl zwischen **Entfernen** (empfohlen), **Quarantäne** (der Schädling wird in einen geschützten Bereich verschoben, wo er keinen Schaden anrichten kann) oder **Zulassen**. Mit einem Klick auf **Aktionen anwenden** ❾ wird die ausgewählte Aktion durchgeführt.
7. Öffnen Sie die Registerkarte **Einstellungen** ❿, um weitere Angaben zu machen. Klicken Sie im linken Bereich nacheinander auf alle Kategorien ⓫, und legen Sie die jeweils gewünschte Einstellung oder Änderung fest.
8. Wenn Sie bei Schritt 6 **Quarantäne** ausgewählt haben, können Sie in der Kategorie **Erweitert** festlegen, nach welcher Zeit der Schädling endgültig gelöscht werden soll ⓬. Voreingestellt sind drei Monate, Sie können die Zeitspanne aber bedenkenlos reduzieren. Alle Änderungen werden mit einem Klick auf **Änderungen speichern** ⓭ übernommen.

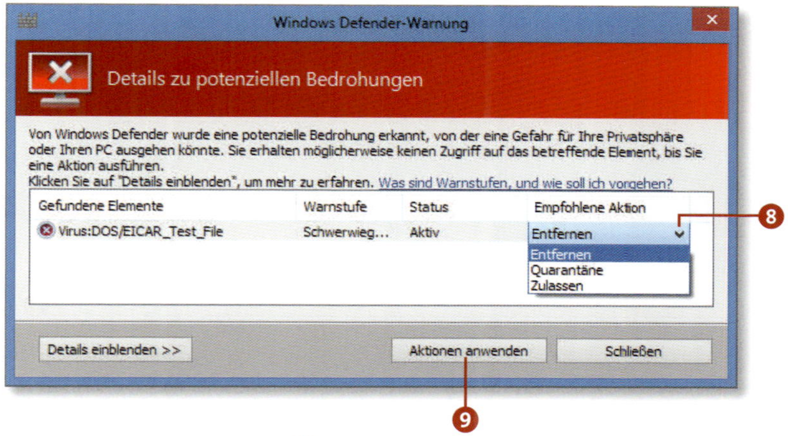

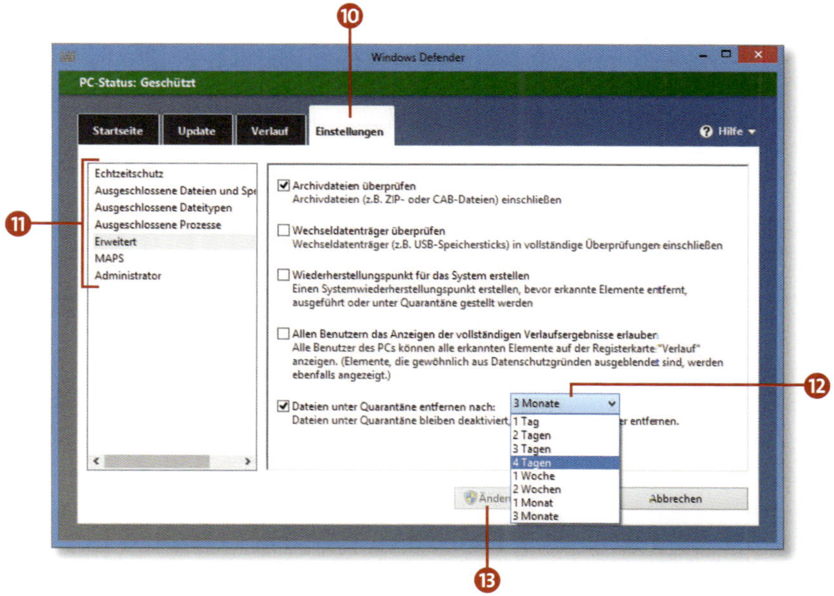

Anderes Schutzprogramm installieren

Sie müssen nicht zwingend den Windows Defender von Microsoft verwenden, sondern können jederzeit auch ein Schutzprogramm eines anderen Herstellers installieren. Dann sollten Sie den Windows Defender aber deaktivieren, da sich die unterschiedlichen Schutzprogramme gegenseitig stören könnten.

Die Funktion »Windows Update«

Zum Thema Sicherheit gehört, dass Sie Ihr Betriebssystem unbedingt auf dem neuesten Stand halten sollten. Microsoft stellt an jedem zweiten Dienstag eines Monats, am sogenannten *Patch Day*, Programmverbesserungen bereit, von denen viele sicherheitsrelevant sind und Sicherheitslücken stopfen. Diese Patches und Updates werden über das Programm *Windows Update* bereitgestellt.

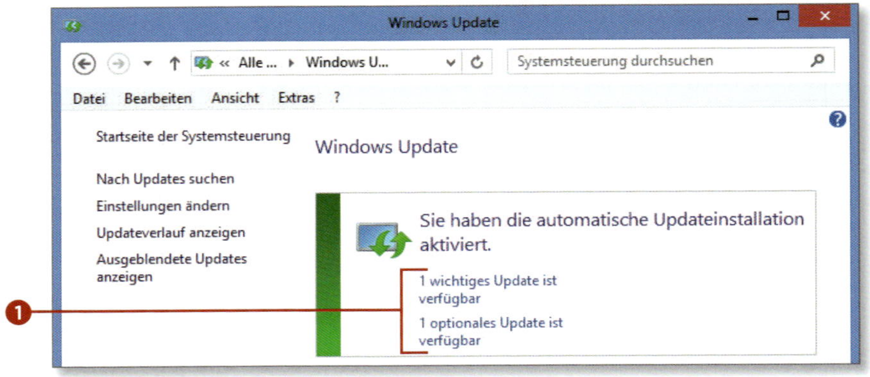

1. Öffnen Sie die Systemsteuerung, indem Sie z. B. die Tasten ⊞ + X drücken und den Eintrag **Systemsteuerung** aus dem Schnellstartmenü wählen. In der Systemsteuerung klicken Sie auf den Menüeintrag **Windows Update**.

2. Wenn gerade neue Updates zur Verfügung stehen, werden sie im rechten Bereich des Hauptfensters angezeigt, sortiert nach wichtigen und optionalen Updates ❶. Klicken Sie auf einen der beiden Einträge, um sich die jeweiligen Updates im Detail anzeigen zu lassen.

3. Markieren Sie einen Eintrag im Detailfenster ❷, werden in der rechten Spalte ergänzende Informationen dazu angezeigt. Wählen Sie alle Updates aus, die Sie manuell installieren möchten, indem Sie die Häkchen vor den entsprechenden Einträgen setzen, und bestätigen Sie Ihre Auswahl mit **Installieren** ❸.

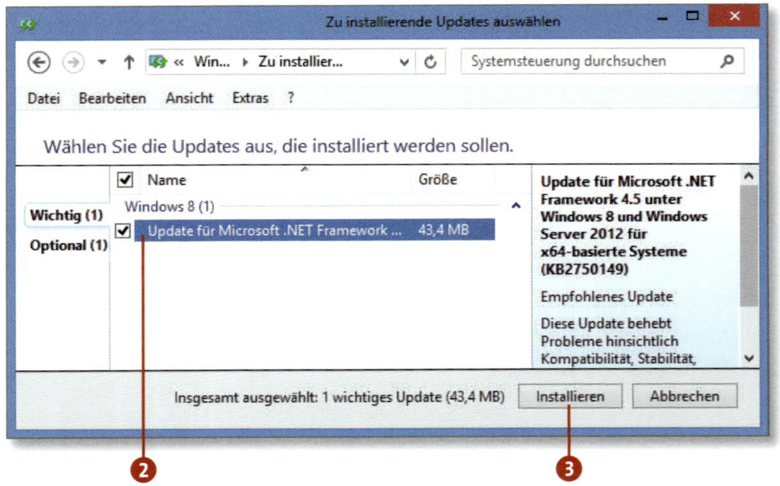

Browser auf dem neuesten Stand halten

Egal, welchen Browser Sie verwenden, ob Internet Explorer, Firefox, Chrome, Opera oder einen anderen: Halten Sie auch dieses Programm aktuell, und installieren Sie Updates oder neue Programmversionen möglichst zeitnah.

4. Wichtige sicherheitsrelevante Updates sollten Sie automatisch installieren lassen, um keines versehentlich zu verpassen. Prüfen Sie die Einstellungen über den Menüpunkt **Einstellungen ändern** ❹.

5. Voreingestellt ist die Option **Updates automatisch installieren** ❺; dabei werden die Updates automatisch heruntergeladen und installiert (dies ist die empfohlene Einstellung). Klicken Sie auf den Pfeil am Menü, falls Sie die Einstellung ändern möchten, und wählen Sie eine andere Option aus. Mit der Option **Nie nach Updates suchen** wird das Programm Windows Update deaktiviert (nicht empfehlenswert!).

6. Die Option **Empfohlene Updates auf die gleiche Weise wie wichtige Updates bereitstellen** ❻ sollten Sie ebenfalls aktiviert lassen. Wenn Sie weitere Produkte von Microsoft verwenden, z. B. das Office-Paket, aktivieren Sie auch die Option **Updates für andere Microsoft-Produkte bereitstellen** ❼. Nur dann werden auch sicherheitsrelevante Updates für Word, Excel und Co. gemeldet und gegebenenfalls installiert.

7. Welche Updates im Laufe der Zeit auf Ihrem System installiert wurden, können Sie dem Menüpunkt **Updateverlauf anzeigen** ❽ entnehmen.

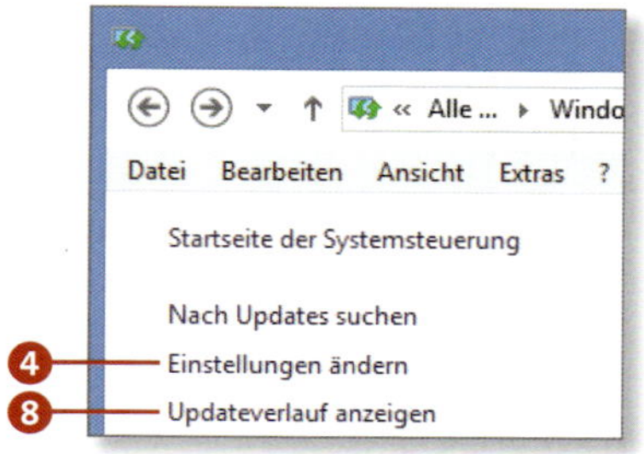

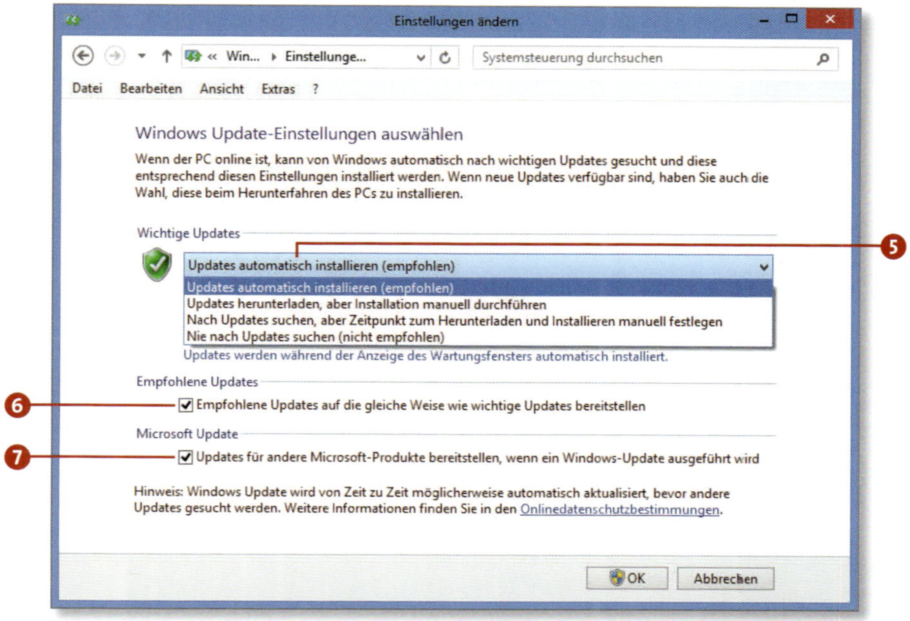

Probleme mit Updates aufspüren und lösen

Lässt sich ein Update nicht installieren, öffnen Sie im Wartungscenter die Problembehandlung und rufen dort im Abschnitt **System und Sicherheit** die Option **Probleme mit Windows Update beheben** auf. Folgen Sie einfach den Anweisungen auf dem Bildschirm.

Die Windows-Firewall einrichten

Neben einem vollwertigen Antivirenprogramm liefert Microsoft in Windows 8.1 auch eine Firewall mit. Diese »Brandschutzmauer« soll Ihren Computer vor Angriffen aus dem Internet schützen.

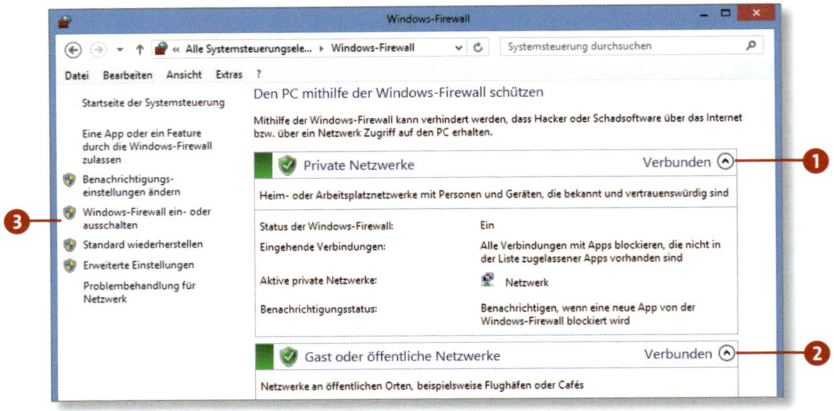

1. Den Zugang zu den Firewall-Einstellungen finden Sie über die Systemsteuerung. Klicken Sie dort auf den Eintrag **Windows-Firewall**.
2. Die Firewall unterscheidet zwei Arten von Netzwerken: private Netzwerke für zu Hause oder das Büro (1) und öffentliche Netzwerke (2), z. B. in Hotels oder im Zug. Kontrollieren Sie zunächst den Status der Firewall. Die grünen Schutzschilde zeigen an, dass die Firewall aktiv ist. Zum Ändern der Einstellungen klicken Sie in der linken Fensterhälfte auf den Menüpunkt **Windows-Firewall ein- oder ausschalten** (3).
3. Befinden Sie sich mit Ihrem Tablet-PC oder Laptop an einem öffentlichen Platz, verhindern Sie unter **Einstellungen für das öffentliche Netzwerk** den Zugriff auf Ihren Rechner mit der Option **Alle eingehenden Verbindungen blockieren** (4).
4. In beiden Netzwerkkategorien sollten Sie die Option **Benachrichtigen, wenn eine neue App von der Windows-Firewall blockiert wird** (5) eingeschaltet lassen, damit Sie entsprechend über den Vorgang informiert werden und die App gegebenenfalls freischalten können. Haben Sie Änderungen vorgenommen, klicken Sie unten auf **OK**, um sie zu übernehmen.

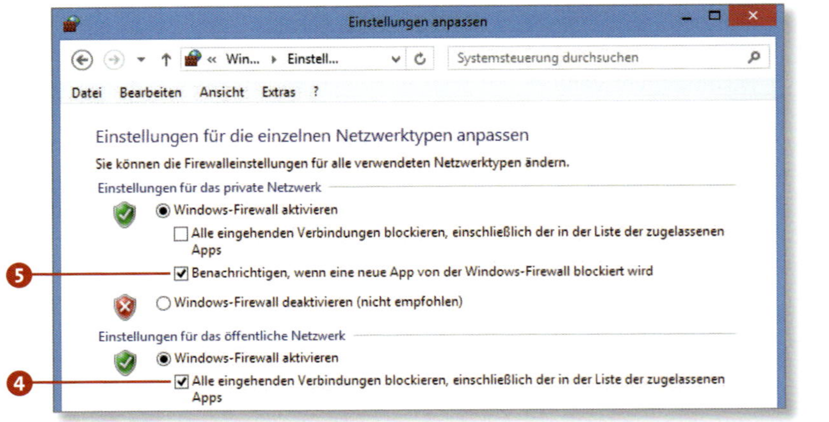

Andere Firewalls

Keine Firewall kann einen hundertprozentigen Schutz garantieren. Schalten Sie die Windows-Firewall nur ab, wenn Sie sich für eine Firewall eines anderen Herstellers entschieden haben. Ohne Firewall sollten Sie nicht arbeiten, und zwei Firewalls könnten sich gegenseitig stören.

Phishing-Attacken erkennen und abwehren

Immer häufiger erhält man fingierte E-Mails, die einem weismachen möchten, es würde sich um offizielle Nachrichten z. B. eines Kreditkarten-Anbieters handeln. Der *SmartScreen-Filter* im Internet Explorer 11 soll Sie vor Betrügereien schützen. Generell gilt: Geben Sie in solchen Fällen keine Kennwörter oder PINs preis!

1. Der SmartScreen-Filter ist standardmäßig aktiviert. Wenn Sie eine Webseite aufrufen, wird deren Adresse an Microsoft übermittelt und mit internen Listen abgeglichen. Liegt eine Bedrohung vor, wird der Aufruf der Seite blockiert ❶.
2. Falls Sie Bedenken haben, die Adressen der von Ihnen aufgerufenen Webseiten an Microsoft zu übermitteln, können Sie den Filter deaktivieren und verdächtige Seiten manuell prüfen. Klicken Sie dazu in der Befehlsleiste auf **Sicherheit** ❷, zeigen Sie auf **SmartScreen-Filter**, und wählen Sie dann den Eintrag **SmartScreen-Filter ausschalten** ❸. Bestätigen Sie die anschließende Abfrage zur Deaktivierung mit **OK**.
3. Wenn Sie nun auf eine Seite gelangen, deren Seriosität Sie anzweifeln, können Sie eine manuelle Prüfung durchführen. Klicken Sie erneut auf **Sicherheit > SmartScreen-Filter**, und wählen Sie **Diese Webseite überprüfen** ❹. Das Ergebnis der Überprüfung erscheint nach wenigen Sekunden.

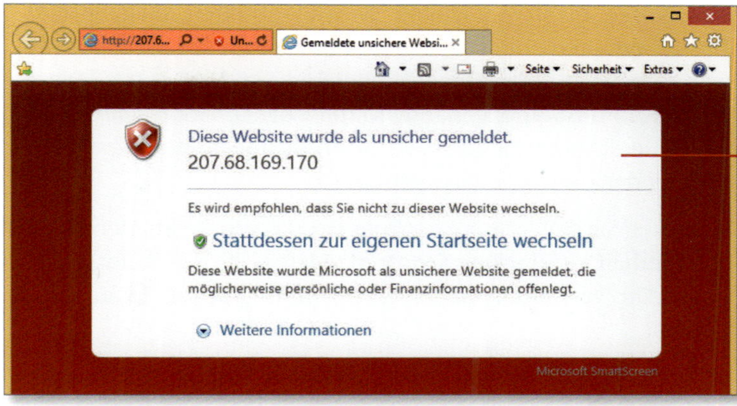

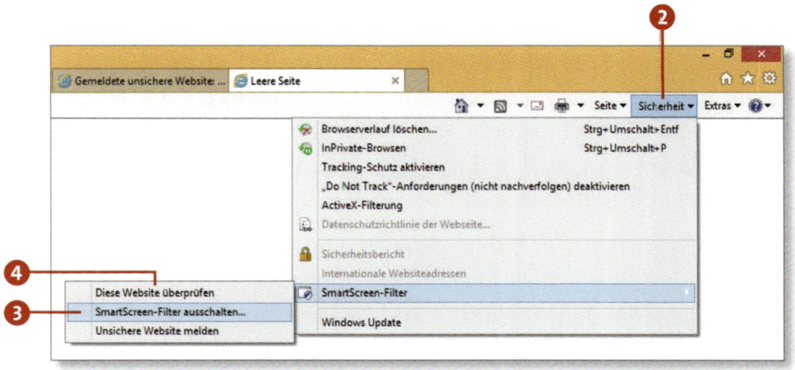

Phishing-Schutz in anderen Webbrowsern

Phishing-Schutz-Optionen finden Sie in fast allen gängigen Browsern. Das Funktionsprinzip ist dabei ähnlich: Aufgerufene Webseiten werden mit den Einträgen einer Datenbank verglichen und entsprechend freigegeben oder blockiert. Eine hundertprozentige Sicherheit kann es aber leider auch hier nicht geben.

So schützen Sie Ihre Privatsphäre

Beim Surfen im Internet können Sie auf Webseiten gelangen, die Ihr Surfverhalten protokollieren und auswerten. Von welcher Webseite kamen Sie, und wohin führt der Weg Sie als Nächstes? Dieser Vorgang wird *Tracking* genannt. Mithilfe der Funktion *Tracking-Schutz* des Internet Explorers schützen Sie Ihre Privatsphäre und unterbinden das Sammeln Ihrer Daten.

1. Starten Sie den Internet Explorer, und klicken Sie im Menü **Sicherheit** auf **Tracking-Schutz aktivieren**, um das Dialogfenster **Add-Ons verwalten** mit der Rubrik **Tracking-Schutz** ❶ aufzurufen.
2. Klicken Sie hier auf den Link **Liste für den Tracking-Schutz online abrufen** ❷, um eine weitere Liste hinzuzufügen.
3. Es werden Ihnen nun ein paar Listen angezeigt, die Sie hinzufügen können. Wählen Sie eine beliebige Liste aus, indem Sie auf die danebenliegende Schaltfläche **Hinzufügen** ❸ klicken. Bestätigen Sie das nachfolgende Hinweisfenster mit **Liste hinzufügen** ❹. Die ausgewählte Tracking-Schutz-Liste wird dem Internet Explorer hinzugefügt.
4. Falls Sie eine Liste entfernen oder deaktivieren möchten, rufen Sie die Tracking-Schutz-Einstellungen erneut auf, dieses Mal über den Menüpunkt **Extras > Add-Ons verwalten**, markieren Sie im Abschnitt **Tracking-Schutz** die entsprechende Liste, und klicken Sie auf die Schaltfläche **Entfernen** oder **Deaktivieren**.

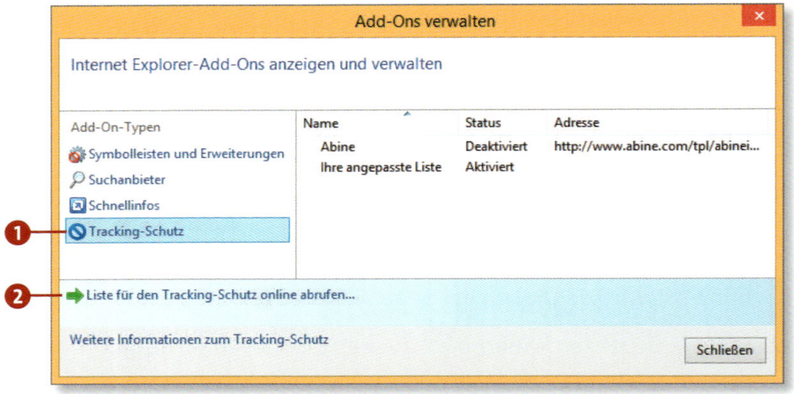

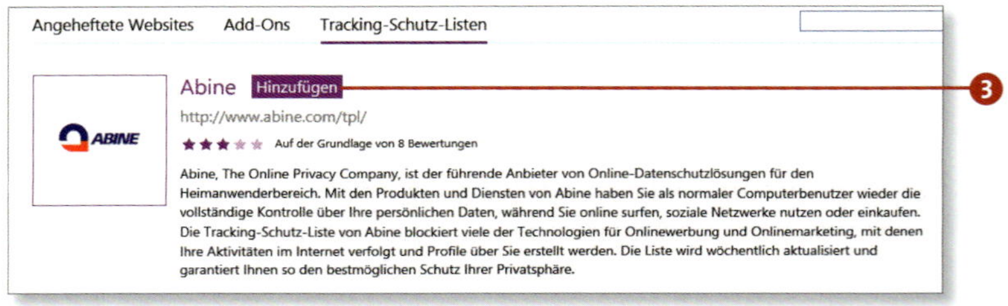

Tracking-Schutz für eine einzelne Seite deaktivieren

Klicken Sie auf das Tracking-Symbol in der Adressleiste und anschließend auf **Tracking-Schutz deaktivieren**, wenn Sie den Schutz für die aktuelle Seite abschalten möchten. Auf die gleiche Weise können Sie ihn auch wieder aktivieren.

Der InPrivate-Modus des Internet Explorers

Möchten Sie im Internet surfen, ohne Spuren auf dem eigenen Computer zu hinterlassen? Oder nutzen Sie einen fremden PC, z. B. in einem Internetcafé, und wollen auch hier keine Daten hinterlassen, die niemanden etwas angehen? Dann verwenden Sie den InPrivate-Modus des Internet Explorers.

1. Öffnen Sie den Internet Explorer, und klicken Sie in der Befehlsleiste auf **Sicherheit** ❶ und im Menü auf **InPrivate-Browsen**. Sie können zum Aufruf der Funktion aber auch die Tastenkombination [Strg] + [⇧] + [P] drücken.
2. Ein neues Browserfenster öffnet sich mit der Information, dass der InPrivate-Modus nun aktiviert ist. Sie erkennen den aktivierten Schutzmodus immer an dem InPrivate-Hinweis in der Adressleiste ❷. Solange dieser Hinweis sichtbar ist, ist der Modus aktiviert.
3. Sie können nun beliebige Webseiten aufrufen und sich wie gewohnt im Internet bewegen. Während dieser Sitzung speichert der Internet Explorer keinerlei Daten, also keine Kennwörter, Benutzernamen, Formulardaten, Cookies, temporäre Internetdateien, Verlaufsdaten etc.
4. Sobald Sie das aktuelle Fenster oder den ganzen Browser schließen, wird der InPrivate-Modus deaktiviert. Da keine Daten gespeichert wurden, kann niemand nachvollziehen, auf welchen Webseiten Sie gewesen sind.

❶

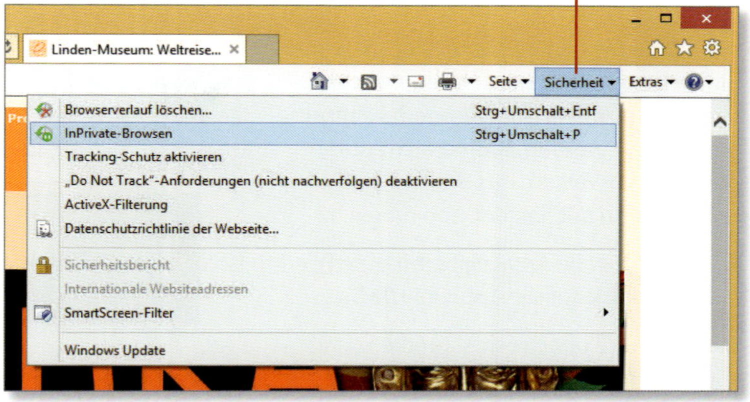

❷

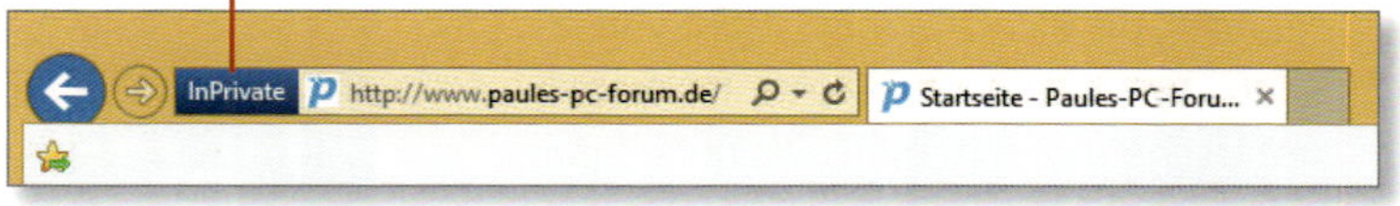

Soziale Netzwerke

Datenschutz und die Wahrung Ihrer Privatsphäre fangen bei Ihnen an! Geben Sie z. B. nicht zu viele persönliche Informationen auf Facebook und anderen sozialen Netzwerken preis, und nutzen bzw. kontrollieren Sie die Privatsphäre-Einstellungen der verwendeten Dienste.

InPrivate-Browsen mit der Internet-Explorer-App

Aktivieren Sie den InPrivate-Modus, wenn Sie nicht möchten, dass Daten Ihrer aktuellen Internetsitzung auf dem Rechner gespeichert werden. Das ist nicht nur in der Desktop-Version des Internet Explorers, sondern auch in der App möglich.

1. Öffnen Sie die App-Leiste mit einem Rechtsklick auf die App-Oberfläche.
2. Klicken Sie oben rechts auf die Schaltfläche mit den drei Punkten ❶, und wählen Sie dann die Option **Neue InPrivate-Registerkarte** aus dem Menü. Daraufhin öffnet sich eine neue Registerkarte, die sich zunächst nicht von einer herkömmlichen Registerkarte zu unterscheiden scheint. Links neben der Adressleiste am unteren Bildschirmrand können Sie aber ein blaues Zeichen mit der Beschriftung **InPrivate** ❷ erkennen.
3. Sie können nun nach Herzenslust im Internet surfen. Solange dieses Zeichen sichtbar ist, werden keine Daten, keine temporären Internetdateien, Cookies, der Webseiten-Verlauf oder andere Daten gespeichert.

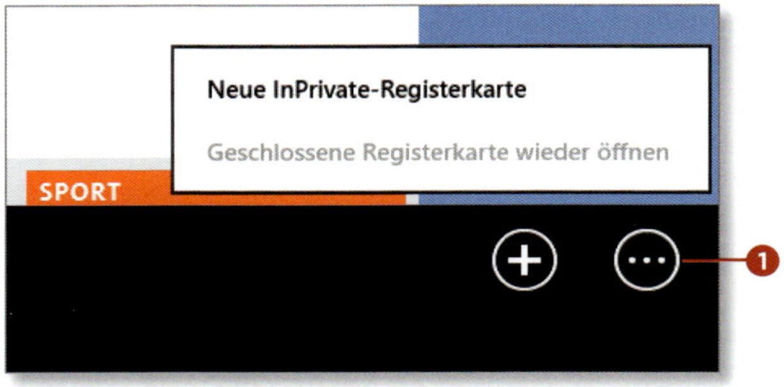

Den InPrivate-Modus neu aktivieren

Eine dauerhafte Aktivierung des InPrivate-Modus ist nicht möglich. Sobald Sie die App schließen, wird auch der InPrivate-Modus deaktiviert. Wenn Sie die App später wieder öffnen und im privaten Modus surfen möchten, müssen Sie die Funktion erneut aufrufen, wie oben beschrieben.

Hotspots und öffentliche Netzwerke

Häufig nutzt man auch unterwegs das Internet. Es gibt Notebooks, Ultrabooks und – recht neu – sogenannte *Tablet-PCs*. Dazu kommt die neue Generation der Smartphones, die immer leistungsstärker werden und mit besseren Akkus und gut lesbaren Displays ausgestattet sind. Flughäfen, Bahnhöfe, Hotels, Schnellrestaurants oder auch Museen bieten immer öfter einen kostenfreien oder zumindest günstigen WLAN-Zugang (*Hotspots*) an. Aber so praktisch und verlockend das auch sein mag: Gerade in öffentlichen Netzwerken ist besondere Vorsicht geboten. Die Gefahr ist diese: Ihr Sitznachbar, der im gleichen öffentlichen Netzwerk unterwegs ist wie Sie, könnte mit dem entsprechenden Wissen und geeigneten Programmen versuchen, Ihre Daten abzufangen. Gelingt dies, sieht er, an welchem Dokument Sie gerade arbeiten, wem Sie gerade eine Mail schreiben, oder er protokolliert Ihre Benutzernamen und Kennwörter für verschiedene Dienste. Dabei kann es sich um harmlose Zugangsdaten für ein Forum, aber eben auch um sensible Daten wie Ihren Onlinebanking-Account handeln.

Sie sollten daher einige Sicherheitsvorkehrungen treffen und Sicherheitsregeln einhalten. Prinzipiell gilt: Führen Sie keine Bankgeschäfte aus, während Sie sich in einem öffentlichen Netzwerk befinden, dann kann Sie dabei auch niemand ausspionieren und mit den gestohlenen Daten Schaden anrichten. Windows 8.1 kann Ihnen zusätzlich helfen, Ihre Daten zu schützen. Nachdem Sie eine Verbindung zu einem öffentlichen Netzwerk hergestellt haben, wählen Sie bei der der Frage **Soll nach PCs, Geräten und Inhalten in diesem Netzwerk gesucht und automatisch eine Verbindung mit Geräten wie Druckern und Fernsehern hergestellt werden?** unbedingt die Antwort **Nein** (1) aus. Mit nur einem Klick machen Sie damit Ihren Computer im Netzwerk unsichtbar und erhöhen so Ihre Sicherheit.

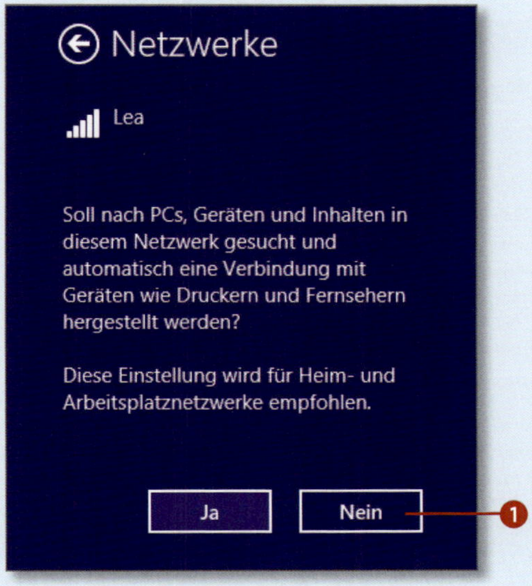

Weitere Tipps: Firewall, Virenschutz und sichere Verbindungen

Zusätzlichen Schutz vor Angriffen von außen bietet eine Firewall. Kontrollieren Sie daher unbedingt die Einstellungen der Windows-Firewall, und aktivieren Sie für öffentliche Netzwerke die Option **Alle eingehenden Verbindungen blockieren, einschließlich der in der Liste der zugelassenen Apps** (siehe den Abschnitt »Die Windows-Firewall einrichten« auf Seite 174). Natürlich darf auch ein Virenschutzprogramm nicht fehlen. Windows liefert mit dem Windows Defender bereits einen guten Basisschutz mit. Da jeden Tag neue Bedrohungen auftauchen, muss das Schutzprogramm aber unbedingt auf dem neuesten Stand gehalten werden, nur dann hat es eine Chance, die neuesten Schädlinge zu erkennen und zu blockieren (lesen Sie dazu bitte auch den Abschnitt »Mit dem Windows Defender Schadsoftware entfernen« auf Seite 170.

Darüber hinaus können Sie Risiken vermeiden, indem Sie persönliche Daten nur auf Webseiten eingeben, die das sichere Übertragungsprotokoll HTTPS (*Hypertext Transfer Protocol Secure*) verwenden. Erkennbar ist das an dem Zusatz *https://* anstelle des üblichen *http://* am Anfang der Webadresse. Wenn Sie z. B. eine Bestellung in einem Onlineshop vornehmen, werden bei der sicheren Übertragung Ihre Daten verschlüsselt übermittelt, sodass ein Hacker keine Chance hat, die sensiblen Daten abzufangen. Auch Facebook und andere soziale Netzwerke sollten Sie nur über eine sichere Verbindung nutzen.

Für Ihr E-Mail-Programm können Sie ebenfalls eine verschlüsselte Verbindung, TLS (*Transport Layer Security*) oder SSL (*Secure Sockets Layer*), verwenden. Diese Funktion finden Sie meist in den Kontoeinstellungen, leider ist sie selten standardmäßig aktiviert.

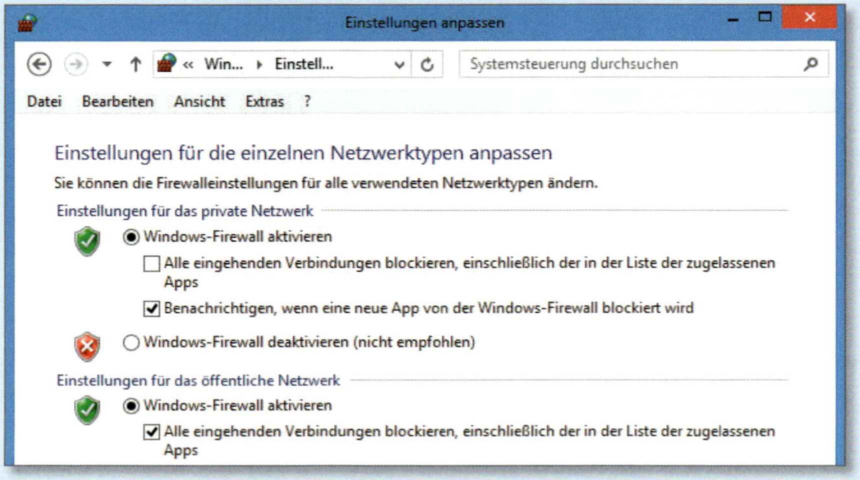

6 E-Mails, Adressen und Termine im Griff

In diesem Kapitel

- Die Mail-App nutzen
- Kontakte speichern und verwalten
- Alle Termine im Griff
- Mit SkyDrive Daten in der »Wolke« sichern

Bei der täglichen Arbeit am Computer nimmt die Kommunikation viel Raum ein. Die häufigste Kommunikationsvariante ist ohne Zweifel die E-Mail. Firmen und inzwischen auch Behörden sind per Mail zu erreichen, und privat scheint es kaum noch Personen ohne E-Mail-Adresse zu geben. Mit der Zahl der Kontakte steigt auch die Notwendigkeit, deren Adressen und Kontaktdaten übersichtlich zu verwalten. Windows bietet hier gleich mehrere Möglichkeiten an: ein E-Mail-Programm zum Senden und Empfangen von elektronischer Post, ein komfortables Adressbuch und einen umfangreichen Kalender zur Planung all Ihrer Termine.

In diesem Kapitel erfahren Sie, wie Sie die *Mail*-App einrichten und effektiv nutzen. Sie lernen, wie Sie Dateien als Anlage versenden oder bei Bedarf eine Signatur unter jede Nachricht setzen können.

Die App *Kontakte* ist das Adressbuch unter Windows 8.1. Hier können Sie alle Kontakte sammeln, egal, ob geschäftlich oder privat, und sie um Informationen wie E-Mail-Adresse, Telefonnummer oder Postanschrift ergänzen.

Ebenfalls sehr interessant ist die *Nachrichten*-App. Hier können Sie mehrere Kommunikationskanäle bündeln. Fügen Sie z. B. Freunde aus dem Messenger oder aus anderen Diensten wie Facebook oder Twitter hinzu, und tauschen Sie mit diesen Personen Nachrichten in Echtzeit aus.

Die Mail-App nutzen

Die Mail-App in der Übersicht

Die *Mail*-App ist unter Windows 8.1 bereits vorinstalliert. Sie müssen nur ein Mail-Konto einrichten, und schon kann es losgehen. Die App präsentiert sich recht spartanisch, ist dadurch aber sehr übersichtlich und bietet alle Grundfunktionen, die zum Empfangen und Versenden von E-Mails benötigt werden. Wie jede App ist auch die *Mail*-App dank großer Schaltflächen und weiter Abstände zwischen den Menüpunkten für die Bedienung auf einem Touchscreen geeignet. Einen Nachteil hat die App allerdings: Das weitverbreitete Protokoll POP3 wird leider nicht unterstützt, daher benötigen Sie ein Mail-Konto mit IMAP-Protokoll.

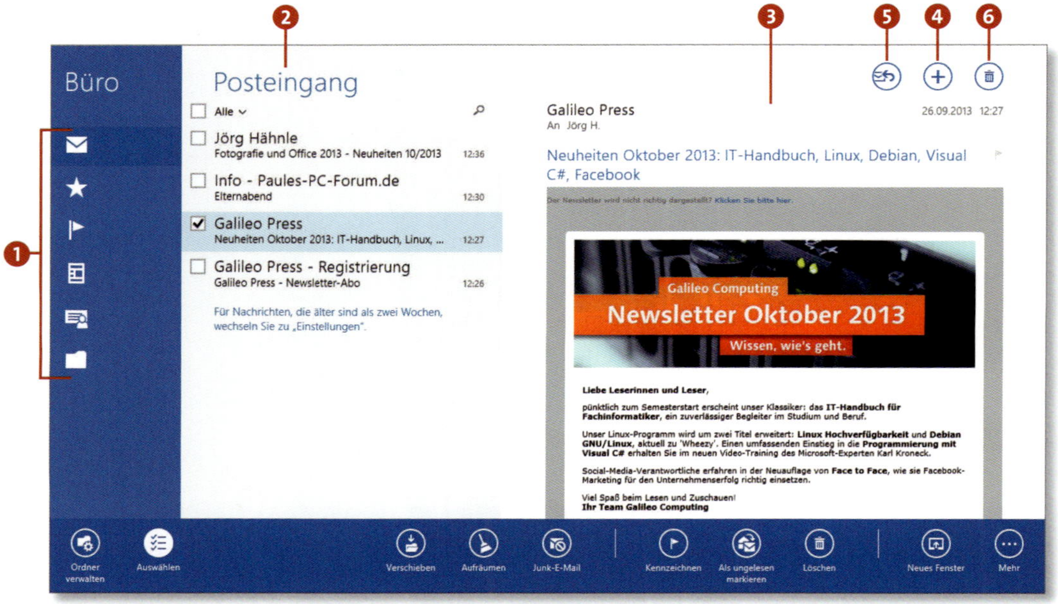

1. Ordnerleiste mit den Ordnern **Posteingang**, **Favoriten**, **Gekennzeichnet** etc.
2. In der Mitte werden die E-Mails im ausgewählten Ordner angezeigt. Neue Mails stehen immer oben in der Liste.
3. Im Lesebereich wird der Inhalt der ausgewählten Nachricht angezeigt.
4. eine neue E-Mail schreiben
5. Nach einem Klick auf diese Schaltfläche können Sie auf die ausgewählte Nachricht antworten.
6. die ausgewählte E-Mail löschen
7. App-Leiste mit weiteren Funktionen, z. B. **Verschieben**, **Aufräumen**, **Kennzeichnen** etc.

Möchten Sie eine neue Nachricht verfassen, klicken Sie auf die Plus-Schaltfläche. Das Nachrichtenfenster wird daraufhin in der rechten Fensterhälfte geöffnet. Zunächst sind kaum Bedienelemente zu sehen. Führen Sie im Nachrichtenfenster einen Rechtsklick mit der Maus oder eine Wischbewegung vom unteren Bildschirmrand aus, um die App-Leiste einzublenden. Diese bietet Ihnen nun zahlreiche Möglichkeiten zur Textformatierung. Neben Schriftart und -größe können Sie die Textfarbe festlegen und sogar kleine Grafiken, sogenannte *Emoticons*, hinzufügen. Kopierte Texte aus der Zwischenablage können genauso hinzugefügt werden wie Dateien als Anlage.

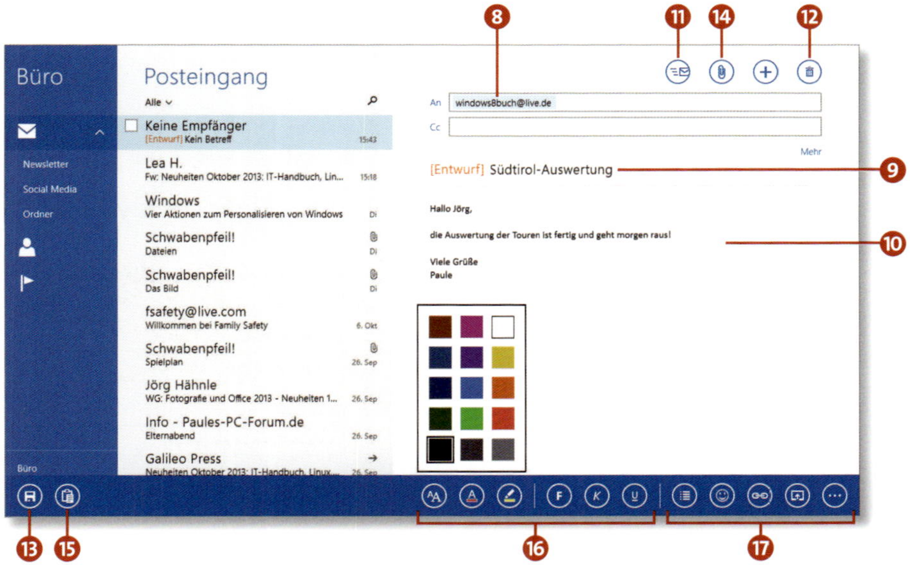

8. Empfänger der Nachricht ein (von Hand eintragen oder über **An** aus Ihrer Kontaktliste auswählen)
9. Tragen Sie an dieser Stelle den Betreff der E-Mail ein. Der Hinweis **Entwurf** zeigt an, dass die Mail noch nicht fertiggestellt und noch nicht verschickt wurde.
10. Hier ist reichlich Platz für Ihren Nachrichtentext, den Sie mit den Befehlen aus der App-Leiste formatieren können.
11. die Nachricht versenden
12. die Nachricht verwerfen
13. die Nachricht als Entwurf speichern und später verschicken
14. die E-Mail mit einem Dateianhang versehen
15. Wenn Sie Text aus einer anderen Datei kopiert haben, können Sie ihn über diese Schaltfläche in Ihre E-Mail einfügen.
16. Befehle für die Textformatierung
17. weitere Gestaltungsoptionen

Die Mail-App einrichten

Bevor es richtig losgehen kann, müssen Sie der App ein Mail-Konto hinzufügen. Es muss sich dabei nicht um ein *Outlook.com*-Konto, also einen von Microsoft angebotenen Dienst, handeln; prinzipiell können Sie jedes Mail-Konto einbinden, das die Übertragungsprotokolle IMAP oder EAS unterstützt.

1. Starten Sie die App mit einem Klick auf die Kachel **Mail**.
2. Öffnen Sie die App-Einstellungen mit den Tasten [Win] + [I], und klicken Sie im Menü auf den Eintrag **Konten** ❶. Dann klicken Sie auf den Link **Konto hinzufügen**.
3. Einige Mail-Anbieter stehen bereits zur Auswahl: die Microsoft-Dienste Hotmail und Outlook, aber auch Google und Yahoo!. Klicken Sie auf den Anbieter Ihrer Wahl oder auf **Anderes Konto** ❷, falls Ihr Anbieter nicht dabei ist.
4. Geben Sie den Kontotyp des neuen Kontos an und klicken Sie auf **Verbinden**. Fragen Sie gegebenenfalls bei Ihrem E-Mail-Anbieter nach, falls Sie das verwendete Übertragungsprotokoll (den Kontotyp) nicht kennen.
5. Tragen Sie nun Ihre E-Mail-Adresse und das zugehörige Kennwort ein ❸. Windows kennt die Serverdaten vieler Anbieter, Sie können also einfach auf **Verbinden** ❹ klicken. Falls das nicht klappt, werden Sie zur manuellen Eingabe der Serverdaten aufgefordert.
6. Tragen Sie in diesem Fall die benötigten Informationen ein, z. B. den Posteingangs- und Postausgangsserver, und schließen Sie Ihre Eingabe mit einem Klick auf **Verbinden** ab.

❶

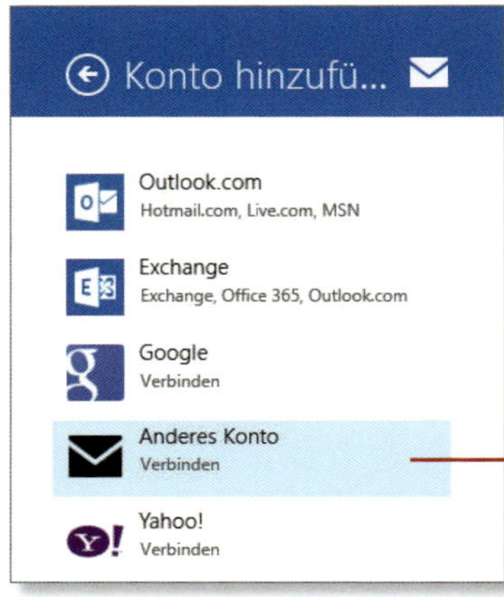

❷

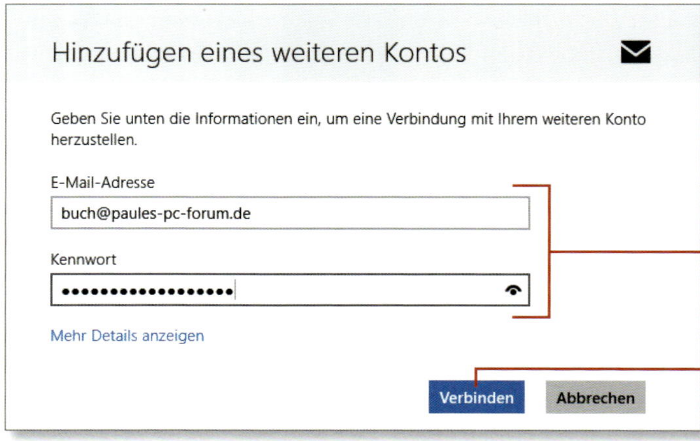

❸ ❹

Keine POP3-Unterstützung!

Leider unterstützt die *Mail*-App keine POP3-Konten. Wenn Sie ein solches Konto verwenden, fragen Sie bei Ihrem Anbieter nach, ob Sie stattdessen das IMAP-Protokoll aktivieren können. Bei manchen Mail-Anbietern ist die IMAP-Unterstützung jedoch nur bei einem kostenpflichtigen Premium-Tarif möglich.

7. Öffnen Sie erneut die Kontoeinstellungen, indem Sie mit der Tastenkombination ⊞ + I die Charms-Leiste öffnen und darin auf **Konten** klicken. In der Liste finden Sie nun das neu hinzugefügte Mail-Konto 5. Klicken Sie auf den Eintrag, um dessen Einstellungen zu erreichen.

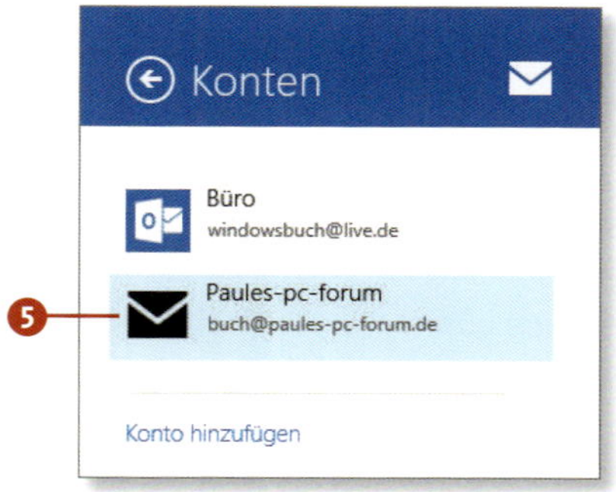

8. Wenn Sie der App mehrere Konten hinzugefügt haben, können Sie die Angabe im Feld **Kontoname** 6 ändern, um Verwechslungen zu vermeiden.

9. Im Feld **Neue E-Mail herunterladen** 7 geben Sie an, in welchem Intervall die *Mail*-App den Posteingang prüfen und neue Nachrichten herunterladen soll. Standardmäßig lädt die App beim Öffnen die neuen Mails der letzten zwei Wochen herunter. Um nach längerer Abwesenheit auch Nachrichten herunterzuladen, die älter als zwei Wochen sind, klicken Sie auf den Pfeil am Feld **E-Mail herunterladen** 8 und wählen einen anderen Zeitraum aus.

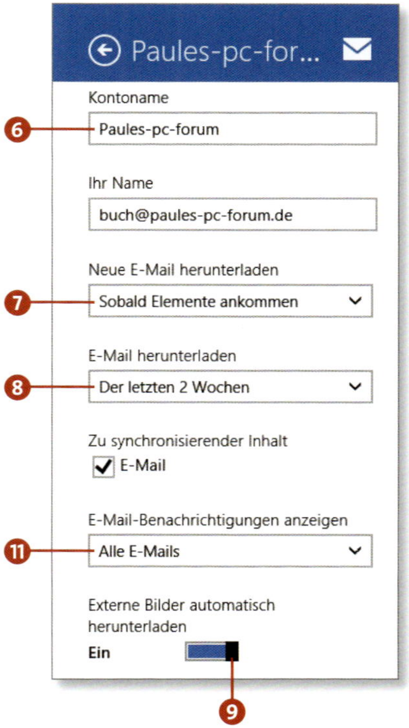

10. Legen Sie schließlich fest, ob externe Bilder heruntergeladen werden sollen 9. Wenn Sie Ihr E-Mail-Konto häufig über eine getaktete Verbindung nutzen, können Sie durch die Deaktivierung der Option den anfallenden Datenverkehr reduzieren.

11. Haben Sie ein Mail-Konto hinzugefügt, dessen Serverdaten Windows nicht bekannt waren, finden Sie ganz unten nochmals alle Kontodaten 10, die Sie hier auch ändern können.

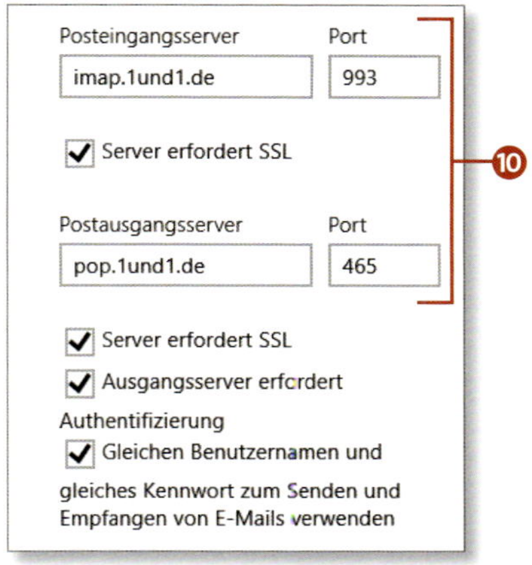

E-Mail-Benachrichtigungen

Aktivieren Sie die Option **E-Mail-Benachrichtigungen anzeigen** 11, öffnet sich bei jeder neu eingetroffenen Nachricht ein Hinweisfenster rechts oben auf Ihrem Windows-Bildschirm. Das Fenster schließt sich nach einigen Sekunden wieder. Mit einem Klick auf den Hinweis wird die Nachricht direkt geöffnet.

Eine neue E-Mail schreiben

Nachdem das E-Mail-Konto hinzugefügt und eingerichtet wurde, können Sie gleich loslegen und eine E-Mail schreiben.

1. Klicken Sie in der geöffneten *Mail*-App links auf den Ordner **Posteingang,** der durch einen Briefumschlag gekennzeichnet ist ❶.
2. Um eine neue Nachricht zu erstellen, klicken Sie auf das Plus ❷ oben rechts auf dem Bildschirm.
3. Tippen Sie in das Feld **An** ❸ die E-Mail-Adresse des Empfängers ein. Wenn Sie die Adresse einer Person eingeben, die bereits in Ihrer Kontaktliste steht (siehe dazu den Abschnitt »Kontakte speichern und verwalten« auf Seite 192), zeigt das Mail-Programm dies in einem kleinen Fenster an und Sie können die Adresse bequem übernehmen.
4. Möchten Sie eine Kopie der Nachricht an eine andere Person schicken, tippen Sie deren E-Mail-Adresse in das Feld **Cc** ❹ ein.
5. Über den Link **Mehr** (hier nicht mehr zu sehen) öffnen Sie ein weiteres Eingabefeld namens **Bcc** ❺. In dieses Feld tragen Sie den Empfänger einer sogenannten *Blindkopie* ein.
6. Schließlich können Sie bei **Priorität** noch festlegen, wie wichtig die E-Mail ist: **Hoch**, **Normal** oder **Niedrig** ❻.
7. Klicken Sie auf **Betreff hinzufügen** ❼, um eine »Überschrift« für Ihre Mail festzulegen. Den Nachrichtentext geben Sie darunter ein.

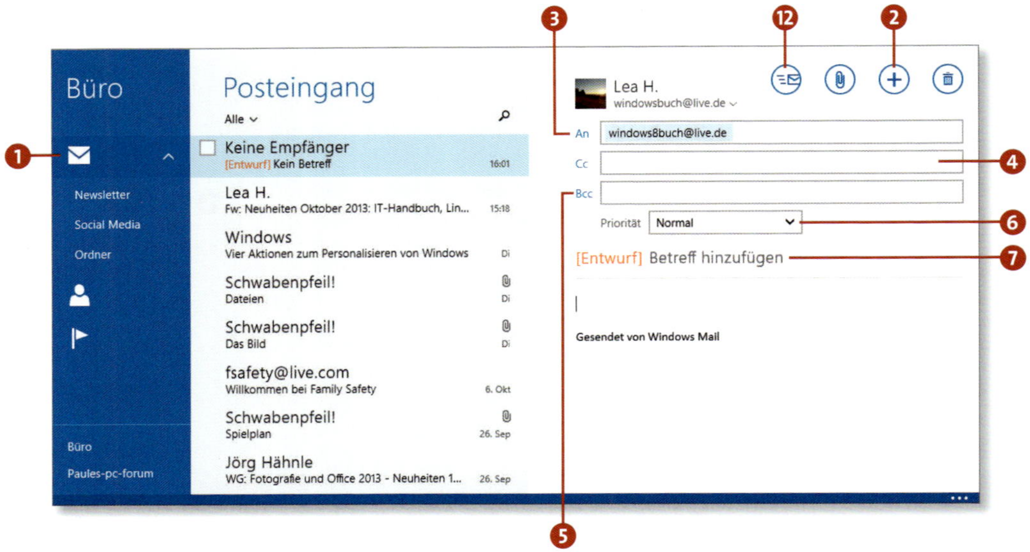

Cc und Bcc

Versenden Sie Kopien Ihrer Mails über das Feld **Cc** an mehrere Empfänger, können diese im Kopf der Mail erkennen, an wen jeweils eine Kopie geschickt wurde. Verwenden Sie das Feld **Bcc**, wenn Sie nicht möchten, dass die Empfänger sehen können, wer alles eine Kopie der Nachricht erhalten hat.

8. Die *Mail*-App verfügt über eine Rechtschreibkorrektur und zeigt fehlerhafte Wörter rot unterstrichen an. Klicken Sie ein so markiertes Wort mit der rechten Maustaste an, und wählen Sie aus dem Menü einen Korrekturvorschlag 8 aus.

9. Wenn Sie die App-Leiste mit einem Rechtsklick öffnen, werden Ihnen verschiedene Optionen zur Textgestaltung angeboten 9. Sie können Schriftart und Textfarbe wählen und den Text fett, kursiv oder unterstrichen darstellen. Markieren Sie einen Textabschnitt mit der Maus, und wählen Sie im Anschluss die Formatierung aus.

10. Mit einem Klick auf **Emoticons** 10 öffnet sich eine große Auswahl an Symbolen zur Gestaltung Ihrer Nachricht. Über die Schaltflächen oben 11 sind verschiedene Kategorien zu erreichen, z. B. **Reisen**, **Natur** oder **Symbole**. Klicken Sie auf eine Kategorie, werden Ihnen darunter die zugehörigen Grafiken angezeigt. Wählen Sie eine Grafik mit einem Klick aus, wird sie in die Nachricht eingefügt.

11. Mit den Tasten [Alt] + [S] oder einem Klick auf die Schaltfläche **Senden** (12 im Bild auf Seite 186) wird die E-Mail schließlich verschickt.

12. Sie können die E-Mail auch zu einem späteren Zeitpunkt zu Ende schreiben. Die Nachricht bleibt mit dem Zusatz **Entwurf** 13 im Posteingang liegen und kann jederzeit weiter bearbeitet werden, bis Sie sie abschicken.

Wo ist der Postausgang?

Haben Sie eine E-Mail abgeschickt, wird sie im Ordner **Postausgang** abgelegt. Sie erreichen ihn, indem Sie zunächst auf den Punkt **Ordner** in der linken Menüleiste klicken und den Postausgang aus der zugehörigen Liste auswählen.

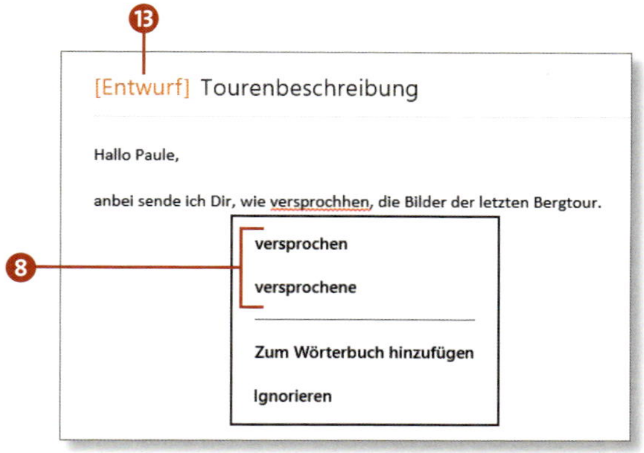

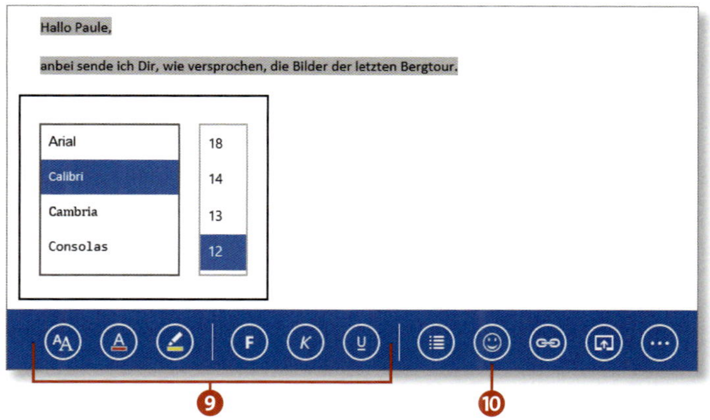

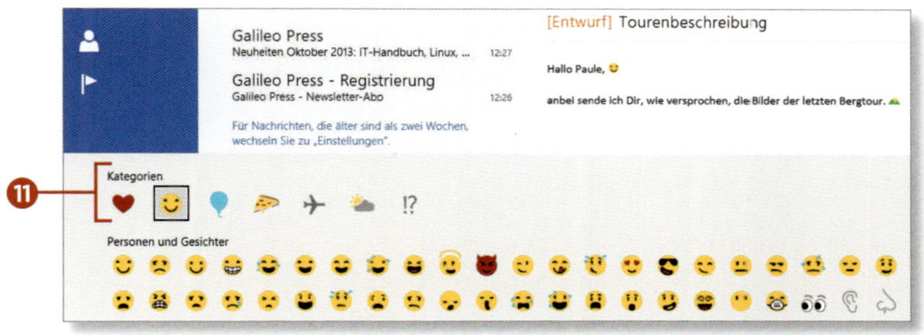

Eine E-Mail lesen

Eine neue E-Mail ist eingetroffen. Je nach Einstellung wird Ihnen die Ankunft der E-Mail direkt in der Live-Kachel **Mail** auf dem Startbildschirm oder als Hinweisfenster auf dem Desktop angezeigt (siehe dazu den Abschnitt »Die Mail-App einrichten« auf Seite 184).

1. Öffnen Sie die App über die Kachel **Mail** auf dem Startbildschirm ❶. Sie zeigt den Inhalt der aktuellsten Mail, wenn Sie den Live-Modus angeschaltet haben.
2. Unten links werden Ihnen alle Ihre eingerichteten Mail-Konten angezeigt. Die Ziffer hinter der Kontobezeichnung zeigt die Anzahl der ungelesenen E-Mails an ❷. Klicken Sie auf ein Konto, um dessen Posteingang zu öffnen.
3. Markieren Sie in der Nachrichtenliste die E-Mail, die Sie lesen möchten ❸. Noch ungelesene Mails werden in Fettschrift dargestellt. Die ausgewählte E-Mail wird im Lesebereich rechts angezeigt. Nutzen Sie gegebenenfalls die Bildlaufleiste am rechten Rand, um nach unten zu scrollen und den Text längerer Mails lesen zu können.
4. Um die E-Mail zu löschen, klicken Sie rechts oben auf die Papierkorb-Schaltfläche ❹. Die Mail wird daraufhin in den Ordner **Gelöscht** verschoben. Diesen Ordner erreichen Sie, indem Sie links auf die Schaltfläche **Ordner** ❺ und anschließend auf **Gelöscht** klicken.

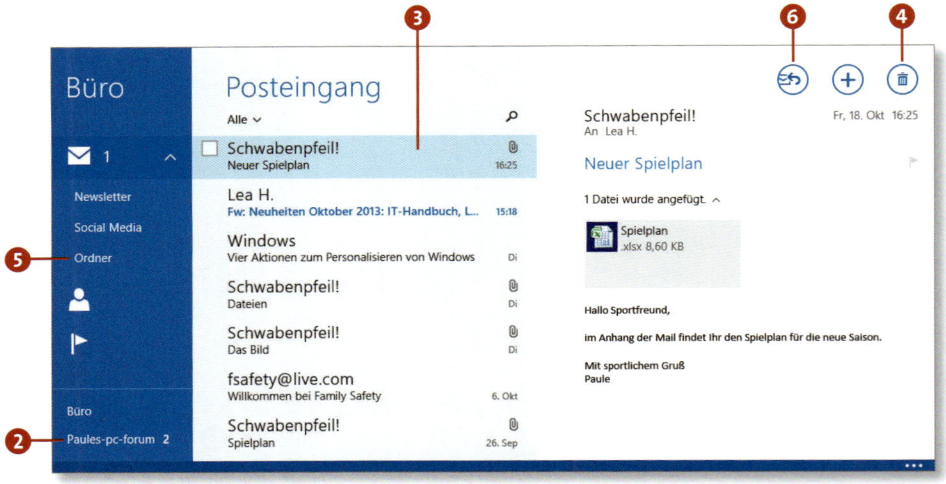

Eine E-Mail schnell beantworten

Um auf eine E-Mail zu antworten, markieren Sie die Nachricht, klicken auf die Schaltfläche **Antworten** ❻ und wählen aus dem Menü die Option **Antworten** aus. Die Absender-Adresse wird dann automatisch als Empfänger-Adresse für die neue E-Mail übernommen.

E-Mails verwalten und neue Ordner hinzufügen

Neu eingetroffene E-Mails landen standardmäßig im Posteingang. Das kann schnell unübersichtlich werden, wenn die Liste der Mails immer länger wird.

1. Um einen neuen Ordner zu erstellen, blenden Sie zunächst die App-Leiste ein (z. B. per Rechtsklick), wählen darin die Option **Ordner verwalten** ❶ und klicken im Menü auf **Ordner erstellen**.
2. Vergeben Sie einen Namen für den neuen Ordner, z. B. *Sportverein*, und schließen Sie die Eingabe über die Schaltfläche **OK** ab.
3. Vom neu erstellten Ordner ist zunächst noch nichts zu sehen. Erst wenn Sie auf den Punkt **Ordner** ❷ in der linken Menüleiste klicken, werden alle Ordner aufgelistet, darunter auch der neu erstellte Ordner **Sportverein**.
4. Zum Verschieben einer E-Mail markieren Sie sie, indem Sie in das kleine Kästchen ❸ davor klicken.
5. Die App-Leiste wird eingeblendet. Klicken Sie darin auf **Verschieben** ❹, und wählen Sie den Zielordner aus der zugehörigen Liste aus. Die Nachricht wird ohne weitere Rückfrage verschoben.

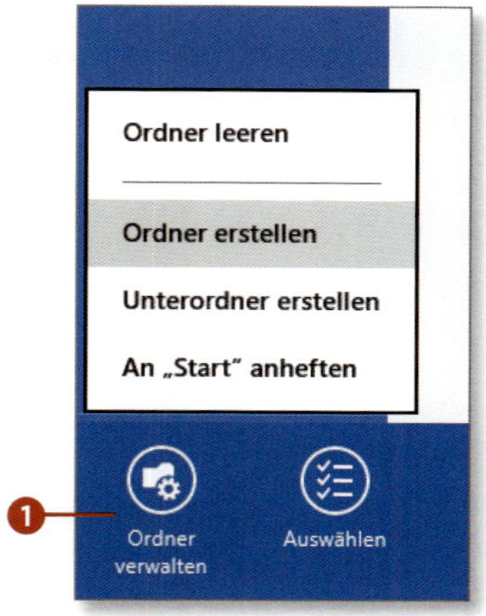

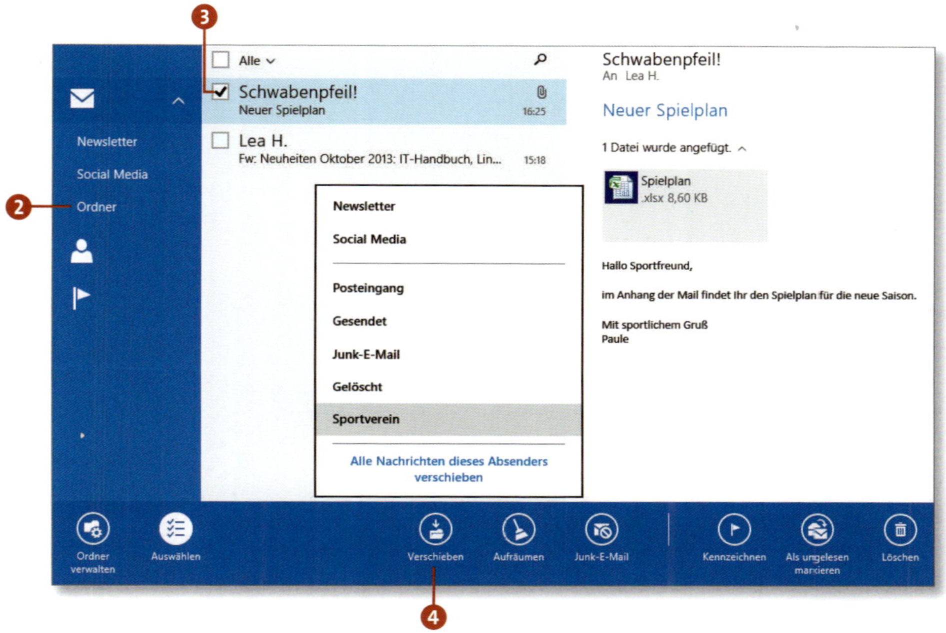

> **Keine Filterregeln möglich**
>
> Die Erstellung von Regeln für Ihre E-Mails wird von der *Mail*-App leider nicht unterstützt. Sie müssen Ihre Nachrichten also immer manuell in die gewünschten Ordner verschieben.

Fotos und andere Dateien per E-Mail senden

Auch mit der *Mail*-App können Sie Dateien als Anlage versenden, z. B. ein Office-Dokument oder eine PDF-Datei. Versenden Sie keine ausführbaren Dateien (mit den Endungen *.exe*, *.bat* oder *.com*). Diese Dateien werden aus Sicherheitsgründen von den meisten E-Mail-Anwendungen blockiert und erreichen damit nicht den Empfänger.

1. Öffnen Sie die *Mail*-App, und erstellen Sie eine neue E-Mail. Dann klicken Sie in der neuen Nachricht rechts oben auf die Schaltfläche mit der Büroklammer ❶.
2. Indem Sie auf **Nach oben** ❷ klicken, können Sie durch die verfügbaren Verzeichnisse navigieren. Sind Sie beim richtigen Ordner angekommen, wählen Sie die zu versendende(n) Datei(en) per Mausklick aus ❸.
3. Sind alle Dateien ausgewählt, schließen Sie den Vorgang über die Schaltfläche **Anfügen** ❹ ab.
4. Die Dateien werden der E-Mail als Anhang hinzugefügt und im Kopf der Nachricht aufgelistet ❺. Klicken Sie auf **Senden** (❻ in Bild 1), um die fertige E-Mail abzuschicken.

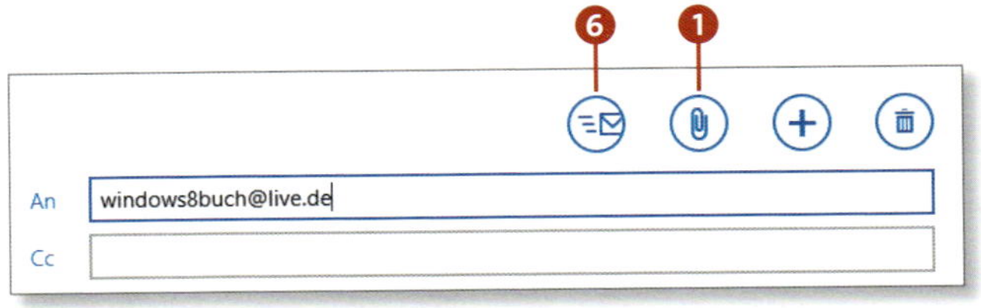

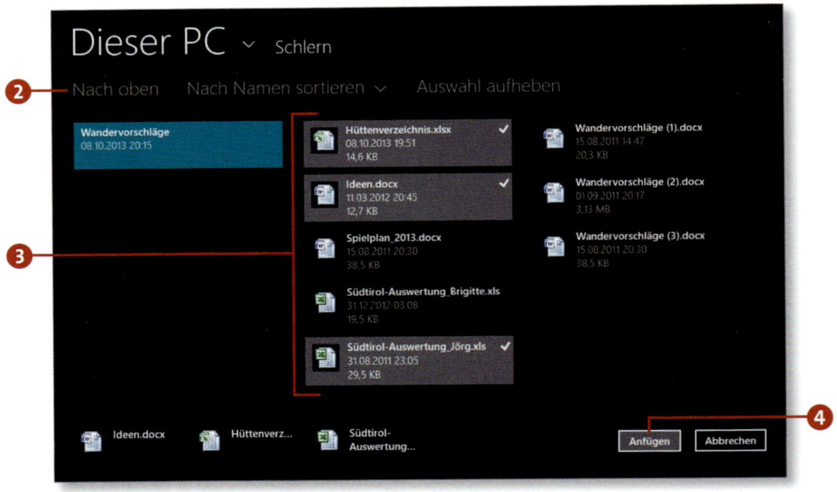

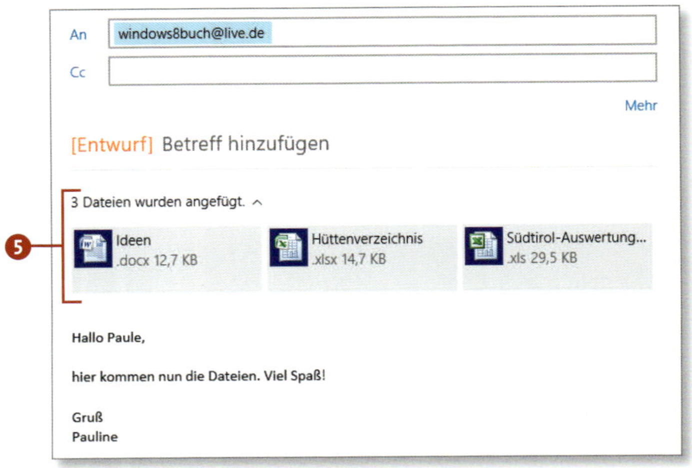

Eine E-Mail-Signatur erstellen

Sie können Ihre Mails mit einer Signatur versehen, die automatisch am Ende des Nachrichtentextes eingefügt wird. Drücken Sie in der geöffneten *Mail*-App [Windows] + [I], und klicken Sie auf den Menüpunkt **Konten**. Wählen Sie Ihr Mail-Konto aus, stellen Sie den Schalter bei **E-Mail-Signatur verwenden** auf **Ja**, und geben Sie im darunterliegenden Textfeld Ihre Signatur ein (Grußformel, Name, Adresse o. Ä.). Die Einbindung von Grafiken ist leider nicht möglich.

Den Ordner »Posteingang« an den Startbildschirm heften

Wenn Sie mehrere E-Mail-Konten eingerichtet haben, können Sie den Ordner **Posteingang** jedes Mail-Kontos einzeln an den Startbildschirm heften. So sehen Sie sofort, zu welchem Konto eine neue E-Mail gehört, und können mit nur einem Klick zum passenden Posteingang wechseln.

1. Starten Sie die *Mail*-App, und öffnen Sie das Konto, dessen Posteingang Sie an den Startbildschirm heften möchten. Klicken Sie links im ausgewählten Konto auf den Ordner **Posteingang** 1.
2. Öffnen Sie die App-Leiste mit einem Rechtsklick auf eine freie Stelle des Bildschirms. Klicken Sie hier zunächst auf die Schaltfläche **Ordner verwalten** 2 und wählen Sie **An „Start“ anheften** aus dem Menü.
3. Im kleinen Fenster, das sich dann öffnet, tragen Sie eine beliebige Bezeichnung für den Posteingang ein 3 und bestätigen sie mit einem Klick auf **An „Start“ anheften** 4.
4. Wechseln Sie zum Startbildschirm, z. B. mithilfe der ⊞-Taste, und scrollen Sie ganz nach rechts. Dort finden Sie nun die neu hinzugefügte Kachel Ihres Posteingangs 5. Ihre Position können Sie beliebig verändern. Wenn Sie die Kachel mit der rechten Maustaste anklicken, können Sie sie außerdem verkleinern oder ihren Live-Modus deaktivieren. Dann werden neue Nachrichten nicht mehr direkt in der Kachel angezeigt.

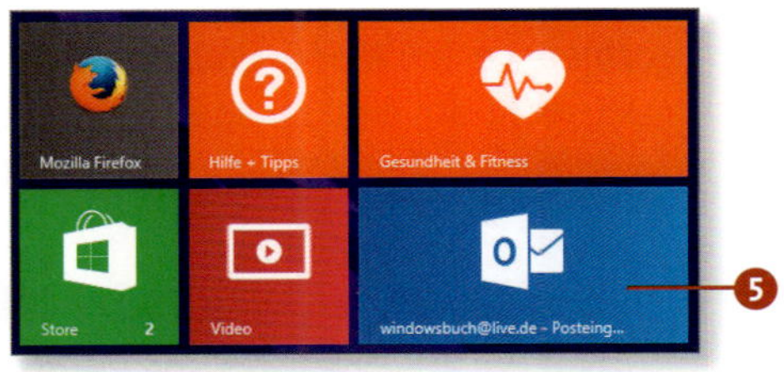

Anlagen öffnen

Erhalten Sie eine E-Mail mit Anlage, wird dies ebenfalls im Kopf der Nachricht angezeigt. Klicken Sie mit der rechten Maustaste auf das Dateisymbol, um die entsprechende Anlage zu öffnen oder zu speichern. Öffnen Sie jedoch niemals Anlagen von unbekannten Absendern, da diese Dateien Schadprogramme enthalten können!

Weitere Ordner anheften

Sie können auf die beschriebene Weise nicht nur den Posteingang, sondern auch jeden anderen Ordner Ihres Mail-Kontos an den Startbildschirm heften. Die Ordner lassen sich auch jederzeit wieder davon lösen.

Kontakte speichern und verwalten

Einen neuen Kontakt hinzufügen

Um Adressen in die *Kontakte*-App einzutragen, müssen Sie sich mit einem Microsoft-Konto anmelden.

1. Klicken Sie auf die Kachel **Kontakte**. Um einen neuen Kontakt hinzuzufügen, öffnen Sie die App-Leiste mit einem Rechtsklick und wählen **Neuer Kontakt** ❶.
2. Wenn Sie mehrere Microsoft-Konten haben, können Sie im Abschnitt **Konto** auswählen, welchem Konto der neue Kontakt zugeordnet werden soll ❷.
3. Tragen Sie nun den Vornamen, den Nachnamen und gegebenenfalls auch die Firma ein ❸. Um ein weiteres Namensfeld hinzuzufügen, klicken Sie auf **Name** ❹ und wählen das Zusatzfeld aus, z. B. **Spitzname**.
4. Unter **E-Mail** geben Sie die E-Mail-Adresse des Kontakts ein. Sobald Sie auf die Bezeichnung **Privat** ❺ klicken, öffnet sich ein Menü, und Sie können festlegen, ob es sich nicht um eine private, sondern um eine geschäftliche oder eine andere Mail-Adresse (**Weitere**) handelt.
5. Um eine zweite Mail-Adresse für diesen Kontakt zu hinterlegen, klicken Sie auf **E-Mail** ❻ und wählen die gewünschte Kategorie (**Geschäftlich** oder **Weitere**) aus. Daraufhin erscheint ein neues leeres Feld, in das Sie die zweite Adresse eintragen können.

Gesichtslose Profile

Das Hinzufügen von Profilbildern ist nicht möglich. Facebook- oder Twitter-Kontakte werden mit Bild angezeigt, wenn Sie die *Kontakte*-App mit diesen Plattformen verbunden haben.

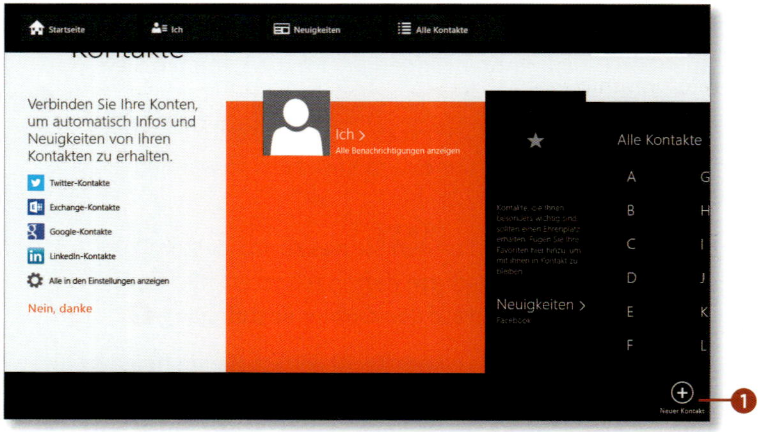

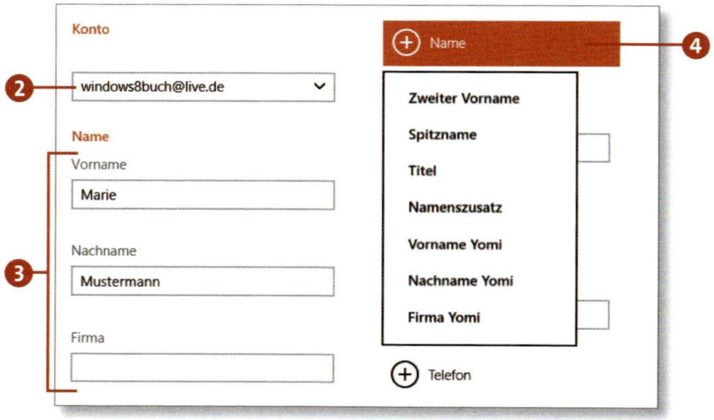

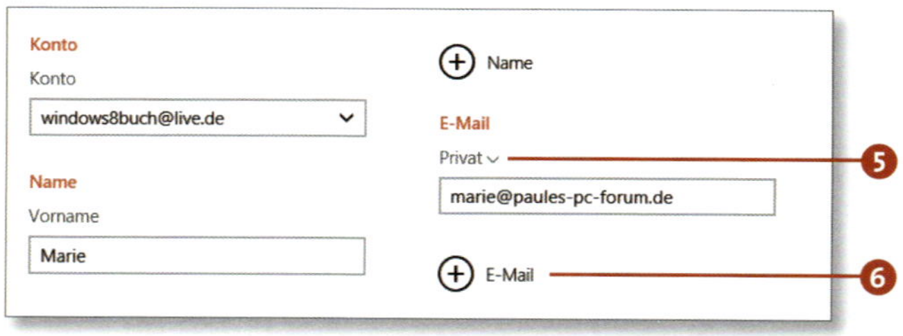

6. Unter **Telefon** folgt die Eingabe einer Handy-Nummer. Auch hier können Sie die Kategorie mit einem Klick auf die Bezeichnung **Mobiltelefonnummer** ändern (7). Die Angabe ist optional. Zusätzliche Telefon-, Mobil- oder Faxnummern fügen Sie über den Punkt **Telefon** (8) hinzu.

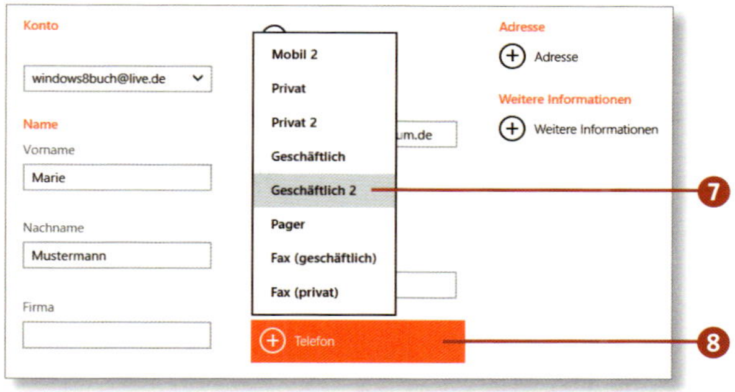

7. Die Eingabefelder für die Adresse sind standardmäßig erst nach einem Klick auf die Schaltfläche **Adresse** und der Auswahl einer Kategorie (**Privat**, **Geschäftlich**, **Weitere Adresse**) zu sehen (9). Auch hier können Sie nach der Eingabe der erforderlichen Informationen erneut auf **Adresse** (10) klicken, um zusätzliche Adressdaten hinzuzufügen.

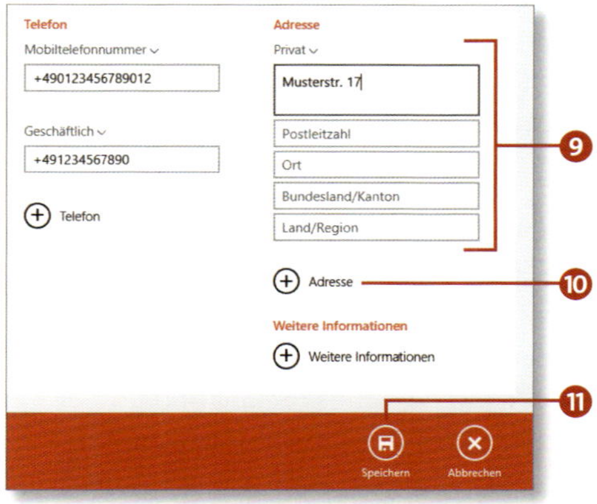

8. Am Ende steht der Abschnitt **Weitere Informationen**, wo Sie noch Angaben zur Position, zu Partnern, zur Webseite oder allgemeine Anmerkungen vornehmen können. Sind alle Angaben gemacht, klicken Sie zur Übernahme der Daten auf die Schaltfläche **Speichern** (11) in der App-Leiste.

9. Der neue Kontakt wird nun angezeigt. Nachträgliche Änderungen sind natürlich jederzeit möglich. Öffnen Sie dazu den Kontakt, blenden Sie mit einem Rechtsklick die App-Leiste ein, und wählen Sie dann die Option **Bearbeiten** aus.

Kontakte online über Outlook.com nutzen

Wenn Sie sich mit Ihrem Microsoft-Konto bei *Outlook.com* anmelden, stehen Ihnen alle Kontakte online zur Verfügung. Sie können dort Kontakte erstellen, bearbeiten und löschen und die Änderungen mit der *Kontakte*-App synchronisieren.

Einen Kontakt löschen

Erfahrungsgemäß sammeln sich im Laufe der Zeit viele Kontakte an, darunter auch immer wieder Einträge zu Personen, zu denen man eigentlich gar keinen Kontakt mehr hat, oder Ansprechpartner bei Firmen, die inzwischen gewechselt haben. Nicht mehr benötigte Einträge können Sie natürlich auch wieder löschen.

1. Starten Sie die *Kontakte*-App, und klicken Sie auf den Eintrag, den Sie entfernen möchten ❶.
2. Der ausgewählte Kontakt wird nun angezeigt. Öffnen Sie die App-Leiste mit einer Wischbewegung vom unteren Bildschirmrand oder durch einen Rechtsklick mit der Maus, und klicken Sie darin ganz rechts auf den Menüpunkt **Löschen** ❷.
3. Ein Hinweisfenster erscheint. Wenn Sie den Kontakt wirklich löschen wollen, klicken Sie noch einmal auf **Löschen** ❸. Der Eintrag wird sofort entfernt. Haben Sie sich anders entschieden und möchten den Kontakt behalten, klicken Sie einfach auf eine freie Stelle auf dem Bildschirm. Die App-Leiste schließt sich, und der Vorgang wird abgebrochen.

Manche Kontakte lassen sich nicht löschen?

Möglicherweise sind Sie auf einen Kontakt gestoßen, der sich nicht löschen lässt, weil der Befehl **Löschen** in der App-Leiste fehlt. Das passiert, wenn der Kontakt aus einer Anwendung, z. B. Facebook, importiert wurde. Um den Kontakt zu entfernen, müssten Sie die zugehörige Anwendung starten und den Kontakt dort löschen. Wenn Sie anschließend zur *Kontakte*-App zurückkehren, ist der betreffende Kontakt auch dort nicht mehr aufgelistet.

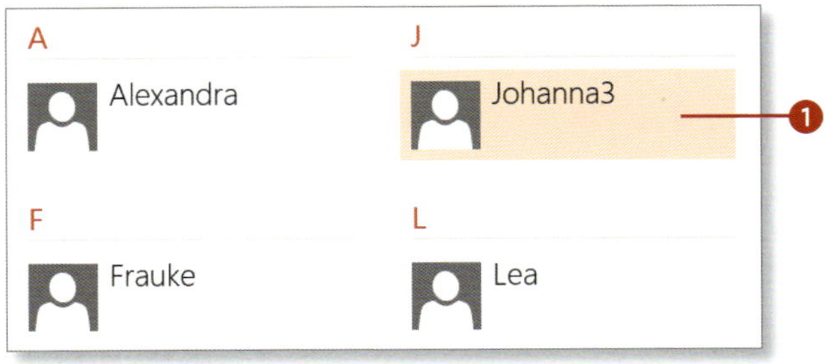

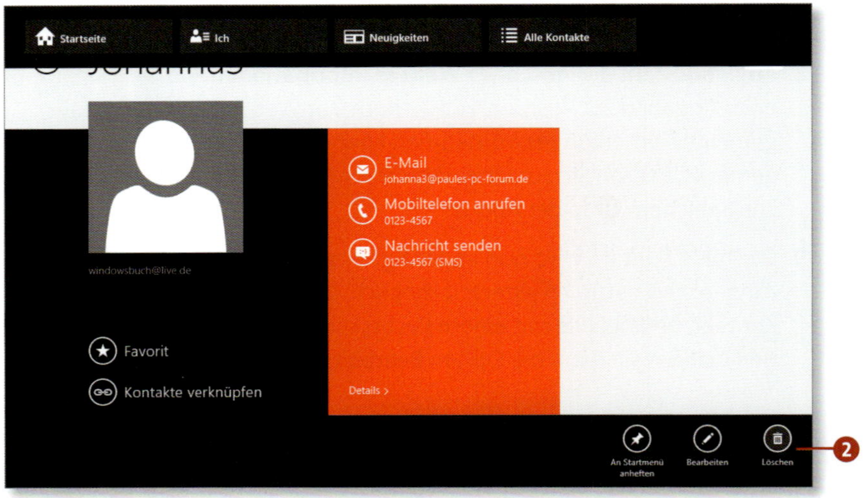

Eine E-Mail an einen Kontakt senden

Wenn Sie eine E-Mail an einen Ihrer Kontakte senden möchten, können Sie dies direkt aus der *Kontakte*-App heraus tun.

1. Öffnen Sie die *Kontakte*-App über die Kachel auf dem Startbildschirm. Wählen Sie den Kontakt aus, an den Sie eine Nachricht senden möchten.
2. Klicken Sie neben dem Profilbild bzw. dem Platzhalter auf die Schaltfläche **E-Mail** ❶.
3. Der Bildschirm wird nun geteilt, und in der rechten Fensterhälfte startet die *Mail*-App mit einem neuen Nachrichtenfenster. Die Adresse des ausgewählten Kontakts steht bereits im Feld **An** ❷ (bzw. ist hier der Name des Kontakts zu sehen, der mit der E-Mail-Adresse verlinkt ist). Geben Sie darunter einen Betreff ❸ und den Text der Nachricht ein, und schicken Sie die Mail mit der Schaltfläche **Senden** ❹ ab.
4. Die Alternative ist diese: Starten Sie die *Mail*-App, und klicken Sie rechts oben auf das Plus, um eine neue E-Mail zu verfassen. Anstatt die Empfänger-Adresse von Hand einzutragen, klicken Sie auf **An**. Daraufhin werden Ihre Kontakte angezeigt, und Sie können den Empfänger per Mausklick auswählen ❺. Das **Kontakte**-Fenster schließt sich wieder, sobald Sie einen Eintrag ausgewählt haben.

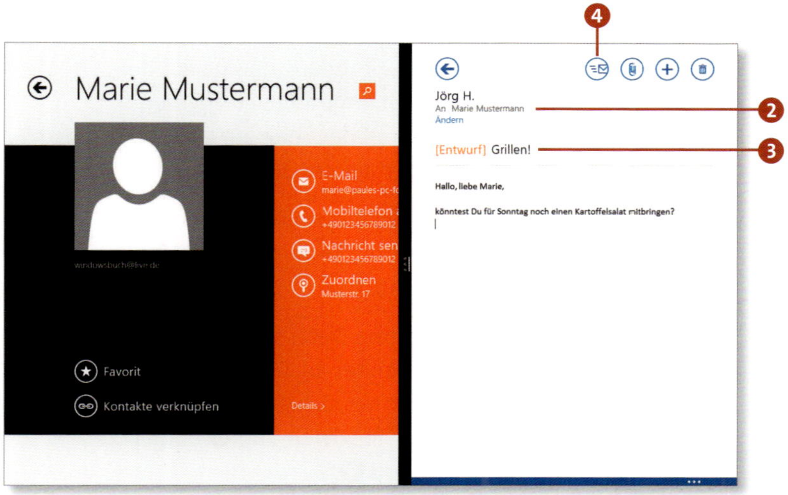

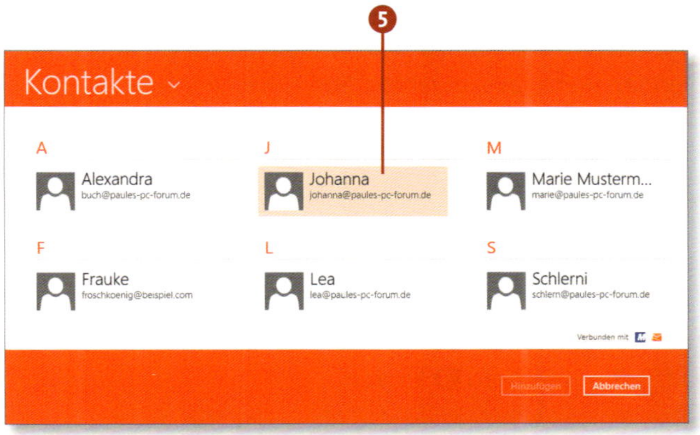

Kontakte an den Startbildschirm heften

Legen Sie häufig benötigte Kontakte auf dem Startbildschirm ab, um schneller darauf zugreifen zu können. Öffnen Sie dazu den Kontakt, und wählen Sie **An Startmenü anheften** aus der App-Leiste.

Alle Termine im Griff

Einen neuen Termineintrag erstellen

Ob Werkstatttermin oder Zahnarztbesuch, mit der neuen *Kalender*-App werden Sie künftig keine Termine mehr vergessen. Tragen Sie berufliche und private Termine in den Kalender ein, und lassen Sie sich automatisch an anstehende Termine erinnern.

1. Klicken Sie auf die Kachel **Kalender** auf dem Startbildschirm, um die App zu öffnen. Standardmäßig wird der Kalender in der Monatsansicht angezeigt. Navigieren Sie mithilfe der Pfeile ❶ im Kopf der Seite zur richtigen Woche, und klicken Sie auf den passenden Tag.
2. Ein kleines Eingabefenster wird eingeblendet ❷. Tragen Sie hier die Bezeichnung für Ihren Termin ein, und schließen Sie die Eingabe mit [↵] ab.
3. Möchten Sie dem Termin weitere Details hinzufügen, klicken Sie den Eintrag im Kalender an. Das Eingabefenster für den Kalendereintrag öffnet sich. In der rechten Fensterhälfte können Sie eine Beschreibung ❸ eingeben und bei Bedarf den Titel ändern ❹.
4. Auf der linken Seite legen Sie die Termindetails fest. Klicken Sie jeweils in die Felder, um die Menüs zu öffnen und die passenden Werte auszuwählen. Soll z. B. eine Startzeit festgelegt werden, öffnen Sie das Menü **Dauer** ❺ und wählen z. B. eine Dauer von 30 Minuten. Das Menü zur Eingabe einer Startzeit ❻ ist nun aktiv und Sie können den Beginn des Termins angeben. Wenn Sie mögen, geben Sie zusätzlich den Ort ❼ an, an dem der Termin stattfindet. Sind alle Angaben gemacht, übernehmen Sie den Termin in Ihren Kalender, indem Sie rechts oben auf die Schaltfläche **Speichern** ❽ klicken.

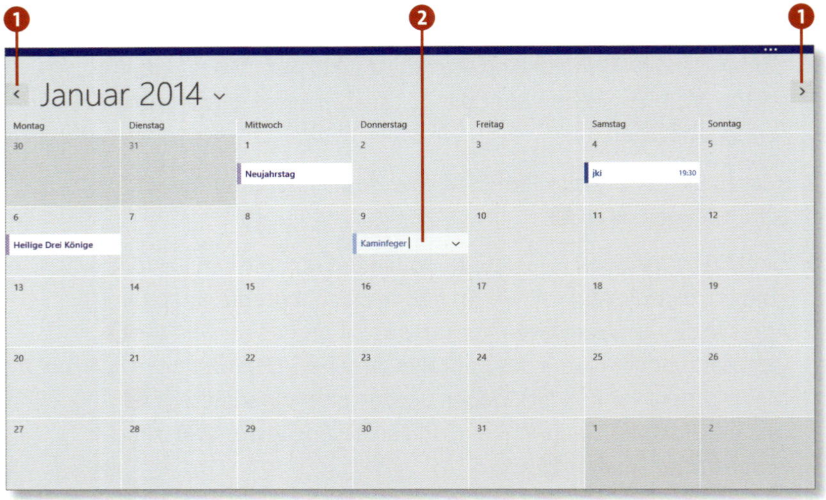

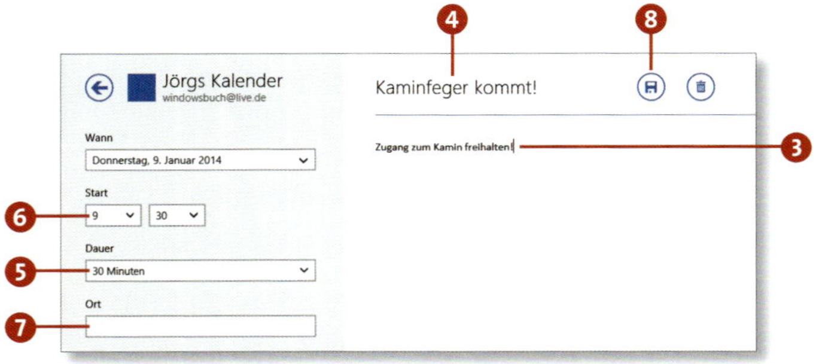

Termine online verwalten

Neue Termine können Sie jederzeit auch auf *Outlook.com* erstellen und verwalten. Melden Sie sich einfach unter *http://www.outlook.com* mit Ihrem Microsoft-Konto an, und greifen Sie von jedem internetfähigen PC auf Ihre Termine zu.

5. Sie können Personen per E-Mail zu einem Termin einladen. Tragen Sie die E-Mail-Adressen der Personen einfach von Hand in das Feld **Wer** (9) ein. Die Schaltfläche **Speichern** rechts oben ändert ihr Aussehen und wird zu einer **Senden**-Schaltfläche. Betätigen Sie sie, werden die Teilnehmer informiert und der Termin wird im Kalender gespeichert.

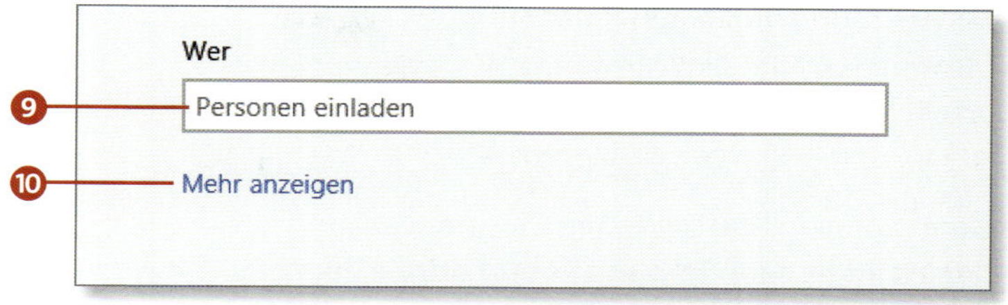

6. Weitere Details können Sie über den Link **Mehr anzeigen** (10) festlegen. Bei wiederkehrenden Terminen geben Sie unter **Häufigkeit** (11) das Intervall an.
7. Erinnerungen an anstehende Termine können Sie im Feld **Erinnerung** (12) definieren. Wählen Sie aus der Liste aus, wann die Erinnerung erfolgen soll. 15 Minuten vor Beginn oder vielleicht doch lieber schon am Vortag?
8. Legen Sie bei Bedarf noch einen Status fest (13), z. B. wenn Sie während des Termins beschäftigt oder vielleicht gar nicht im Haus sind.

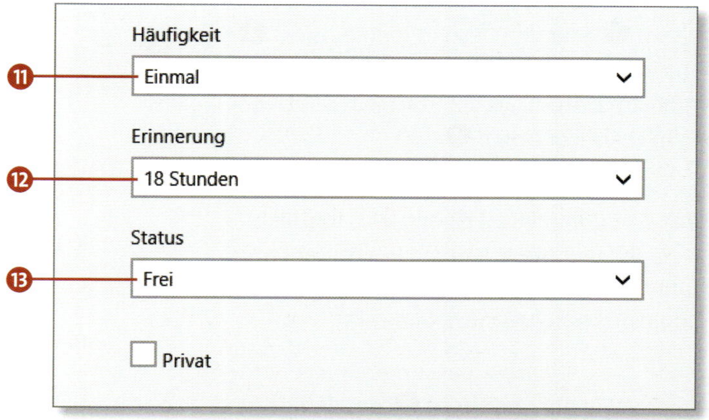

Die Synchronisation Ihrer Termine

Manchmal ist ein wenig Geduld erforderlich. Wenn Sie über *Outlook.com* neue Termine oder einen neuen Kalender erstellt haben, dauert es meist ein paar Minuten, bis die Daten synchronisiert werden und Ihnen dann auch in der *Kalender*-App zur Verfügung stehen.

Neue Kalender anlegen

Das Hinzufügen zusätzlicher Kalender ist nicht direkt in der App möglich. Um einen weiteren Kalender zu nutzen, loggen Sie sich mit Ihrem Microsoft-Konto bei *Outlook.com* ein. Dort können Sie einen neuen Kalender erstellen. Diese Kalender können dann über die App aufgerufen werden.

Einen Termin ändern oder löschen

Details eines Termins können sich natürlich jederzeit ändern, etwa weil sich die Uhrzeit geändert hat oder weil der Termin auf einen anderen Tag gelegt wurde. Das macht eine Aktualisierung des Kalenders erforderlich.

1. Öffnen Sie die App mit einem Klick auf die Kachel **Kalender** auf dem Startbildschirm. Dann wählen Sie den zu ändernden Termin aus und öffnen ihn per Mausklick.
2. Ändern Sie nun bei Bedarf auf der rechten Seite den Betreff ❶ oder den beschreibenden Text ❷ des Termins. In der linken Spalte können Sie Änderungen am Datum, an der Startzeit, der Dauer sowie am Ort vornehmen ❸.
3. Klicken Sie auf den Link **Mehr anzeigen** ❹, um sich weitere Termindetails anzeigen zu lassen. Nehmen Sie auch hier die gewünschten Änderungen vor (siehe dazu auch den Abschnitt »Einen neuen Termineintrag erstellen« auf Seite 196).
4. Haben Sie alle nötigen Anpassungen vorgenommen, klicken Sie auf **Speichern** ❺, um den geänderten Termin in Ihren Kalender zu übernehmen. Wenn Sie weitere Personen zu dem Termin eingeladen haben ❻, heißt die Schaltfläche nicht **Speichern**, sondern **Einladung senden** ❼. Der Termin wird trotzdem auch in Ihrem Kalender gesichert.
5. Soll der Termin hingegen gelöscht werden, betätigen Sie die Option **Löschen** ❽ (Papierkorbsymbol) und bestätigen Sie die anschließende Abfrage erneut mit **Löschen**.

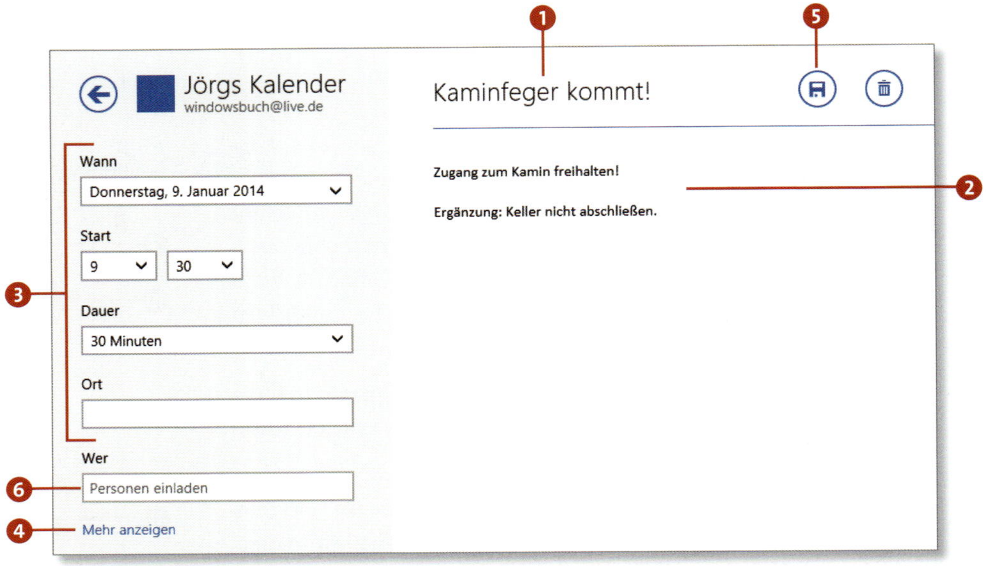

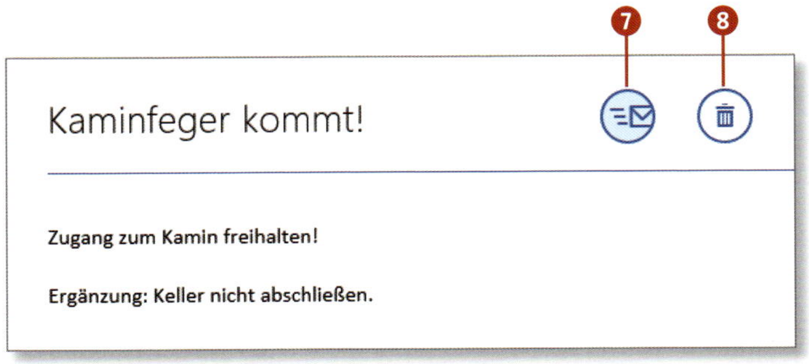

Informationen zum geänderten Termin

Die App bietet keine Möglichkeit, selbst auszuwählen, ob eingeladene Personen bei einer Änderung per E-Mail darüber informiert werden sollen. Das heißt, dass bereits eine einfache Änderung wie die Korrektur eines Tippfehlers mit einer Nachricht an die betreffenden Personen einhergeht.

Die Ansicht des Kalenders ändern

Beim Start der *Kalender*-App wird der Kalender für gewöhnlich in der Monatsansicht dargestellt. Alle Tage eines Monats werden auf dem Bildschirm angezeigt. Es stehen aber weitere Ansichten zur Verfügung: die Tages-, die Wochen- und die Arbeitswochenansicht.

1. Klicken Sie auf dem Startbildschirm auf die Kachel **Kalender** ❶.
2. Blenden Sie mit einem Rechtsklick oder durch eine Wischbewegung vom unteren Bildschirmrand aus die App-Leiste ein.
3. Wählen Sie zwischen den Ansichten **Tag**, **Arbeitswoche**, **Woche** und **Monat** ❷. Nach einem Klick auf eine der Schaltflächen ändert sich die Ansicht des Kalenders entsprechend.
4. Sobald Sie den Mauszeiger bewegen, werden im Kopf der Seite links und rechts Pfeile zur Navigation eingeblendet. Über diese Pfeile können Sie im Kalender tages-, wochen- oder monatsweise vor- und zurückblättern.
5. Über den Menüpunkt **Was steht als Nächstes an** ❸ können Sie sich über die Termine der nächsten Stunden oder Tage informieren.

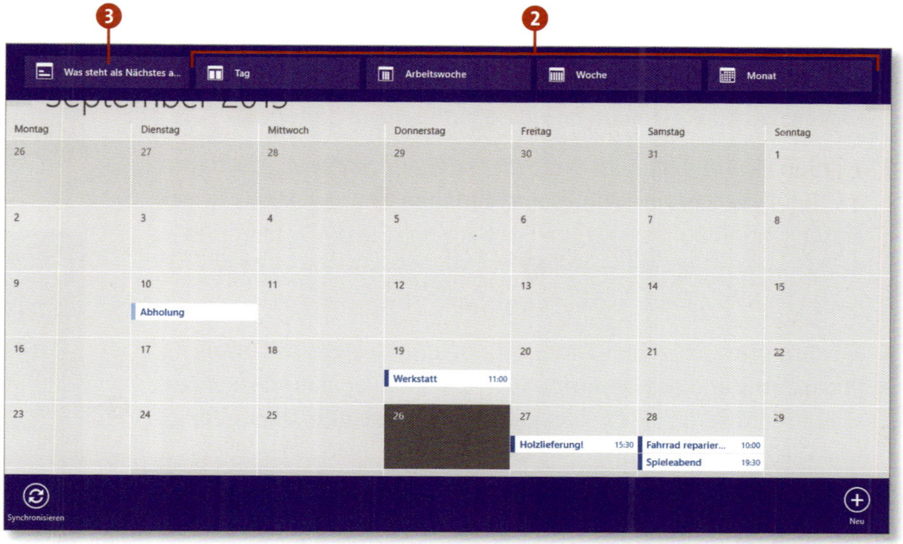

Benachrichtigungen deaktivieren

Steht ein neuer Termin an, blendet Windows für einige Sekunden ein kleines Benachrichtigungsfenster ein. Möchten Sie dies abschalten, öffnen Sie zunächst die *Kalender*-App und anschließend die Charms-Leiste mit der Tastenkombination [Windows] + [I]. Wählen Sie nun den Menüpunkt **Berechtigungen** aus, und stellen Sie die Option **Benachrichtigungen** auf **Aus**.

Mit SkyDrive Daten in der »Wolke« sichern

Die eigenen Windows-Einstellungen auf mehreren Rechnern nutzen

Wenn Sie sich unterwegs an einem anderen Windows-8.1-Rechner mit dem gleichen Microsoft-Konto anmelden, das Sie an Ihrem heimischen Rechner nutzen, können Sie Ihre Internetfavoriten und die Einstellungen für Explorer, Maus, Design, Hintergründe etc. synchronisieren. Diese Einstellungen stehen Ihnen dann auch auf dem »Zweitrechner« zur Verfügung.

1. Ob und welche Einstellungen synchronisiert werden sollen, können Sie individuell festlegen. Öffnen Sie die Charms-Leiste, und klicken Sie auf **Einstellungen > PC-Einstellungen ändern** ❶.
2. Wählen Sie auf der linken Seite die Kategorie **SkyDrive** und dann die Rubrik **Synchronisierungseinstellungen** ❷ aus. Gleich mit der ersten Option auf der rechten Seite können Sie die Synchronisation komplett (de-)aktivieren ❸. Wählen Sie **Aus**, wenn überhaupt keine Synchronisation durchgeführt werden soll.
3. Möchten Sie z. B. Farben, Hintergründe und Designs des Startbildschirms und des Desktops auf mehreren Rechnern gleich gestalten, aktivieren Sie die drei Kategorien **Startseite**, **Darstellung** und **Desktoppersonalisierung** ❹. Werfen Sie auch einen Blick auf die übrigen Themen, und schalten Sie die Synchronisation je nach Bedarf ein oder aus.

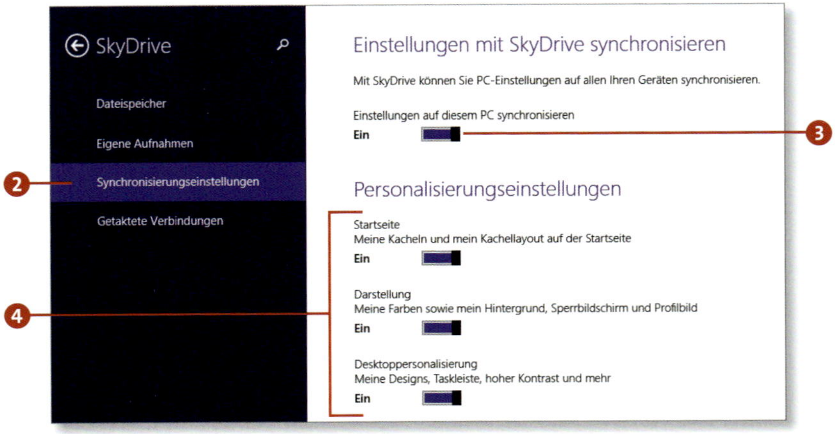

Kosten im Auge behalten

Wenn Sie einen volumenabhängigen Internettarif nutzen, können Sie in der Kategorie **Getaktete Verbindungen** sowohl das Hoch- und Herunterladen von Daten als auch die Synchronisation über getaktete Verbindungen und beim Roaming (Nutzung eines fremden Netzwerks, v. a. im Ausland) deaktivieren, um Kosten zu sparen.

Einen neuen Ordner auf SkyDrive erstellen

Nutzen Sie SkyDrive als zusätzlichen Speicherplatz für Ihre Daten und für den Austausch größerer Datenmengen. Mit wenigen Mausklicks legen Sie einen neuen Ordner auf SkyDrive an.

1. Öffnen Sie Ihren Webbrowser, und geben Sie die Adresse *https://skydrive.live.com* in das Adressfeld ein.
2. Klicken Sie in der Menüleiste auf **Erstellen** ❶, und wählen Sie dann den Eintrag **Ordner** aus dem Menü.
3. Vergeben Sie einen Namen für den neuen Ordner, und schließen Sie den Vorgang mit der [↵]-Taste ab.
4. Wenn Sie sich vertippt haben oder die Bezeichnung nachträglich ändern möchten, klicken Sie den Ordner mit der rechten Maustaste an und wählen die Option **Umbenennen** aus. Sie können die Bezeichnung daraufhin beliebig ändern.
5. Um einen Ordner zu verschieben, klicken Sie ihn mit der rechten Maustaste an und wählen den Befehl **Verschieben nach**. Ein kleines Fenster öffnet sich. Wählen Sie hier das Ziel aus ❷, und klicken Sie anschließend auf die Schaltfläche **Verschieben** ❸. Der Ordner wird in den Zielordner verschoben.

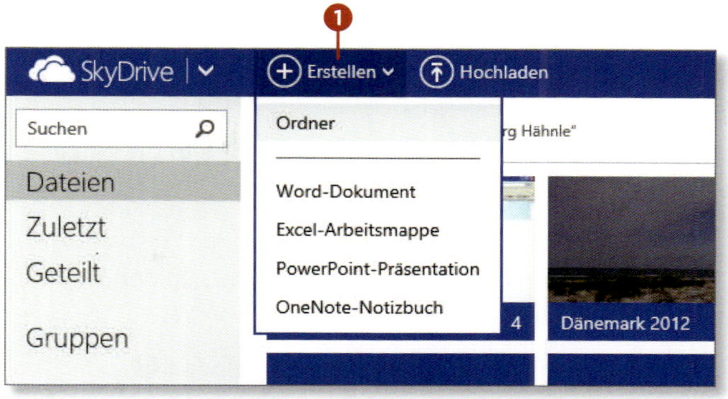

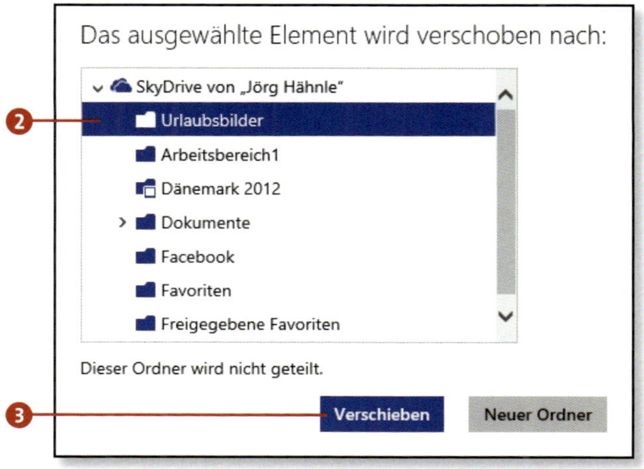

Cloud-Computing

Beim Cloud-Computing werden dem Nutzer Anwendungen, Speicherplatz und Rechnerleistungen über ein Rechenzentrum zur Verfügung gestellt. Ein Beispiel dafür ist SkyDrive. Sowohl die Anwendung, die Sie über den Browser aufrufen, als auch von Ihnen hochgeladene Daten (Dokumente, Bilder etc.) werden zentral auf einem entfernten Rechner bzw. Server und nicht auf Ihrem lokalen PC gespeichert und ausgeführt, sodass Sie von mehreren Geräten aus darauf zugreifen und die Daten leicht auch für andere freigeben können.

Die SkyDrive-App

Einen neuen Ordner erstellen und Daten hochladen können Sie auch über die *SkyDrive*-App. Die Handhabung der hier beschriebenen Webanwendung ist jedoch komfortabler, und hier stehen Ihnen deutlich mehr Möglichkeiten zur Verfügung. In der App können Sie z. B. keine Freigaben erteilen.

Dateien auf SkyDrive hochladen

Um Daten auszulagern oder sie mit anderen Personen zu teilen, müssen sie zunächst auf SkyDrive hochgeladen werden.

1. Starten Sie die Webanwendung von SkyDrive durch die Eingabe der Adresse *https://skydrive.live.com* in das Adressfeld Ihres Browsers.
2. Wählen Sie mit einem Mausklick den Ordner aus, in den Sie Dateien hochladen möchten.
3. Klicken Sie in der blauen Menüleiste auf **Hochladen** ❶.
4. Es öffnet sich ein Dialogfenster. Wählen Sie darin per Mausklick die Datei(en) aus, die Sie hochladen möchten, und bestätigen Sie Ihre Auswahl mit **Öffnen** ❷. Die Daten werden nun in den ausgewählten Ordner hochgeladen. Der Vorgang kann je nach der Datenmenge ein paar Minuten Zeit in Anspruch nehmen.
5. Über die Option **Sortieren nach** ❸ auf der rechten Seite können Sie die Sortierung der Dateien anpassen. Über die ersten beiden Schaltflächen daneben ❹ ändern Sie die Darstellung von der Symbol- zur Detailansicht.

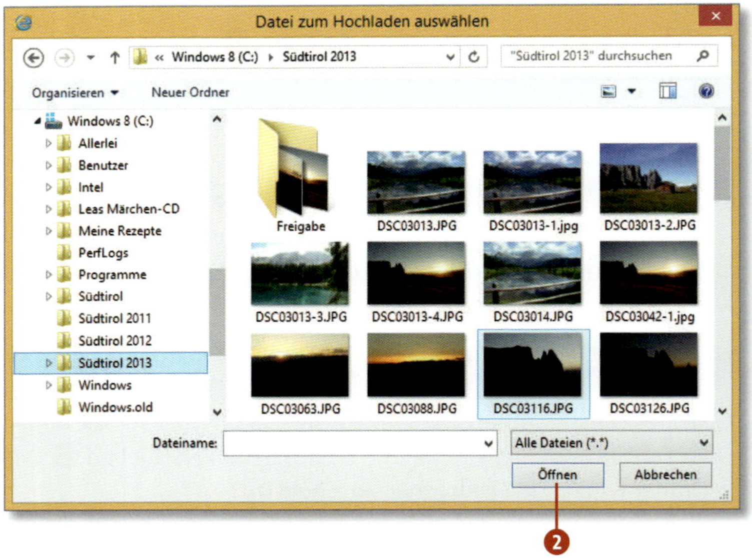

SkyDrive direkt im Explorer nutzen

Wenn Sie sich unter Windows 8.1 mit einem Microsoft-Konto anmelden, wird SkyDrive automatisch in den Explorer integriert. Sie können den Dienst dann wie eine externe Festplatte nutzen: Ordner anlegen und Dateien kopieren, verschieben und natürlich auch wieder löschen. Das macht die Nutzung des Dienstes sehr komfortabel. Möchten Sie allerdings Ordner oder Dateien für andere Personen freigeben, müssen Sie doch wieder die Webanwendung starten (siehe den Abschnitt »Ordner freigeben und mit anderen Personen teilen« auf Seite 203).

Ordner freigeben und mit anderen Personen teilen

Ob es die Fotos der winterlichen Lappland-Reise oder eher geschäftliche Dokumente sind, über SkyDrive können Sie Ihre Dateien schnell und einfach mit anderen Personen teilen.

1. Öffnen Sie Ihren Browser, und geben Sie die Adresse *https://skydrive.live.com* ein.
2. Klicken Sie mit rechts auf den SkyDrive-Ordner, den Sie teilen möchten, und wählen Sie **Teilen** ❶.
3. Es gibt mehrere Möglichkeiten zum Teilen. Voreingestellt ist **E-Mail senden** ❷. Tragen Sie die Mail-Adressen der Personen ein ❸, denen Sie die Berechtigung zum Aufruf des Ordners geben wollen, und verfassen Sie optional eine begleitende Nachricht ❹. Mit **Teilen** ❺ werden die Freigaben erteilt.
4. Bei **Link abrufen** ❻ können Sie verschiedene Zugriffsmöglichkeiten vorgeben. Sie verschicken dann einen entsprechenden Link zu Ihrem Ordner. Sollen Personen, die diesen Link von Ihnen erhalten, die Dateien nur ansehen können, klicken Sie unter **Nur anzeigen** ❼ auf **Erstellen**. Möchten Sie auch die Bearbeitung der Dateien zulassen, wählen Sie **Anzeigen und bearbeiten** ❽. Sobald Sie auf **Erstellen** geklickt haben, wird der Link generiert. Kopieren Sie ihn in eine E-Mail und versenden Sie ihn an die betreffende(n) Person(en).
5. Das Teilen auf Facebook, Twitter und Co. ❾ ist nur möglich, wenn Sie dort über ein aktives Benutzerkonto verfügen (siehe auch den Abschnitt »Informationen mit Freunden teilen« auf Seite 96).

Wer hat Zugriff?

Wenn Sie einen Ordner mit rechts anklicken, sehen Sie unter **Eigenschaften**, welche Personen Zugriff darauf haben. Die Zugriffsrechte können Sie jederzeit ändern.

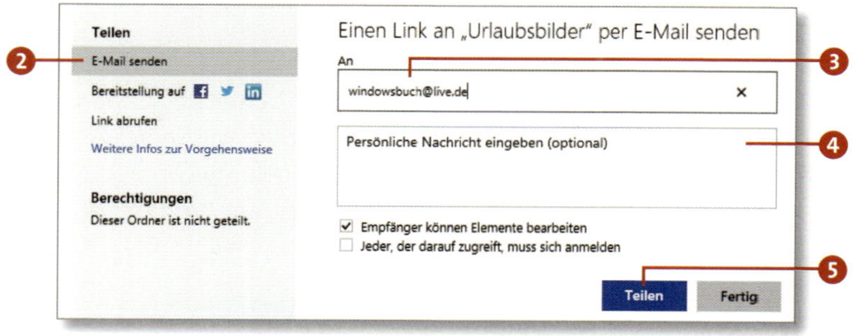

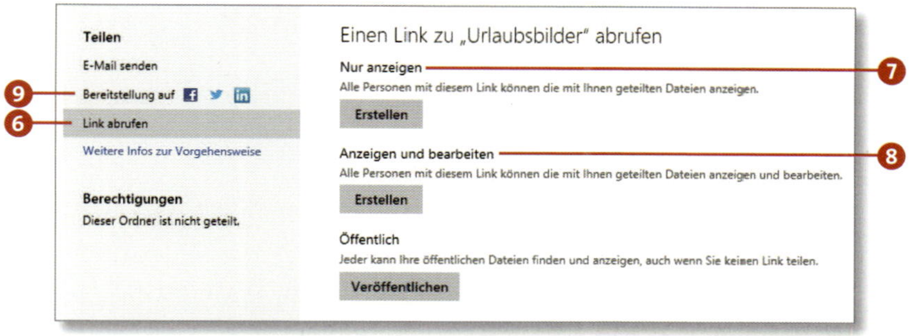

7 Windows 8.1 individuell anpassen

In diesem Kapitel

- Start- und Sperrbildschirm einrichten
- Die Bildschirmeinstellungen ändern
- Die Kacheln anpassen
- PC-Einstellungen individuell anpassen
- Den Desktop einrichten
- Benutzerkonten erstellen, verwenden und verwalten
- Die Benutzerkontensteuerung
- Erleichterte Bedienung

Nicht jeder Windows-Arbeitsplatz muss gleich aussehen. Weil Sie für jedes Familienmitglied ein eigenes Benutzerkonto anlegen können, kann jeder Windows 8.1 zu »seinem« Windows machen. Passen Sie die Arbeitsoberfläche einfach an Ihre jeweiligen Bedürfnisse an.

Legen Sie z. B. fest, welche Farbe und welches Design der neue Startbildschirm haben soll. Passen Sie die PC-Einstellungen an, und geben Sie auch dem Desktop durch ein eigenes Hintergrundbild und eigens definierte Fensterfarben einen persönlichen Anstrich. Verschönern Sie den Sperrbildschirm mit Ihrem eigenen Hintergrundbild, oder deaktivieren Sie ihn, falls Sie diese Funktion nicht benötigen. Positionieren Sie die Kacheln auf dem Startbildschirm neu, fügen Sie zusätzliche Elemente hinzu, oder schaffen Sie Platz, und entfernen Sie nicht benötigte Kacheln für eine bessere Übersicht. Oder möchten Sie beim Start vielleicht den neuen Startbildschirm überspringen, um gleich auf dem Desktop mit der Arbeit beginnen zu können? Und sogar die Anmeldung bei Windows 8.1 kann nach Ihren Wünschen erfolgen: Möchten Sie sich statt mit einem langen, schwer zu merkenden Kennwort vielleicht lieber mit einer einfachen vierstelligen PIN oder gar mit einem Bildcode anmelden? Die Einstellungs- und Anpassungsmöglichkeiten unter Windows 8.1 sind, wie Sie sehen werden, zahlreich.

Start- und Sperrbildschirm einrichten

Farbe und Design des Startbildschirms ändern

Standardmäßig präsentiert sich Windows 8.1 in einem dunklen Blau und mit einem einfachen Hintergrundmuster. Farbe und Design können Sie ändern; das Einfügen eines eigenen Hintergrundbildes ist nicht vorgesehen, allerdings können Sie dem Startbildschirm das Hintergrundbild Ihres Desktops zuweisen.

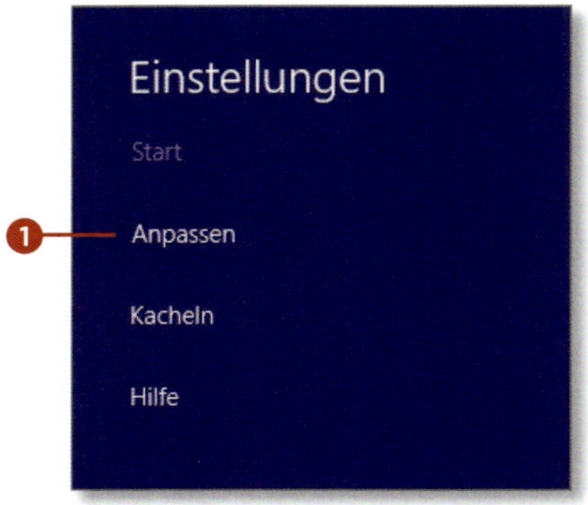

1. Öffnen Sie die Charms-Leiste auf dem Startbildschirm, und klicken Sie auf **Einstellungen > Anpassen** 1.
2. Ein Menü wird eingeblendet. Legen Sie zunächst ein Hintergrunddesign fest, indem Sie auf eine der Designvorlagen 2 klicken. Die Änderung wird sofort auf dem Startbildschirm sichtbar und Sie sehen sogleich, ob Ihnen das Design gefällt.
3. Zusätzlich können Sie die Farbgestaltung ändern. Wählen Sie dazu eine der verfügbaren Hintergrundfarben 3 und eine passende Akzentfarbe 4 aus. Mit der Akzentfarbe bestimmen Sie z. B. die Farbe der App-Leiste. Auch hier können Sie auf dem Startbildschirm gleich sehen, wie sich die Änderungen auswirken.

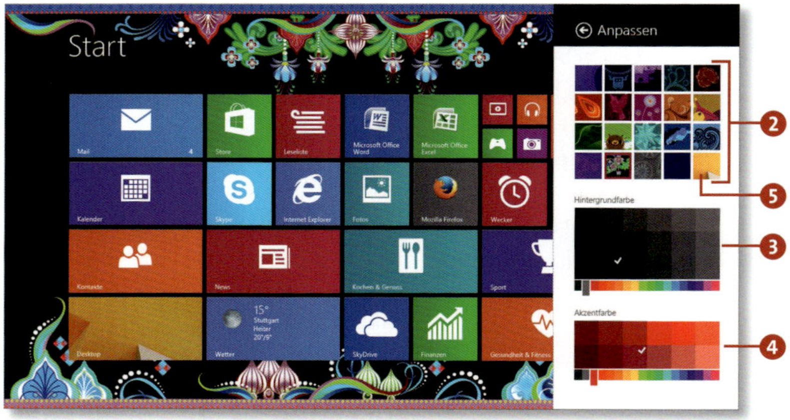

4. Leider lässt sich dem Startbildschirm kein eigenes Hintergrundbild zuordnen, Sie können aber das gleiche Hintergrundbild einrichten, das Sie auch auf Ihrem Desktop verwenden. Klicken Sie hierfür einfach in der Menüleiste auf die letzte kleine Design-Kachel in der untersten Reihe 5 (die Kachel zeigt immer die Farbe des Desktop-Hintergrunds an).
5. Die Änderungen müssen nicht extra gespeichert werden; wenn Sie eine passende Kombination gefunden haben, verlassen Sie das Menü **Anpassen** einfach wieder (siehe auch den Abschnitt »Zwischen Apps wechseln« auf Seite 68). Die Änderungen werden sofort übernommen.

Den Desktop individuell einrichten

Auch den Desktop können Sie individuell anpassen, z. B. ein eigenes Hintergrundbild festlegen, die Farbe der Fensterrahmen verändern oder auch fertige Vorlagen von der Microsoft-Webseite herunterladen. Lesen Sie hierfür den Abschnitt »Den Desktop einrichten« auf Seite 223.

Den Sperrbildschirm einrichten

Nach dem Start des Rechners oder wenn Sie das System aus dem Energiesparmodus »aufwecken«, wird der Sperrbildschirm eingeblendet. Welche Informationen auf dem Sperrbildschirm angezeigt werden und welches Hintergrundbild verwendet wird, können Sie selbst festlegen.

1. Um die Einstellungen für den Sperrbildschirm zu erreichen, öffnen Sie die Charms-Leiste und klicken auf **Einstellungen > PC-Einstellungen ändern**.
2. Mit einem Klick auf die Kategorie **PC und Geräte** gelangen Sie direkt zu den Einstellungsmöglichkeiten der Rubrik **Sperrbildschirm** ❶.
3. In der rechten Fensterhälfte wird eine Vorschau des Sperrbildschirms angezeigt. Wählen Sie eines der darunter angezeigten Hintergrundbilder aus ❷, oder klicken Sie auf die Schaltfläche **Durchsuchen** ❸, um ein eigenes Foto auszuwählen (siehe dazu auch den Abschnitt »Das Profilbild ändern« auf Seite 208).
4. Weiter unten im Abschnitt **Sperrbildschirm-Apps** geben Sie an, welche Apps Informationen auf dem Sperrbildschirm anzeigen sollen. Voreingestellt sind *Mail, Kalender, Wecker* und *Skype* ❹. Um die Anzeige einer dieser Apps zu deaktivieren, klicken Sie das jeweilige Symbol an und wählen die Option **Hier keine kurzen Statusinfos anzeigen** aus dem Menü.
5. Um eine App hinzuzufügen, klicken Sie auf eines der Pluszeichen ❺ und wählen die gewünschte App aus. Leider unterstützen nicht alle Apps diese Funktion.

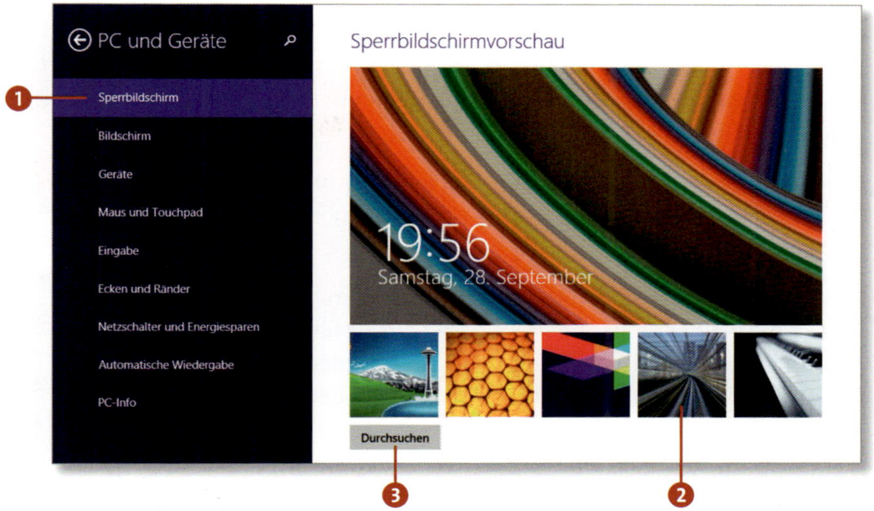

Computer manuell sperren

Wenn Sie Ihren Arbeitsplatz z. B. in der Mittagspause verlassen, können Sie den Computer mit der Tastenkombination ⊞ + L sperren und so Ihre Daten vor neugierigen Blicken schützen. Persönliche Kalendereinträge oder Mails sollten Sie sich dann aber nicht auf dem Sperrbildschirm anzeigen lassen.

Das Profilbild ändern

Anstelle des doch recht schmucklosen grauen Platzhalters, der die Silhouette einer Person anzeigt, können Sie Ihrem Benutzerkonto jederzeit ein eigenes Profilbild zuordnen.

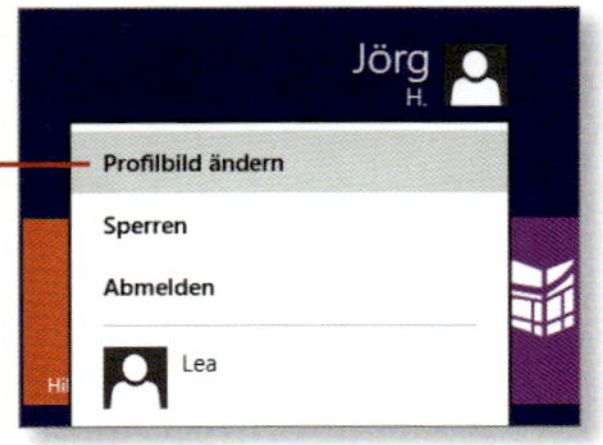

1. Klicken Sie rechts oben auf dem Startbildschirm auf den Namen Ihres Benutzerkontos, und wählen Sie die Option **Profilbild ändern** ❶ aus dem Menü.
2. Wenn Sie einen Laptop oder einen Tablet-PC mit integrierter Kamera verwenden, können Sie damit ein Profilbild aufzeichnen. Klicken Sie dazu auf die Schaltfläche **Kamera** ❷. Wenn die Kamera eingeschaltet ist, klicken Sie auf den Bildschirm, um ein Foto von sich aufzunehmen. Ein Kamerageräusch ertönt, dann können Sie den Ausschnitt festlegen. Klicken Sie auf **OK**, wenn das Bild in Ordnung ist, oder auf **Erneut aufnehmen** für einen weiteren Versuch.
3. Vielleicht möchten Sie lieber ein vorhandenes Bild verwenden? Klicken Sie in diesem Fall auf **Durchsuchen** ❸, standardmäßig wird dann das Verzeichnis **Bilder** geöffnet. Klicken Sie auf den Ordner, der das Bild enthält. Um ein anderes Verzeichnis zu öffnen, klicken Sie auf **Bibliotheken**, wählen einen Ort, z. B. **Dieser PC**, und öffnen anschließend den gewünschten Ordner. Wählen Sie dann ein beliebiges Bild aus ❹, und schließen Sie den Vorgang mit **Bild auswählen** ❺ ab.

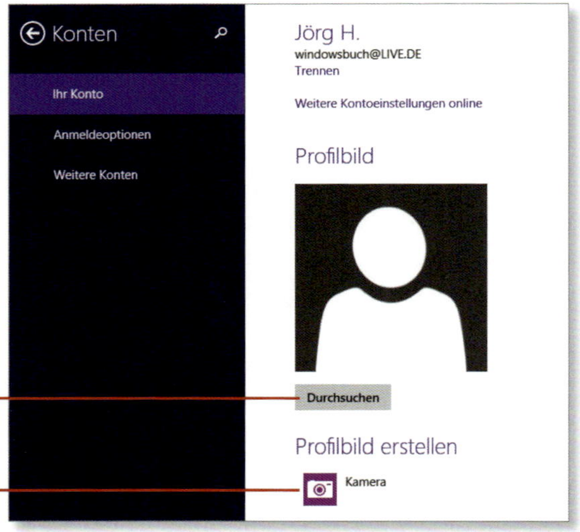

Video fürs Profil

Wenn Sie im Kameramodus die Videofunktion aktivieren, können Sie ein fünfsekündiges Video ohne Ton aufzeichnen und dieses als Profilbild verwenden. Allerdings wird das Video nur an wenigen Stellen tatsächlich in bewegten Bildern angezeigt. Bei der Benutzeranmeldung ist z. B. lediglich ein Standbild zu sehen.

Mit einem PIN-Code bei Windows anmelden

Die Eingabe eines langen Kennwortes bei der Anmeldung an das System kann mitunter etwas lästig werden. Es kostet nicht nur Zeit, sondern im Fall eines Fehlers bei der Eingabe auch Nerven. Einfacher und schneller geht die Anmeldung mit einer vierstelligen PIN.

1. Öffnen Sie zunächst die Charms-Leiste mit den Tasten [Windows] + [I], und klicken Sie darin auf **PC-Einstellungen ändern**.
2. Wählen Sie auf der linken Seite die Kategorie **Konten** und anschließend den Menüpunkt **Anmeldeoptionen** ❶.
3. Klicken Sie in der rechten Fensterhälfte im Abschnitt **PIN** auf die Schaltfläche **Hinzufügen** ❷. Geben Sie zur Authentifizierung Ihr Benutzerkennwort ein ❸, und klicken Sie anschließend auf **OK**.
4. Nun folgt die Eingabe eines vierstelligen PIN-Codes ❹. Um Fehler bei der Eingabe auszuschließen, müssen Sie den Code zur Bestätigung ein weiteres Mal eingeben. Mit einem Klick auf die Schaltfläche **Fertig stellen** ❺ schließen Sie den Vorgang ab. Die Änderung ist sofort wirksam. Bereits bei der nächsten Anmeldung müssen Sie den neuen PIN-Code eingeben.

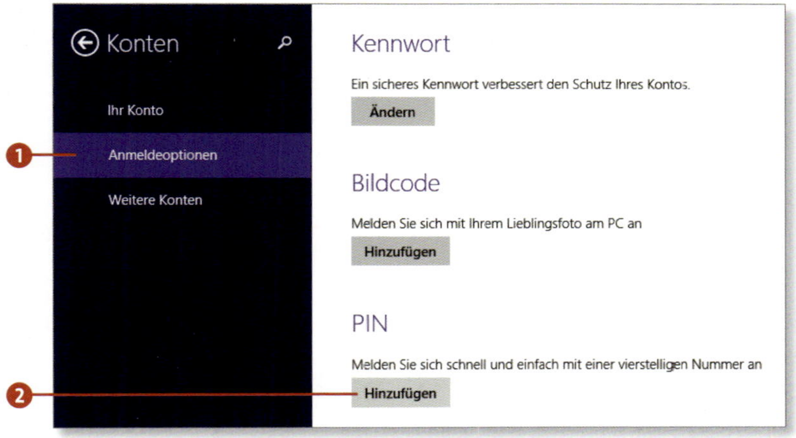

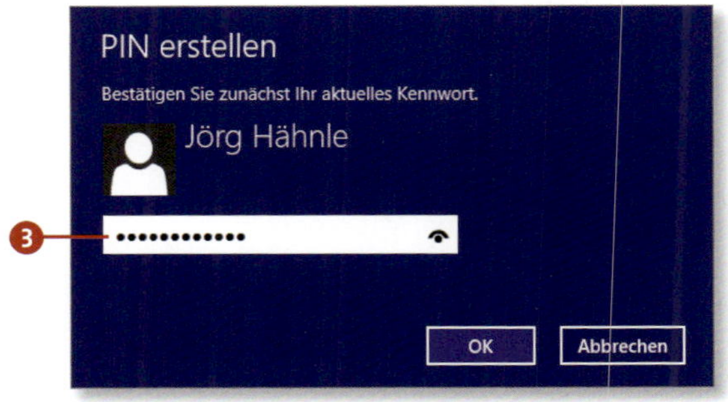

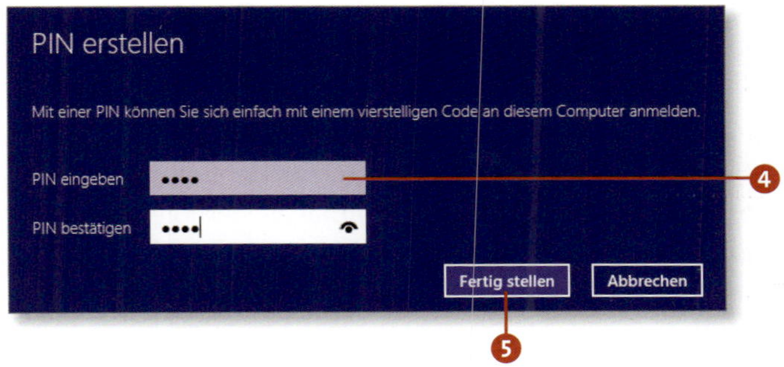

Regeln für den PIN-Code

Der PIN-Code muss exakt vier Stellen lang sein. Es sind nur Ziffern erlaubt, keine Buchstaben und keine Sonderzeichen. Verwenden Sie für Ihre PIN möglichst keine Geburtsdaten, sie lassen sich zu schnell erraten.

Einen Bildcode für eine sichere Anmeldung erstellen

Anstelle von Kennwörtern oder PINs können Sie zur Anmeldung auch einen Bildcode nutzen. Legen Sie auf einem beliebigen Bild drei Gesten fest, z. B. das Antippen eines Punktes oder das Ziehen eines Kreises bzw. einer Linie. Die Gesten lassen sich auch mit der Maus erstellen, falls Sie nicht über ein Gerät mit Touchbedienung verfügen.

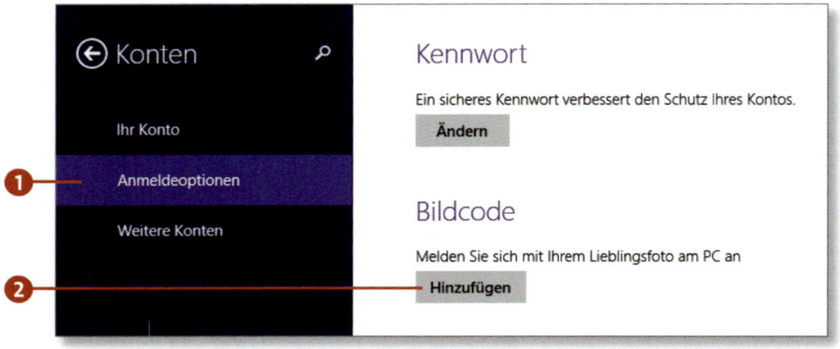

1. Drücken Sie die Tastenkombination ⊞ + I, um die Charms-Leiste zu öffnen, und rufen Sie dort die Option **PC-Einstellungen ändern** auf.
2. Klicken Sie links in der Menüleiste zuerst auf **Konten** und anschließend auf **Anmeldeoptionen** 1.
3. Über die Schaltfläche **Hinzufügen** 2 im Abschnitt **Bildcode** geht es weiter. Zur Sicherheit werden Sie dann aufgefordert, Ihr Benutzerkennwort einzugeben. Tun Sie das, und bestätigen Sie es mit **OK**.
4. Klicken Sie auf **Bild auswählen**, und suchen Sie sich im Anschluss daran ein geeignetes Bild aus. Mit einem Klick auf **Öffnen** wird das Bild übernommen. Klicken Sie schließlich auf **Dieses Bild verwenden** oder, falls Sie doch ein anderes Bild nutzen möchten, auf **Neues Bild auswählen**.
5. Führen Sie nun insgesamt drei Aktionen aus 3. Halten Sie z. B. die Maustaste gedrückt, und zeichnen Sie eine Linie zwischen zwei markanten Punkten. Sie können aber auch einen Kreis zeichnen oder auf einen bestimmten Punkt klicken. Es müssen drei separate Aktionen sein, die Sie dann zur Bestätigung noch einmal wiederholen müssen. Klicken Sie am Ende auf die Schaltfläche **Fertig stellen**.

Bildcode vergessen?

Wenn Sie die festgelegten Aktionen einmal vergessen haben, klicken Sie auf die Schaltfläche **Zu Kennwort wechseln**, und geben Sie Ihr Benutzerkennwort ein.

Ein lokales Konto in ein Microsoft-Konto umwandeln

Sie können ein lokales Benutzerkonto in ein Microsoft-Konto umwandeln, um z. B. Computereinstellungen zu synchronisieren oder von einem anderen PC auf die installierten Apps Ihres Hauptrechners zuzugreifen.

1. Der kürzeste Weg zu den Einstellungen führt über die Option **Profilbild ändern**. Klicken Sie hierfür auf dem Startbildschirm rechts oben auf Ihren Benutzernamen und wählen Sie diesen Menüpunkt aus (siehe auch den Abschnitt »Das Profilbild ändern« auf Seite 208).
2. Klicken Sie auf den Link **Mit einem Microsoft-Konto verbinden** ❶, und geben Sie im Anschluss die E-Mail-Adresse und das Kennwort Ihres Microsoft-Kontos ein.
3. Es folgt eine Überprüfung Ihres Kontos. Waren die Angaben korrekt, wird Ihnen per E-Mail eine Bestätigung an die bei der Registrierung des Kontos hinterlegte alternative E-Mail-Adresse geschickt. Die E-Mail enthält einen Zahlencode. Geben Sie diese Ziffernfolge im nächsten Schritt zur Authentifizierung Ihres Kontos ein ❷, und klicken Sie auf **Weiter** ❸.
4. Legen Sie schließlich noch fest, ob Sie SkyDrive als Datenspeicher nutzen möchten. Nun ist es endlich geschafft. Klicken Sie im letzten Dialog auf **Wechseln**, um die Umwandlung des lokalen Benutzerkontos in ein Microsoft-Konto abzuschließen.

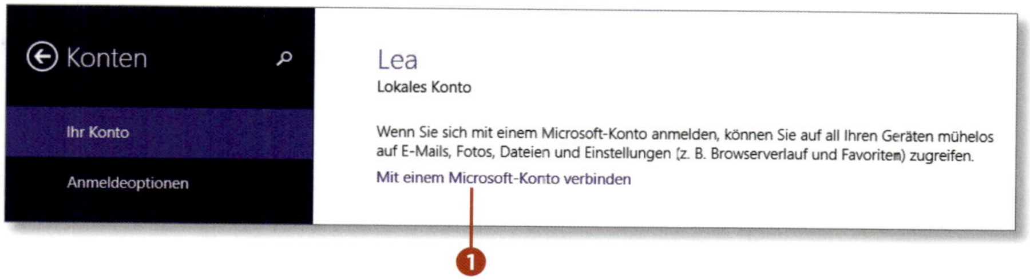

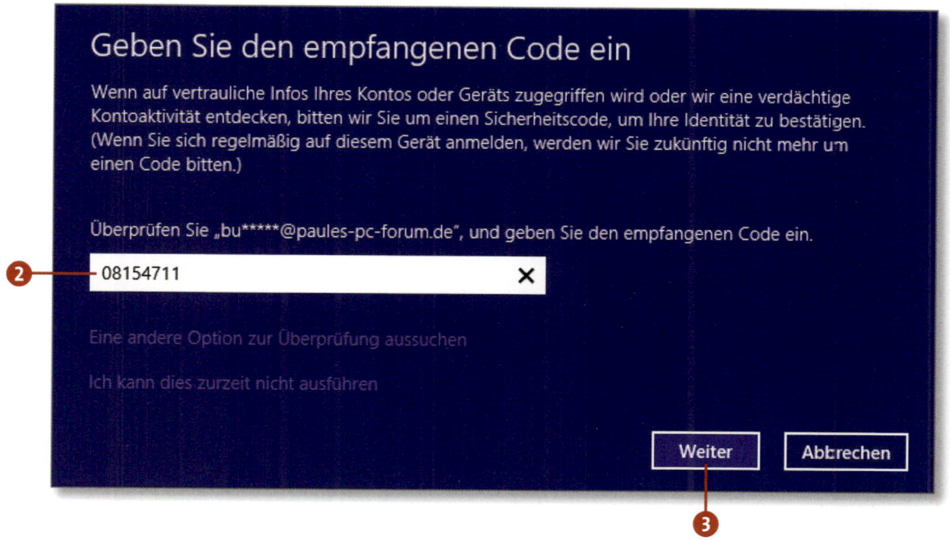

Sie haben noch kein Microsoft-Konto?

Wenn Sie noch gar kein Microsoft-Konto erstellt haben, lesen Sie die ausführliche Anleitung »Bei Windows anmelden« auf Seite 32.

Die Bildschirmeinstellungen ändern

Die Bildschirmauflösung ändern

Das beste Bild und die klarste Darstellung der Schrift erreichen Sie durch die korrekte Einstellung der Bildschirmauflösung. Bei einer fehlerhaften Einstellung können bereits nach kurzer Zeit Kopfschmerzen auftreten.

1. Klicken Sie mit der rechten Maustaste auf eine freie Stelle des Desktops, und wählen Sie aus dem Kontextmenü die Option **Bildschirmauflösung** ❶ aus.
2. Klicken Sie nun auf das Dropdown-Menü **Auflösung** ❷, und stellen Sie mithilfe des Schiebereglers die optimale Auflösung für Ihren Bildschirm ein. Die optimale Auflösung wird in der Regel als **empfohlen** bezeichnet.
3. Haben Sie eine neue Auflösung eingestellt, klicken Sie auf **Übernehmen** ❸, um die Einstellung zu testen. Die Anzeige wird auf den neuen Wert umgestellt, und es öffnet sich ein kleines Dialogfenster. Sind Sie mit der neuen Darstellung zufrieden, klicken Sie hier auf **Änderungen beibehalten** ❹. Wenn nicht, klicken Sie auf **Wiederherstellen** ❺. Die Änderung wird daraufhin rückgängig gemacht, und Sie können eine andere Einstellung ausprobieren.

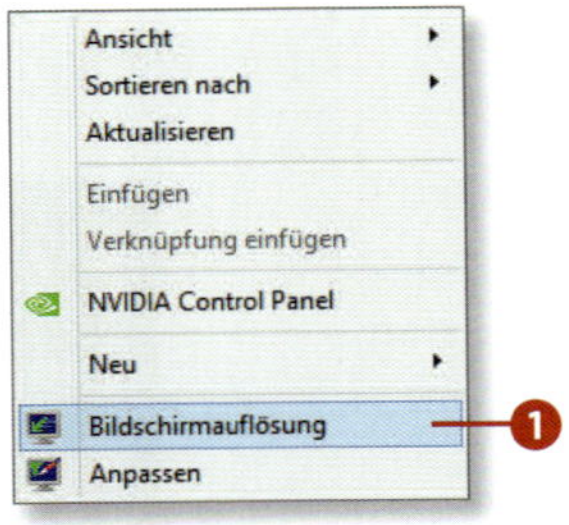

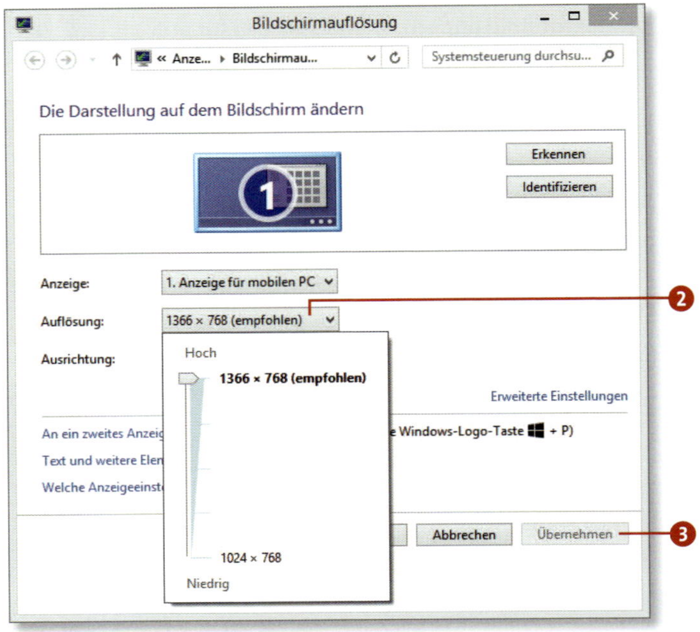

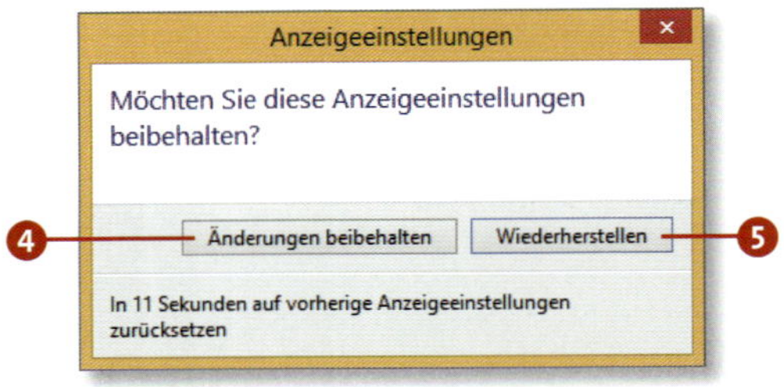

Die optimale Auflösung

Sie können die optimale Auflösung für Ihren Bildschirm auch der Anleitung zum Gerät entnehmen oder direkt beim Händler oder Hersteller erfragen. Im Zweifel verwenden Sie die von Windows empfohlene Auflösung.

Darstellung für Elemente und Texte einstellen

Die Größe von Elementen des Bildschirms, z. B. Menüs oder Symbolen, lässt sich individuell anpassen. Sie können alles vergrößern oder nur ausgesuchte Elemente ändern.

1. Blenden Sie auf dem Desktop mit [⊞] + [I] die Charms-Leiste ein, und wählen Sie **Systemsteuerung**.
2. Im Fenster **Alle Systemsteuerungselemente** klicken Sie auf **Anzeige** ❶.
3. Zum Vergrößern der Schrift und anderer Elemente aktivieren Sie die Option **Manuell eine Skalierungsstufe für alle Anzeigegeräte auswählen** ❷.
4. Nun werden die Skalierungsoptionen eingeblendet. Wählen Sie die Einstellung **Mittel – 125 %** ❸, und bestätigen Sie die Änderung mit **Übernehmen** ❹. Damit die Änderung wirksam werden kann, müssen Sie sich kurz vom System ab- und danach wieder neu anmelden.
5. Anstatt die Darstellung pauschal zu ändern, können Sie auch nur einzelne Elemente anpassen. Wählen Sie ein Element aus ❺, und legen Sie über das zweite Menü die gewünschte Schriftgröße fest ❻. (Haben Sie die Darstellung geändert, wie oben beschrieben, steht die Option zur Änderung der Textgröße erst nach einer Neuanmeldung am System zur Verfügung.) Mit **Übernehmen** wird auch diese Änderung sofort wirksam.

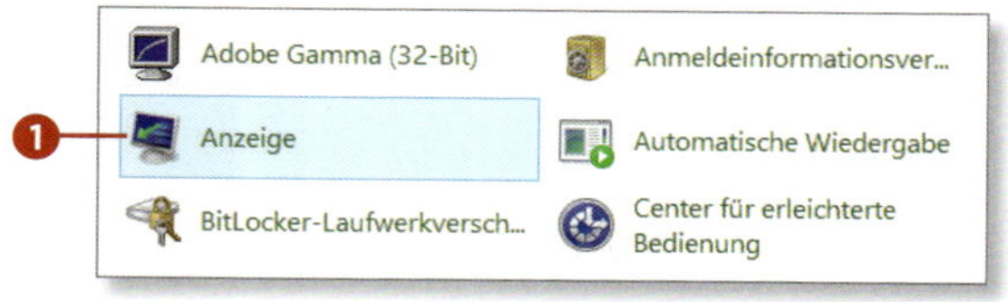

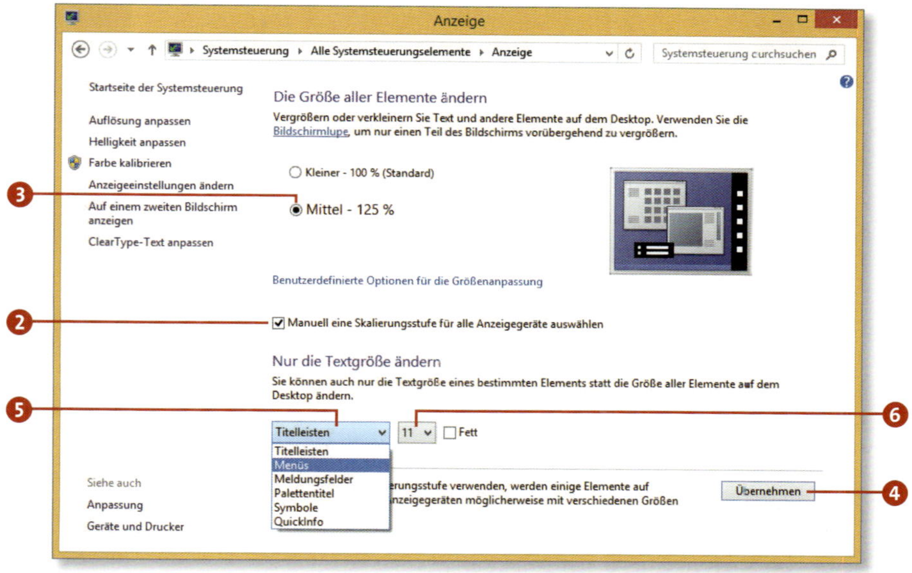

Schrift nicht zu groß wählen

Eine zu große Schrift kann zu »abgeschnittenen« Texten in Menüs oder Dialogfenstern führen. Für eine kurzfristige Vergrößerung der Darstellung nutzen Sie am besten die Bildschirmlupe, die auf Seite 233 beschrieben wird.

Bildschirmhelligkeit einstellen

Öffnen Sie die Charms-Leiste, indem Sie den Mauszeiger in die rechte obere oder untere Ecke führen, und klicken Sie darin auf **Einstellungen**. Klicken Sie dann im unteren Bereich auf **Helligkeit**, um die gewünschten Änderungen vorzunehmen. Bei nahezu jedem Laptop oder Netbook können Sie die Helligkeit des Bildschirms auch mit einer bestimmten Tastenkombination verändern. Diese entnehmen Sie bitte dem Gerätehandbuch.

Die Kacheln anpassen

Die Position der Kacheln anpassen

Die vorinstallierten Apps werden auf dem Startbildschirm auf der linken Seite angezeigt, während neu hinzugekommene Apps und Kacheln für neue Desktop-Programme rechts angehängt werden. Sie können die Position der Kacheln aber beliebig verändern.

1. Klicken Sie die Kachel an, und verschieben Sie sie mit gedrückter Maustaste ❶. An der gewünschten Stelle lassen Sie die Maustaste wieder los und fügen die Kachel so dort ein.
2. Wenn Sie mehrere Kacheln auf einmal verschieben möchten, markieren Sie sie zunächst alle mit der rechten Maustaste. Die ausgewählten Kacheln werden mit einem kleinen Häkchen rechts oben gekennzeichnet. Klicken Sie dann mit der linken Maustaste auf eine der Kacheln, und verschieben Sie alle Kacheln mit gedrückter Maustaste an die gewünschte Position.
3. Auf die beschriebene Weise können Sie die Kacheln nicht nur innerhalb einer Gruppe umsetzen, sondern sie auch in eine andere Gruppe verschieben.
4. Befinden sich sehr viele Kacheln und Gruppen auf dem Startbildschirm, kann schnell der Überblick verloren gehen, und Sie müssen weit scrollen, um alle Kacheln zu sehen. Ziehen Sie also die zu verschiebende Kachel lieber erst einmal an den unteren Bildschirmrand. Dadurch wird die Kachelanzeige verkleinert, und Sie können die Kachel einfacher in eine andere Gruppe verschieben ❷.

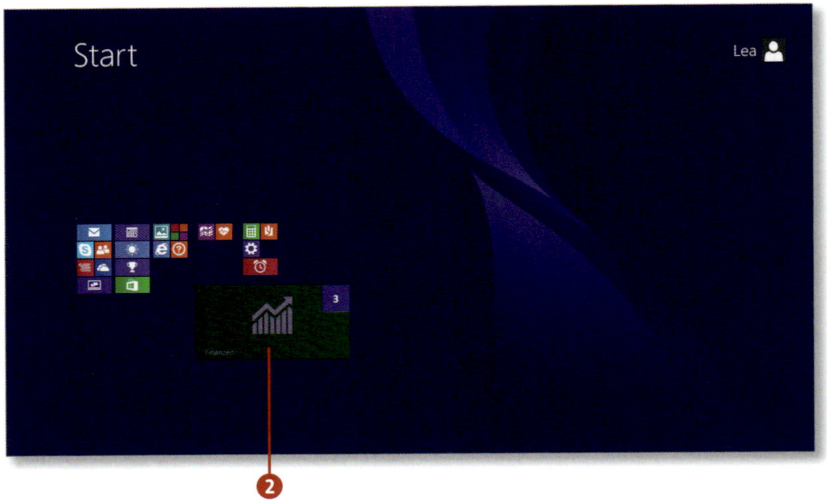

Die richtige Position finden

Positionieren Sie die am häufigsten verwendeten Apps und Programmkacheln links auf dem Startbildschirm, damit Sie sie schneller und ohne zeitaufwendiges Scrollen erreichen und starten können.

Die Größe der Kacheln verändern

Der Startbildschirm zeigt die Kacheln in vier verschiedenen Größen an. Einige Kacheln, z. B. **Desktop**, **Kontakte**, **Mail** und **Wetter**, können in ihrer Größe verändert werden.

1. Wechseln Sie zum Startbildschirm, indem Sie [Windows-Taste] drücken.
2. Markieren Sie im nächsten Schritt die Kachel, die Sie verändern möchten, durch einen Klick mit der rechten Maustaste ①. Auch die Auswahl mehrerer Kacheln ist möglich.
3. In der App-Leiste am unteren Bildschirmrand klicken Sie auf den Menüpunkt **Größe ändern** ② und wählen die bevorzugte Größe aus dem Menü. Dabei stehen Ihnen die vier Größen **Klein**, **Mittel**, **Breit** und **Groß** zur Verfügung. Die ausgewählten Kacheln werden entsprechend Ihrer Wahl geändert und gegebenenfalls zusammen mit den umliegenden Kacheln neu angeordnet. Im Beispiel wurde die Anzeiger der Kachel der *Sport*-App von **Groß** auf **Mittel** reduziert ③.

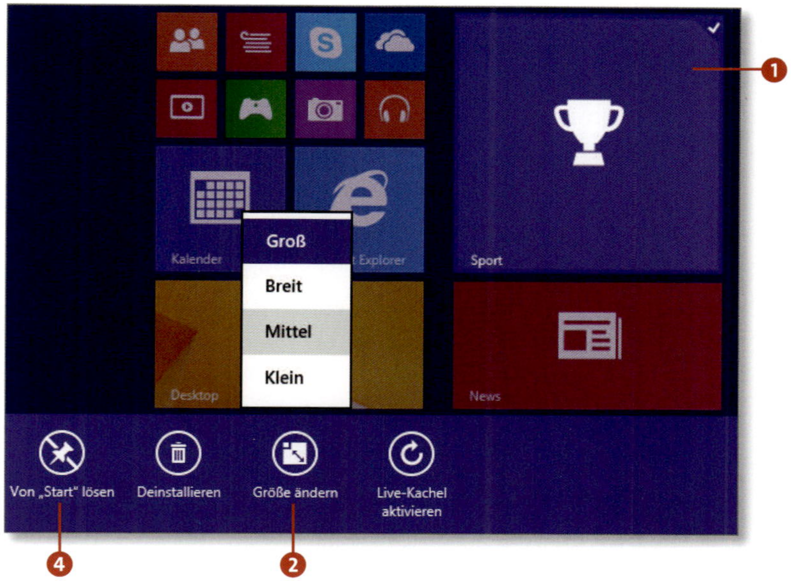

Frühjahrsputz auf dem Startbildschirm

Irgendwann werden es zu viele Kacheln auf dem Startbildschirm, und auch das Verkleinern oder Umsetzen erhöht die Übersicht nicht mehr. Von Zeit zu Zeit sollten Sie daher seltener benutzte Kacheln vom Startbildschirm lösen, indem Sie sie mit rechts anklicken und dann **Von „Start“ lösen** ④ wählen.

Es stehen nicht alle Größen zur Auswahl?

Leider stehen die vier angegebenen Größen nicht für alle Kacheln zur Verfügung. Hier hilft nur Ausprobieren. Kacheln von Desktop-Anwendungen lassen sich grundsätzlich nur in den Stufen **Mittel** und **Klein** darstellen.

Kacheln zu Live-Kacheln machen

Ein großer Vorteil der sogenannten *Live-Kacheln* ist, dass man ihnen Informationen entnehmen kann, ohne die jeweiligen Apps öffnen zu müssen. Auf der Kachel der *Mail*-App wird z. B. sofort angezeigt, wenn eine neue Nachricht eingetroffen ist. Der Live-Modus lässt sich jederzeit (de-)aktivieren.

1. Falls Sie sich nicht schon auf dem Startbildschirm befinden, drücken Sie die [Windows]-Taste, um dorthin zu wechseln. Markieren Sie eine Kachel, z. B. **Wetter**, mit einem Rechtsklick ❶.
2. Um Informationen schon auf der Kachel anzuzeigen, klicken Sie in der App-Leiste auf den Menüpunkt **Live-Kachel aktivieren** ❷. Es dauert nur einen kleinen Moment, bis die Informationen auf der Kachel aktualisiert werden und Sie die aktuelle Temperatur für den in der *Wetter*-App eingestellten Ort sehen ❸.
3. Um weitere Live-Kacheln zu aktivieren, wiederholen Sie den Vorgang, z. B. mit **Mail**, **Sport**, **Finanzen**, **News**, **Kontakte**, **Kochen & Genuss**, **Gesundheit & Fitness** und anderen.
4. Da einige Kacheln ihre Inhalte sehr häufig aktualisieren, kann es schnell hektisch auf dem Bildschirm zugehen. Zum Deaktivieren einer Live-Kachel klicken Sie sie mit der rechten Maustaste an und wählen dann die Option **Live-Kachel deaktivieren** ❹ in der App-Leiste.

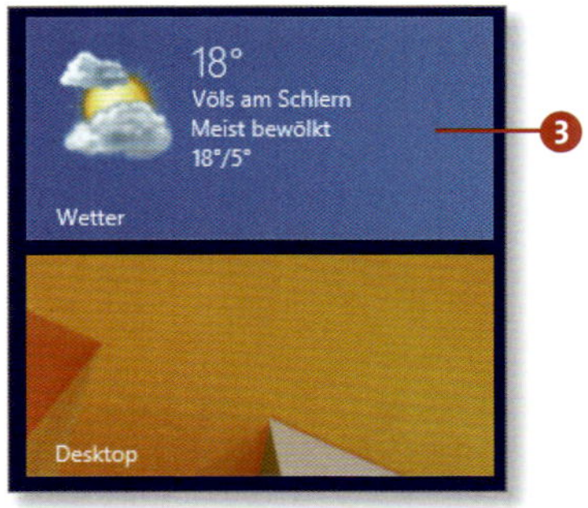

Nicht jede Kachel hat einen Live-Modus

Nicht zu allen Apps gibt es ständig neue Infos, daher können nicht alle Kacheln als Live-Kacheln aktiviert werden.

Kacheln neu gruppieren

Die Kacheln auf dem Startbildschirm lassen sich beliebig verschieben, auch in bereits vorhandene Gruppen. Sie können aber auch gleich eine neue Gruppe erstellen und sie mit Apps und Programmen zu einem bestimmten Thema füllen.

1. Damit Sie eine neue Gruppe erstellen können, klicken Sie zunächst eine Kachel auf dem Startbildschirm an, die in die neue Gruppe aufgenommen werden soll.
2. Halten Sie die Maustaste gedrückt, und verschieben Sie die Kachel zwischen zwei vorhandene Gruppen ❶. Sobald zwischen den Gruppen ein Trennbalken zu sehen ist, lassen Sie die Maustaste wieder los. Sie legen die Kachel also quasi auf dem Trennbalken ab. An der Position des Trennbalkens wird nun die neue Gruppe erstellt, der die verschobene Kachel als erste Kachel angehört.
3. Möchten Sie mehrere Kacheln in einem Arbeitsgang gruppieren, markieren Sie die Kacheln zunächst mit der rechten Maustaste ❷, klicken Sie dann auf eine der ausgewählten Kacheln und verschieben Sie diese wie in Schritt 2 beschrieben.

Komplette Gruppen verschieben

Möchten Sie eine ganze Gruppe verschieben, klicken Sie zunächst auf das kleine Minuszeichen rechts unten auf dem Startbildschirm ❸, um den Startbildschirm in der Darstellung zu verkleinern. Klicken Sie dann auf die Gruppe, deren Platzierung Sie verändern wollen, und verschieben Sie sie bei weiterhin gedrückter Maustaste an eine neue Position. Sobald Sie die Maustaste wieder loslassen, wird der Block an Ort und Stelle eingefügt.

Gruppen mit Bezeichnungen versehen

Wenn Sie neue Gruppen erstellt und mit reichlich bunten Kacheln gefüllt haben, erhöhen Sie die Übersicht, indem Sie den Gruppen eindeutige Bezeichnungen zuweisen, die dann jeweils über den Kachelblöcken angezeigt werden.

1. Öffnen Sie die App-Leiste auf dem Startbildschirm, z. B. per Rechtsklick, und wählen Sie den einzig zur Verfügung stehenden Menüpunkt **Anpassen** aus.
2. Der Startbildschirm wird etwas abgedunkelt, und über den einzelnen Blöcken wird der Text **Gruppe benennen** ❶ sichtbar.
3. Wenn Sie auf **Gruppe benennen** klicken, wird daraus ein Eingabefeld ❷. Geben Sie eine beliebige Bezeichnung für die Kachelgruppe ein und schließen Sie Ihre Eingabe durch Drücken der [↵]-Taste ab.
4. Klicken Sie auf eine freie Stelle des Bildschirms, um wieder zur normalen Ansicht des Startbildschirms zurückzukehren. Die Gruppe trägt nun die von Ihnen vergebene Bezeichnung ❸.

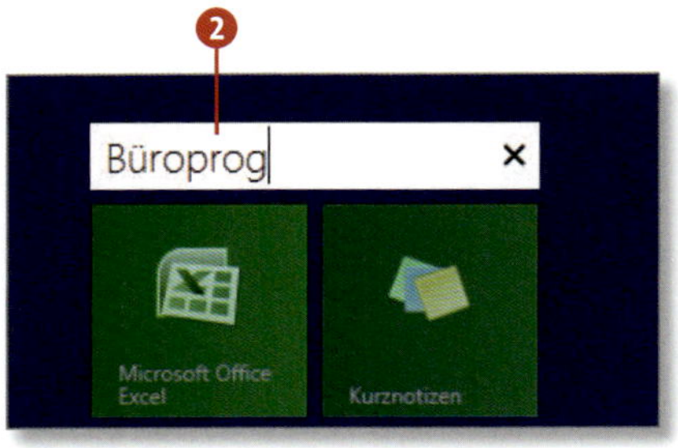

Gruppe umbenennen oder Bezeichnung wieder entfernen

Sie können eine Gruppe natürlich jederzeit umbenennen. Wiederholen Sie dazu die Schritte 1 bis 4. Um die Bezeichnung zu entfernen, löschen Sie bei Schritt 3 einfach den vorhandenen Namen und schließen auch hier die Eingabe mit der [↵]-Taste ab.

Benachrichtigungen für Apps ein- und ausschalten

Einige Apps können auf dem Bildschirm Benachrichtigungen ausgeben, sobald ein bestimmtes Ereignis eintritt, auch wenn sie gerade nicht geöffnet sind. Der Kalender informiert Sie z. B. über anstehende Termine und die *Mail*-App über neu eingetroffene Nachrichten.

1. Blenden Sie die Charms-Leiste mit den Tasten ⊞ + I ein, und klicken Sie auf **PC-Einstellungen ändern**.
2. Öffnen Sie die Kategorie **Suchen und Apps**, und wählen Sie anschließend den Menüpunkt **Benachrichtigungen** ❶.
3. Mit der Option **App-Benachrichtigungen anzeigen** ❷ können Sie alle Benachrichtigungen pauschal deaktivieren, indem Sie den Schieberegler auf **Aus** stellen. Sollen nur die Benachrichtigungen auf dem Sperrbildschirm deaktiviert werden, stellen Sie die Option **App-Benachrichtigungen auf dem Sperrbildschirm anzeigen** ❸ aus.
4. Im Abschnitt **Ruhezeiten** können Sie mithilfe der Drop-down-Menüs einen Zeitraum festlegen, in dem es keine Benachrichtigungen geben soll ❹, z. B. zwischen 0:00 Uhr und 6:00 Uhr. Stellen Sie den Schieberegler ❺ auf **Aus**, wenn Sie die Ruhezeiten deaktivieren möchten.
5. Weiter unten sind alle Apps Ihres Systems aufgelistet, die Benachrichtigungen ausgeben können. Für jede App können Sie separat festlegen, ob eine Benachrichtigung erfolgen soll. Standardmäßig sind alle Benachrichtigungen aktiviert. Die Einstellungen werden sofort wirksam.

Informationen auf dem Sperrbildschirm

Wie Sie den Sperrbildschirm einrichten und welche Apps dort Informationen ausgeben dürfen, lesen Sie im Abschnitt »Den Sperrbildschirm einrichten« auf Seite 207.

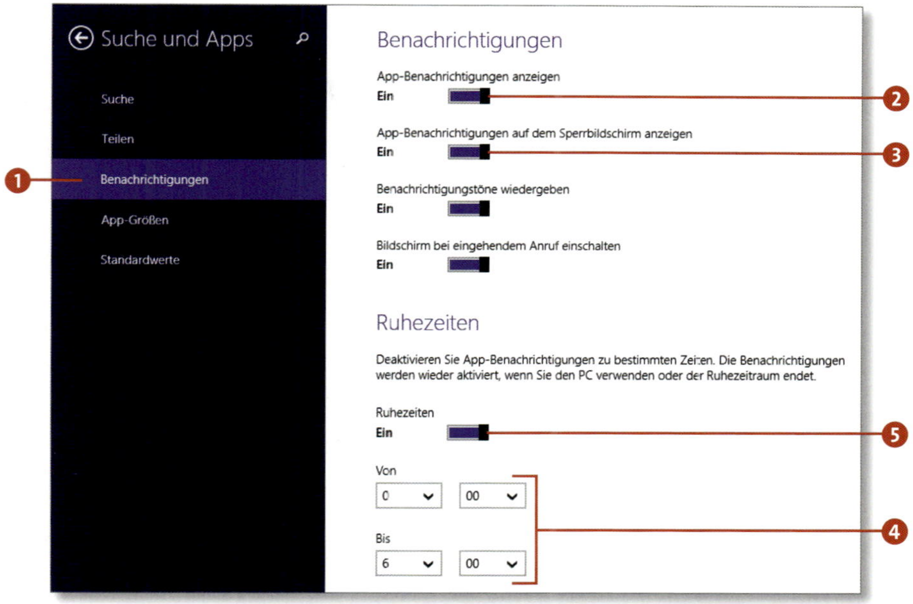

PC-Einstellungen individuell anpassen

Uhrzeit- und Zeitzoneneinstellung

Werden die Uhren im Frühjahr und Herbst umgestellt, kann es passieren, dass Ihr Windows-System die Zeitumstellung »verschläft« und noch immer die alte Zeit anzeigt. Oder sind Sie vielleicht mit Ihrem Tablet-PC auf Reisen und befinden sich nun in einer anderen Zeitzone? Beides lässt sich leicht einstellen.

1. Klicken Sie auf dem Desktop rechts unten in der Taskleiste auf die Zeit- und Datumsanzeige ❶ und anschließend auf den Link **Datum- und Uhrzeiteinstellungen ändern** ❷.
2. Um das aktuelle Datum oder die Uhrzeit zu ändern, klicken Sie auf die Schaltfläche **Datum und Uhrzeit ändern** ❸. Nun können Sie Datum und Uhrzeit in einem neuen Dialogfenster mithilfe eines Kalenderblattes und des Feldes unterhalb des Ziffernblattes ändern. Mit **OK** werden die geänderten Einstellungen übernommen.
3. Um die Zeitzone zu ändern oder die Sommer-/Winterzeit einzustellen, klicken Sie auf **Zeitzone ändern** ❹. Wählen Sie die Zeitzone aus der Liste aus, die Ihrem aktuellen Aufenthaltsort entspricht ❺. Für Deutschland, Österreich und die Schweiz ist die Zeitzone **UTC+01:00** die korrekte Einstellung.
4. Wenn Windows die Zeitumstellung »verschlafen« hat, setzen Sie im Fenster **Zeitzoneneinstellungen** das Häkchen vor **Uhr automatisch auf Sommer-/Winterzeit umstellen** ❻.

Die Uhrzeit verstellt sich immer wieder?

Falls sich die Uhrzeit trotz der Korrektur bei jedem Systemstart erneut verstellt, ist die BIOS-Batterie Ihres Mainboards (der zentralen Platine Ihres Computers) schwach und sollte ausgetauscht werden.

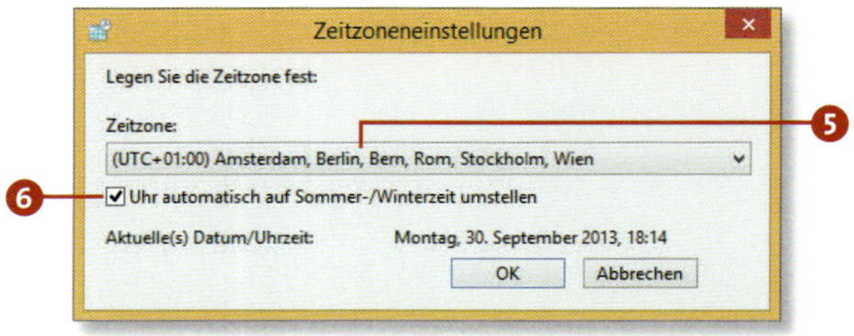

Die Einstellungen für App-Wechsel und Eckennavigation anpassen

Den Bildschirmecken und -rändern kommt unter Windows 8 bzw. Windows 8.1 eine besondere Rolle zu. Wenn Sie die Maus in die rechte obere Ecke bewegen, öffnet sich z. B. die Charms-Leiste, während Sie mit einer Streifbewegung vom linken Bildschirmrand aus eine Liste der geöffneten Apps aufrufen. Auch hier können Sie festlegen, wie Windows reagieren soll

1. Führen Sie den Mauszeiger in die rechte obere oder untere Ecke des Bildschirms, um die Charms-Leiste zu öffnen, und klicken Sie darin auf **Einstellungen > PC-Einstellungen ändern** (1).
2. Wechseln Sie in die Kategorie **PC und Geräte**, und klicken Sie hier auf den Menüeintrag **Ecken und Ränder** (2).
3. Im Abschnitt **App-Wechsel** können Sie die Option **Wechsel zwischen zuletzt verwendeten Apps zulassen** (3) auf **Aus** stellen und diese Funktion damit deaktivieren. Anstatt den App-Wechsel komplett abzuschalten, können Sie aber auch festlegen, dass nur der Wechsel per Wischbewegung unterbunden werden soll. Stellen Sie dafür den Schalter der Option **Beim Streifen vom linken Bildschirmrand [...]** (4) auf **Aus**.
4. Im Abschnitt **Eckennavigation** können Sie zusätzlich das Verhalten der oberen Bildschirmecken festlegen und so den Aufruf der Charms-Leiste (5) beim Zeigen auf die rechte obere Ecke und den Aufruf der zuletzt verwendeten Apps beim Klicken auf die linke obere Ecke (6) deaktivieren.

Liste löschen

Bei einem Klick auf die Schaltfläche **Liste löschen** (7) werden alle im Hintergrund laufenden Apps auf einmal geschlossen.

Computer-Informationen abrufen

Ebenfalls in der Kategorie **PC und Geräte** können Sie über den Menüpunkt **PC-Info** nützliche Informationen zu Ihrem Computer abrufen. Neben technischen Angaben zum Prozessor, zum installierten Arbeitsspeicher und zur verwendeten Windows-Version lässt sich an dieser Stelle auch ablesen, ob Windows bereits aktiviert wurde. Darüber hinaus können Sie hier den Namen Ihres PCs ändern.

Den benötigten Speicherplatz für Ihre Apps ermitteln

Apps werden standardmäßig auf der Systemfestplatte *C:* installiert. Eine Änderung des Speicherortes ist nicht möglich. Aber welche Apps belegen den meisten Platz?

1. Sie erreichen die **PC-Einstellungen**, indem Sie die Charms-Leiste öffnen und hier auf **Einstellungen > PC-Einstellungen ändern** ❶ klicken.
2. Wechseln Sie nun zur Kategorie **Suchen und Apps > App-Größen** ❷. Der rechten Fensterhälfte können Sie entnehmen, wie viel Speicherplatz auf Ihrem Systemlaufwerk noch frei ist ❸.
3. Wie viel Speicherplatz die einzelnen Apps belegen, entnehmen Sie der Auflistung. Ganz oben in der Liste werden die Apps mit dem größten Speicherplatzbedarf gelistet. Mithilfe der Bildlaufleiste scrollen Sie nach unten, um sich weitere Apps anzeigen zu lassen. Die Apps *Mail*, *Kalender* und *Kontakte* werden zusammengefasst in einem Eintrag dargestellt ❹. Diese Apps belegen meist recht viel Speicherplatz und werden entsprechend weit oben aufgeführt.

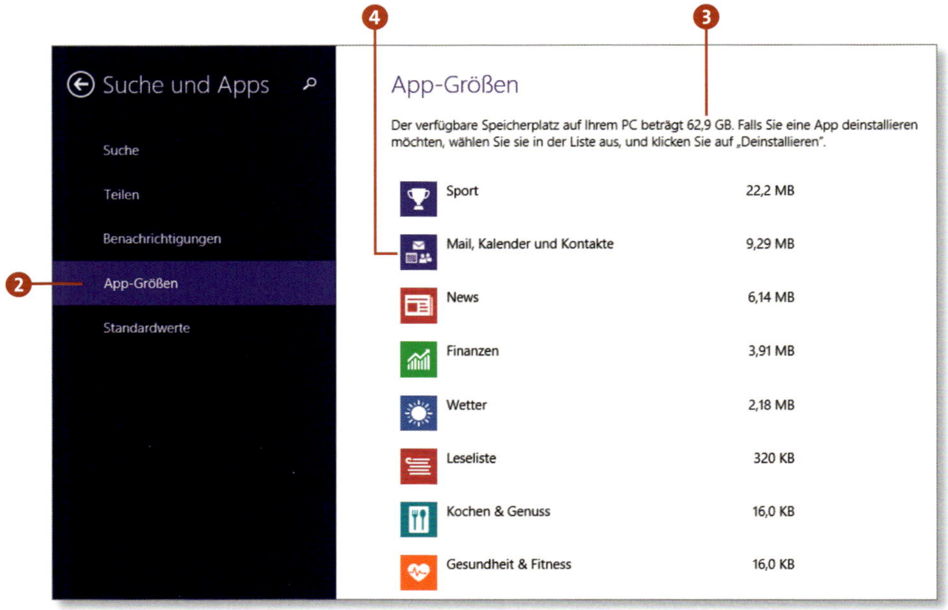

Apps deinstallieren

Wird der Speicherplatz knapp, sollten Sie nicht mehr benötigte Apps deinstallieren. Lesen Sie dazu den Abschnitt »Eine App wieder deinstallieren« auf Seite 79.

Den Desktop einrichten

Den Desktop-Hintergrund ändern

Wird es mal wieder Zeit für einen kleinen Tapetenwechsel? Kein Problem, verwenden Sie einfach eines der von Windows zur Verfügung gestellten Bilder, oder wählen Sie ein eigenes Foto aus Ihrer Sammlung dafür aus.

1. Führen Sie einen Rechtsklick auf eine freie Stelle des Desktops aus, und wählen Sie anschließend den Befehl **Anpassen** ❶ aus dem Kontextmenü.
2. Klicken Sie im Fenster **Anpassung** auf **Desktophintergrund** ❷.
3. Sie können nun eines der bereitgestellten Bilder auswählen. Wenn Sie ein Bild anklicken ❸, wird es sofort als Hintergrund eingefügt. Die Farbe der Taskleiste und die Rahmenfarbe der Fenster ändern sich entsprechend.
4. Sie können auch mehrere Bilder auswählen und daraus eine Art Diashow erstellen. Im Feld **Bild ändern alle** ❹ geben Sie die Zeit an, nach der ein neues Hintergrundbild gezeigt werden soll.
5. Um ein eigenes Bild zu verwenden, klicken Sie auf das Dropdown-Menü **Bildpfad** ❺ und wählen ein Bild aus einer Ihrer Bibliotheken. Oder Sie klicken auf die Schaltfläche **Durchsuchen** ❻, um einen anderen Ordner auszuwählen und sich die darin enthaltenen Bilder anzeigen zu lassen. Mit **Änderungen speichern** ❼ werden die Einstellungen übernommen.

Farbe und Gestaltung des Desktops anpassen

Über den Menüpunkt **Farbe** im Fenster **Anpassung** (❽ in Bild 2) können Sie auch das Farbschema des Desktops nach Ihren Vorstellungen anpassen.

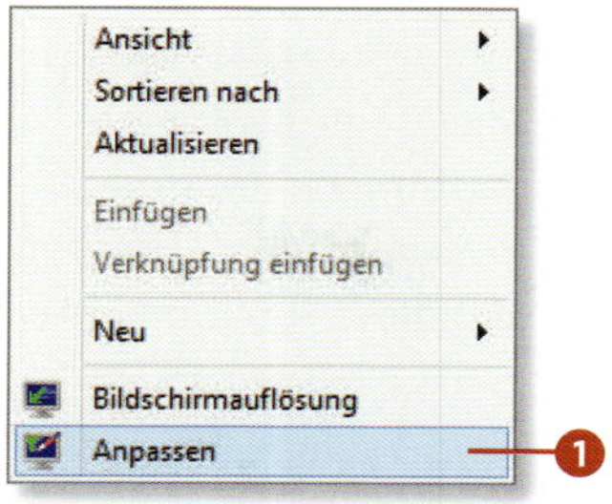

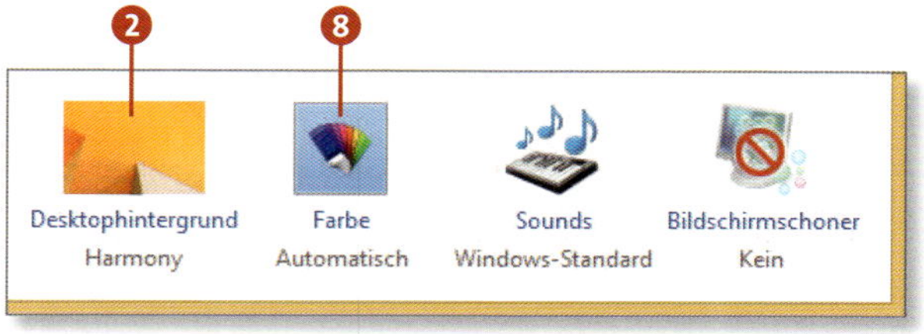

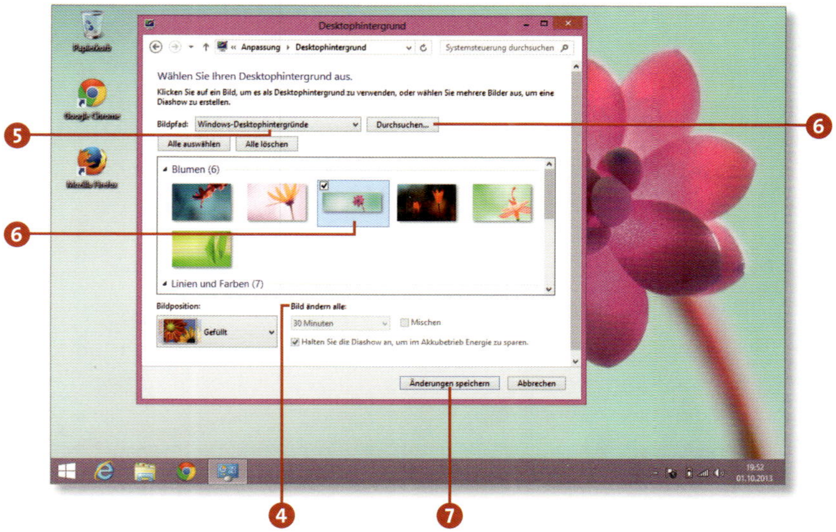

Direkt auf dem Desktop starten

Viele Anwender haben sich bei Windows 8 die Möglichkeit gewünscht, den neuen Startbildschirm beim Systemstart zu umgehen und stattdessen direkt auf den Desktop zu gelangen. Microsoft ist diesem Wunsch nachgekommen und stellt diese Funktion unter Windows 8.1 zur Verfügung.

1. Wechseln Sie zum Desktop, und führen Sie einen Rechtsklick auf eine freie Stelle der Taskleiste aus. Wählen Sie den Eintrag **Eigenschaften** aus dem Kontextmenü.
2. Öffnen Sie die Registerkarte **Navigation** ❶, und setzen Sie das Häkchen vor der Option **Beim Anmelden oder Schließen sämtlicher Apps anstelle der Startseite den Desktop anzeigen** ❷.
3. Bestätigen Sie die Auswahl mit einem Klick auf **OK**. Beim nächsten Start des Betriebssystems wird der Startbildschirm übersprungen und gleich der Desktop angezeigt. Gleiches gilt, sobald Sie die letzte Windows-App schließen. Statt des Startbildschirms wird auch dann der Desktop aufgerufen.
4. Der Startbildschirm wurde aber mit dieser Einstellung nicht vollständig deaktiviert. Sie können ihn weiterhin über die [Windows]-Taste, über die Charms-Leiste oder mit einem Klick auf die **Start**-Schaltfläche ❸ auf dem Desktop aufrufen und wie gewohnt nutzen.

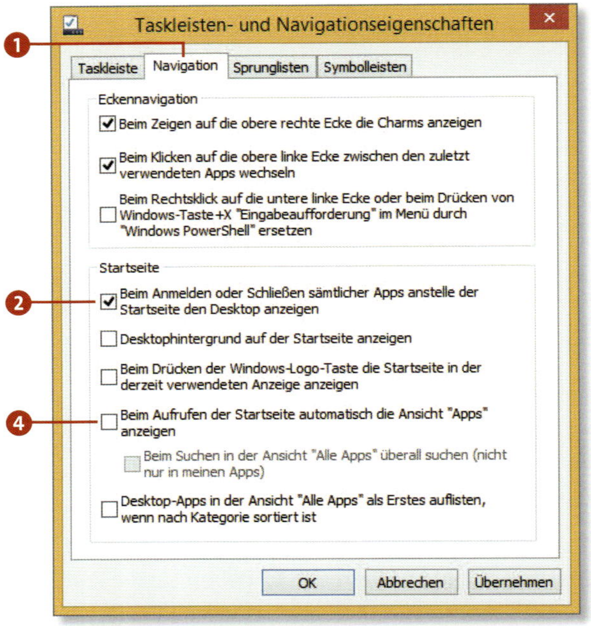

Desktop-Hintergrundbild auf dem Startbildschirm

Sie können auf dem Startbildschirm den gleichen Hintergrund wie auf Ihrem Desktop verwenden. Klicken Sie hierfür mit der rechten Maustaste auf die Taskleiste, wählen Sie den Befehl **Eigenschaften** aus und wechseln Sie dann zur Registerkarte **Navigation**. Hier aktivieren Sie nun die Option **Desktophintergrund auf der Startseite anzeigen** und bestätigen das Ganze mit **OK**.

Anstelle der Startseite die Ansicht »Apps« aktivieren

Möchten Sie statt des üblichen Startbildschirms vielleicht lieber eine Übersicht aller installierten Apps und Programme sehen? Aktivieren Sie in diesem Fall die Option **Beim Aufrufen der Startseite automatisch die Ansicht "Apps" anzeigen** ❹.

Die Fensterdarstellung verändern

Die Rahmenfarbe der Fenster und der Taskleiste können Sie unter Windows 8.1 beliebig verändern. Passen Sie die Farben an Ihr Hintergrundbild an, oder laden Sie sich fertige Designs kostenlos von der Microsoft-Webseite herunter.

1. Klicken Sie mit der rechten Maustaste auf eine freie Stelle auf dem Desktop, und wählen Sie den Befehl **Anpassen** ❶ aus dem Kontextmenü.
2. Klicken Sie unterhalb der dargestellten Designs auf die Schaltfläche **Farbe** ❷, um zu den Farbeinstellungen zu gelangen.
3. Wählen Sie eine Farbe aus, indem Sie auf das jeweilige Feld klicken ❸. Mithilfe des nun eingeblendeten Schiebereglers ❹ können Sie die Farbintensität bestimmen. Je weiter Sie den Regler nach rechts bewegen, desto intensiver wird die Farbe.
4. Über den Link **Farbmixer einblenden** ❺ (der dann umbenannt wird) können Sie weitere Einstellungen aufrufen. Bestimmen Sie über die Schieberegler die Werte für **Farbton**, **Sättigung** und **Helligkeit**.
5. Sobald Sie mit dem Ergebnis zufrieden sind, klicken Sie auf **Änderungen speichern** ❻, um die neuen Farbeinstellungen zu übernehmen.

Fertige Designs von Microsoft

Auf der Seite *http://windows.microsoft.com/de-DE/windows/themes* stellt Microsoft zahlreiche Designs zu verschiedenen Themen kostenlos zum Herunterladen bereit. Mit dabei sind jeweils ein Hintergrundbild und dazu passende Farbschemata, die Sie nach Bedarf ändern können.

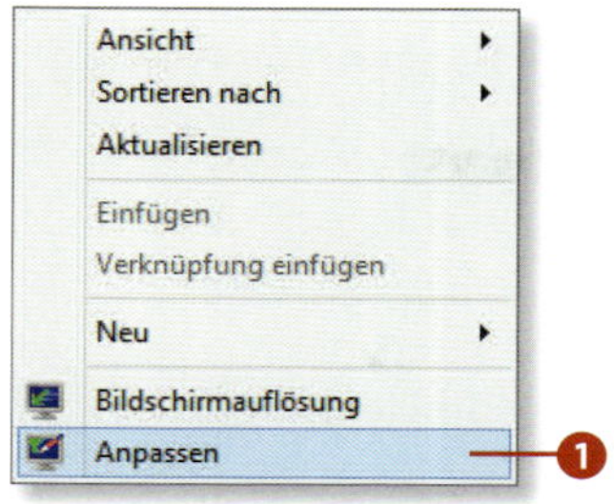

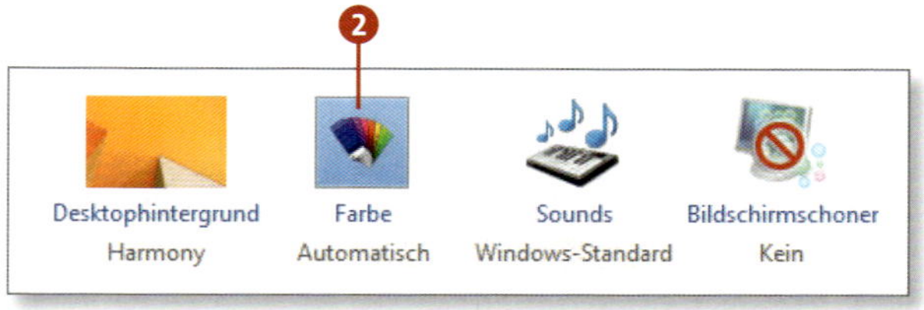

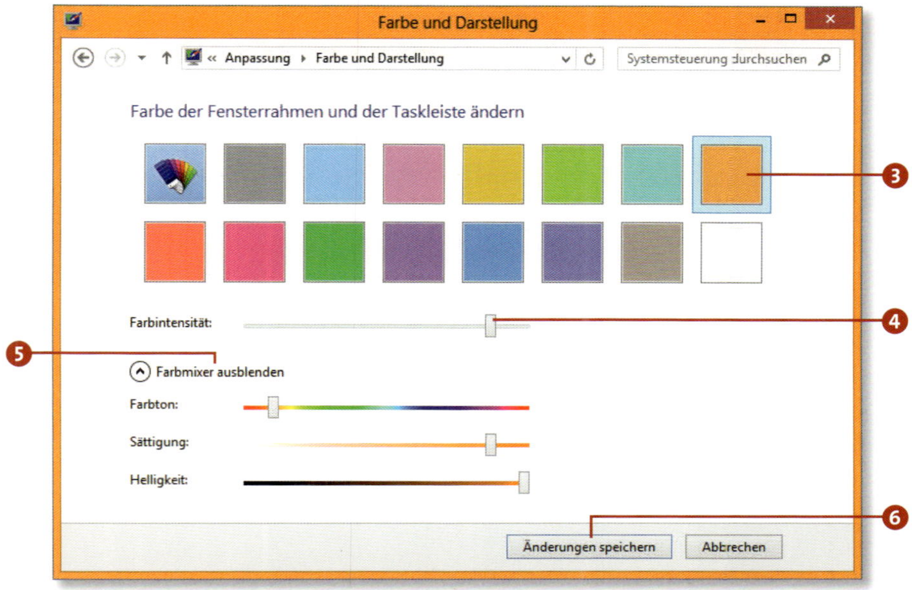

Benutzerkonten erstellen, verwenden und verwalten

Benötigen Sie überhaupt mehrere Benutzerkonten?

Wenn Sie ohnehin der einzige Benutzer an Ihrem Computer sind, müssen Sie natürlich keine weiteren Benutzerkonten anlegen. Sobald sich aber zwei oder mehr Personen einen Rechner teilen, z. B. innerhalb einer Familie, bringt das Erstellen weiterer Benutzerkonten einige Vorteile. Mit einem eigenen Konto hat jedes Familienmitglied seinen eigenen Bereich, kann Desktop und Startbildschirm nach seinen persönlichen Vorlieben gestalten, ein eigenes Hintergrundbild verwenden, die Farbgestaltung der Fenster festlegen und bei Bedarf die Größe der dargestellten Texte und anderer Elemente verändern. Neben diesen optischen Feinheiten bringen eigene Benutzerkonten aber auch ganz praktische Vorteile mit sich. Jeder Nutzer kann selbst entscheiden, welche Desktop-Programme und Windows-Apps er installiert oder nach welchem Ordnungssystem er Verzeichnisse erstellt und Dateien speichert. Im Internet Explorer kann jeder Benutzer seine eigenen Lieblingsseiten als Favoriten anlegen, er kann beim Aufruf von Facebook und Co. sofort mit dem eigenen Profil loslegen, und er empfängt über die *Mail*-App oder ein anderes E-Mail-Programm nur die Nachrichten, die an ihn gerichtet sind. Und dank der Synchronisation können all diese persönlichen Einstellungen auch auf anderen Rechnern genutzt werden, auf denen der Benutzer sich mit seinem Microsoft-Konto anmeldet.

Apropos Microsoft-Konto: Natürlich sähe es Microsoft gerne, wenn Sie sich mit einem solchen Konto bei Windows anmelden. Das ist aber keinesfalls zwingend. Wenn Sie möchten, können Sie auch jederzeit ein lokales Benutzerkonto anlegen und sich damit am System anmelden. Für die Verwendung verschiedener Dienste und Apps wie z. B. Windows Store und *Musik*-App ist jedoch ein Microsoft-Konto erforderlich. Sie müssen Ihr lokales Benutzerkonto dann aber nicht gleich in ein Microsoft-Konto umwandeln, sondern können sich bei diesen Apps separat mit einer Windows-ID anmelden (1). Siehe hierzu auch den Abschnitt »Bei Windows anmelden« auf Seite 32.

Benutzerkonten lassen sich mit einem Kennwort, einer PIN oder einem Bildcode schützen, damit bleibt Ihre Privatsphäre auch bei mehreren Benutzern geschützt. Eltern können für die Konten ihrer Kinder darüber hinaus die Option *Family Safety* aktivieren, ein Kinder- und Jugendschutzprogramm, mit dessen Hilfe Sie z. B. die zeitliche Nutzung des Computers regeln oder fragwürdige Webseiten sperren können. Family Safety ist Bestandteil von Windows 8.1, Sie müssen also keine zusätzliche Software installieren, um diese Funktionen nutzen zu können. Wie Sie Family Safety einsetzen, lesen Sie im Abschnitt »Ein neues Benutzerkonto einrichten« auf Seite 228.

Mehrere Benutzerkonten auf einem System

Ein neues Benutzerkonto einrichten

Legen Sie für jeden Benutzer Ihres Computers ein eigenes Benutzerkonto an. Auf diese Weise können Sie jedem seine persönliche Arbeitsumgebung einrichten, aber z. B. auch den Zugriff beschränken.

1. Sie müssen als Administrator am System angemeldet sein (siehe auch den Abschnitt »Den Benutzerkontentyp ändern« auf Seite 230). Öffnen Sie die Charms-Leiste mithilfe der Tastenkombination [Windows-Taste] + [C] oder indem Sie die Maus in die rechte obere oder untere Ecke des Bildschirms führen. Klicken Sie in der Leiste auf **Einstellungen > PC-Einstellungen ändern**.
2. Klicken Sie im linken Teil des nächsten Fensters auf **Konten** und anschließend auf **Weitere Konten** ❶, um zu den Kontoeinstellungen zu gelangen. Um ein neues Konto zu erstellen, klicken Sie auf die Schaltfläche **Konto hinzufügen** ❷.
3. Verfügt der Benutzer bereits über ein Microsoft-Konto, tragen Sie jetzt seine E-Mail-Adresse ein ❸ und bestätigen Ihre Eingabe mit **Weiter** ❹. Um stattdessen ein lokales Konto einzurichten, klicken Sie auf den Link **Ohne Microsoft-Konto anmelden** ❺ und fahren mit Schritt 5 fort.

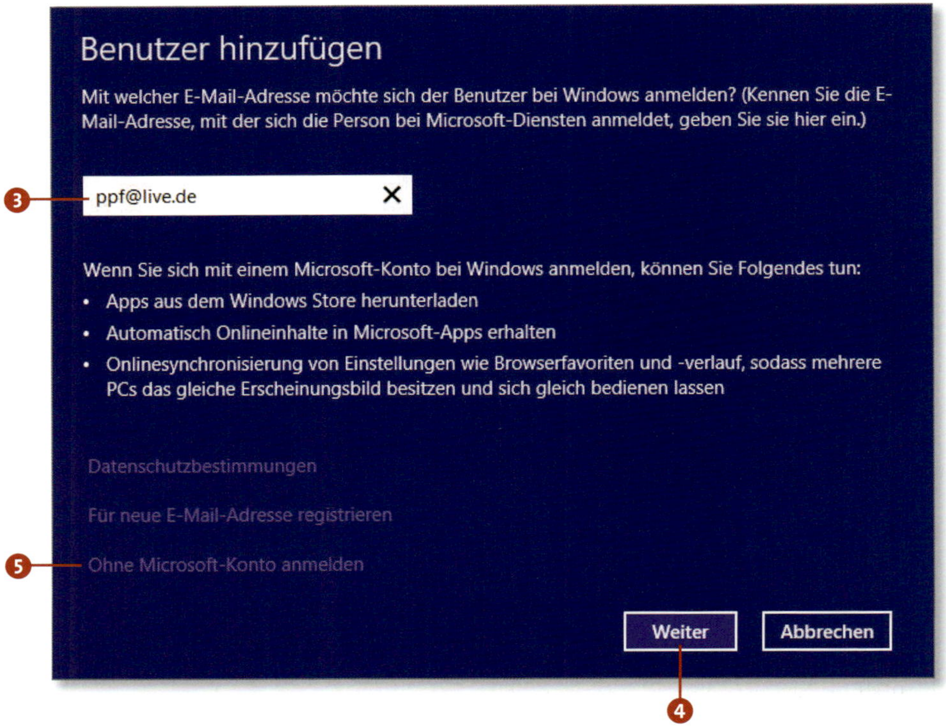

Wie komme ich an eine Windows-Identität?

Wie Sie sich eine Windows-Identität (ein Microsoft-Konto) zulegen können, erfahren Sie im Abschnitt »Bei Windows anmelden« auf Seite 32.

4. Das neue Benutzerkonto wurde erstellt. Handelt es sich dabei um das Konto eines Kindes, aktivieren Sie die Option **Family Safety** und schließen den Vorgang über **Fertig stellen** ab (vgl. dazu auch Schritt 7).
5. Wenn Sie sich in Schritt 3 für ein lokales Benutzerkonto entschieden haben, werden Ihnen nochmals kurz die Unterschiede beider Konten erklärt. Klicken Sie auf den Menüpunkt **Lokales Konto**.
6. Nun müssen Sie noch den gewünschten Benutzernamen ❻, ein Kennwort ❼ und eine Erinnerungshilfe für das Kennwort festlegen. Klicken Sie anschließend auf **Weiter** ❽.
7. Das neu erstellte lokale Konto wird nun angezeigt. Auch hier: Wenn es sich um das Konto eines Kindes handelt, aktivieren Sie zusätzlich die Schutzoption **Family Safety** ❾ und schließen den Vorgang dann über **Fertig stellen** ❿ ab.

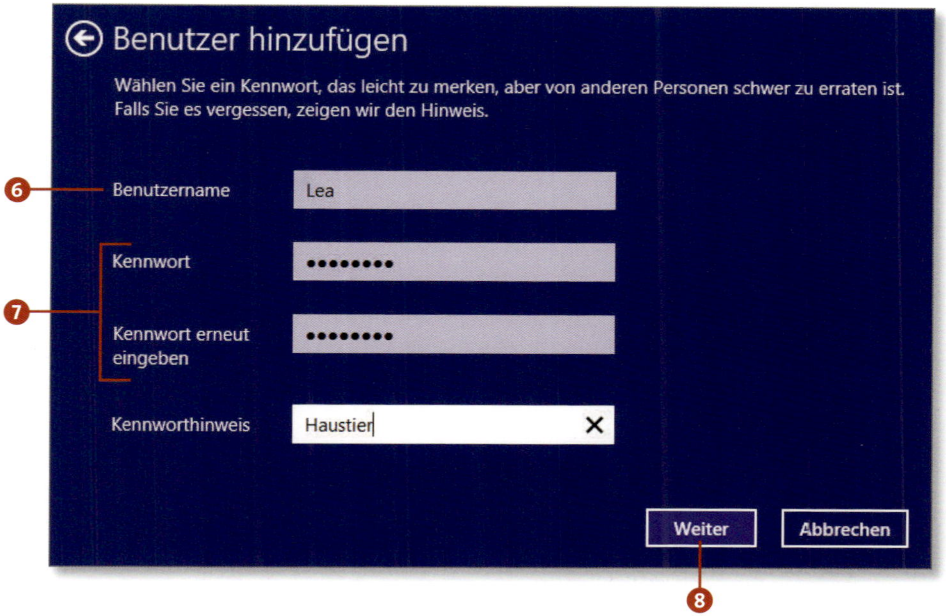

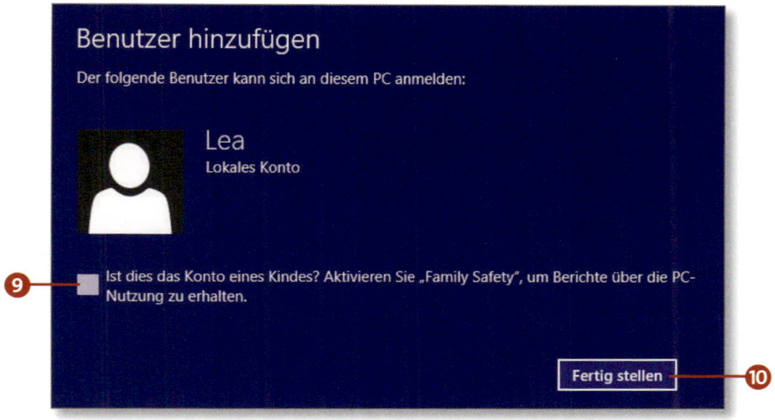

Family Safety

Family Safety ist eine Windows-Funktion, mit deren Hilfe Sie die PC-Nutzung durch Ihre Kinder zeitlich begrenzen oder den Zugriff auf bestimmte Internetseiten und Programme beschränken können. Sie erreichen diese Funktion über die Systemsteuerung.

Den Benutzerkontentyp ändern

Wenn Sie ein neues Benutzerkonto einrichten, wird dieses zunächst als Standardkonto erstellt. Mit einem Standardkonto kann der Benutzer die meisten Programme nutzen und Systemeinstellungen ändern, solange dies keinen Einfluss auf andere Benutzer oder die Systemsicherheit hat. Sie können aus einem Standard- jederzeit ein Administratorkonto machen, das alle Rechte hat, und umgekehrt.

1. Wechseln Sie zum Desktop, und rufen Sie dort mit der Tastenkombination ⊞ + X das Schnellstartmenü auf. Darin wählen Sie den Eintrag **Systemsteuerung**, um diese zu öffnen.
2. Im Fenster **Alle Systemsteuerungselemente** klicken Sie auf den Menüpunkt **Benutzerkonten**. Dann wählen Sie den Link **Anderes Konto verwalten** 1.
3. Nun werden alle verfügbaren Benutzerkonten aufgelistet. Wählen Sie das Konto aus, dessen Typ Sie ändern möchten.
4. Im nächsten Fenster klicken Sie auf **Kontotyp ändern** 2.
5. Wählen Sie den gewünschten Kontotyp **Standard** 3 oder **Administrator** 4 aus, und bestätigen Sie die Änderung über die Schaltfläche **Kontotyp ändern** 5.

Standardkonten für mehr Sicherheit

Mindestens ein Benutzer mit einem Administratorkonto muss auf Ihrem System vorhanden sein. Aus Gründen der Sicherheit ist es empfehlenswert, alle weiteren Benutzer mit einem Standardkonto auszustatten, denn dann können über diese Konten keine (gravierenden) Änderungen am System vorgenommen werden. Wenn Sie ein Standardkonto nutzen und Änderungen am System vornehmen möchten, werden Sie aufgefordert, das Kennwort des Administratorkontos einzugeben; erst dann wird die gewünschte Änderung durchgeführt.

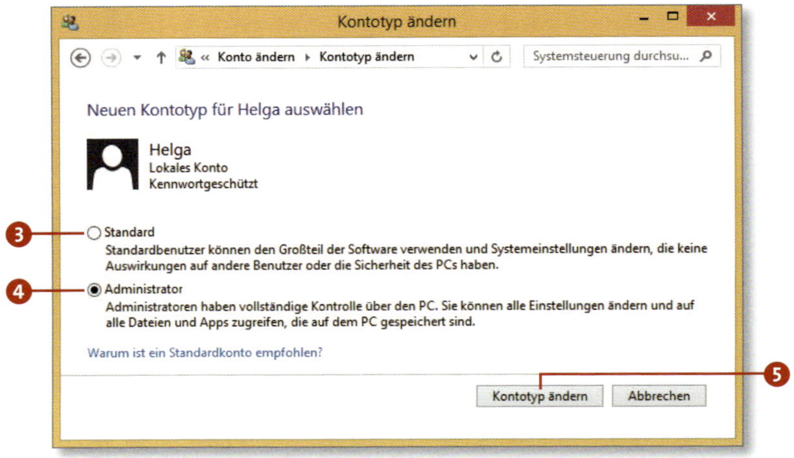

Die Benutzerkontensteuerung

Die Benutzerkontensteuerung *(User Account Control*, UAC) ist eine Schutzfunktion unter Windows 8.1. Sie gibt immer dann einen Hinweis aus, wenn Anwender oder Programme Änderungen am System vornehmen möchten, und bittet um eine Bestätigung des Vorgangs. Das System wartet dann quasi auf Ihre Freigabe. Die Benutzerkontensteuerung schützt also Ihren Computer vor Schadsoftware und ungewollten Systemänderungen. So nützlich diese Funktion ist – viele Anwender sind von den teils recht häufig auftretenden Erlaubnisanfragen genervt, was zur Folge hat, dass sie die Anfragen bestätigen, ohne sich die zugehörigen Meldungen genau durchzulesen.

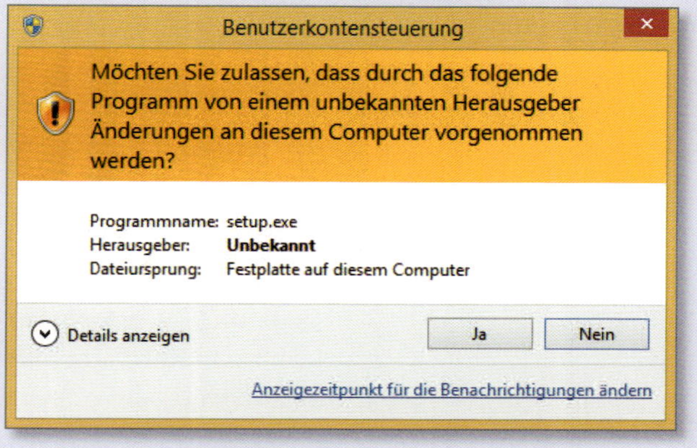

Meldung der Benutzerkontensteuerung

Die Benutzerkontensteuerung richtig konfigurieren

Sie können die Benutzerkontensteuerung anpassen und die Häufigkeit der Meldungen reduzieren. Klicken Sie in der Taskleiste auf das Symbol des Wartungscenters und anschließend auf den Link **Wartungscenter öffnen**. Hier finden Sie nun in der linken Spalte den Menüpunkt **Einstellungen der Benutzerkontensteuerung ändern**. Im Dialogfenster **Einstellungen der Benutzerkontensteuerung** können Sie nun mithilfe des Schiebereglers ❶ zwischen vier Benachrichtigungsstufen wählen:

1. Immer benachrichtigen
2. Nur benachrichtigen, wenn von Apps Änderungen am Computer vorgenommen werden
3. Nur benachrichtigen, wenn von Apps Änderungen am Computer vorgenommen werden (Desktop nicht abblenden)
4. Nie benachrichtigen

Die Benutzerkontensteuerung ist eine von mehreren Schutzfunktionen von Windows 8.1, sie ersetzt aber keinesfalls den Einsatz eines Antivirenprogramms oder einer Firewall! Halten Sie Ihre Schutzsoftware und Windows selbst immer auf dem neuesten Stand, und reduzieren Sie so die Wahrscheinlichkeit einer Malware-Infektion.

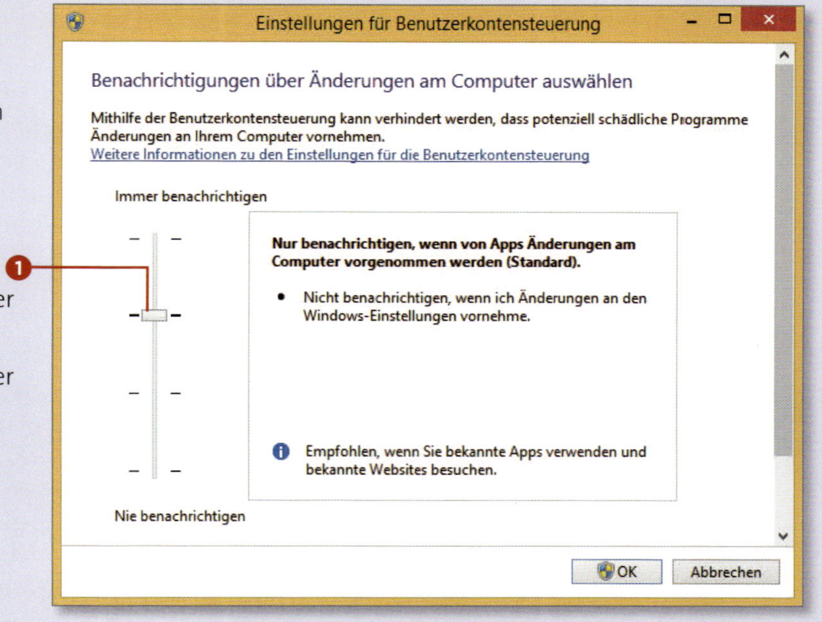

Die Benachrichtigungsstufen der Benutzerkontensteuerung

Benachrichtigungsstufen der Benutzerkontensteuerung

Einstellung	Beschreibung
Immer benachrichtigen	Dies ist die sicherste Einstellung, zugleich werden hier aber auch die meisten Hinweise ausgegeben. Sobald ein Programm installiert oder eine Änderung am System vorgenommen werden soll, müssen Sie den Vorgang bestätigen. Der Bildschirm wird abgedunkelt, und Sie können erst nach erfolgter Bestätigung weiterarbeiten. Die Sicherheitsabfrage erscheint in diesem Fall auch, wenn Sie als Benutzer eine Änderung am System, z. B. bei der Uhrzeit, vornehmen möchten. Die Abfrage erscheint grundsätzlich beim Klick auf alle Schaltflächen und Links, die mit einem Schutzschild gekennzeichnet sind.
Nur benachrichtigen, wenn von Apps Änderungen am Computer vorgenommen werden	Dabei handelt es sich um die Standardeinstellung, die gleichzeitig die empfohlene Sicherheitsstufe ist. Benachrichtigungen werden nur ausgegeben, wenn ein Programm installiert oder eine Änderung am System vorgenommen werden soll. Der Bildschirm wird auch hier abgedunkelt, und Sie können erst nach erfolgter Bestätigung weiterarbeiten. Wenn Sie eine Änderung am System vornehmen, erfolgt kein Hinweis. Falls Sie mit einem Standardkonto angemeldet sind, müssen Sie sich bei Systemänderungen allerdings erst durch die Eingabe des Administratorkennworts authentifizieren.
Nur benachrichtigen, wenn von Apps Änderungen am Computer vorgenommen werden (Desktop nicht abblenden)	Diese Einstellung ist nahezu identisch mit der vorangegangenen Sicherheitsstufe, allerdings wird hier der Bildschirm bei einer Benachrichtigung nicht abgedunkelt. Das bedeutet, dass Sie in diesem Fall weiter an Ihrem PC arbeiten können, aber der Vorgang, für den die Benachrichtigung gilt, erst fortgesetzt wird, nachdem Sie ihn bestätigt haben. Da keine Abdunklung erfolgt, können Meldungen aber auch recht schnell übersehen oder versehentlich bestätigt werden. Diese Einstellung ist daher aus Sicherheitsgründen nicht zu empfehlen.
Nie benachrichtigen	Dies ist natürlich die unsicherste Option. Wenn Sie die Benutzerkontensteuerung auf **Nie benachrichtigen** stellen, wird die Funktion deaktiviert, und Sie erhalten keine Hinweise mehr. Diese Einstellung ist auf keinen Fall empfehlenswert! Mit der Deaktivierung verzichten Sie auf eine sehr wichtige Schutzfunktion und setzen Ihr System einem hohen Sicherheitsrisiko aus, denn Schadprogramme könnten Änderungen am System vornehmen, ohne dass Sie davon etwas bemerken.

Erleichterte Bedienung

Die Bildschirmlupe

Gerade auf Internetseiten sind die Texte vielfach sehr klein geschrieben und nicht immer einfach zu lesen. Aber auch unter Windows selbst kann eine Lupe in der einen oder anderen Situation nützlich sein. Und tatsächlich, Microsoft stellt dem Anwender eine einfache Bildschirmlupe zur Verfügung.

1. Wechseln Sie zum Desktop.
2. Sie starten die Bildschirmlupe über das Center für erleichterte Bedienung, das Sie am schnellsten über die Tastenkombination [⊞] + [U] aufrufen.
3. Klicken Sie nun auf den Menüpunkt **Bildschirmlupe starten** ❶. Die Lupe wird sogleich eingeblendet. Mit der Maus können Sie nun die Lupe frei auf dem Bildschirm bewegen und beliebige Bereiche vergrößert darstellen.
4. Mit den Tasten [⊞] + [+] und [⊞] + [-] erhöhen bzw. verringern Sie den Vergrößerungsfaktor der Lupe. Möchten Sie die Lupe wieder schließen, gelingt dies mit den Tasten [⊞] + [Esc].

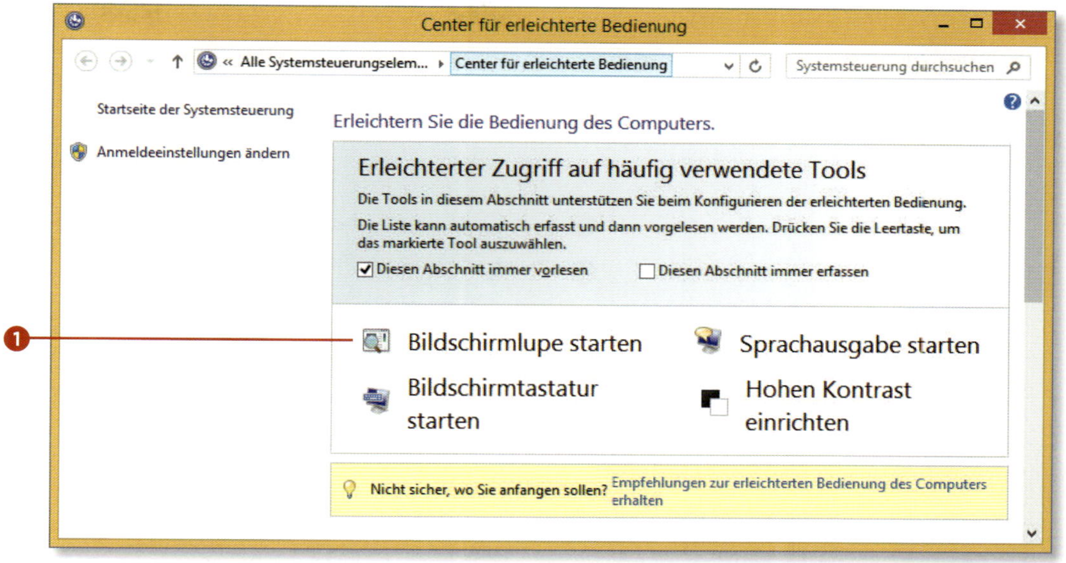

Weitere nützliche Tastenkürzel für die Bildschirmlupe

Mit den Tasten [Strg] + [Alt] + [F] schalten Sie in den Vollbildmodus. Eine Vorschau können Sie im Vollbildmodus mit [Strg] + [Alt] + Leertaste einstellen. Mit den Tasten [Strg] + [Alt] + [L] verlassen Sie den Vollbildmodus wieder. Mit [Strg] + [Alt] + [D] verankern Sie die Lupe auf dem Bildschirm und können mit der Maus alle Bereiche abfahren. Die Bildschirmlupe funktioniert übrigens auch auf dem Startbildschirm.

Weitere Einstellungen wie Kontrast oder Schriftgröße

Windows 8.1 bietet mit dem Center für erleichterte Bedienung zahlreiche nützliche Funktionen an, die Ihnen die Arbeit am Computer erleichtern können. Dazu zählen Einstellungsmöglichkeiten für einen erhöhten Kontrast, die Einrichtung alternativer Eingabegeräte (anstelle von Tastatur und Maus), die Einrichtung von Text oder visuellen Alternativen für die Wiedergabe von Sounds, aber auch Funktionen für eine verbesserte Bildschirmdarstellung oder für die vereinfachte Bedienung von Maus und Tastatur. Für Menschen mit einer Sehbehinderung ist die Sprachausgabe sehr nützlich, mit deren Hilfe Sie sich Texte und Bezeichnungen für Menüs und Schaltflächen vorlesen lassen können.

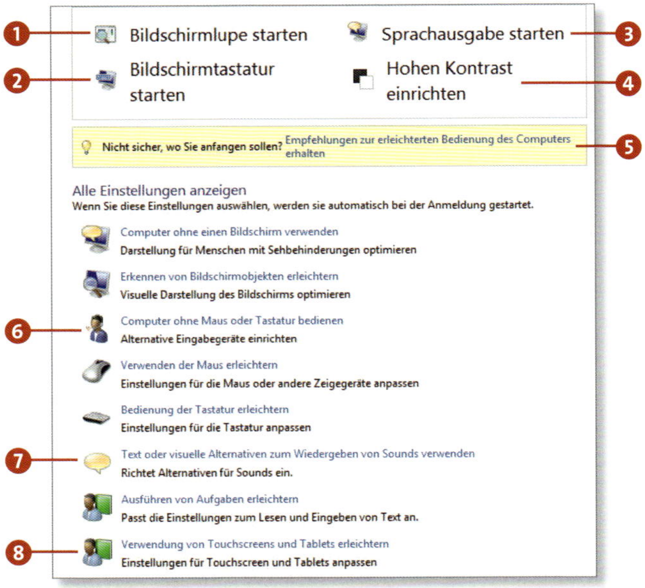

1. Nutzen Sie die Bildschirmlupe.
2. Blenden Sie die Bildschirmtastatur ein.
3. Aktivieren Sie die Sprachausgabe, wenn Sie die Bildschirmelemente schlecht erkennen können.
4. Hohe Kontraste erleichtern das Erkennen von Bildschirmelementen.
5. Beachten Sie die Empfehlungen zur optimalen Nutzung des Computers, um sinnvolle Einstellungen zu wählen.
6. Richten Sie alternative Eingabegeräte ein.
7. Ersetzen Sie Systemsounds (akustische Hinweise) durch visuelle Signale.
8. Erleichtern Sie die Bedienung von Touchscreens und Tablet-PCs.

8 Geräte anschließen

In diesem Kapitel erfahren Sie, wie Sie Hardwarekomponenten wie Drucker oder Lautsprecher richtig an den Computer anschließen. Oder möchten Sie vielleicht Ihr Smartphone mit dem PC verbinden, um Daten zu synchronisieren oder ein paar Musikdateien vom Rechner auf das Handy zu überspielen? Dazu können Sie ein USB-Kabel oder auch die schnelle, drahtlose Übertragung via Bluetooth nutzen.

Der *Geräte-Manager* ist die erste Anlaufstelle, wenn es darum geht, neue Geräte an den Computer anzuschließen und sie einzurichten, neue Treiber zu installieren, veraltete Treiber zu aktualisieren oder Geräte zu deaktivieren. Das wichtigste Gerät ist sicherlich der Drucker, darum erklären wir Ihnen in diesem Kapitel nicht nur, wie Sie ihn anschließen und die passenden Einstellungen wählen, sondern auch, wie Sie Dokumente ausdrucken. Wenn es um den Austausch von Dokumenten geht, ist das PDF-Format häufig die erste Wahl. Mit einer kostenlosen Zusatzsoftware lassen sich aus jeder druckfähigen Anwendung heraus PDF-Dateien erstellen, die Sie leicht verschicken und unter Windows 8.1 mithilfe der neuen *Reader*-App betrachten und ausdrucken können.

In diesem Kapitel

- Drucker
- Einen Fotoapparat anschließen und Bilder importieren
- Lautsprecher anschließen
- Eine USB-Festplatte oder einen USB-Stick anschließen
- Smartphones und andere mobile Geräte anschließen
- Der Geräte-Manager im Überblick
- Gerätetreiber installieren und aktualisieren

Drucker

Einen Drucker anschließen

Sobald Sie einen modernen Drucker via USB an den Computer anschließen, erkennt Windows 8.1 ihn in den meisten Fällen und richtet ihn automatisch ein. Verfügen Sie über eine CD mit Software für Ihren Drucker, installieren Sie diese, denn darin sind meist die benötigten Treiber enthalten. Wenn der Drucker nicht erkannt wird, müssen Sie ihn manuell installieren.

1. Verbinden Sie den Drucker mit dem Computer, und schalten Sie ihn ein. Öffnen Sie dann das Schnellstartmenü mit [Windows-Taste] + [X], und wählen Sie darin den Eintrag **Systemsteuerung**.
2. Klicken Sie im nächsten Dialog auf **Geräte und Drucker** (1).
3. Das gleichnamige Fenster öffnet sich. Um einen neuen Drucker zu installieren, klicken Sie unterhalb der Menüleiste auf **Drucker hinzufügen**, und wählen Sie einen Drucker aus.
4. Wurde der Drucker von Windows erkannt, wird er im nächsten Fenster aufgeführt. Falls nicht, prüfen Sie, ob der Drucker eingeschaltet ist. Wird er dennoch nicht erkannt, klicken Sie auf **Der gesuchte Drucker ist nicht aufgeführt** (2).
5. Windows fragt nun verschiedene Einstellungen ab, z. B. ob ein lokaler oder ein Netzwerkdrucker hinzugefügt werden soll oder welcher Anschluss verwendet wird. Über die Schaltfläche **Weiter** (3) gelangen Sie jeweils zum nächsten Schritt.

Anschluss über USB

Für gewöhnlich werden Drucker heute über USB angeschlossen. Wählen Sie in diesem Fall die Option **USB001 (Virtueller Druckerport für USB)** aus der Liste aus (4). Im Zweifel ziehen Sie die Geräteanleitung Ihres Druckers zu Rate.

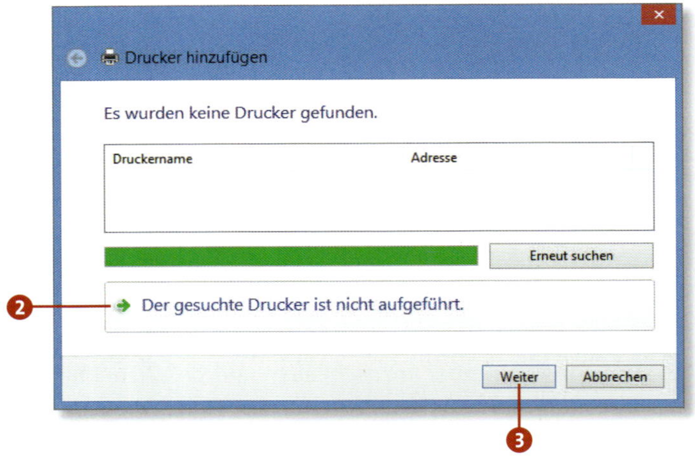

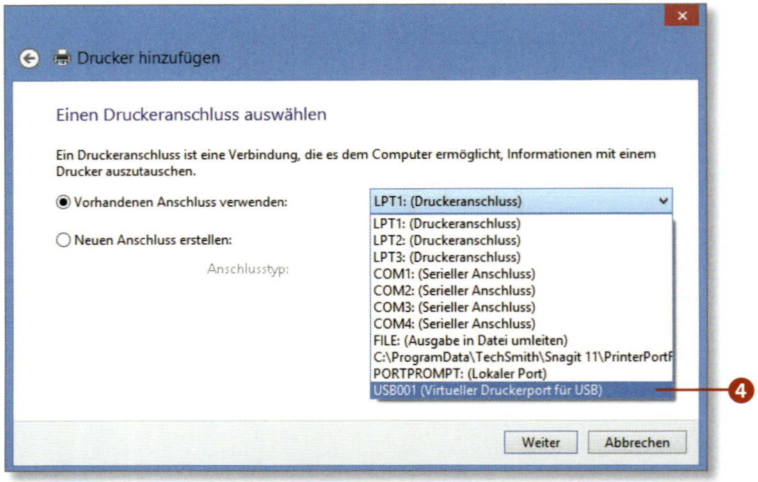

6. Schließlich werden einige Hersteller und Druckermodelle aufgelistet. Wählen Sie aus der Liste den passenden Drucker aus, oder klicken Sie auf **Windows Update** 5, um eine erweiterte Druckerliste abzurufen. Die Aktualisierung der Druckerliste kann ein paar Minuten dauern.
7. Nachdem Sie eine Bezeichnung für den Drucker eingegeben oder den vorgeschlagenen Namen übernommen haben, wird der Druckertreiber installiert. Legen Sie anschließend fest, ob der Drucker im Netzwerk freigegeben werden soll, und bestätigen Sie dies mit einem Klick auf **Weiter**.
8. Im letzten Schritt überprüfen Sie nun über die Schaltfläche **Testseite drucken** 6 die korrekte Installation des Druckers. Die Testseite enthält ein paar Daten zum Drucker sowie eine kleine Grafik.
9. Wenn alle Einstellungen getroffen sind und der Testausdruck in Ordnung ist, schließen Sie die Installation über **Fertig stellen** 7 ab. Der Drucker ist nun einsatzbereit.

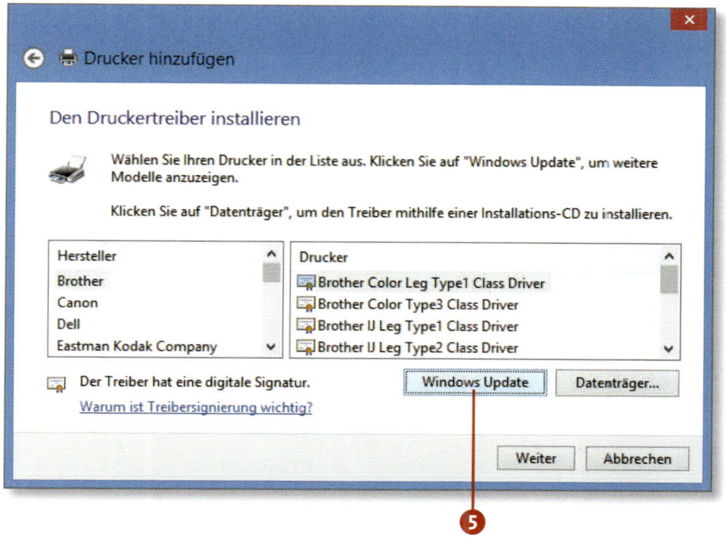

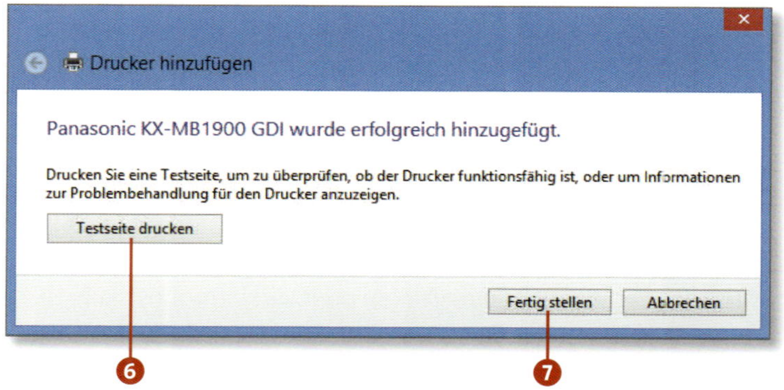

Drucker nachträglich im Netzwerk freigeben

Sie können den Drucker jederzeit nachträglich freigeben, falls Sie dies bei der Installation nicht getan haben. Klicken Sie in der Systemsteuerung unter **Geräte und Drucker** mit der rechten Maustaste auf Ihren Drucker, und wählen Sie **Druckereigenschaften** aus dem Kontextmenü. Auf dem Register **Freigabe** aktivieren Sie die Option **Drucker freigeben** und tragen darunter noch einen eindeutigen Freigabenamen ein. Sollte das Netzwerk von Anwendern mit unterschiedlichen Windows-Versionen genutzt werden, müssen Sie über **Zusätzliche Treiber** passende Treiber nachinstallieren. Klicken Sie auf **OK**, um die Einstellungen zu übernehmen und das Fenster zu schließen.

Einen Drucker als Standarddrucker definieren

Haben Sie mehrere Drucker installiert, können Sie wählen, über welchen Drucker der Auftrag ausgeführt werden soll. Ein Drucker wird dabei als Standarddrucker festgelegt. Um diese Einstellung zu ändern, gehen Sie wie folgt vor:

1. Öffnen Sie die Systemsteuerung, z. B. indem Sie in der auf dem Desktop geöffneten Charms-Leiste auf **Einstellungen > Systemsteuerung** klicken.
2. In der Systemsteuerung wählen Sie **Geräte und Drucker** ❶.
3. Im Abschnitt **Drucker** ❷ sind nun alle entsprechenden Geräte aufgelistet. Der aktuelle Standarddrucker ist mit einem grünen Häkchen gekennzeichnet ❸. Klicken Sie mit der rechten Maustaste auf den Drucker, den Sie verwenden möchten, und wählen Sie den Befehl **Als Standarddrucker festlegen** ❹ aus dem Kontextmenü.
4. Der Drucker ist nun als Standarddrucker definiert und damit in allen Druckdialogen als Ausgabegerät vorausgewählt ❺.

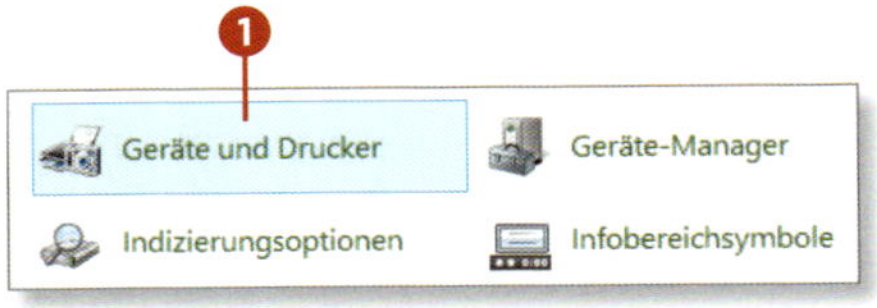

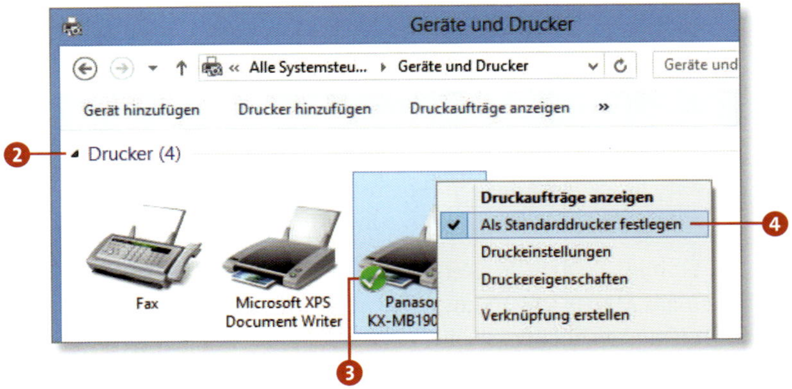

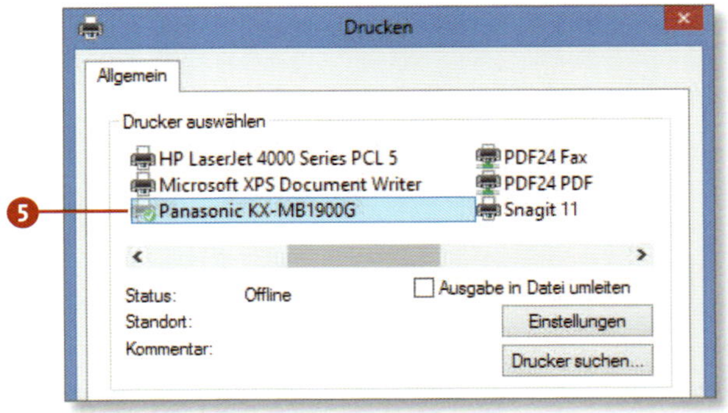

Papierstau

Wird das Papier schief eingezogen oder verklemmt es sich immer wieder im Drucker, kann dies mehrere Gründe haben. Häufig liegt es aber am Papier selbst. Bevor Sie neues Papier einlegen, sollten Sie es mehrfach auffächern. Beim produktionsbedingten Schneiden entstehen häufig Kanten, an denen sich das Papier leicht verhaken kann, sodass mehr als ein Blatt auf einmal eingezogen wird. Achten Sie zudem auf die Qualität des Papiers. Wenn es zu dünn ist oder bei zu hoher Luftfeuchtigkeit gelagert wurde, kommt es schneller zu Papierstaus.

Einen Drucker entfernen

Der neue Drucker wurde erfolgreich installiert. Nun steht der alte Drucker aber weiterhin unnötig in der Auswahlliste und stört die Übersichtlichkeit. Sie können diesen Drucker sowohl über die Systemsteuerung als auch über die PC-Einstellungen entfernen. Wir wählen den Weg über die PC-Einstellungen.

1. Öffnen Sie die Charms-Leiste, und klicken Sie darin auf **Einstellungen > PC-Einstellungen ändern** ❶.
2. Wechseln Sie zur Kategorie **PC und Geräte** und klicken Sie dort auf das Untermenü **Geräte** ❷. Hier werden alle verfügbaren Geräte aufgelistet, nicht nur Drucker, sondern auch andere am Computer angeschlossene Peripheriegeräte. Wählen Sie den Drucker, den Sie entfernen möchten, mit einem Mausklick aus. In der rechten unteren Ecke des Eintrags erscheint daraufhin die Schaltfläche **Gerät entfernen** ❸. Klicken Sie darauf, und bestätigen Sie die anschließende Abfrage mit einem Klick auf **Ja**.
3. Der Drucker wird nun aus dem System entfernt. Der Vorgang kann nicht rückgängig gemacht werden. Benötigen Sie den Drucker zu einem späteren Zeitpunkt wieder, müssen Sie ihn neu installieren (siehe den Abschnitt »Einen Drucker anschließen« auf Seite 236).

Probleme mit dem Drucker ausfindig machen

Klicken Sie im Fenster **Geräte und Drucker**, das Sie über die Systemsteuerung erreichen, Ihren Drucker mit der rechten Maustaste an, und wählen Sie den Menüpunkt **Problembehandlung** aus. Windows sucht nun nach möglichen Druckerproblemen und bietet Ihnen passende Lösungsmöglichkeiten an.

Einen Fotoapparat anschließen und Bilder importieren

Sie haben in Ihrem letzten Urlaub viele schöne Erinnerungsfotos geschossen. Wie kommen die Fotos nun am einfachsten auf den Computer? Unter Windows 8.1 ist der Import von Bildern direkt vom Fotoapparat sehr einfach gestaltet.

1. Schließen Sie Ihre Kamera mit dem mitgelieferten Kabel an den Computer an, und schalten Sie sie ein. Windows 8.1 erkennt nach wenigen Sekunden die Verbindung zu Ihrer Kamera und signalisiert dies durch einen kleinen Hinweis oben rechts. Klicken Sie darauf, um eine Aktion auszuwählen, und wählen Sie die Option **Fotos und Videos importieren** 1.
2. Alle Bilder, die sich auf der Speicherkarte der Kamera befinden, werden eingelesen und auf dem Bildschirm angezeigt. Klicken Sie auf die Bilder, die Sie übernehmen möchten, oder klicken Sie gleich auf **Alles auswählen** 2, wenn Sie alle Bilder für den Import auswählen möchten.
3. Ist die Auswahl abgeschlossen, klicken Sie auf **Importieren** 3.
4. Die Bilder werden nun in die Bibliothek **Bilder** importiert. Als Ordnername wird automatisch das aktuelle Datum verwendet. Die Vergabe einer eigenen Bezeichnung oder eines anderen Zielordners ist nicht möglich.

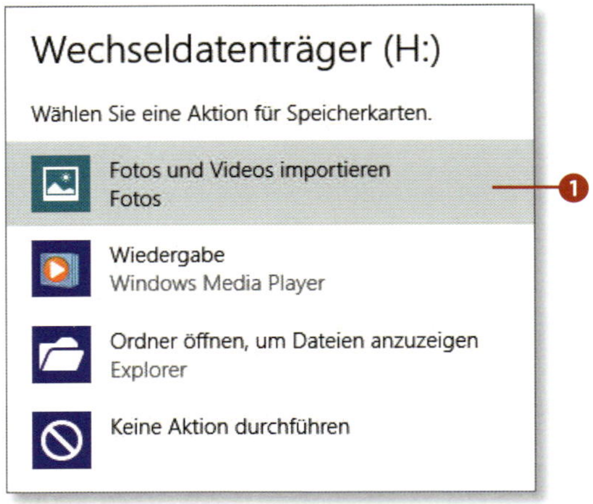

Aktion für Speicherkarte neu festlegen

Windows merkt sich die von Ihnen festgelegte Aktion. Wenn Sie beim nächsten Anschließen der Kamera eine andere Aktion wählen möchten, drücken Sie beim Einschalten der Kamera die [⇧]-Taste. Das Auswahlfenster erscheint daraufhin wieder, und Sie können Ihre Auswahl neu treffen.

Lautsprecher anschließen

Lautsprecher anschließen und einstellen

Viele Anwender sehen über den Computer fern oder legen eine Audio-CD ein, um während der Arbeit ein wenig Musik zu hören. Dazu braucht es natürlich auch Lautsprecher, die für gewöhnlich an den grünen Anschluss (Ausgang der Soundkarte) angeschlossen werden.

1. Wechseln Sie zum Desktop, und rufen Sie dort die Systemsteuerung auf, indem Sie mit ⊞ + X das Schnellstartmenü öffnen und darin den Menüpunkt **Systemsteuerung** auswählen.
2. Klicken Sie nun auf das Element **Sound** ❶, um zu den benötigten Einstellungen zu gelangen.
3. Auf dem Register **Wiedergabe** ❷ sollte nun der verwendete Lautsprecher als Standardgerät angezeigt werden ❸. Führen Sie einen Doppelkick auf den Eintrag aus, um die Konfigurationsmöglichkeiten aufzurufen.
4. Wechseln Sie zum Register **Erweitert** ❹, und klicken Sie dort auf die Schaltfläche **Testen** ❺, um die Lautsprecher einem Funktionstest zu unterziehen. Es wird eine kurze Tonfolge wiedergegeben.
5. Wechseln Sie anschließend in das Register **Pegel** ❻, dort können Sie die Lautstärke mithilfe des Schiebereglers anpassen oder den Ton über das Lautsprecher-Symbol stumm schalten bzw. wieder einschalten (falls der Testsound nicht zu hören war).

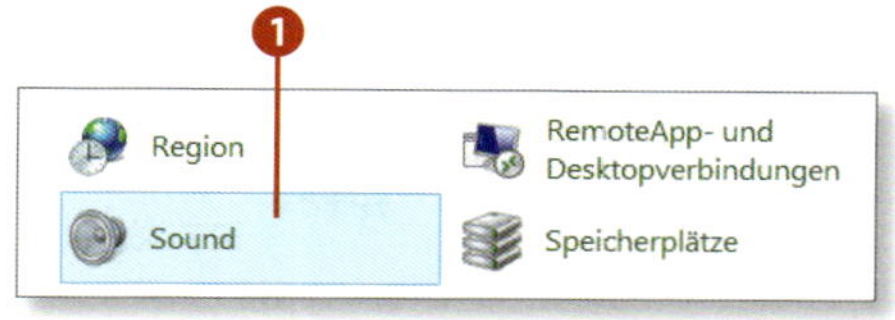

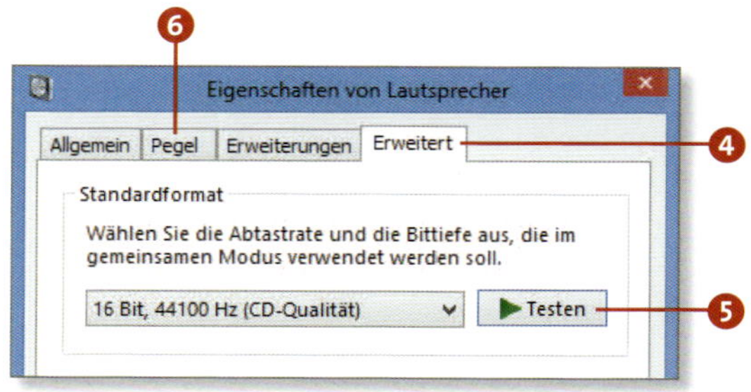

Kopfhörer anschließen

Bei tragbaren Computern wie Tablet-PCs ist der Anschluss von Lautsprechern zwar auch möglich, praktischer sind hier aber sicherlich Kopfhörer, die für gewöhnlich ebenfalls an den grünen Ausgang der Soundkarte angeschlossen werden.

Kein Ton oder Lautstärke zu laut oder zu leise?

Kontrollieren Sie direkt am Lautsprecher, ob er eingeschaltet ist. Die Lautstärke sowie Höhen und Tiefen können Sie meist auch direkt am Lautsprecher anpassen.

Audioaufnahme und -wiedergabe testen

Sie möchten Aufnahmen über ein Mikrofon erstellen? Auch das ist unter Windows 8.1 mit wenig Aufwand möglich. Schließen Sie zunächst Ihr Mikrofon an den Mikrofoneingang Ihres Computers (Eingang der Soundkarte) an. In aller Regel ist dies eine rosafarbene Buchse.

1. Rufen Sie die Systemsteuerung auf, und klicken Sie darin auf den Eintrag **Sounds**.
2. Wechseln Sie zum Register **Aufnahme** ❶, und führen Sie dort einen Doppelklick auf den Eintrag Ihres Mikrofons ❷ aus.
3. Sie können die Aufnahmelautstärke ❸ und – soweit verfügbar – die Mikrofonverstärkung ❹ mithilfe der Schieberegler einstellen, die Sie auf dem Register **Pegel** ❺ finden. Lassen Sie das **Eigenschaften**-Fenster zunächst noch geöffnet.
4. Wechseln Sie mit der [Windows]-Taste zum Startbildschirm, und geben Sie dort den Suchbegriff »Audiorecorder« ein. Wählen aus der Ergebnisliste das gleichnamige Programm per Mausklick aus, um es zu starten.
5. Klicken Sie auf **Aufnahme beginnen** ❻, und sprechen Sie ein paar Sätze in das Mikrofon. Passen Sie bei Bedarf die Lautstärke und die Mikrofonverstärkung an. Beenden den Test mit **Aufnahme beenden** ❼.

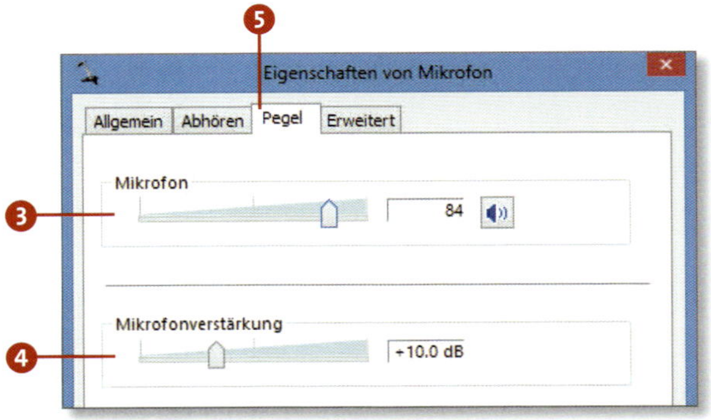

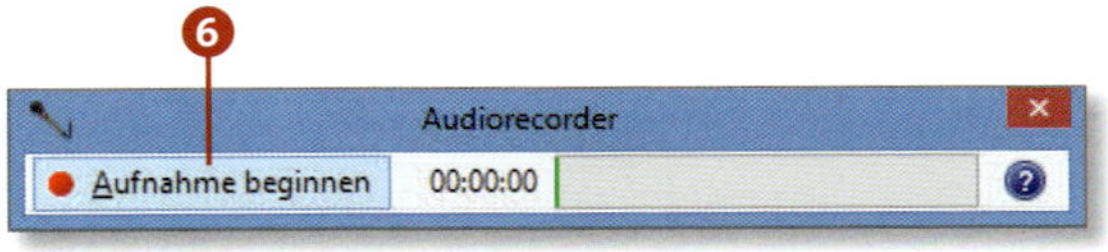

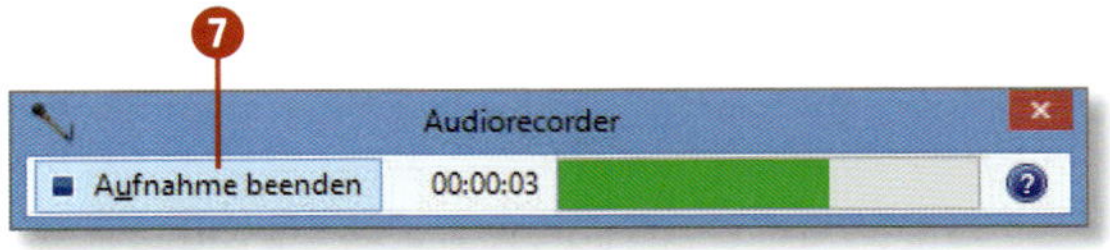

Programmempfehlung

Für die Erstellung und einfache Bearbeitung von Audiodateien eignet sich hervorragend das kostenlose Programm *Audacity*.

Eine USB-Festplatte oder einen USB-Stick anschließen

Die Lebensdauer und die Speicherkapazität von CDs und DVDs sind begrenzt, daher eignen sich gerade externe Festplatten hervorragend als Sicherungsmedium für Ihre Daten wie Fotos oder persönliche Dokumente. Eine USB-Festplatte anzuschließen ist sehr einfach, und durch ihre kompakte Bauweise lässt sie sich leicht transportieren. Einen USB-Stick schließen Sie übrigens genauso an.

1. Verbinden Sie die externe Festplatte mit dem USB-Anschluss an Ihrem Computer und schalten Sie sie anschließend ein. Achten Sie auf einen sicheren Stand der Festplatte. Das Laufwerk sollte während des Betriebs nicht schräg liegen und nicht bewegt werden.
2. Nach einem kurzen Moment wird die Festplatte erkannt und als zusätzlicher Datenträger im Explorer angezeigt ❶. Im Beispiel trägt die Festplatte die Bezeichnung »Datensicherung«. Ein USB-Stick wird meist als Wechseldatenträger aufgeführt ❷ (manchmal aber auch mit der Herstellerbezeichnung). Eventuell benötigte Gerätetreiber werden automatisch installiert. Sie können die USB-Festplatte nun wie eine gewöhnliche Festplatte verwenden und Daten kopieren, löschen, verschieben etc.
3. Wird die USB-Festplatte oder der USB-Stick nicht mehr benötigt, trennen Sie diese vom System, bevor Sie den USB-Stecker ziehen. Dazu klicken Sie in der Taskleiste auf den kleinen Pfeil **Ausgeblendete Symbole anzeigen** ❸, dann auf das Symbol **Hardware sicher entfernen und Medium auswerfen** ❹ und schließlich auf **<Gerätename> auswerfen** ❺. Sie vermeiden dadurch Datenverlust. Stecken Sie die Festplatte erst ab, nachdem Windows die Trennung bestätigt hat.

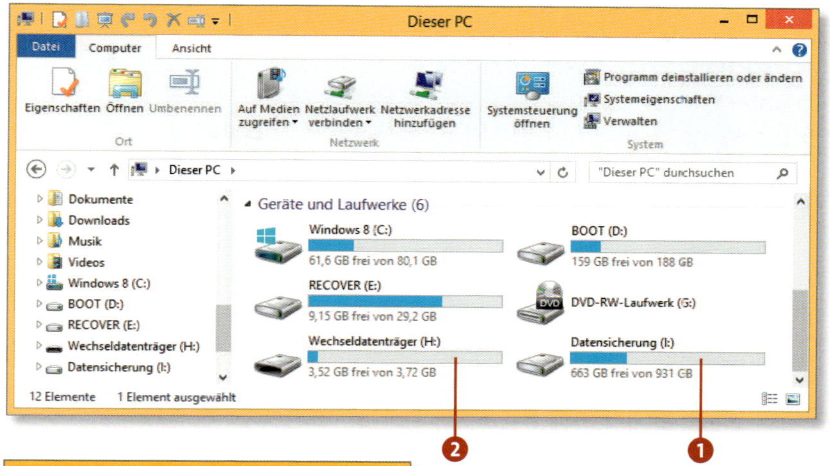

Die externe Festplatte wird nicht erkannt?

Verbinden Sie die Festplatte möglichst nicht über einen USB-Hub, an dem weitere Geräte angeschlossen sind, sondern direkt mit dem Computer. Wird sie dennoch nicht erkannt, fehlt vielleicht ein Treiber. Suchen Sie auf der Herstellerseite im Bereich Support/Service nach einem geeigneten Treiber, oder fragen Sie den Kundendienst.

Smartphones und andere mobile Geräte anschließen

Ein Smartphone mit dem Computer verbinden

Sie können Fotos oder Dokumente ganz leicht von Ihrem Mobiltelefon auf den Computer übertragen oder einen Klingelton bzw. MP3-Dateien vom PC auf das Smartphone ziehen. Für den Austausch der Daten ist keine separate Software nötig; Sie können alle Aufgaben mit dem Explorer erledigen.

1. Verbinden Sie das eingeschaltete Smartphone per USB-Kabel mit dem Computer, und aktivieren Sie auf dem Smartphone gegebenenfalls die USB-Verbindung und den USB-Speicher. (Der Aktivierungsvorgang ist vom Betriebssystem des Smartphones abhängig.)
2. Die Verbindung zwischen Smartphone und Computer wird automatisch hergestellt. Befinden sich Fotos auf dem Telefon, startet die *Fotos*-App und zeigt diese Bilder an. Wählen Sie die Bilder aus, die Sie auf den Computer übertragen möchten.
3. Starten Sie die Übertragung der Dateien auf Ihren Computer mit einem Klick auf **Importieren** ❶. Die Dateien werden in der Bibliothek **Bilder** abgelegt.
4. Um umgekehrt z. B. Audiodateien auf das Smartphone zu ziehen, öffnen Sie den Explorer mit [Win] + [E]. Das Telefon wird unter **Dieser PC** ❷ als Wechseldatenträger aufgeführt: mit einem Laufwerk für die SIM-Karte ❸ und einem weiteren Laufwerk, wenn im Telefon eine zusätzliche SD-Karte vorhanden ist ❹.

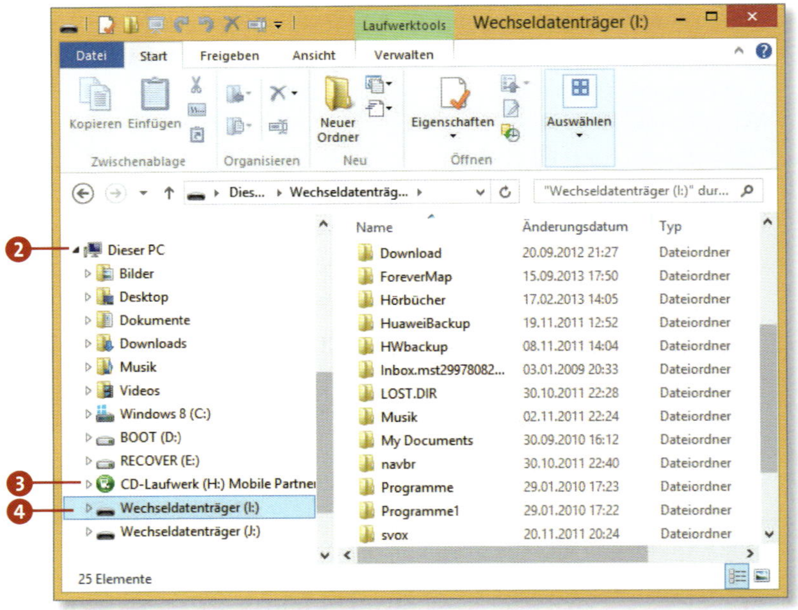

Drahtlose Verbindung zwischen Handy und Computer

Unterstützt Ihr Smartphone Bluetooth? Im nächsten Abschnitt erfahren Sie, wie Sie Handy und Computer drahtlos via Bluetooth verbinden können.

5. Das Smartphone lässt sich im Explorer nun wie eine Festplatte ansprechen, d. h., Sie können es öffnen und auf gewohnte Weise Dateien kopieren, verschieben oder löschen. Wenn auf dem Smartphone Fotos vorhanden sind, finden Sie diese im Verzeichnis **DCIM** 5.
6. Um MP3-Audiodateien zu übertragen, legen Sie einen neuen Ordner auf dem Smartphone an oder verwenden einen bereits vorhandenen Ordner. Ziehen Sie nun die ausgewählten MP3-Dateien einfach mit gedrückter Maustaste auf das Telefon 6.
7. Dokumente finden Sie meist im Ordner **documents** 7 (oder **My Documents**). Auch Dokumente können Sie vom Handy auf den Computer und umgekehrt übertragen. Schauen Sie im Handbuch Ihres Mobiltelefons nach, welche Dateiformate unterstützt werden.

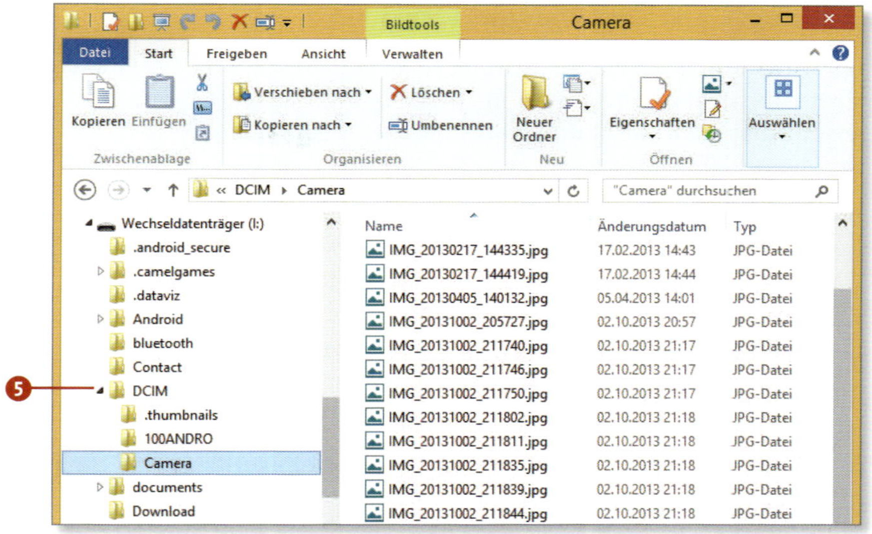

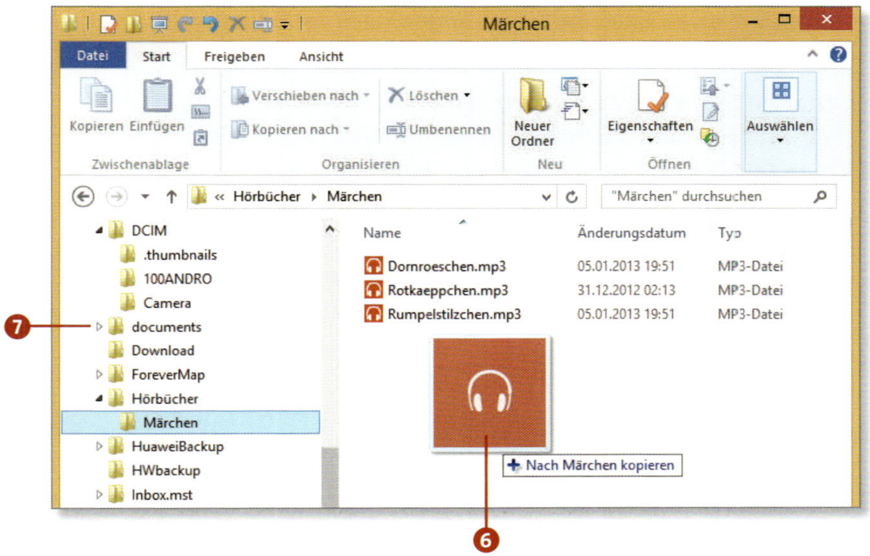

Spezielle Software nutzen

Die meisten Handy-Hersteller bieten für ihre Geräte spezielle Synchronisierungssoftware an, mit deren Hilfe Sie z. B. Ihre Kontakte mit Google, Yahoo! oder Outlook abgleichen und Daten zwischen dem Smartphone und einem angeschlossenen Computer austauschen können. Beispiele sind *Zune Software* für Windows Phone 7/8 oder *Samsung Kies* für Samsung-Handys. Für Handys mit dem Betriebssystem Android ist z. B. *MyPhoneExplorer* eine kostenlose Alternative.

Bluetooth-Geräte mit Windows verbinden

Tauschen Sie drahtlos Daten zwischen Ihrem Computer und einem bluetooth-fähigen Gerät wie z. B. Ihrem Handy aus. Bluetooth-Adapter gibt es im Fachhandel schon für unter 15 Euro. Bei Tablets und Laptops ist dieser Adapter oft schon im Gerät verbaut.

1. Aktivieren Sie die Bluetooth-Funktion an Ihrem Tablet oder Laptop, oder stecken Sie den Bluetooth-Adapter in einen freien USB-Steckplatz. In der Taskleiste erscheint das Bluetooth-Symbol ❶. Klicken Sie darauf und wählen Sie im Menü die Option **Einstellungen öffnen**. Sollte das Symbol nicht zu sehen sein, klicken Sie auf den kleinen Pfeil in der Taskleiste ❷, um sich die ausgeblendeten Symbole anzeigen zu lassen.
2. Aktivieren Sie die Einstellung **Bluetooth-Geräte können diesen PC ermitteln** ❸, und übernehmen Sie die Einstellungen mit **OK**.
3. Aktivieren Sie nun die Bluetooth-Verbindung an Ihrem Handy, und schalten Sie den Modus auf **Sichtbar**, damit das Gerät erkannt werden kann (Infos dazu finden Sie in der Bedienungsanleitung Ihres Handys).
4. Nun gilt es, die Geräte zu verbinden. Führen Sie einen Doppelklick auf das Bluetooth-Symbol in der Taskleiste aus. Automatisch öffnet sich das Menü **PC-Einstellungen**. Klicken Sie darin auf den Menüpunkt **PC und Geräte** und anschließend auf **Bluetooth** ❹. Windows sucht daraufhin nach neuen Geräten in der Umgebung und zeigt an, wenn es welche gefunden hat ❺.

Bluetooth-Sicherheitstipps

Schalten Sie Bluetooth nur ein, wenn Sie es für die Datenübertragung benötigen, und deaktivieren Sie die Funktion danach umgehend wieder. Lehnen Sie zudem unbedingt jede unerwartete Aufforderung, eine Bluetooth-Verbindung oder den Empfang einer Datei zu akzeptieren, ab!

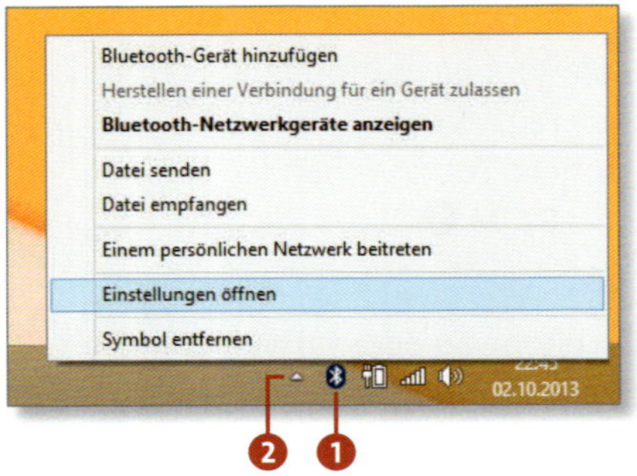

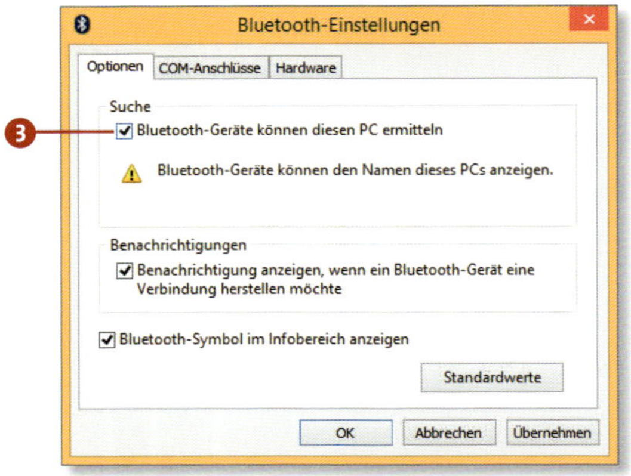

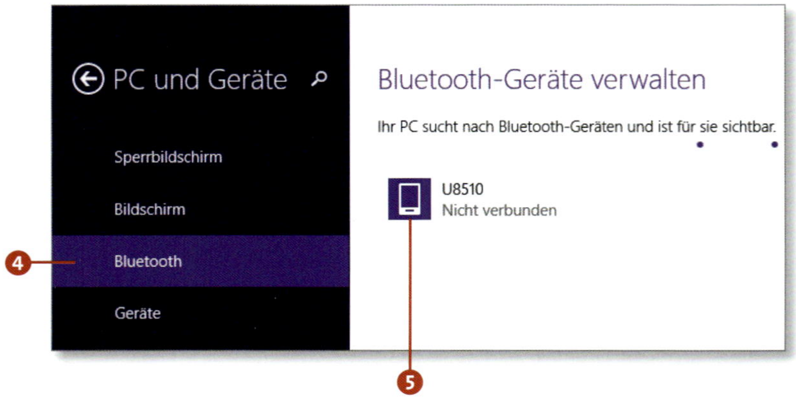

5. Nach wenigen Sekunden wird Ihr Handy gefunden und angezeigt. Klicken Sie auf den neuen Geräteeintrag und danach auf die daraufhin sichtbare Schaltfläche **Koppeln**.
6. Bevor eine Verbindung zwischen dem Computer und dem Telefon hergestellt wird, müssen Sie sich identifizieren. Windows blendet zu diesem Zweck einen Code ein, der identisch auf dem Handy angezeigt wird. Kontrollieren Sie diesen Code, und bestätigen Sie ihn sowohl auf dem Handy als auch am Computer (mit **Ja** 6).
7. Nun ist die Verbindung hergestellt, und Sie können Daten zwischen dem Computer und dem Mobiltelefon austauschen. Klicken Sie dazu mit der rechten Maustaste auf das Bluetooth-Symbol in der Taskleiste, und wählen Sie aus dem Kontextmenü **Datei senden** 7.
8. Wählen Sie im nächsten Dialog Ihr Mobiltelefon aus, und klicken Sie auf **Weiter**.
9. Klicken Sie auf **Durchsuchen** 8, um eine Datei zur Übertragung auszusuchen, und bestätigen Sie auch diese Auswahl mit **Weiter** 9. Nun wird die Datei auf das Mobiltelefon übertragen. Die Übertragung ist erfolgreich abgeschlossen, wenn die Datei auf dem Empfänger-Gerät angenommen wurde.

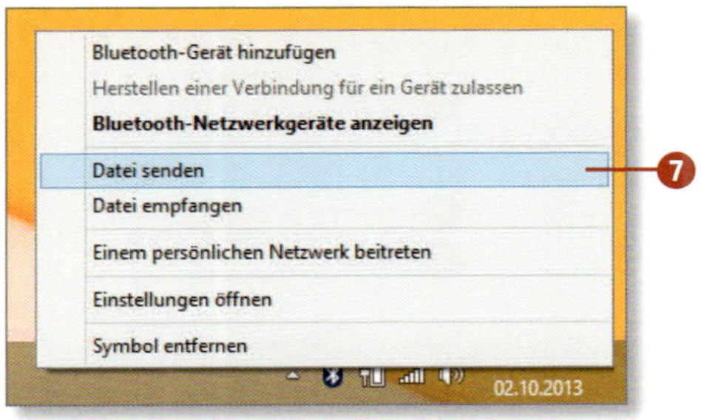

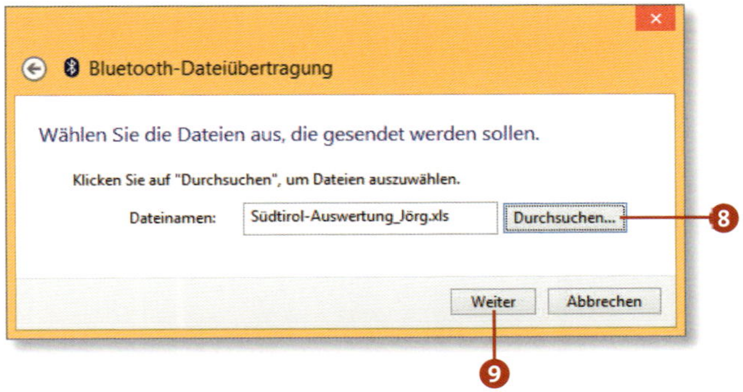

Dateien an den Computer senden

Natürlich funktioniert auch der umgekehrte Weg. Schicken Sie eine Datei via Bluetooth an den Computer, wird die eingehende Datei in einem Dialogfenster angezeigt und lässt sich in ein beliebiges Verzeichnis speichern. Über **Abbrechen** können Sie den Empfang der Datei auch ablehnen. Damit die Übertragung klappt, müssen Sie in der Taskleiste aus dem Bluetooth-Kontextmenü die Option **Datei empfangen** auswählen und den Rechner so in Empfangsbereitschaft versetzen.

Der Geräte-Manager im Überblick

Mit dem Geräte-Manager können Sie sich eine Liste aller auf dem Computer installierten Hardwarekomponenten, z. B. die Grafikkarte, Festplatten, CD-/DVD-Laufwerke, Prozessoren oder auch den angeschlossenen Monitor, anzeigen lassen und die jeweiligen Geräteeigenschaften festlegen. Sie können an dieser Stelle nach neuer Hardware suchen lassen, Treibersoftware deinstallieren oder aktualisieren, Geräte kurzfristig deaktivieren oder auch komplett deinstallieren. Der Geräte-Manager zeigt zudem fehlerhafte Komponenten an und ist eine der typischen Anlaufstellen auf der Suche nach Lösungen für verschiedene PC-Probleme. Sie starten den Geräte-Manager z. B. über [Win] + [X] und die Auswahl des Eintrags **Geräte-Manager** im Schnellstartmenü.

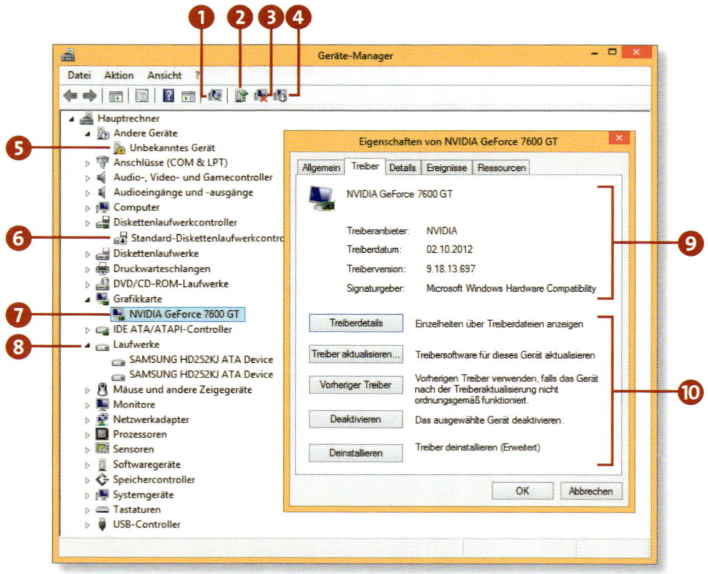

1. nach geänderter oder neuer Hardware suchen
2. die Treibersoftware des ausgewählten Geräts aktualisieren
3. das ausgewählte Gerät deinstallieren
4. ein Gerät deaktivieren
5. Auch unbekannte oder als fehlerhaft bezeichnete Geräte werden hier angezeigt.
6. Dieses Gerät wurde deaktiviert.
7. Die im Rechner verbaute Grafikkarte wird ebenfalls aufgeführt.
8. Unter **Laufwerke** werden die eingebauten und angeschlossenen Festplatten aufgelistet.
9. Wenn Sie es genauer wissen wollen, können Sie sich die Eigenschaften eines Geräts, z. B. der Grafikkarte, anzeigen lassen, indem Sie doppelt auf den Eintrag klicken.
10. Hier können Treiber aktualisiert oder auch deinstalliert werden.

Gerätetreiber installieren und aktualisieren – 1

Wenn Sie ein neues Gerät an den Computer anschließen, versucht Windows 8.1 automatisch, das Gerät zu erkennen und einen passenden Gerätetreiber zu installieren. Kann das Gerät nicht erkannt werden oder liegen keine Treiber vor, werden Sie darüber informiert, und Windows verlangt nach einer Treiber-CD oder einer manuellen Installation des Treibers. Bei einem *Treiber* handelt es sich um eine Software, die die Kommunikation zwischen der Hardware und dem Computer bzw. Windows regelt. Fehlt der Treiber oder wurde er nicht ordnungsgemäß installiert, funktionieren die jeweiligen Geräte nicht oder nur mit Einschränkungen.

Gehört zum Lieferumfang Ihres neuen Geräts eine CD/DVD, legen Sie sie in Ihr CD-/DVD-Laufwerk ein, und installieren Sie die darauf befindliche Software. Beachten Sie die Anleitung des Geräteherstellers. Wenn Sie z. B. eine Tastatur mit zusätzlichen Funktionstasten verwenden möchten, können Sie sie zwar auch mit den Windows-Standardtreibern nutzen; viele Zusatzfunktionen wie die Belegung und Nutzung der Funktionstasten sind aber nur mit der mitgelieferten Gerätesoftware möglich. Die Software installiert die für Windows benötigten Treiber gleich mit, und damit ist das Gerät nach der Softwareinstallation einsatzbereit.

Damit Windows 8.1 Treiber für ein erkanntes Gerät herunterladen und installieren kann, muss eine Internetverbindung bestehen. Bestand zum Zeitpunkt der Installation keine Internetverbindung, können Sie Windows nachträglich nach passenden Treibern suchen lassen. Öffnen Sie dazu die Funktion **Windows Update** (siehe dazu auch den Abschnitt »Die Funktion ›Windows Update‹« auf Seite 172), und klicken Sie dort auf den Menüpunkt **Nach Updates suchen**. Treiber oder neue Softwareversionen für Ihre Geräte werden als optionale Updates aufgeführt. Wählen Sie den entsprechenden Eintrag aus, und klicken Sie auf **Installieren**, um die Software aufzuspielen. Optionale Updates werden von Windows nicht automatisch heruntergeladen oder installiert.

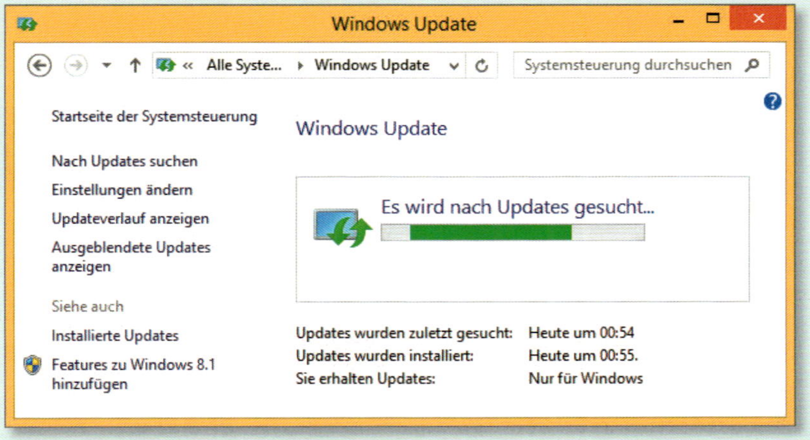

Über die Funktion »Windows Update« nach neuer Gerätesoftware und Treibern suchen lassen

Gerätetreiber installieren und aktualisieren – 2

Anstatt manuell nach neuer Gerätesoftware und Treibern für Ihre Hardware zu suchen, können Sie Windows 8.1 auch anweisen, sie automatisch herunterzuladen. Öffnen Sie dafür in der Systemsteuerung den Menüpunkt **Geräte und Drucker** (in der Ansicht **Kleine** bzw. **Große Symbole**), und führen Sie dort einen Rechtsklick auf den Namen Ihres Computers aus. Wählen Sie nun aus dem Kontextmenü den Befehl **Geräteinstallationseinstellungen**, und beantworten Sie im Anschluss die Frage **Soll Windows Treibersoftware und darstellungsgetreue Symbole für die Geräte herunterladen?** mit **Ja, automatisch ausführen**.

Möchten Sie den Treiber für eine Hardwarekomponente aktualisieren, führen Sie diesen Vorgang direkt über den Geräte-Manager durch. Doppelklicken Sie im Geräte-Manager auf das Gerät, dessen Treiber Sie erneuern möchten. Wechseln Sie danach zum Register **Treiber**, und klicken Sie dort auf die Schaltfläche **Treiber aktualisieren**. Sie haben daraufhin die Möglichkeit, auf Ihrem Computer bzw. auf einer CD/DVD oder über das Internet nach einem neuen Treiber zu suchen. Die darauffolgende Installation ist selbsterklärend. Nach der Installation kann ein Neustart des Systems erforderlich sein.

Sollte die Hardwarekomponente nach der Aktualisierung des Treibers nicht mehr richtig funktionieren, bietet Windows 8.1 die einfache Möglichkeit an, wieder zum vorherigen Treiber zurückzukehren. Diese Funktion finden Sie ebenfalls nach einem Doppelkick auf den Hardwareeintrag auf dem Register **Treiber** des Geräte-Managers. Klicken Sie dort auf die Schaltfläche **Vorheriger Treiber**, und folgen Sie den Anweisungen auf dem Bildschirm.

Wenn im Lieferumfang der Hardware keine Treiber-CD enthalten war und auch Windows keinen Treiber finden konnte, werfen Sie einmal einen Blick in das Windows-Kompatibilitätscenter unter der Adresse *http://www.microsoft.com/de-de/windows/compatibility/CompatCenter/Home*. Auf dieser Seite finden Sie direkte Links zu Treibern für Tausende von Geräten. Sollten Sie auch hier nicht fündig werden, wenden Sie sich direkt an den Gerätehersteller oder an Ihren Computerhändler.

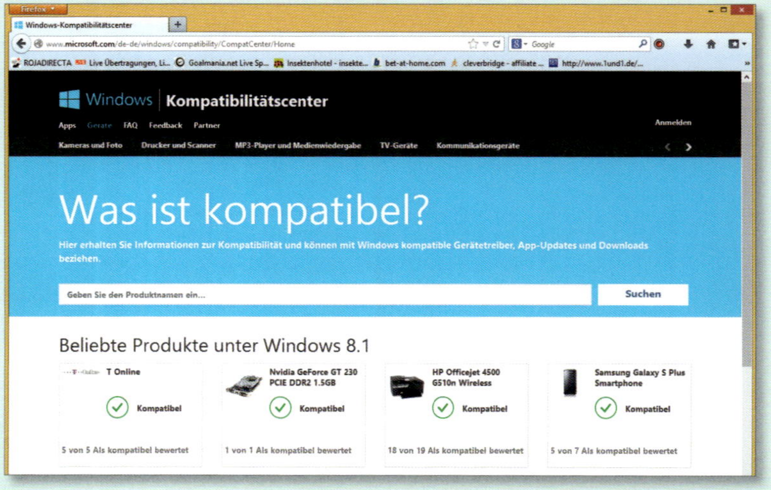

Das Kompatibilitätscenter listet Informationen und Treiber für unzählige Hardwarekomponenten auf.

9 Bilder, Musik und Videos

Der Urlaub ist vorüber, und nun möchten Sie die Urlaubsfotos auf den Computer übertragen, um sie nachzubearbeiten oder einfach auf der Festplatte zu sichern. Schließen Sie Ihren Fotoapparat an den Rechner an, und übertragen Sie Ihre Fotos direkt von der Kamera. In diesem Kapitel erfahren Sie auch, wie Sie Fotos von einem USB-Stick auf Ihren PC importieren. Betrachten können Sie Ihre Bilder dann ganz unkompliziert mit der *Fotos*-App, und mit der *Kamera*-App schießen Sie einfach ein Foto von sich, um es z. B. für Ihr Profil zu nutzen.

Mit der *Musik*-App verwalten Sie Ihre Musiksammlung oder können Tausende von Liedern kostenlos anhören. Oder Sie erwerben günstig einzelne Songs oder ganze Alben und überspielen sie auf einen MP3-Player oder ein Smartphone. Die Auswahl an Interpreten und Titeln ist schier unerschöpflich. Audio-CDs und DVDs lassen sich wie gehabt mit dem Windows Media Player abspielen.

Auf ganz ähnliche Weise funktioniert auch die *Video*-App von Windows 8.1. Mit ihr können Sie die neuesten Kinofilme oder Fernsehserien per Mausklick ausleihen oder kaufen und in hervorragender Qualität auf Ihrem Computer anschauen. Der Filme-Markplatz bietet eine sehr große Auswahl an brandaktuellen Filmen, aber auch an Filmklassikern – für jeden Geschmack ist etwas dabei.

In diesem Kapitel

- Die Fotos-App
- Die Windows Live Fotogalerie
- Die Kamera-App
- Die Musik-App
- Die Video-App
- Der Windows Media Player
- Die Windows-Spracherkennung einrichten

Die Fotos-App

Die App im Überblick

Die *Fotos*-App dient der einfachen Betrachtung von Fotos auf Ihrem Computer. Sie zeigt dabei alle Fotos an, die lokal auf Ihrem Rechner gespeichert sind (in der Bibliothek **Bilder**), aber auch Fotos, die Sie online auf SkyDrive abgelegt haben. Darüber hinaus können Sie sich auch Fotos Ihrer Benutzerkonten bei den Onlinediensten Facebook und Flickr anzeigen lassen, wenn Sie Ihr Microsoft-Konto mit diesen Konten verbunden haben (siehe dazu den Abschnitt »Die Kontakte-App mit Facebook verbinden« auf Seite 94). Die *Fotos*-App war unter Windows 8 kaum mehr als ein einfaches Bildbetrachtungsprogramm, doch nun unter Windows 8.1 zeigt sie sich in überarbeiteter Form mit Funktionen zur Verwaltung und Bearbeitung Ihrer Bilder. Noch einfacher organisieren Sie Ihre Fotos aber mit der kostenlosen Fotogalerie von Microsoft (siehe den Abschnitt »Die Windows Live Fotogalerie« auf Seite 256).

❶ Name des aktuell geöffneten Ordners (hier: **Dänemark**)

❷ Der Speicherort (hier: **SkyDrive**)

❸ Mit einem Rechtsklick wählen Sie ein Foto aus; wenn Sie es noch einmal anklicken, wird es im Vollbildmodus dargestellt.

❹ Dieser Befehl hebt die aktuelle Auswahl auf.

❺ Hiermit wählen Sie alle Bilder des Ordners aus.

❻ Mit diesem Befehl können Sie einen neuen Ordner erstellen.

❼ Hierüber fügen Sie dem Ordner neue Bilder hinzu.

❽ Über diese Schaltfläche starten Sie den Import neuer Bilder von Ihrer Kamera.

Fotos ansehen mit der Fotos-App

Die *Fotos*-App eignet sich sehr gut dazu, Fotos zu betrachten. Sie zeigt alle Fotos der Bibliothek **Bilder** sowie Fotos auf SkyDrive an.

1. Nach dem Start zeigt die *Fotos*-App automatisch alle in der Bibliothek **Bilder** vorhandenen Verzeichnisse. Ein Bild jedes Ordners dient jeweils als Vorschaubild. Über die Schaltfläche rechts oben ❶ können Sie zwischen den Ansichten **Details** und **Miniatur** wechseln.
2. Klicken Sie auf den Ordner, dessen Bilder Sie betrachten möchten. Mithilfe von Wischbewegungen können Sie nun bequem durch die Fotos blättern. Wenn Sie mit der Maus arbeiten, drehen Sie am Mausrädchen, um durch die Fotos zu scrollen, oder nutzen Sie die Bildlaufleiste ❷ am unteren Bildschirmrand.
3. Klicken Sie auf ein Foto, um es in einer vergrößerten Ansicht zu betrachten. Mit den Pfeiltasten [→] und [←] können Sie vor- und zurückblättern, oder Sie bewegen den Mauszeiger auf das Bild und klicken zum Navigieren auf die links und rechts neben dem Foto eingeblendeten Pfeile. Drücken Sie [Esc], um den Betrachtungsmodus zu verlassen.

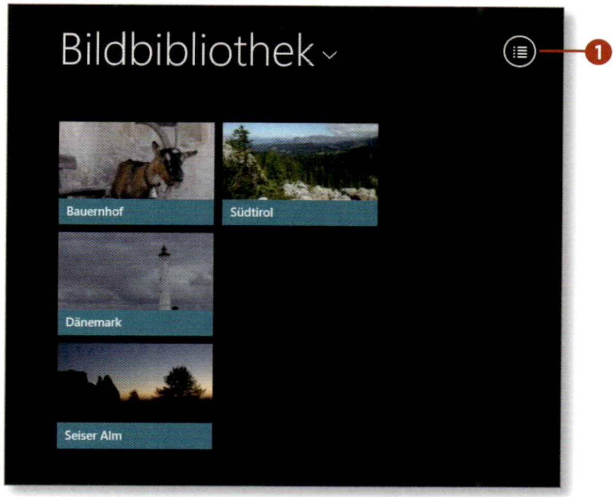

Standardprogramm für die Fotoanzeige ändern

Standardmäßig werden Bild- und Fotodateien mit der *Fotos*-App geöffnet. Möchten Sie lieber wieder die Windows-Fotoanzeige verwenden, wie sie unter Windows 7 Standard war? In diesem Fall öffnen Sie ein Bild in der *Fotos*-App, blenden mit einem Rechtsklick die App-Leiste ein und klicken darin auf den Befehl **Öffnen mit**. Wählen Sie das Programm *Windows-Fotoanzeige* aus dem Menü und achten Sie darauf, dass die Option **Diese App für alle .jpg-Dateien verwenden** aktiviert ist (wobei sich der im Befehl genannte Dateityp ändert, wenn Sie eine Datei anderen Formats geöffnet haben, z. B. *.png* oder *.bmp*).

Ein Foto als App-Kachel nutzen

Die Kachel der *Fotos*-App gefällt Ihnen nicht? Kein Problem, legen Sie einfach ein eigenes Foto als Hintergrund für die Kachel fest. Nur wenige Schritte sind dazu nötig:

1. Starten Sie die *Fotos*-App, und wählen Sie das gewünschte Hintergrundbild aus Ihren Fotos aus. Klicken Sie auf das Foto, damit es in der vergrößerten Darstellung angezeigt wird.
2. Blenden Sie mit einem Klick mit der rechten Maustaste die App-Leiste ein, und klicken Sie darin auf **Festlegen als** ❶.
3. Im Menü wählen Sie den Befehl **Kachel für „<App-Name>“**. Der Bildschirm wird für einen kurzen Moment abgedunkelt, und das gewählte Foto als Hintergrund festgelegt.
4. Drücken Sie die [Windows]-Taste, um zum Startbildschirm zu wechseln. Die Kachel der *Fotos*-App zeigt nun das eigens ausgewählte Hintergrundbild ❷.

Das Kachelbild wird nicht angezeigt?

Damit der selbst gewählte Hintergrund auf der Kachel der *Fotos*-App angezeigt werden kann, muss ihr Live-Modus aktiviert sein. Klicken Sie zu diesem Zweck mit der rechten Maustaste auf die Kachel und anschließend auf den Menüpunkt **Live-Kachel aktivieren** in der App-Leiste.

Ein Foto als Hintergrund für den Sperrbildschirm festlegen

Der Sperrbildschirm wird nach jedem Start des Rechners oder wenn Sie den Computer manuell sperren angezeigt. Auch für ihn können Sie über die *Fotos*-App ein eigenes Bild als Hintergrund festlegen.

1. Klicken Sie auf dem Startbildschirm auf die Kachel **Fotos**, um die App zu starten.
2. Suchen Sie in der Bildbibliothek oder an einem anderen Speicherort das Bild aus, das Sie für den Sperrbildschirm verwenden möchten, und klicken Sie darauf, um es im Vollbildmodus anzuzeigen.
3. Öffnen Sie nun die App-Leiste, indem Sie mit der rechten Maustaste auf eine freie Stelle auf dem Bildschirm klicken. Klicken Sie auf den Eintrag **Festlegen als** ❶ und im zugehörigen Menü auf **Sperrbildschirm**.
4. Die Meldung, dass der Sperrbildschirm festgelegt wird, erscheint, und währenddessen wird der Bildschirm abgedunkelt. Beim nächsten Aufruf des Sperrbildschirms, z. B. mit der Tastenkombination [Windows] + [L], wird Ihnen das neue Foto als Sperrbild angezeigt.

Wissenswertes zum Sperrbildschirm

Die Änderung am Sperrbildschirm wirkt sich nur auf das aktuell genutzte Benutzerkonto aus. So kann jeder Benutzer sein eigenes Bild als Hintergrund festlegen. Welche Informationen auf dem Sperrbildschirm angezeigt werden sollen, können Sie ebenfalls festlegen (siehe dazu den Abschnitt »Den Sperrbildschirm einrichten« auf Seite 207).

Die Windows Live Fotogalerie

Die Fotogalerie herunterladen und installieren

Zwar bietet auch die *Fotos*-App Funktionen zur Bildbearbeitung, komfortabler und einfacher bearbeiten Sie Ihre Bilder aber mit der Desktop-Anwendung *Fotogalerie*, die von Microsoft kostenlos zum Download angeboten wird.

1. Die Windows Live Fotogalerie können Sie unter der Adresse *http://windows.microsoft.com/de-de/windows-live/photo-gallery* kostenlos herunterladen. Über die Schaltfläche **Jetzt herunterladen** starten Sie den Vorgang. Klicken Sie im Download-Dialog Ihres Webbrowsers auf **Ausführen**. Zunächst wird nur das Setup-Programm geladen, das die ausgewählten Anwendungen im Laufe der Installation nachlädt.
2. Die Fotogalerie ist Bestandteil des Programmpakets *Windows Essentials 2012*. Sie können alle Programme des Pakets installieren, oder Sie wählen selbst aus, welche Programme Sie installieren möchten ❶. Hier wählen Sie in jedem Fall **Windows Live Fotogalerie und Movie Maker** ❷ und klicken auf **Installieren** ❸.
3. Nach der Installation finden Sie die Programmkachel der Fotogalerie ❹ auf der Übersichtsseite **Apps**, von wo aus Sie das Programm starten oder die Kachel an den Startbildschirm heften können (siehe dazu auch den Abschnitt »Eine Anwendung suchen und starten« auf Seite 80). Öffnen Sie die Fotogalerie mit einem Klick auf die neue Programmkachel. Beim ersten Aufruf werden Sie aufgefordert, sich mit Ihrem Microsoft-Konto anzumelden.

Keine Anmeldepflicht!

Sie können die Fotogalerie auch nutzen, ohne sich mit Ihrem Microsoft-Konto anzumelden, solange Sie die Inhalte nicht über SkyDrive, Facebook oder andere Dienste teilen möchten.

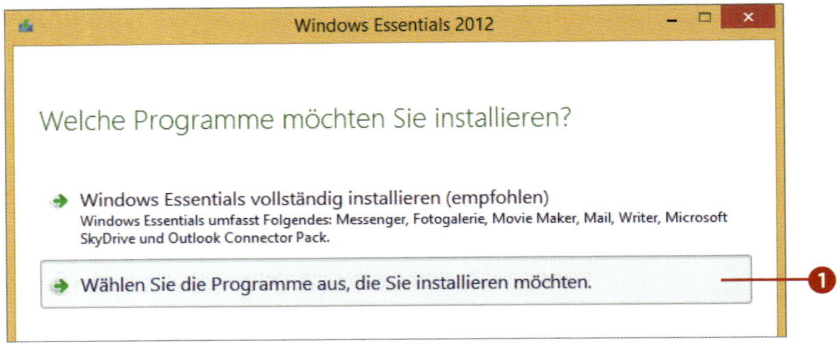

Bilder vom USB-Stick oder der Digitalkamera importieren

Mit der Fotogalerie können Sie Ihre Fotos bequem verwalten und ordnen. Aber zuerst müssen die Bilder auf den PC übertragen werden. Wenn Sie für den Import der Bilder die Fotogalerie nutzen, lässt sich einfacher festlegen, welche Bilder an welchem Ort gespeichert werden sollen.

1. Öffnen Sie die Fotogalerie. Schließen Sie Ihre Kamera, den USB-Stick oder das Mobiltelefon an den Computer an, und klicken Sie auf die Schaltfläche **Importieren** links oben im Menüband.
2. Das Fenster **Fotos und Videos importieren** öffnet sich. Wählen Sie das angeschlossene Gerät aus, und klicken Sie auf **Importieren**.
3. Lassen Sie die Option **Zu importierende Elemente ansehen, verwalten und gruppieren** ❶ aktiviert, und klicken Sie auf **Weiter** ❷. Um hingegen alle neuen Fotos zu importieren, aktivieren Sie die Option **Alle neuen Elemente jetzt importieren** ❸ und geben darunter einen Ordnernamen an.
4. Wenn Sie die voreingestellte Option beibehalten haben, können Sie nun mithilfe des Schiebereglers ❹ am unteren Fensterrand die Zeitspanne einstellen, in der Ihre Fotos zu einer Gruppe zusammengefasst werden. Diese Gruppen können Sie dann benennen ❺.
5. Markieren Sie die Gruppen, die Sie importieren möchten ❻, und setzen Sie den Vorgang mit **Importieren** ❼ fort. Die Bilder werden nun auf den Rechner übertragen. Der Vorgang kann je nach Anzahl der Fotos ein paar Minuten dauern. Danach stehen die Fotos in der Galerie bereit.

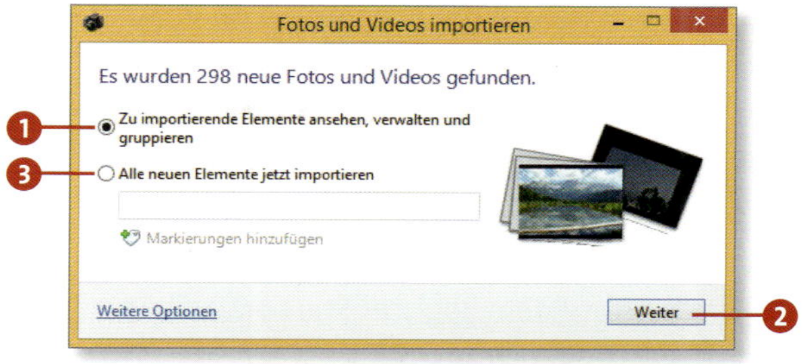

Der Galerie weitere Fotos hinzufügen

Haben Sie einige Fotos außerhalb der Bibliothek **Bilder** gespeichert? Sie können sie sehr einfach in die Fotogalerie übernehmen, wenn Sie im Menü **Datei** auf **Ordner hinzufügen** klicken und anschließend den entsprechenden Ordner auswählen.

Fotos einfach verwalten

Im Laufe der Zeit sammeln sich viele Fotos auf dem Rechner an. Um den Überblick nicht zu verlieren, sind eine gute Organisation und Verwaltung der Bilder notwendig. Auch dazu ist die Fotogalerie bestens geeignet.

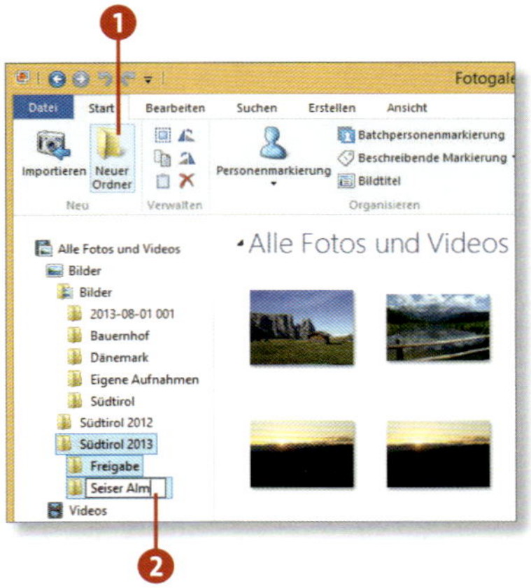

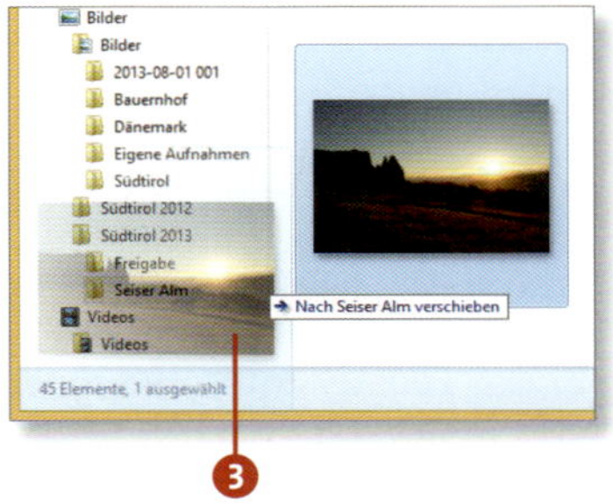

1. Um einen neuen Ordner anzulegen, wählen Sie links das Verzeichnis aus, dem Sie einen neuen Unterordner hinzufügen möchten, und klicken dann auf dem Register **Start** des Menübands auf die Schaltfläche **Neuer Ordner** ❶.
2. Vergeben Sie einen Namen für den neuen Ordner ❷, z. B. »Seiser Alm«, und schließen Sie die Eingabe mit der [↵]-Taste ab. Der neue Ordner wird sogleich auf der linken Seite angezeigt.
3. Um den neuen Ordner mit Bildern zu füllen, öffnen Sie den passenden Bilderordner und markieren die gewünschten Bilder in der rechten Fensterhälfte. Dann ziehen Sie sie mit gedrückter Maustaste auf den neuen Ordner ❸. Sobald Sie die Maustaste wieder loslassen, werden die Fotos dort eingefügt.
4. Doppelklicken Sie auf ein Bild, und klicken Sie danach auf den oberen Teil der Schaltfläche **Markieren und Beschriften** (bzw. **Organisieren** ❹ bei einem verkleinerten Fenster). Rechts neben dem Foto werden daraufhin weitere Optionen eingeblendet.
5. Sind Personen auf dem Bild zu sehen, können Sie diese im Abschnitt **Personenmarkierungen** ❺ markieren und namentlich benennen. Tragen Sie unter **Geomarkierung** ❻ ein, an welchem Ort Sie das Foto aufgenommen haben.

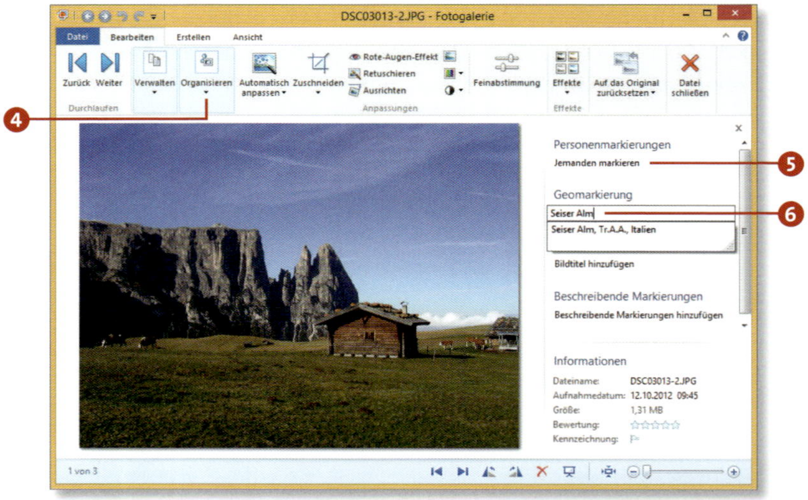

Gesichtserkennung deaktivieren

Sie können die automatische Erkennung von Personen in der Fotogalerie unter **Datei > Optionen** auch deaktivieren. Entfernen Sie hier das Häkchen vor der Option **Personen in meinen Fotos finden**.

Fotos zuschneiden

Ein Foto kann manchmal eine ganz andere Wirkung erreichen, wenn man sich nur auf einen bestimmten Bildausschnitt konzentriert. Nutzen Sie die Zuschneide-Optionen der Fotogalerie, und bringen Sie Ihre Bilder in die richtige Form.

1. Öffnen Sie in der Galerie zunächst das gewünschte Bild mit einem Doppelklick.
2. Klicken Sie nun auf dem Register **Bearbeiten** ❶ in der Gruppe **Anpassung** auf den oberen Teil der Schaltfläche **Zuschneiden** ❷. Daraufhin wird eine Maske auf dem Bild eingeblendet, die Ihnen den aktuell gewählten Ausschnitt anzeigt. Sie können dieses Feld mit gedrückter Maustaste beliebig verschieben.
3. Um die Größe des Ausschnitts anzupassen, führen Sie den Mauszeiger auf das kleine weiße Quadrat ❸ in einer Ecke der Maske und ziehen den Rahmen mit gedrückter Maustaste auf die gewünschte Größe.
4. Wenn Sie auf den unteren Teil der Schaltfläche **Zuschneiden** klicken, können Sie die Proportionen des Ausschnitts festlegen ❹. Wenn der gewählte Ausschnitt Ihren Vorstellungen entspricht, schließen Sie die Bearbeitung mit dem Befehl **Zuschnitt anwenden** ❺ ab. Mit **Auf das Original zurücksetzen** ❻ machen Sie die Änderung rückgängig.

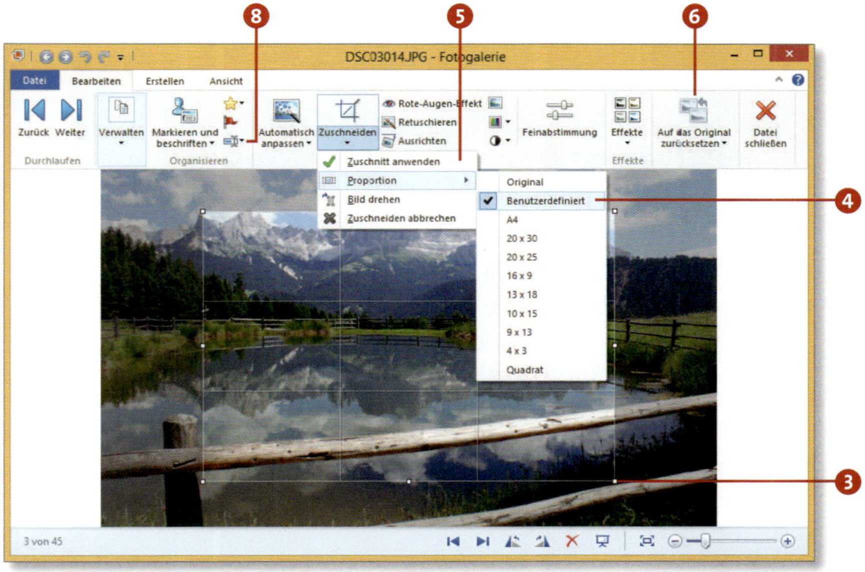

Fotos drehen

Über die Menüpunkte **Nach links drehen** und **Nach rechts drehen** in der Gruppe **Verwalten** (❼ in Bild 1) lässt sich ein auf der Seite liegendes Foto in die richtige Position drehen. Die Fotogalerie speichert das Foto sofort in der neuen Ausrichtung ab.

Die Bildgröße ändern

In der Fotogalerie können Sie die Größe eines Bildes sehr einfach ändern. Öffnen Sie das Bild mit einem Doppelkick, und klicken Sie auf dem Register **Bearbeiten** auf die Schaltfläche **Eigenschaften** ❽ und dann auf **Größe ändern**. Im nächsten Dialogfenster legen Sie mithilfe des Dropdown-Menüs eine Bildgröße fest. Haben Sie alle Einstellungen vorgenommen, klicken Sie auf **Ändern und speichern**.

Fotos bearbeiten und verbessern

Nachträgliche Veränderungen am Bild können Sie sehr einfach mit der Fotogalerie vornehmen. Korrigieren Sie z. B. die Belichtung oder die Farbgebung, reduzieren Sie störendes Bildrauschen, oder bringen Sie das Foto wieder ins rechte Lot, falls es versehentlich schief aufgenommen wurde.

1. Wenn Sie die Kamera etwas schief gehalten haben, korrigieren Sie dies, indem Sie das betreffende Bild mit einen Doppelklick öffnen und dann auf dem Register **Bearbeiten** auf die Schaltfläche **Feinabstimmung** ❶ klicken.
2. Anschließend wählen Sie rechts neben dem Bild die Option **Foto ausrichten** ❷ aus. Auf dem Foto werden Gitternetzlinien eingeblendet, und mithilfe des Schiebereglers können Sie nun das Foto ausrichten und das Objekt, in diesem Beispiel den Kirchturm, gerade stellen.
3. Ist das Foto über- oder unterbelichtet, können Sie dies über den Menüpunkt **Belichtung anpassen** ❸ korrigieren und z. B. gezielt dunkle oder helle Flächen bearbeiten oder Helligkeit und Kontrast für die Aufnahme festlegen.
4. Farbtemperatur, Farbton und Sättigung stellen Sie nach Ihren Wünschen über den Menüeintrag **Farbe anpassen** ❹ ein.
5. Über die Option **Detail anpassen** ❺ können Sie zusätzlich die Schärfe des Bildes korrigieren. Nach einer kurzen Analyse lässt sich mithilfe des Schiebereglers auch störendes Bildrauschen entfernen.

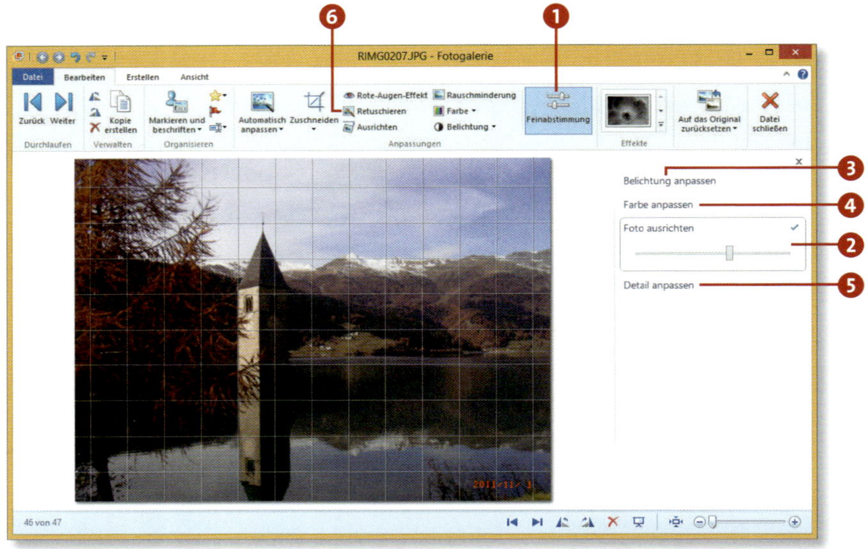

Sicherheitskopien

Sobald Sie ein Foto bearbeiten, speichert die Fotogalerie das Original als Sicherheitskopie ab. So können Sie alle Veränderungen am Bild wieder rückgängig machen. Wie lange das Original gespeichert bleiben soll, legen Sie selbst fest. Klicken Sie im Menü **Datei** auf **Optionen**, und wechseln Sie zum Register **Originale**. Hier können Sie festlegen, wann die Originalfotos gelöscht werden sollen.

Störende Objekte entfernen

Ungenauigkeiten wie Fussel, Flecken o. Ä. können Sie mit der Fotogalerie einfach retuschieren. Öffnen Sie das Bild mit einem Doppelklick. Klicken Sie im Abschnitt **Anpassungen** auf die Schaltfläche **Retuschieren** ❻, und ziehen Sie mit der Maus eine Markierung um das zu retuschierende Objekt. Wiederholen Sie den Vorgang, falls Sie mit dem Ergebnis der ersten Retusche noch nicht zufrieden sind.

Panoramafotos, Collagen und Fotofusionen erstellen

Nicht immer lässt sich mit der kleinen Digitalkamera die ganze Weite eines beeindruckenden Bergpanoramas einfangen. Sie können Fotos aber zusammenfügen und so beeindruckende Panoramafotos sowie sehenswerte Collagen erstellen.

1. Für das Panoramafoto markieren Sie zunächst mindestens zwei Fotos, die dieselbe Landschaft mit überlappenden Geländeabschnitten zeigen, und klicken anschließend auf dem Register **Erstellen** auf die Schaltfläche **Panorama** ❶. Die Fotogalerie setzt die Fotos automatisch zu einem Panoramabild zusammen ❷.
2. Für eine ansprechende Collage benötigen Sie mindestens sieben Fotos. Wählen Sie diese aus, und klicken Sie auf den unteren Teil der Schaltfläche **Automatische Collage** ❸, um das Format des neuen Bildes festzulegen. Die Fotogalerie setzt die Bilder daraufhin zu einer hübschen Collage zusammen ❹.
3. Mithilfe der Funktion **Fotofusion** ❺ können Sie mehrere Fotos zu einem neuen zusammenführen, z. B. zu einem Gruppenfoto, auf dem alle Personen tatsächlich in die Kamera schauen. (Die Fotos sollten dafür alle aus dem gleichen Blickwinkel aufgenommen sein.) Wählen Sie die Fotos aus, die Sie zusammensetzen wollen, und klicken Sie dann auf **Fotofusion**. Ziehen Sie anschließend eine Markierung um eine Person, und wählen Sie dann einen der vorgeschlagenen Bildausschnitte aus, um den markierten Bereich dadurch zu ersetzen.

Fotocollage als Desktop-Hintergrund

Die Fotocollage, aber natürlich auch jedes andere Foto, können Sie mit einem Klick auf **Als Desktophintergrund verwenden** (❻ in Bild 1) als Hintergrund für Ihren Desktop nutzen. Mehr dazu lesen Sie im Abschnitt »Den Desktop einrichten« auf Seite 223.

Ein Bildschirmfoto erzeugen

Das Erstellen eines Bildschirmfotos (*Screenshot*) ist unter Windows 8.1 sehr einfach. Wenn Sie die Tasten [Windows] + [Druck] drücken, erstellt Windows ein Bildschirmfoto und legt es in der Bibliothek **Bilder** im Ordner **Screenshots** als PNG-Datei ab.

Fotos direkt per E-Mail versenden

Schöne Fotos möchte man natürlich gerne auch an Freunde schicken, und für diesen Zweck bietet die Fotogalerie eine einfache Möglichkeit an. Die Voraussetzung ist ein E-Mail-Konto in einem beliebigen Mail-Programm.

1. Wählen Sie alle Fotos aus, die Sie per E-Mail versenden möchten. Drücken Sie dafür die Taste `Strg`, halten Sie sie gedrückt, und klicken Sie dann nacheinander die gewünschten Bilder an.
2. Wechseln Sie zum Register **Erstellen** ❶, und klicken Sie dort in der Gruppe **Teilen** auf die Schaltfläche **E-Mail** ❷.
3. Ein kleines Dialogfenster öffnet sich. Geben Sie an, ob die Dateigröße der Bilder beibehalten wird oder auf welche Größe sie reduziert werden sollen ❸. Mit einem Klick auf **Anfügen** ❹ geht es weiter.
4. Nun startet Ihr Standard-Mail-Programm, z. B. Outlook. Die Fotos werden als Anhang in die E-Mail eingefügt ❺. Tragen Sie die Empfänger-Adresse, einen Betreff und einen Nachrichtentext ein, und schicken Sie die E-Mail mit **Senden** ❻ ab.

Dateigröße beachten!

Übersteigt die Größe der E-Mail die Gesamtgröße von 3 MB, kann der Empfang bei Internetanschlüssen mit geringer Bandbreite recht lange dauern. Bei einigen E-Mail-Anbietern ist die Dateigröße für E-Mails außerdem begrenzt – sie können dann nicht versandt und je nach Mailbox-Kapazität nicht empfangen werden.

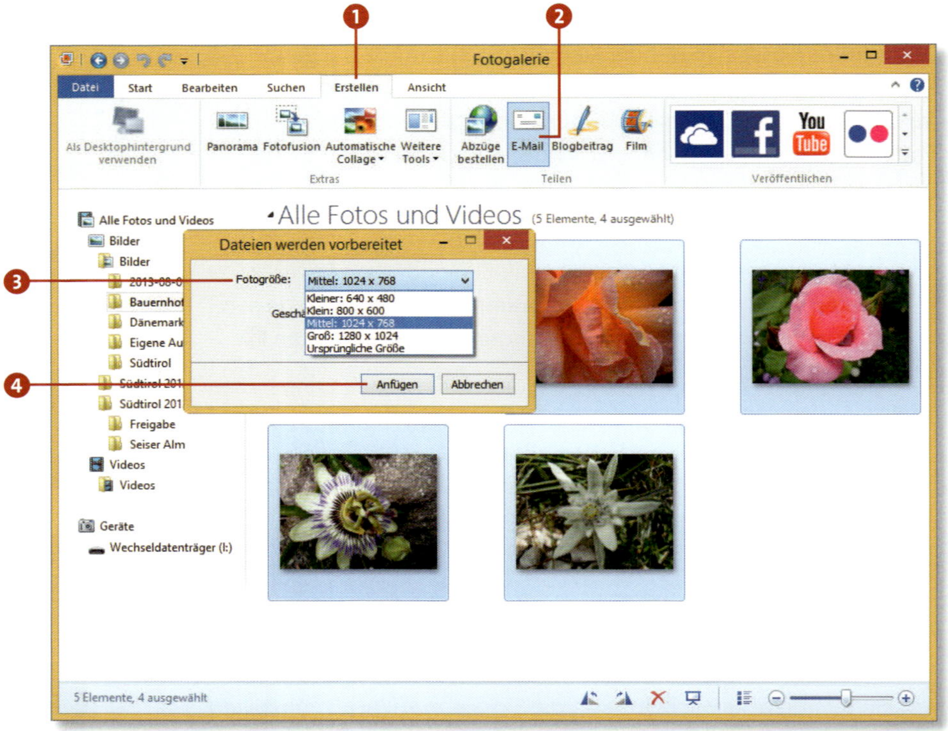

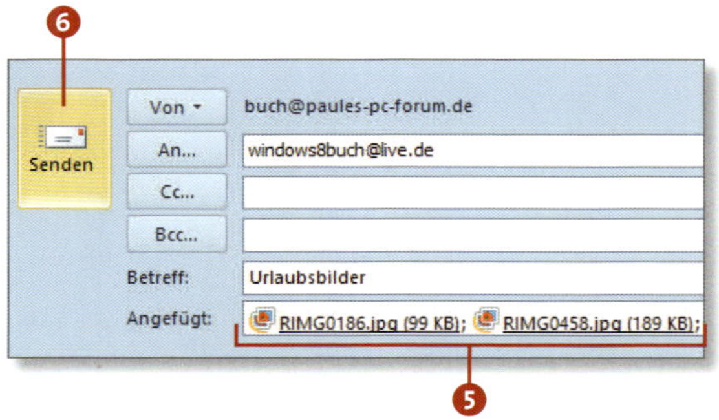

Die Kamera-App

Ein Foto aufnehmen

Verwenden Sie einen Tablet-PC mit eingebauter Kamera? Mit der vorinstallierten *Kamera*-App von Windows 8.1 können Sie auf einfachste Weise Fotos machen.

1. Beim ersten Start der *Kamera*-App (über die Kachel **Kamera** auf dem Startbildschirm) werden Sie gefragt, ob sie auf die Webcam und das Mikrofon zugreifen darf. Bestätigen Sie diese Abfrage. Über die Einstellungen der App können Sie diese Berechtigung auch nachträglich erteilen oder wieder entziehen.
2. Über den Menüpunkt **Belichtung** ❶ in der App-Leiste, die Sie mit einer Wischbewegung von unten oder durch einen Rechtsklick auf eine freie Fläche aufrufen, können Sie die Belichtung mithilfe des Schiebereglers den Gegebenheiten anpassen.
3. Um ein Foto zu erstellen, klicken oder tippen Sie auf das Kamerasymbol ❷ am rechten Bildschirmrand. Zum Betrachten des Fotos blenden Sie erneut die App-Leiste ein und klicken darin auf **Eigene Aufnahmen** ❸. Verwenden Sie die Pfeiltasten [→] und [←] auf Ihrer Tastatur, oder bewegen Sie den Mauszeiger auf dem Bildschirm, bis an den Seiten des Fotos Pfeilschaltflächen ❹ eingeblendet werden, auf die Sie zum Navigieren klicken können.

Eine zeitverzögerte Aufnahme erstellen

Klicken Sie auf **Timer** ❺, um den Selbstauslöser zu aktivieren. Wenn Sie nun auf den Bildschirm klicken, um das Foto aufzunehmen, wird ein dreisekündiger Countdown eingeblendet. Bei null wird das Foto erstellt. Ein weiterer Klick auf die Schaltfläche erhöht den Countdown auf zehn Sekunden, und ein dritter Klick deaktiviert den Timer wieder. Ein individueller Wert kann für den Selbstauslöser leider nicht eingestellt werden.

Ein Foto bearbeiten

Das Bild ist gemacht, aber so ganz sind Sie mit dem Ergebnis nicht zufrieden? Mit der *Kamera*-App können Sie ein aufgenommenes Foto nachträglich in Form bringen und nach Ihren Vorstellungen bearbeiten.

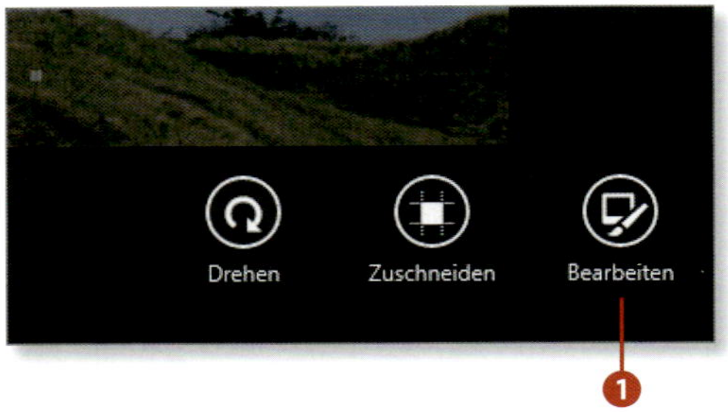

1. Öffnen Sie die App-Leiste der *Kamera*-App. Über das Bedienelement **Eigene Aufnahmen** gelangen Sie zu Ihren Fotos. Navigieren Sie mithilfe der Pfeilschaltflächen oder über die Pfeiltasten [→] und [←] zu dem Bild, das Sie zuschneiden möchten.
2. Haben Sie das passende Bild ausgewählt, öffnen Sie mit einem Rechtsklick oder durch eine Wischbewegung erneut die App-Leiste und wählen darin den Menüpunkt **Bearbeiten** ❶.
3. Auf der linken Seite des Bildes sehen Sie nun einige Kategorien wie **Licht**, **Farbe** oder **Effekte**. Wählen Sie einen Punkt aus, z. B. **Licht** ❷, werden auf der anderen Seite des Bildes passende Optionen eingeblendet. Um beispielsweise den Kontrast des Bildes anzupassen, klicken Sie auf die Schaltfläche **Kontrast** ❸, die sich daraufhin in einen Schieberegler verwandelt. Bewegen Sie den Regler mit gedrückter Maustaste, bis der gewünschte Kontrast erzielt ist.
4. Sind alle Optimierungen abgeschlossen, können Sie das Bild als Kopie speichern (mit dem Befehl **Kopie speichern** in der App-Leiste) oder die Änderungen gleich am Original vornehmen (**Original aktualisieren**).

Die Fotos-App und weitere Bearbeitungsmöglichkeiten

Die *Fotos*-App bietet Ihnen exakt die gleichen Bearbeitungsmöglichkeiten wie die *Kamera*-App. Für eine weitergehende Bearbeitung sollten Sie auf die Windows Live Fotogalerie oder ein anderes Bildbearbeitungsprogramm ausweichen. Alles Wissenswerte zur Fotogalerie und wie Sie damit Ihre Fotos verbessern können, erfahren Sie im Abschnitt »Die Windows Live Fotogalerie« auf Seite 256.

Ein Video aufzeichnen

Vor allem Tablet-PC- oder Notebook-Nutzer werden die Vorteile zu schätzen wissen, die eine im Gerät eingebaute Kamera (*Webcam*) bietet. Nehmen Sie unterwegs doch einfach mal ein kleines Video auf, z. B. ein faszinierendes Bergpanorama oder Ihre Freunde auf der Strandparty. Die *Kamera*-App macht's möglich.

1. Klicken Sie nach dem Start der *Kamera*-App auf das Videosymbol ❶ am rechten Bildschirmrand, um die Aufnahme zu starten.
2. Über die Zeitangabe links unten können Sie die Aufnahmedauer im Blick behalten. Ein weiterer Klick auf das Videosymbol beendet die Aufnahme schließlich wieder.
3. Passen Sie die Belichtung den Lichtverhältnissen am Aufnahmeort an, indem Sie die App-Leiste öffnen und darin den Eintrag **Belichtung** ❷ wählen. Nutzen Sie den Schieberegler, um ein optimales Ergebnis zu erzielen.
4. Die Option **Timer** ❸ in der App-Leiste ermöglicht es Ihnen, eine zeitverzögerte Aufnahme zu starten. Klicken Sie auf **Timer**, wird der Countdown auf drei Sekunden eingestellt, ein weiterer Klick erhöht ihn auf zehn Sekunden. Wenn Sie eine neue Aufnahme beginnen, wird zuerst der eingestellte Countdown heruntergezählt und dann die Aufnahme gestartet. Zur Deaktivierung des Timers ist ein dritter Klick notwendig.

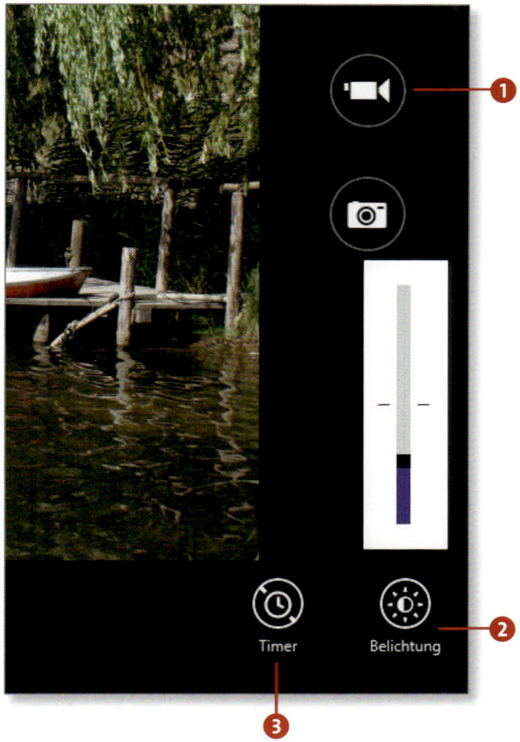

Wie werden die Aufnahmen abgespeichert?

Windows legt mit dem ersten Foto oder dem ersten Video, das Sie mit der *Kamera*-App aufnehmen, einen neuen Ordner mit der Bezeichnung **Eigene Aufnahmen** in der Bibliothek **Bilder** an. Dort werden alle Ihre Aufnahmen gespeichert. Fotos werden im JPEG-Format, Videos im MP4-Format abgelegt.

Ein Video bearbeiten

Ist das Video zu lang oder der Anfang der Aufnahme nicht gelungen? Kein Problem, Sie können ein mit der *Kamera*-App aufgezeichnetes Video bei Bedarf kürzen und so sowohl den Start- als auch den Endpunkt neu festlegen.

1. Starten Sie die *Kamera*-App über die Kachel auf dem Startbildschirm, und navigieren Sie mit den Pfeiltasten [→] und [←] auf Ihrer Tastatur zu dem Video, das Sie bearbeiten wollen.
2. Öffnen Sie die App-Leiste mit einem Rechtsklick, und wählen Sie darin den Menüpunkt **Kürzen** ❶.
3. In der Zeitleiste wird nun am Anfang und am Ende eine Markierung in Form eines weißen Punktes eingeblendet ❷. Mithilfe dieser Markierungen können Sie die Länge des Videos neu festlegen. Klicken Sie eine Markierung an, und schieben Sie sie mit gedrückter Maustaste an die gewünschte Position.
4. Haben Sie das Video Ihren Vorstellungen entsprechend bearbeitet, klicken Sie auf die Schaltfläche **Kopie speichern** ❸. Das Werk wird daraufhin auf die neue Laufzeit gekürzt und als Kopie gesichert. Dieser Vorgang dauert nur wenige Sekunden.

Videos bearbeiten

Für die Nachbearbeitung Ihrer Filme finden Sie im Fachhandel viele gute Bild- und Videobearbeitungsprogramme. Falls Sie die Windows Live Fotogalerie auf Ihrem Computer installiert haben, können Sie Ihre Videos auch mit dem Programm *Movie Maker* bearbeiten, das bei der Installation der Fotogalerie automatisch mit aufgespielt wurde. Der Movie Maker bietet aber natürlich nicht den Funktionsumfang einer kostenpflichtigen Videobearbeitungssoftware.

Die Musik-App

Eigene Musik abspielen

Mit der *Musik*-App von Windows 8.1 können Sie Ihre Musik abspielen und über den integrierten Markplatz auch neue Titel oder ganze Alben erwerben. Um die App nutzen zu können, müssen Sie sich mit Ihrem Microsoft-Konto anmelden und beim ersten Aufruf der App ein kostenloses Xbox-Profil anlegen (folgen Sie einfach den Anweisungen auf dem Bildschirm).

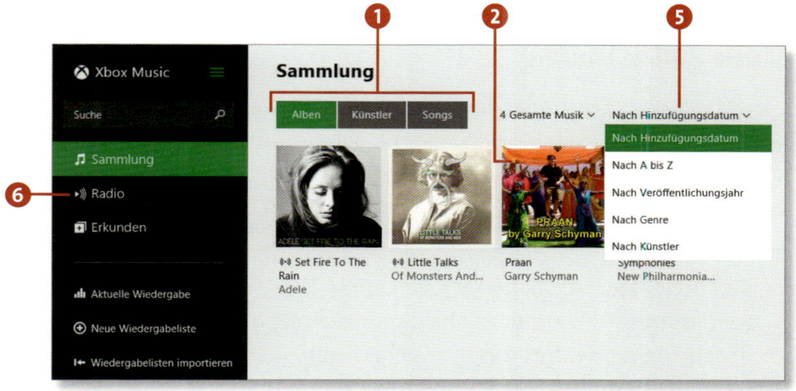

1. Die *Musik*-App durchsucht nach dem Start die Bibliothek **Musik** auf Ihrem PC und zeigt alle dort vorhandenen Musiktitel unterteilt in die Kategorien **Alben**, **Künstler** und **Songs** an ❶.
2. Möchten Sie einen Titel anhören, klicken Sie auf das Cover ❷. Markieren Sie dann ein Lied, und klicken Sie auf die kleine **Wiedergabe**-Schaltfläche ❸. (Sie können per Rechtsklick auch mehrere Titel auswählen und sie mit dem Befehl **Ausgewählte wiedergeben** in der App-Leiste abspielen.) Möchten Sie das ganze Album anhören, klicken Sie auf die **Wiedergabe**-Schaltfläche neben dem Cover ❹.
3. Markierte Titel können Sie einer neuen Wiedergabeliste über den App-Leisten-Befehl **Hinzufügen zu** zuordnen. Klicken Sie dann auf **Neue Wiedergabeliste**, und vergeben Sie einen Namen für die Liste.
4. Damit Sie auch bei größeren Musiksammlungen den Überblick nicht verlieren, klicken Sie auf die Überschrift **Nach Hinzufügungsdatum** ❺ und wählen ein Sortierkriterium aus dem zugehörigen Menü aus.
5. Eine interessante Funktion ist **Radio** ❻. Hier können Sie der *Musik*-App einen Künstler vorgeben, woraufhin die App nach ähnlichen Titeln sucht und diese abspielt. Klicken Sie dazu einfach auf **Sender starten**, geben Sie den Namen eines Interpreten ein und schließen Sie die Eingabe mit [↵] ab.

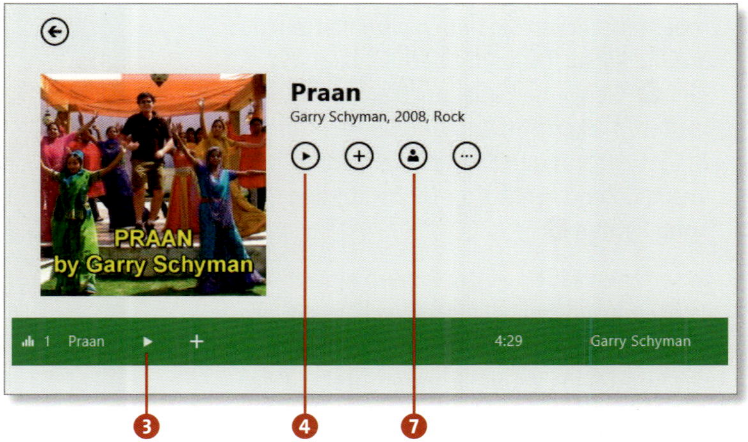

Weitere Informationen abrufen

Über die Informationsschaltfläche ❼ rechts neben dem Cover können Sie sich weitere Alben des Künstlers sowie Titel verwandter Künstler anzeigen lassen. Diese Option gibt es nur, wenn weitere Informationen zum ausgewählten Künstler zur Verfügung stehen.

Musik online kaufen

Über die *Musik*-App haben Sie Zugriff auf Tausende von Liedern, die Sie sich kostenlos anhören können. Um allerdings Songs auf andere Geräte zu übertragen, müssen Sie sie käuflich erwerben.

1. Starten Sie die *Musik*-App mit einem Klick auf die Kachel ❶, und suchen Sie sich einen Titel oder Interpreten heraus (siehe den Abschnitt »Nach Titeln oder Interpreten suchen« auf Seite 270). Sie können auch in den Kategorien **Neue Alben** oder **Top-Alben** stöbern.
2. Wenn Sie das Album des Künstlers erwerben möchten, klicken Sie neben dem Plattencover auf die Schaltfläche mit dem Einkaufswagen ❷. Sie können aber auch einzelne Lieder kaufen. Klicken Sie dazu mit der rechten Maustaste auf den Namen des Liedes und anschließend in der App-Leiste auf den Eintrag **Song kaufen** ❸.
3. In seltenen Fällen ist der Erwerb einzelner Titel eines Albums nicht möglich. In diesem Fall fehlt die Schaltfläche **Song kaufen** in der App-Leiste, wenn Sie einen Titel mit der rechten Maustaste markiert haben. Sie können dann nur das komplette Album kaufen, wie in Schritt 2 beschrieben.

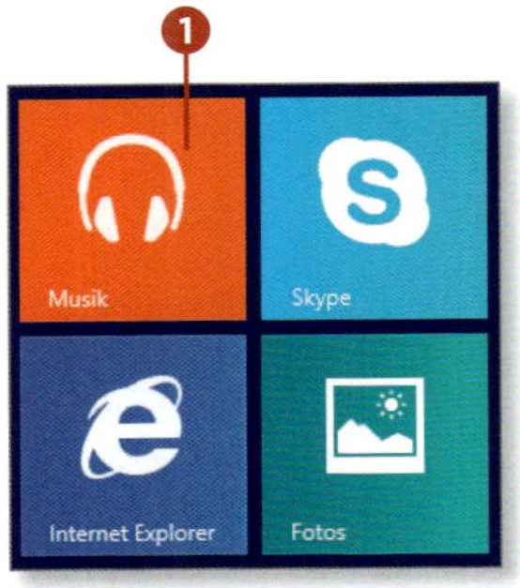

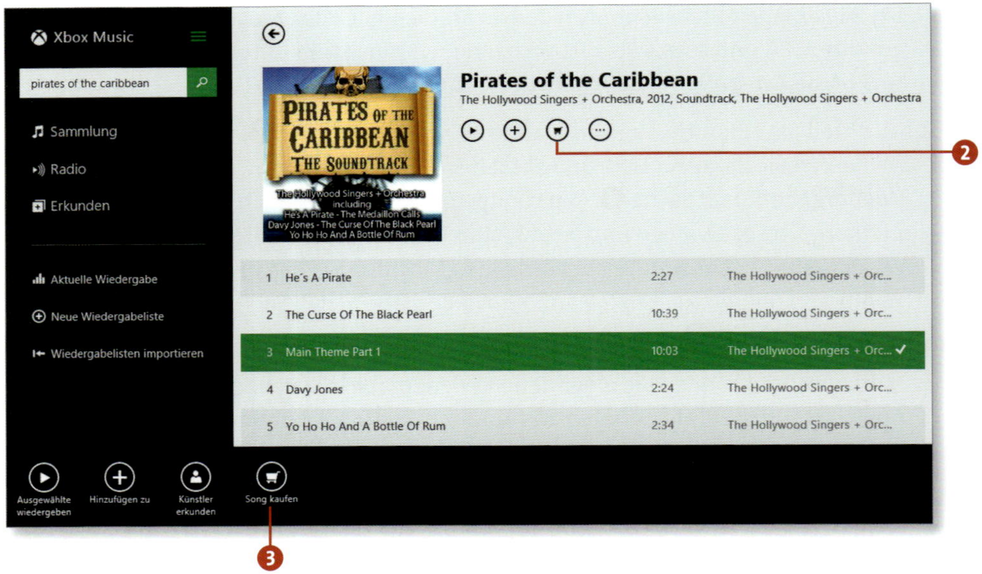

Wo finde ich das gekaufte Produkt nun?

Nachdem der Bezahlvorgang abgeschlossen ist, wird das Lied (oder das Album) heruntergeladen und als MP3-Audiodatei in den Ordner **Xbox Music\Käufe** der Bibliothek **Musik** gespeichert. Sie können die Dateien nun anhören. Siehe dazu auch den Abschnitt »Smartphones und andere mobile Geräte anschließen« auf Seite 244.

4. Egal, ob Sie ein komplettes Album oder einen einzelnen Song ausgewählt haben: Nachdem Sie auf die **Kaufen**-Schaltfläche geklickt haben, erfolgt eine Sicherheitsabfrage, und Sie müssen sich authentifizieren. Geben Sie das Kennwort zu Ihrem Microsoft-Konto ein ❺, und klicken Sie auf **OK**.

5. Die Verbindung zum Marktplatz wird aufgebaut, und nach wenigen Sekunden wird Ihnen der Preis des ausgewählten Produkts angezeigt. Falls Sie noch keine Zahlungsoptionen hinterlegt hatten, werden Sie nun dazu aufgefordert. Sie können die Vorgabe ändern ❻, allerdings wird hier nur die Möglichkeit der Kreditkartenzahlung angeboten. (Wenn Sie stattdessen die Seite *https://login.live.com/* aufrufen und sich mit Ihrem Microsoft-Konto anmelden, können Sie über den Menüpunkt **Zahlungsoptionen** auch andere Zahlungsmittel wählen.)

6. Kontrollieren Sie den Preis, und klicken Sie auf **Bestätigen** ❼, um den Kauf abzuschließen. Mit **Fertig** schließen Sie die Meldung mit dem Dank für Ihren Einkauf.

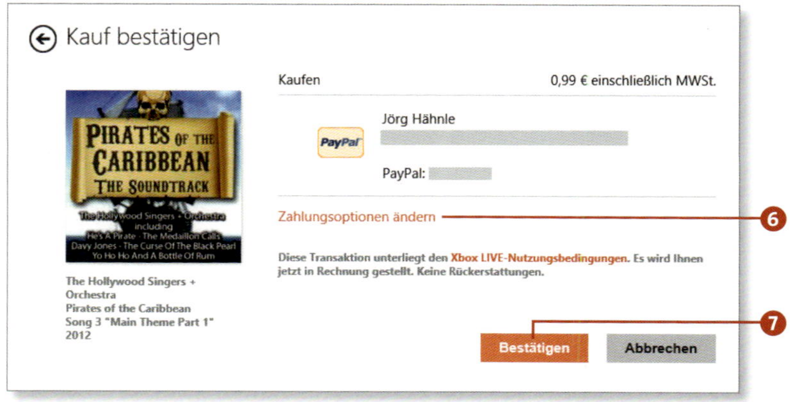

Kostenlos Musik hören

Die meisten Titel können Sie sich kostenlos in voller Länge anhören, nur bei einigen wenigen ist das Hörerlebnis auf 30 Sekunden Probehören begrenzt. Die Musik wird dabei gestreamt, d. h., es muss eine Internetverbindung bestehen, damit Sie sich die Titel anhören können. Die Titel werden nicht gespeichert und können auch nicht kopiert werden. Pro Monat können Sie zehn Stunden kostenlos Musik streamen. Mit einem kostenpflichtigen Xbox Music Pass entfällt dieses Limit (weitere Infos unter *http://www.xbox.com/de-DE/Music/music-pass*).

Nach Titeln oder Interpreten suchen

Bei einer großen Musiksammlung den Überblick zu behalten fällt schwer, oder sind Sie vielleicht auf der Suche nach dem neuen Lied Ihrer Lieblingsband, das heute Morgen im Radio gespielt wurde? Nutzen Sie die Suchfunktion der *Musik*-App, und durchforsten Sie Ihre Sammlung und den Musik-Markplatz.

1. Beginnen Sie Ihre Suche nach neuen Titeln über den Menüpunkt **Erkunden** ❶. Zwei Kategorien stehen zur Auswahl: **Neue Alben** und **Top-Alben**. (Um die zweite Kategorie zu erreichen, nutzen Sie die Bildlaufleiste und scrollen etwas nach unten.)
2. Um die Auswahl zu erweitern, klicken Sie neben der Bezeichnung **Neue Alben** auf den Link **Alle anzeigen**. Die App listet nun alle verfügbaren Alben auf. Über das Menü **Alle Genres** ❷ können Sie die Suche zusätzlich verfeinern.
3. Wenn Sie etwas Passendes gefunden haben, klicken Sie auf das CD-Cover. Sie können sich dann das Album oder einzelne Lieder daraus anhören.
4. Suchen Sie nach einem bestimmten Titel, können Sie den Namen auch direkt in das Suchfeld ❸ eingeben. Bei der Suche werden sowohl Ihre eigene Musiksammlung als auch Onlinequellen berücksichtigt. Mitunter kann die Liste aber recht lang sein. Wenn Sie sich nur Ergebnisse aus Ihrer eigenen Sammlung anzeigen lassen möchten, klicken Sie auf die Schaltfläche **In der Sammlung** ❹.
5. Haben Sie das Lied gefunden? Sobald Sie einen Eintrag anklicken, erscheint daneben eine **Wiedergabe**-Schaltfläche zum Abspielen des Liedes. Sie können auch einen oder mehrere Einträge mit der rechten Maustaste markieren und dann aus der App-Leiste den Befehl **Ausgewählte wiedergeben** ❺ auswählen. Die App-Leiste bietet zudem die Option, das Lied zu kaufen ❻, falls es sich um ein Stück aus dem Musik-Markplatz handelt.

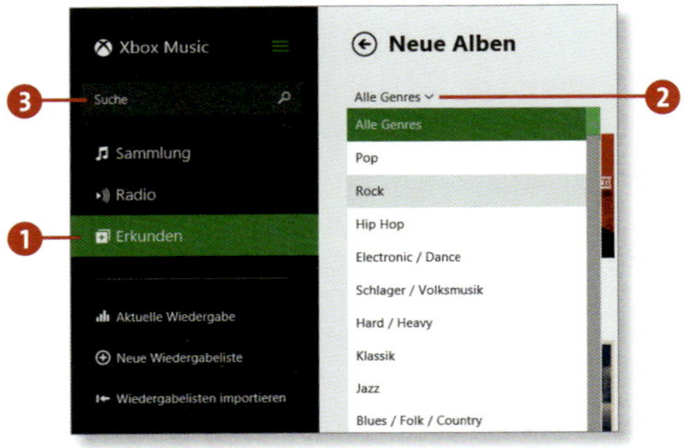

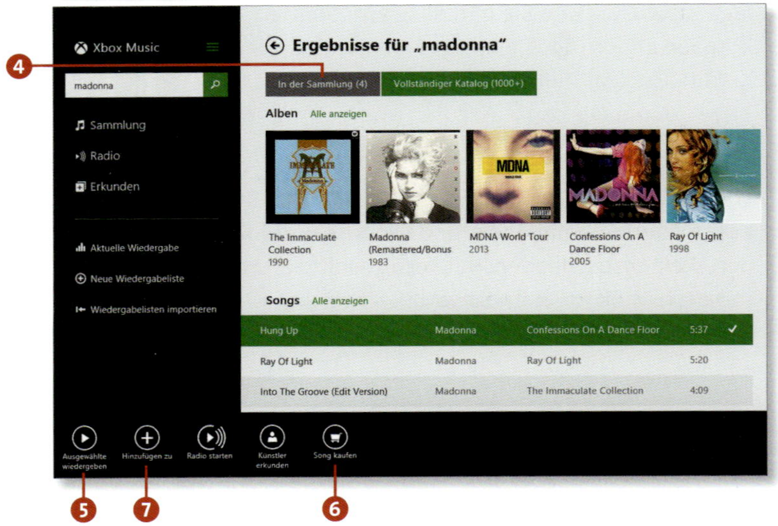

Musik in der Cloud

Wenn Sie einen Musiktitel per Stream anhören und ihn über **Hinzufügen zu** ❼ in Ihre Sammlung aufnehmen, wird er auch in der Cloud gespeichert. Wenn Sie sich auf einem anderen Windows-8- oder Windows-8.1-Rechner mit dem gleichen Microsoft-Konto anmelden, steht Ihnen die »in der Wolke« gespeicherte Musik auch auf diesem PC zur Verfügung.

Die Video-App

Eigene Videos abspielen

Mit der *Video*-App können Sie Kinofilme, Fernsehserien und natürlich auch eigene Videos abspielen. Melden Sie sich mit Ihrem Microsoft-Konto an, um die App nutzen zu können.

1. Scrollen Sie nach dem Start der *Video*-App ganz nach links; dort finden Sie alle Videos, die Sie in der Bibliothek **Video** gespeichert haben. Klicken Sie auf das Vorschaubild ❶, um den Film zu starten.
2. Bei den als Kacheln dargestellten Videos handelt es sich lediglich um eine Auswahl. Wird das gewünschte Video nicht aufgelistet, klicken Sie auf die Bezeichnung **Persönliche Videos** ❷, um zu einer Übersicht aller Videos zu gelangen. Auf die gleiche Weise gelangen Sie auch zu den Videos der Kategorien **Filme** und **Fernsehsendungen**.
3. Während das Video läuft, sind zunächst keine Bedienelemente sichtbar. Wenn Sie die Maus bewegen, werden eine Play/Pause-Schaltfläche ❸ und eine Zeitleiste ❹ eingeblendet. Klicken Sie mit der rechten Maustaste auf das Bild, öffnet sich die App-Leiste mit weiteren Optionen. Zurück zur Übersicht gelangen Sie über die Pfeilschaltfläche ❺.

Vollbildmodus

Die Filme werden im Vollbildmodus abgespielt, eine Reduzierung der Bildgröße ist nicht möglich. Videos mit geringer Auflösung können dadurch nur mit einer entsprechend schlechten Bildqualität wiedergegeben werden.

Filme online kaufen oder ausleihen

Mit der *Video*-App gehören langweilige Abende der Vergangenheit an, auch wenn mal wieder nichts im Fernsehen kommt. Leihen oder kaufen Sie aktuelle Kinofilme oder brandneue Fernsehserien. Die Filme stehen sofort zur Verfügung.

1. Starten Sie die *Video*-App, und wechseln Sie in eine der zur Verfügung stehenden Kategorien, z. B. **Empfehlungen**, **Neue Filme** oder **Neue Fernsehsendungen**, um einen Film auszusuchen. Über die Suchfunktion rechts oben (Lupensymbol) können Sie auch gezielt nach einem Titel suchen.
2. Innerhalb der Kategorien stehen weitere Sortiermöglichkeiten zur Verfügung. So können Sie in der Kategorie **Neue Filme** z. B. die Optionen **Meistverkaufte Filme** oder **Am häufigsten ausgeliehen** ❶ nutzen, um passende Filme zu finden.
3. Wählen Sie einen Film per Mausklick aus. Im nächsten Fenster werden einige Informationen zum Film angezeigt; neben dem Titel sind dies u. a. die FSK-Freigabe und die Laufzeit sowie eine kurze Inhaltsangabe. Rechts neben dem Filmplakat können Sie den Optionen **Kaufen** und **Leihen** ❷ die entsprechenden Preise entnehmen. Klicken Sie auf eine der beiden Optionen.

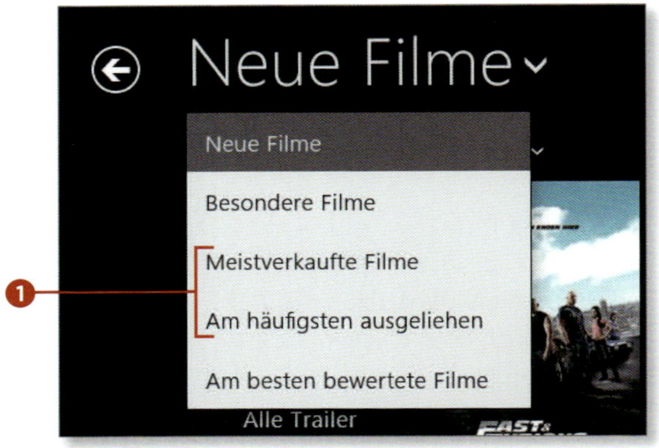

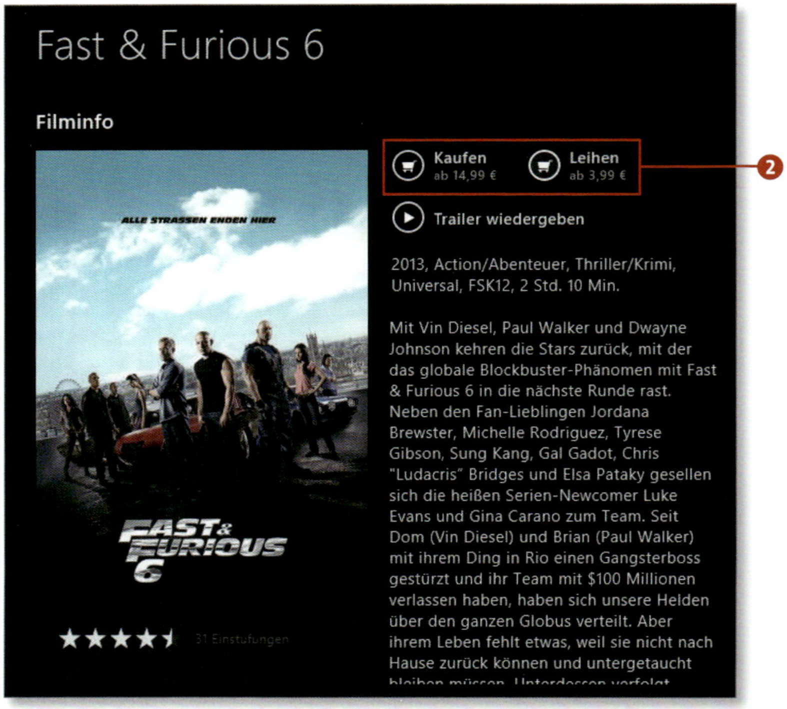

Ausleihdauer oder fehlende Auswahlmöglichkeit

Die Leihdauer für einen Film beträgt meist zwischen 7 und 14 Tagen oder 24 bis 48 Stunden nach dem erstmaligen Ansehen. Nach Ablauf der Frist kann der Film nicht mehr gestartet werden. Gerade bei älteren Filmen ist ein Ausleihen nicht möglich; diese Filme können oft nur gekauft werden.

4. Es folgt eine Sicherheitsabfrage. Authentifizieren Sie sich, indem Sie das Kennwort zu Ihrem Microsoft-Konto eingeben. Gegebenenfalls werden Sie im Anschluss gefragt, ob diese Kennwortabfrage bestehen bleiben soll. Aus Sicherheitsgründen sollten Sie diese Option aktiviert lassen 3 und mit **Weiter** 4 bestätigen.
5. Bei vielen Filmen haben Sie nun die Auswahl zwischen den Auflösungen SD oder HD oder können sich auch dafür entscheiden, den Film zu streamen 5. Falls beide Auflösungen zur Verfügung stehen, treffen Sie Ihre Wahl und klicken auf **Weiter** 6. Für einen Stream benötigen Sie eine schnelle Internetverbindung.
6. Falls Sie noch keine Zahlungsoptionen hinterlegt hatten, werden Sie nun dazu aufgefordert. Sie können die Vorgabe ändern, allerdings wird hier nur die Möglichkeit der Kreditkartenzahlung angeboten. (Wenn Sie stattdessen die Seite *https://login.live.com/* aufrufen und sich mit Ihrem Microsoft-Konto anmelden, können Sie über den Menüpunkt **Zahlungsoptionen** auch andere Zahlungsmittel wählen.)
7. Wenn Sie in Schritt 3 **Leihen** gewählt haben, werden zusätzlich die Ausleihfristen angezeigt. Kontrollieren Sie alle Angaben und den Preis. Wenn alles passt, klicken Sie auf die Schaltfläche **Bestätigen**, um den Kauf abzuschließen. Die Meldung, mit der man Ihnen für den Kauf dankt, können Sie über die Schaltfläche **Fertig** schließen.

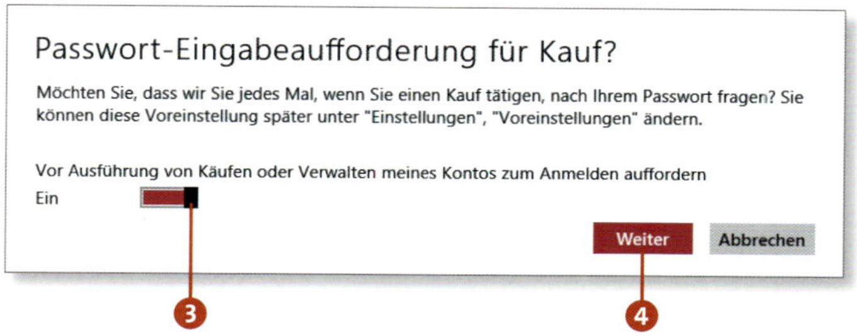

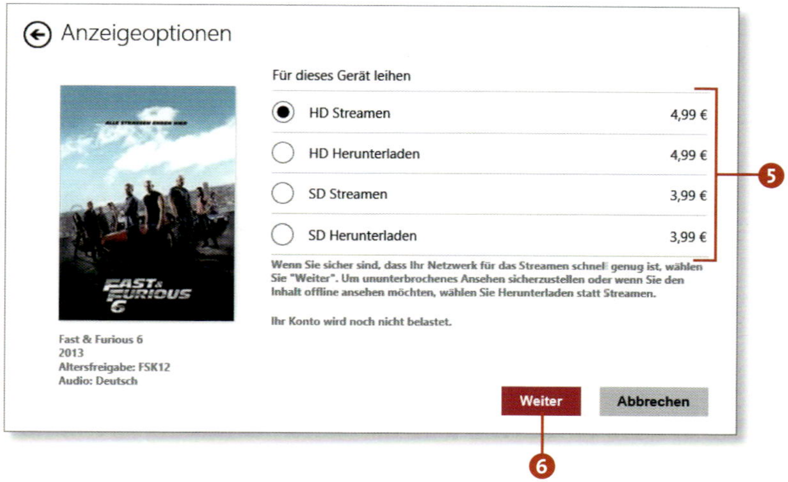

Streaming

Beim Streaming werden die Dateien geladen und gleich abgespielt. Wenn die Internetverbindung zu langsam ist, kann der Datenstrom allerdings abreißen, und es kommt zu lästigen »Rucklern« und Tonaussetzern. Eine DSL-Geschwindigkeit von 6.000 KBit/s ist fürs Streamen empfehlenswert. Ist Ihr Anschluss langsamer, sollten Sie in Schritt 5 die Option **Herunterladen** wählen und den Film lokal speichern.

Der Windows Media Player

Eine Musik-CD abspielen

Die *Musik*-App kann keine Audio-CDs abspielen, sondern dafür müssen Sie auf den bewährten Windows Media Player ausweichen. Damit steht dem Hörgenuss unter Windows 8.1 nichts im Wege: einfach die CD einlegen und los geht's.

1. Legen Sie die Musik-CD in Ihr CD-Laufwerk ein, und schließen Sie die Lade. Nach wenigen Sekunden erkennt Windows die CD, startet den Windows Media Player und spielt sogleich das erste Lied ab.
2. Sobald Sie mit der Maus auf das Programmfenster zeigen, werden Bedienelemente eingeblendet. Darüber können Sie u. a. das Abspielen stoppen, wieder starten, vor- und zurückspulen ❶ oder die Lautstärke regeln ❷.
3. Standardmäßig spielt der Media Player die Titel in der vorgegebenen Reihenfolge ab. Mit den Tasten Strg + H aktivieren Sie die zufällige Wiedergabe, und mit Strg + T wiederholen Sie die Wiedergabe des zuletzt abgespielten Titels. Beide Funktionen erreichen Sie auch über das Kontextmenü des Programms ❸.
4. Optisch gibt der Media Player zunächst nicht viel her. Führen Sie daher einen Rechtsklick auf das Fenster aus, um das Kontextmenü zu öffnen. Darin klicken Sie auf **Visualisierung > Batterie > Zufällige Anordnung** ❹, um die Musik mit optischen Effekten zu untermalen.
5. Ändern Sie nun die Ansicht des Media Players. Blenden Sie dafür die Bedienelemente ein, indem Sie mit der Maus auf das Programmfenster zeigen, und klicken Sie rechts oben auf **Zur Bibliothek wechseln** (❺ in Bild 1).

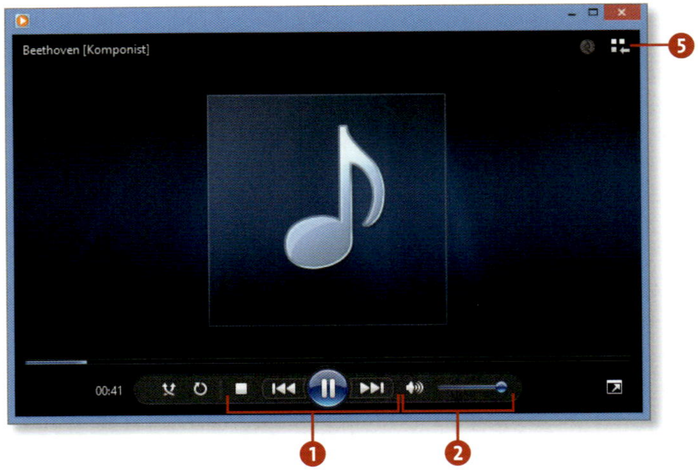

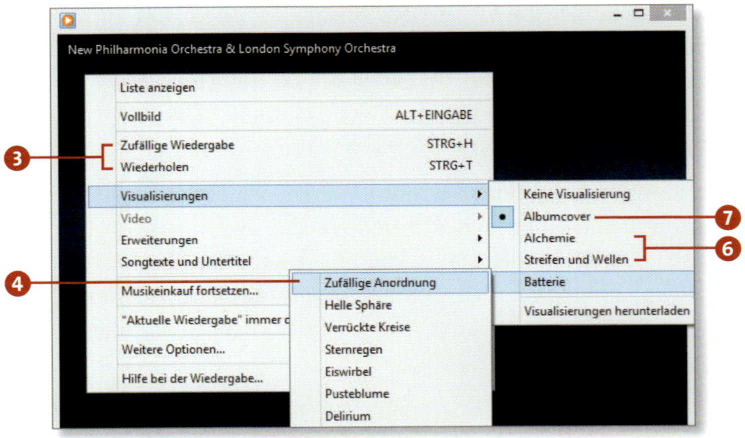

Weitere Effekte

Weitere Effekte erreichen Sie über die Kontextmenüpunkte **Alchemie** und **Streifen und Wellen** ❻. Wenn Sie **Albumcover** ❼ wählen, sucht der Player online nach einem passenden Cover zur CD und zeigt dieses dann entsprechend an.

6. In der Bibliotheksansicht zeigt der Media Player den Namen der CD sowie alle darauf verfügbaren Titel an. Sie starten die Wiedergabe eines Titels durch einen Doppelklick auf den entsprechenden Eintrag ❽.
7. Über die Schaltfläche **Organisieren** ❾ können Sie die Auflistung der Titel nach verschiedenen Kriterien sortieren. Klicken Sie auf **Organisieren > Sortieren nach**, und wählen Sie ein Kriterium aus, z. B. **Titel** oder **Album**. Die Sortierung wird sofort entsprechend geändert.
8. Wenn ihm die passenden Informationen fehlen, kann der Media Player die Namen der einzelnen Titel nicht anzeigen. Sie können die Bezeichnungen aber ohnehin jederzeit ändern. Klicken Sie einen Eintrag mit der rechten Maustaste an, und wählen Sie den Befehl **Bearbeiten** ❿ aus dem Kontextmenü. Tippen Sie dann eine neue Bezeichnung für den ausgewählten Eintrag ein, und schließen Sie die Eingabe mit der [↵]-Taste ab.

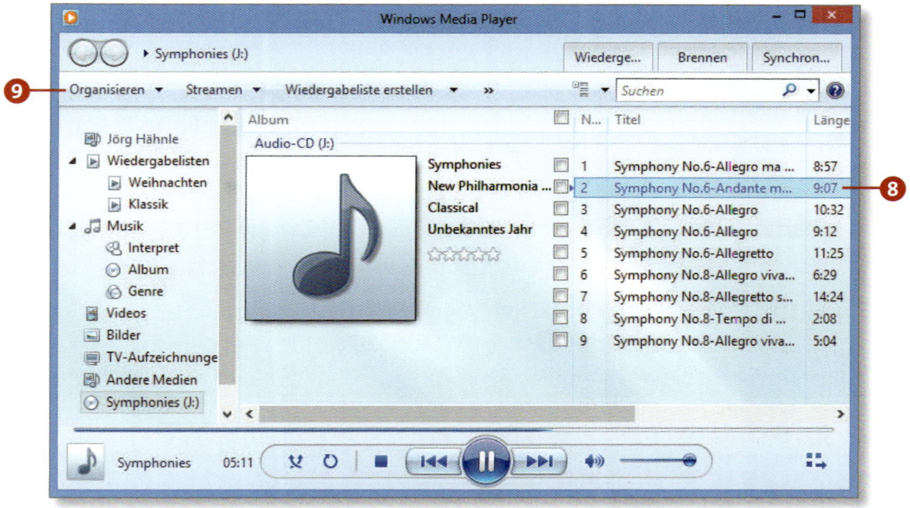

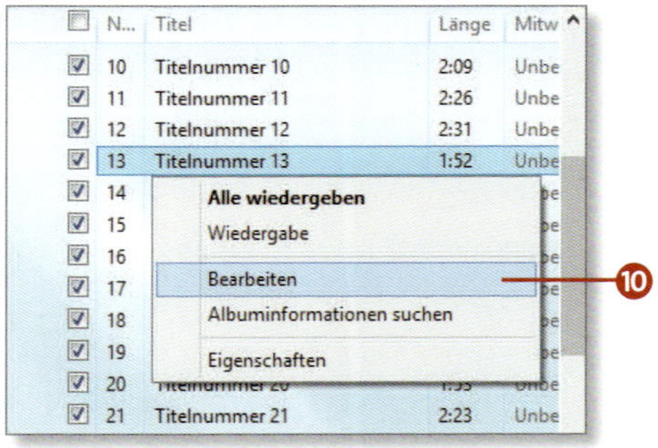

Fehlende Titel- und Albuminformationen

Gerade bei selbst gebrannten CDs fehlen oft die Informationen für die Anzeige der Titel- oder Albuminformationen. Sie können aber nicht nur die Bezeichnungen einzelner Titel ändern, sondern auch den Namen des Albums, den Interpreten, ein Genre und das Jahr der Veröffentlichung ergänzen. Klicken Sie dazu in der Bibliotheksansicht des Media Players mit der rechten Maustaste auf einen der Einträge direkt neben dem CD-Cover, und fügen Sie die neuen Informationen hinzu.

Musik von einer CD kopieren

Der Media Player eignet sich hervorragend zum Kopieren von Musik-CDs. Sie können die Musik dann lokal auf Ihrer Festplatte speichern oder sie auf tragbare Geräte wie Smartphone oder MP3-Player überspielen.

1. Legen Sie die zu kopierende Audio-CD in Ihr CD-Laufwerk ein, und warten Sie einen kurzen Moment, bis der Media Player startet. Wechseln Sie dann mit einem Klick auf **Zur Bibliothek wechseln** in die Bibliotheksansicht (siehe Schritt 5 auf Seite 274).
2. Entfernen Sie nun alle Häkchen vor den Musikstücken, die Sie nicht kopieren möchten ❶. Klicken Sie dazu einfach auf die Kästchen vor den jeweiligen Einträgen.
3. Wenn Sie Ihre Auswahl getroffen haben, öffnen Sie die Kopiereinstellungen, indem Sie in der Menüleiste auf den kleinen, nach rechts zeigenden Doppelpfeil ❷ klicken. Zeigen Sie im Menü auf **Kopiereinstellungen > Format**, und wählen Sie anschließend das gewünschte Format aus der Liste aus, z. B. **MP3** ❸.
4. Starten Sie nun den Kopiervorgang. Klicken Sie dazu erneut auf den kleinen Doppelpfeil, und wählen Sie den Befehl **CD kopieren** ❹. Die Titel werden nun auf Ihre Festplatte kopiert und in der Bibliothek **Musik** abgespeichert.

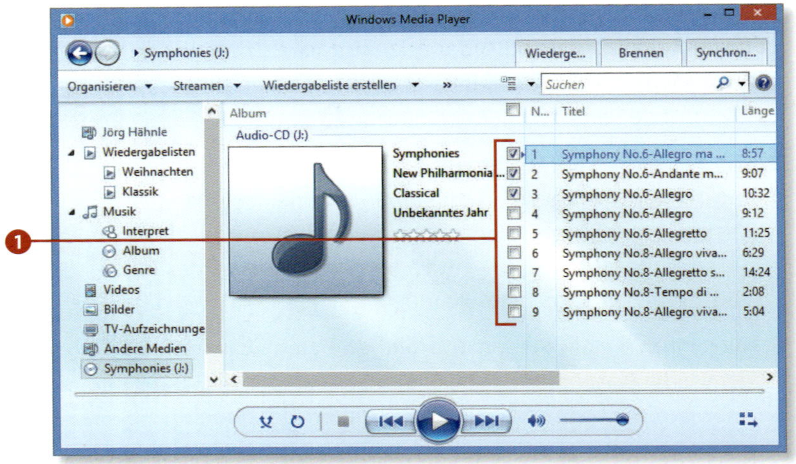

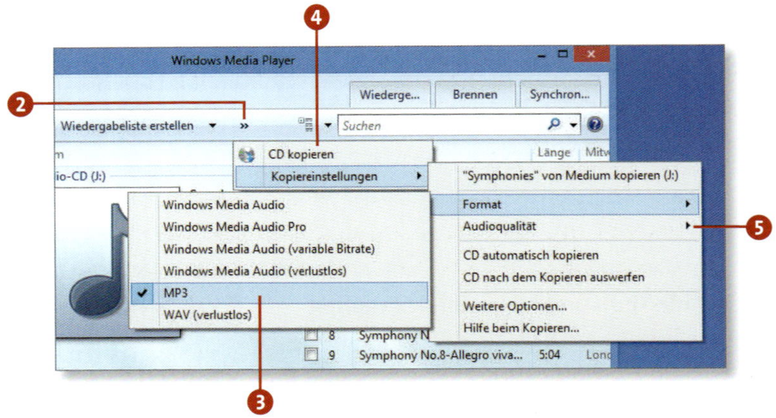

Kompatibilität und Qualität

Prüfen Sie am besten vor dem Kopieren der CD, welches Dateiformat Ihr tragbares Gerät abspielen kann, und wählen Sie es dann entsprechend aus. Über den Menüpunkt **Kopiereinstellungen** können Sie auch die Audioqualität festlegen ❺.
Je höher die Qualität, desto größer wird allerdings auch das Dateivolumen.

Eine Wiedergabeliste erzeugen

Organisieren Sie Ihre Musiksammlung, und nutzen Sie dazu individuelle Wiedergabelisten. Sie können je nach Einsatzzweck oder sortiert nach Genres verschiedene Listen anlegen und einzelne Musikstücke oder komplette CDs hinzufügen.

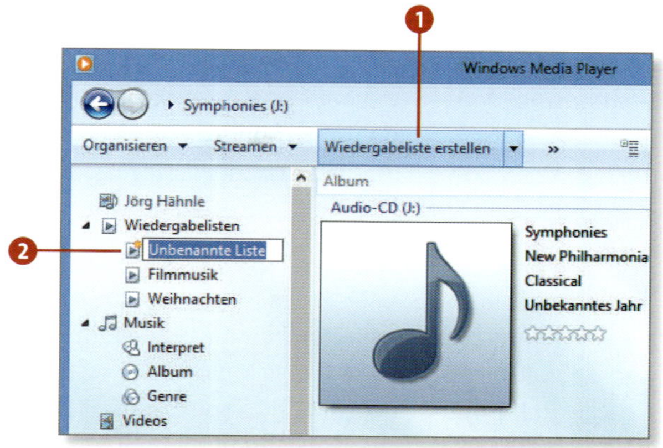

1. Starten Sie den Media Player, und klicken Sie in der Bibliotheksansicht auf die Schaltfläche **Wiedergabeliste erstellen** ❶.
2. In der linken Spalte wird nun im Abschnitt **Wiedergabelisten** eine neue Liste erstellt. Der Name **Unbekannte Liste** ❷ ist bereits markiert; tippen Sie nun einfach eine beliebige Bezeichnung ein, z. B. »Klassik«, und schließen Sie Ihre Eingabe mit der [↵]-Taste ab.
3. Nun gilt es, die neue Liste mit Liedern zu füllen. Klicken Sie zunächst in der linken Spalte auf **Musik** ❸, um sich alle Alben und Titel anzeigen zu lassen, die sich in Ihrer Medienbibliothek befinden. Wenn sich die gewünschten Titel noch nicht in der Bibliothek befinden, führen Sie einen Rechtsklick auf das Laufwerk mit der eingelegten CD aus, und wählen Sie den Befehl **CD in Bibliothek kopieren**.
4. Markieren Sie nun einen oder mehrere Titel aus der Bibliothek **Musik**, und ziehen Sie sie mit gedrückter Maustaste nach links auf die neu angelegte Wiedergabeliste ❹. Am Ziel angekommen, lassen Sie die Maustaste los. Die Titel werden zu Ihrer Liste hinzugefügt.

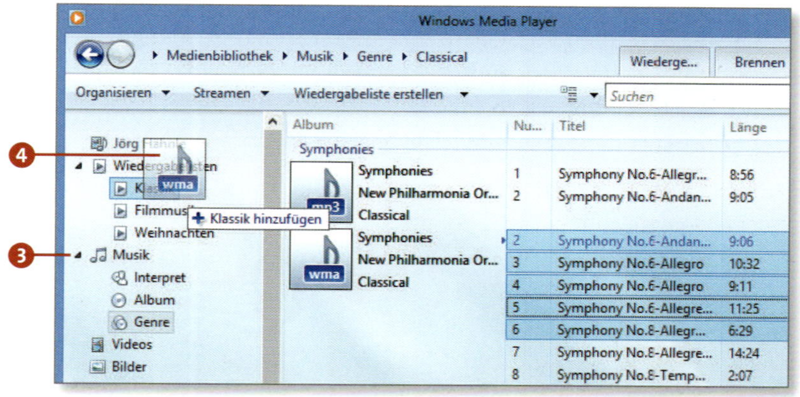

Sortierung der Wiedergabeliste

Zum Sortieren der Titel innerhalb der Wiedergabeliste klicken Sie einen Titel an und verschieben ihn einfach mit gedrückter Maustaste an die neue Position. Sobald Sie die Maustaste wieder loslassen, wird der Titel an dieser Stelle einsortiert.

Die Windows-Spracherkennung einrichten

Statt mit Tastatur und Maus können Sie Windows 8.1 auch mit der integrierten Spracherkennung steuern und auf diese Art z. B. Programme starten und schließen oder Briefe und E-Mails diktieren. Sie benötigen dafür ein gutes Mikrofon und ein bisschen Zeit für die Einrichtung und das erforderliche Sprachtraining. Sie erreichen die Funktion mit einem Klick auf den Eintrag **Spracherkennung** in der Systemsteuerung.

Zunächst müssen Sie ein Mikrofon an Ihren Computer anschließen und es einrichten, denn ohne Mikro geht es natürlich nicht. Verwenden Sie idealerweise ein Kopfhörermikrofon, diese sind meist unempfindlicher gegenüber Störgeräuschen. Nachdem das Mikrofon ordnungsgemäß angeschlossen wurde, klicken Sie im Hauptfenster der Spracherkennung auf den Menüpunkt **Mikrofon einrichten**.

1. Geben Sie an, welche Art von Mikrofon Sie benutzen möchten. Sie können zwischen den Optionen **Kopfhörermikrofon**, **Tischmikrofon** oder **Sonstiges** wählen.
2. Positionieren Sie das Mikrofon entsprechend den Vorgaben, und achten Sie darauf, dass es nicht stumm geschaltet ist. Klicken Sie auf **Weiter**.
3. Sprechen Sie den vorgegebenen Beispieltext laut und deutlich in das Mikro, und klicken Sie anschließend erneut auf **Weiter**. Damit ist die Einrichtung schon abgeschlossen, und Sie können das Dialogfenster über die Schaltfläche **Fertig stellen** schließen.

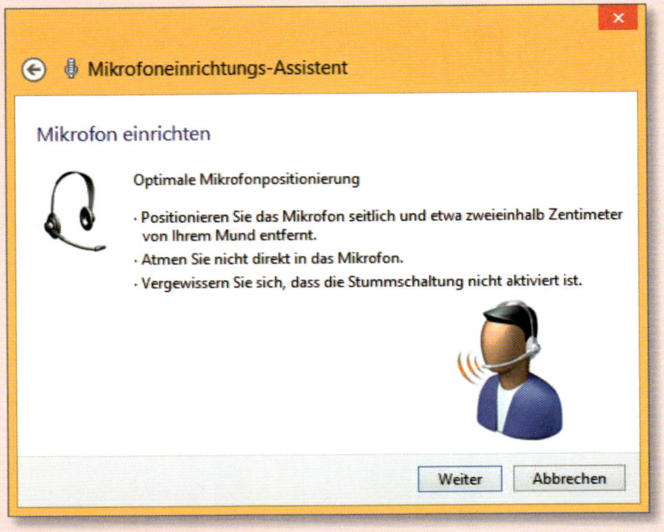

Vor der ersten Nutzung muss das Mikrofon eingerichtet werden.

Die grundlegenden Befehle der Spracherkennung lernen Sie bei der Ausführung des Sprachlernprogramms kennen. Für diesen Schritt sollten Sie gute 30 Minuten einplanen. Starten Sie das Lernprogramm über den Menüpunkt **Sprachlernprogramm ausführen** im Hauptfenster der Spracherkennung. (Zum Zeitpunkt der Drucklegung dieses Buches gelangt man nach einem Klick auf **Sprachlernprogramm ausführen** leider nur zu einer englischen Microsoft-Webseite, d. h., Teile der Spracherkennung sind nicht erreichbar bzw. mit falschen Inhalten verknüpft. Microsoft wird diesen Fehler sicherlich mit einem der nächsten Updates beheben.)

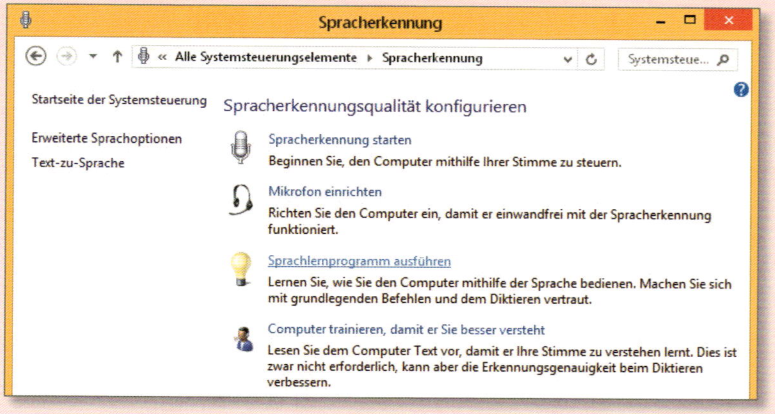

Das Programm ist in fünf Lektionen unterteilt:

1. Grundlagen
2. Diktieren
3. Befehlen
4. Windows verwenden
5. Schlussfolgerungen

Nehmen Sie sich genügend Zeit für die einzelnen Abschnitte, damit Sie die notwendigen Befehle und die Arbeitsweise der Spracherkennung kennenlernen und die korrekte Handhabung des Mikrofons üben können. Reagiert das Programm sauber auf Ihre Eingaben, oder muss das Mikrofon vielleicht näher am Mund bzw. etwas weiter davon entfernt platziert werden? Testen Sie es aus.

Über den Menüpunkt **Computer trainieren, damit er Sie besser versteht** können Sie die Spracherkennung weiter verbessern und an Ihre Sprechweise anpassen. Lesen Sie dazu einfach die vorgegebenen Texte laut vor. Störende Hintergrundgeräusche sollten so weit wie möglich vermieden werden. Hat das Programm den gesprochenen Satz erkannt, springt es automatisch zum nächsten Satz, bis alle Übungssätze abgearbeitet sind. Dieses Training müssen Sie zwar nicht unbedingt durchführen, es ist aber zur Steigerung der Erkennungsgenauigkeit sehr zu empfehlen.

Die Windows-Spracherkennung nutzen

Man kann sich unmöglich die große Anzahl an Befehlen merken, die der Computer verstehen kann. Zu diesem Zweck wird in der Windows-Hilfe eine ausführliche Sprachreferenzkarte bereitgestellt, die Sie über den Menüeintrag **Sprachreferenzkarte öffnen** ❶ im Hauptfenster der Systemsteuerung aufrufen können. Hier finden Sie alle möglichen Sprachbefehle, unterteilt in verschiedene Bereiche, z. B. Steuern des PCs, Diktat, Steuerelemente oder Satzzeichen und Sonderzeichen. Die wichtigsten Bereiche können Sie sich ausdrucken und für die tägliche Anwendung neben den Rechner legen.

Die Spracherkennung selbst starten Sie mit dem Befehl **Spracherkennung starten** ❷. Beim ersten Start können Sie die Dokumentenüberprüfung und den gewünschten Aktivierungsmodus festlegen und angeben, ob die Spracherkennung künftig bei jedem Windows-Start automatisch mitgestartet werden soll. Mit der Dokumentenüberprüfung lässt sich die Genauigkeit der Spracherkennung verbessern. Aktivieren Sie diese Option, durchsucht Windows Dokumente und E-Mails und verwendet gefundene Wörter und Begriffe, um das Verständnis der Spracheingabe zu verbessern. Über den Aktivierungsmodus können Sie festlegen, ob Sie die Spracherkennung per Sprachbefehl oder durch Anklicken einer entsprechenden Schaltfläche starten bzw. beenden möchten. Sobald Sie diese letzten Einstellungen vorgenommen haben, steht der Verwendung der Spracherkennung nichts mehr im Wege.

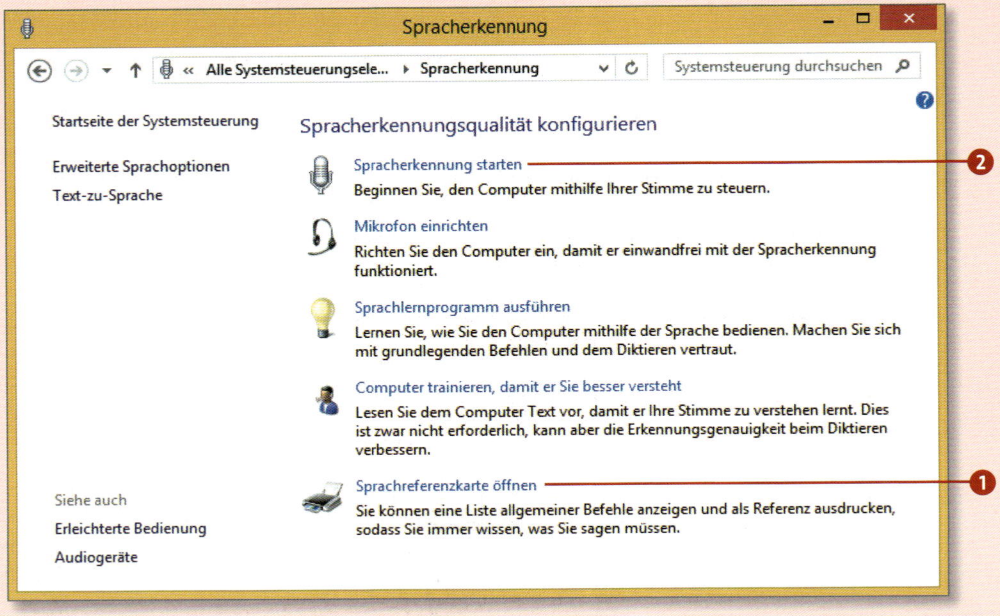

Das Hauptfenster der Spracherkennung mit zahlreichen Konfigurationsmöglichkeiten

10 Ein Netzwerk einrichten

In diesem Kapitel

- Eine Heimnetzgruppe einrichten
- Fernsteuerung und Fernwartung: Remotezugriff mit Windows 8.1

Sie können auf Ihrem Rechner in wenigen Minuten eine Heimnetzgruppe erstellen und andere Anwender dazu einladen, sich dieser Gruppe anzuschließen. Auf diese Art tauschen Sie Daten zwischen den Computern Ihrer Familienmitglieder aus oder stellen Ihren Drucker für die gemeinsame Nutzung im Netzwerk zur Verfügung. Geben Sie Bereiche auf Ihrem Computer für die gemeinschaftliche Nutzung frei, und greifen Sie selbst auf freigegebene Ordner und Dateien der anderen Gruppenteilnehmer zu. Natürlich können Sie Berechtigungen jederzeit auch wieder zurücknehmen oder neue Verzeichnisse freigeben. Wird das Netzwerk nicht mehr benötigt, treten Sie per Mausklick aus der Gruppe aus, sind aber im Bedarfsfall genauso schnell wieder beigetreten. Das lange und umständliche Konfigurieren einer Netzwerkverbindung entfällt bei Windows 8.1 dank der Heimnetzgruppe.

Mit der Remoteunterstützung von Windows 8.1 können Sie eine vertrauenswürdige Person ganz leicht um Unterstützung bei der Beseitigung lästiger Computerprobleme bitten. Laden Sie Ihren Bekannten oder Freund einfach ein, mittels der Remoteunterstützung auf Ihren Computer zuzugreifen und das Problem per Fernwartung zu lösen. Es ist also nicht mehr nötig, dass ein Helfer zu Ihnen nach Hause kommt, sondern er kann von seinem PC aus auf Ihren zugreifen. Dabei haben Sie natürlich jederzeit die volle Kontrolle und können die Verbindung auch abbrechen.

Dieses Fernsteuerungsprinzip lässt sich auch für die Arbeit nutzen: Wenn Sie von zu Hause arbeiten und eine sichere Verbindung von Ihrem heimischen PC in das Netzwerk Ihres Arbeitgebers benötigen, richten Sie einfach eine VPN-Verbindung ein.

Eine Heimnetzgruppe einrichten

Eine Heimnetzgruppe erstellen

Verbinden Sie Ihren Computer mit anderen Windows-7- oder Windows-8-Rechnern in Ihrem Haushalt, z. B. mit einem Laptop, und tauschen Sie Daten unter den Geräten aus, oder nutzen Sie bei allen den Drucker oder andere angeschlossene Geräte.

1. Erstellen Sie zuerst die Heimnetzgruppe auf Ihrem Hauptrechner. Öffnen Sie dazu mit [Windows] + [X] das Schnellstartmenü, klicken Sie darin auf **Systemsteuerung**, und wählen Sie im zugehörigen Dialog den Menüeintrag **Heimnetzgruppe** ❶.
2. Das Dialogfenster **Heimnetzgruppe** zeigt ein paar Informationen zur Heimnetzgruppe an. Klicken Sie auf **Heimnetzgruppe erstellen**. Den nächsten Hinweis können Sie mit einem Klick auf **Weiter** rasch übergehen, er liefert keine neuen Informationen.
3. Geben Sie nun an, welche Bibliotheken Sie auf dem Hauptrechner freigeben möchten. Klicken Sie dazu auf die Dropdown-Menüs der entsprechenden Bereiche ❷, und wählen Sie daraus jeweils die gewünschte Option aus. Setzen Sie die Einrichtung mit **Weiter** ❸ fort.
4. Nun wird ein Kennwort für die Heimnetzgruppe erstellt ❹. Notieren Sie es sich, Sie benötigen es später für den Beitritt des zweiten Rechners.

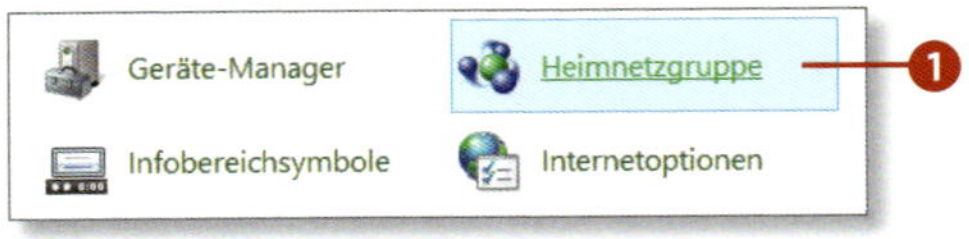

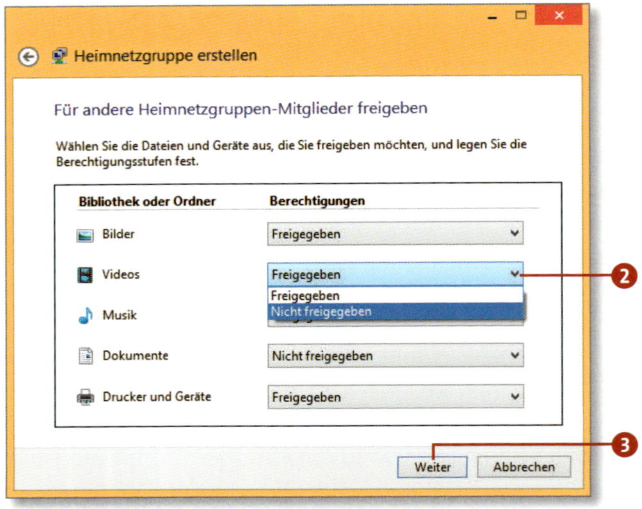

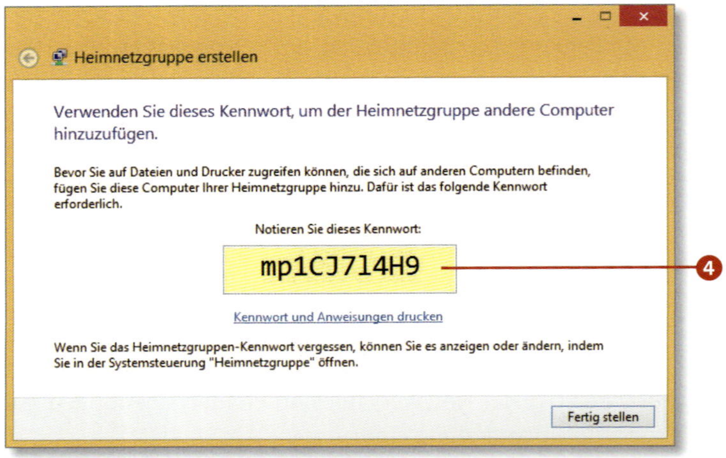

Voraussetzungen

Damit der Austausch von Daten zwischen mehreren Computern möglich wird, müssen diese in die Heimnetzgruppe aufgenommen werden. Für den Zusammenschluss eignet sich besonders eine WLAN-Verbindung, da Sie mit ihr nicht auf feste Standorte angewiesen sind. Mehr dazu erfahren Sie im nächsten Abschnitt.

So treten Sie einer Heimnetzgruppe bei

Die Heimnetzgruppe ist bereits erstellt, und nun soll ein weiterer Rechner, z. B. der Laptop oder der neue Tablet-PC, in die Gruppe aufgenommen werden. Führen Sie die folgenden Schritte auf dem Rechner aus, der der Gruppe hinzugefügt werden soll:

1. Rufen Sie die Systemsteuerung auf, und klicken Sie dort auf den Menüpunkt **Heimnetzgruppe**.
2. Die vorhandene Heimnetzgruppe wird sogleich erkannt, und Windows bietet an, dieser Gruppe beizutreten. Klicken Sie also auf die Schaltfläche **Jetzt beitreten** ❶. Das nächste Fenster informiert Sie nochmals über die Beitrittsmöglichkeit. Klicken Sie auf **Weiter**.
3. Wie bei der Erstellung der Heimnetzgruppe auf Ihrem Hauptrechner (siehe den Abschnitt »Eine Heimnetzgruppe erstellen« auf Seite 282) müssen Sie jetzt festlegen, auf welche Bibliotheken zugegriffen werden darf. Treffen Sie Ihre Wahl, und betätigen Sie sie mit **Weiter**.
4. Nun wird das Kennwort abgefragt, das bei der Erstellung der Heimnetzgruppe generiert wurde. Geben Sie es zur Authentifizierung ein ❷, und klicken Sie auf **Weiter** ❸.
5. Damit ist der Beitritt abgeschlossen, und zwischen den beiden Computern wurde eine Verbindung hergestellt. Mit **Fertig stellen** schließen Sie den letzten Dialog.

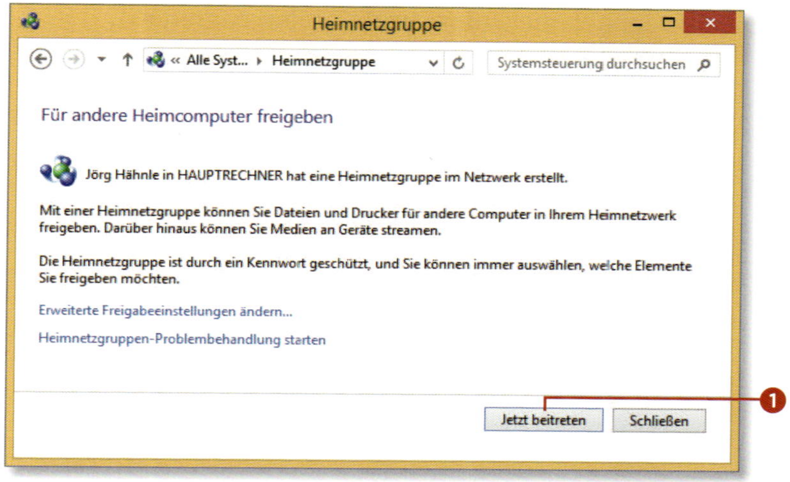

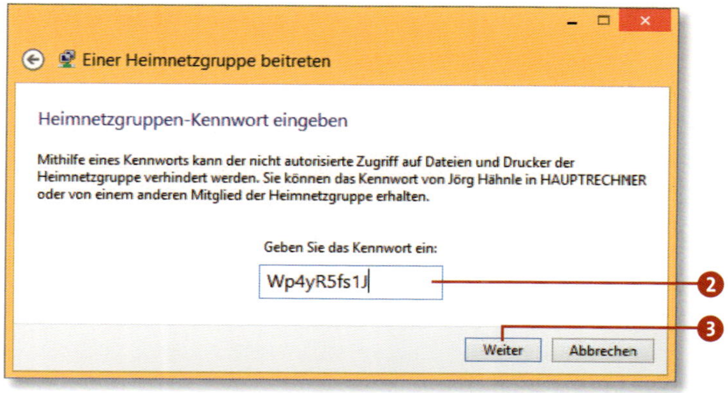

> **Kennwort vergessen?**
>
> Haben Sie das Kennwort vergessen? Kein Problem! Im Abschnitt »Das Kennwort der Heimnetzgruppe nachlesen oder abändern« auf Seite 286 erfahren Sie, wie Sie das Kennwort einsehen und bei Bedarf ändern können.

Auf freigegebene Ordner und Dateien zugreifen

Eine Heimnetzgruppe macht natürlich erst Spaß, wenn der Zugriff auf freigegebene Dateien und Ordner reibungslos klappt und Sie Daten zwischen den angeschlossenen Rechnern austauschen können. Der einfachste Weg führt über den Explorer.

1. Starten Sie den Explorer auf dem Desktop mit einem Klick auf das Ordnersymbol in der Taskleiste oder mit der Tastenkombination [Win] + [E].
2. Führen Sie links im Navigationsbereich des Explorers einen Doppelklick auf den Eintrag **Heimnetzgruppe** ❶ aus, um diesen Zweig zu öffnen. Alle zur Gruppe gehörenden Computer werden in diesem Abschnitt aufgelistet. Wenn das Symbol vor dem Namen eines Mitglieds der Gruppe etwas abgeschwächt dargestellt wird ❷, bedeutet dies, dass dieser Rechner momentan nicht zur Verfügung steht, d. h. nicht online ist. Im rechten Teil des Explorers erscheint ein entsprechender Hinweis, wenn Sie diesen Computer auswählen.

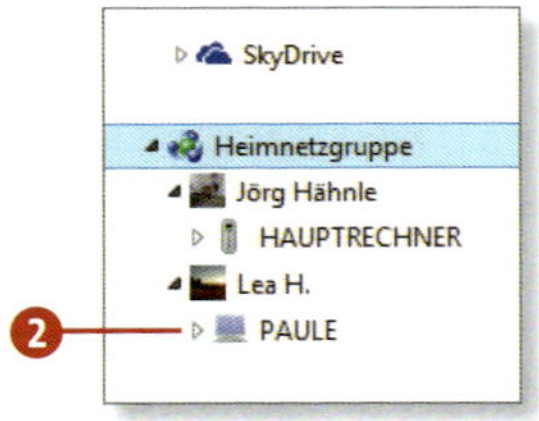

3. Um auf einen freigegebenen Ordner eines verfügbaren Computers zuzugreifen, wählen Sie ihn im Explorer aus ❸. Sie haben nun Zugriff auf die darin befindlichen Daten und können, je nach Berechtigung, die Dateien nur lesen oder lesen *und* bearbeiten.

Freigaben nachträglich verändern

Möchten Sie nachträglich die Freigaben verändern, geht dies am einfachsten, indem Sie im Navigationsbereich des Explorers mit der rechten Maustaste auf den Eintrag **Heimnetzgruppe** klicken und den Befehl **Heimnetzgruppen-Einstellungen ändern** aus dem Kontextmenü wählen. Über den Link **Für die Heimnetzgruppe freigegebene Elemente ändern** erreichen Sie die Freigaben und können diese neu definieren.

Weitere Elemente in der Heimnetzgruppe freigeben

Möchte man Daten mit einem anderen Rechner austauschen, wäre es nicht sehr komfortabel, wenn man die Dateien immer erst in eine der freigegebenen Standardbibliotheken kopieren müsste, damit der andere darauf zugreifen kann. Unter Windows 8.1 gibt es daher auch die Möglichkeit, im Handumdrehen weitere Verzeichnisse für die Heimnetzgruppe freizugeben.

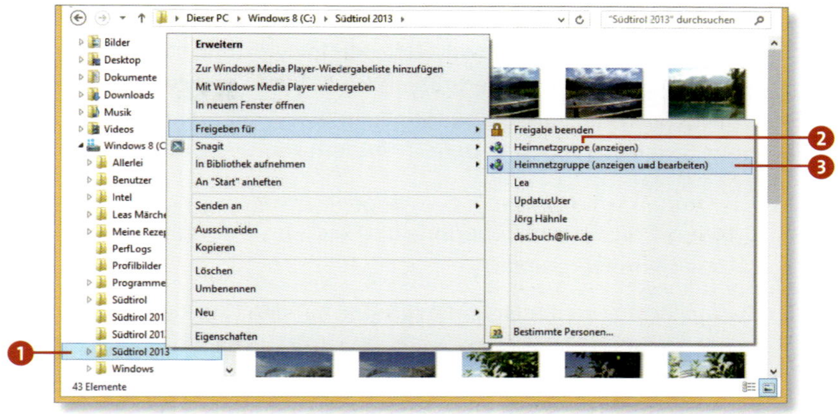

1. Um eine Freigabe für einen neuen Ordner zu erteilen, öffnen Sie mit ⊞ + E den Explorer auf dem Desktop.
2. Wählen Sie das Verzeichnis aus ❶, und klicken Sie mit der rechten Maustaste darauf, um das Kontextmenü zu öffnen. Zeigen Sie auf **Freigeben für**, und klicken Sie dann entweder auf **Heimnetzgruppe (anzeigen)** ❷ oder **Heimnetzgruppe (anzeigen und bearbeiten)** ❸.
3. Bestätigen Sie die anschließende Abfrage mit **Ja, die Elemente freigeben**. Falls Sie nicht als Admin angemeldet sind, werden Sie nun aufgefordert, das Kennwort Ihres Administratorkontos anzugeben.
4. Der Statusleiste des Explorers können Sie entnehmen, ob ein ausgewählter Ordner freigegeben ist ❹. Um die Freigabe zu widerrufen, klicken Sie den Ordner wieder mit der rechten Maustaste an und wählen **Freigeben für > Freigabe beenden** ❺ aus dem Kontextmenü.

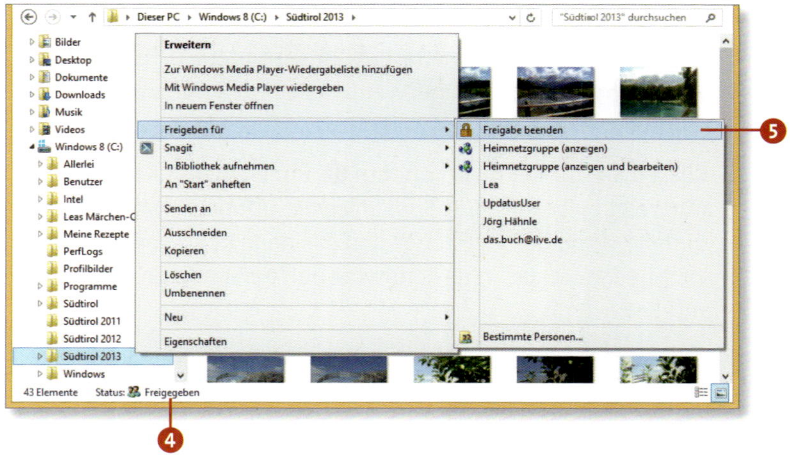

Anzeigen und bearbeiten oder nur anzeigen?

Mit der Freigabeoption **Heimnetzgruppe (anzeigen und bearbeiten)** können Mitglieder der Gruppe die im Verzeichnis enthaltenen Dateien öffnen, lesen, bearbeiten, speichern, löschen und auch neue Dateien erstellen. Mit **Heimnetzgruppe (anzeigen)** können die Dateien nur gelesen, nicht aber bearbeitet werden.

Das Kennwort der Heimnetzgruppe nachlesen oder abändern

Auch wenn Sie sich das Kennwort der Heimnetzgruppe notiert haben – wenn Sie es brauchen, finden Sie den Zettel vielleicht nicht mehr. Falls Sie das Kennwort benötigen und es nicht mehr wissen, schauen Sie einfach im System nach. Ändern können Sie es an der gleichen Stelle.

1. Öffnen Sie die Systemsteuerung, und klicken Sie dort auf den Eintrag **Heimnetzgruppe**.
2. Klicken Sie im Fenster **Heimnetzgruppe** auf den Link **Kennwort für die Heimnetzgruppe anzeigen oder drucken** ❶. Nun wird das Kennwort angezeigt, und Sie können es notieren oder es über die Schaltfläche **Diese Seite drucken** zu Papier bringen.
3. Möchten Sie hingegen das Kennwort ändern, klicken Sie im Fenster **Heimnetzgruppe** auf den Link **Kennwort ändern** ❷. Für diese Aktion sind Administratorrechte erforderlich. Falls Sie nicht als Admin angemeldet sind, werden Sie nun aufgefordert, das Kennwort Ihres Administratorkontos anzugeben.
4. Klicken Sie auf **Kennwort ändern** ❸, um ein neues Kennwort angezeigt zu bekommen. Sobald Sie die Option gewählt haben, wird die Verbindung getrennt und das neue Kennwort eingesetzt. Teilen Sie das neue Kennwort nun den anderen Gruppenmitgliedern mit.

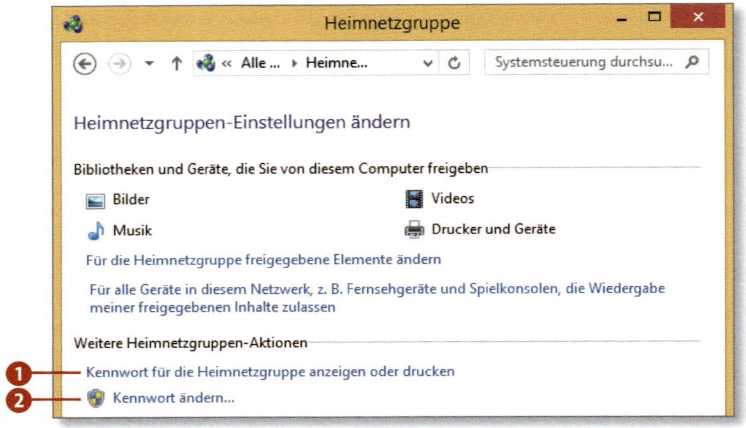

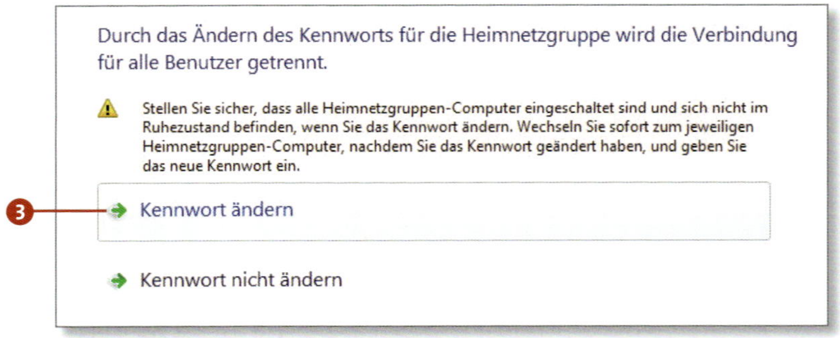

Kennwort der Heimnetzgruppe aktualisieren

Die Verbindung zu den anderen Rechnern der Gruppe kann erst wieder aufgebaut werden, nachdem Sie auch auf diesen PCs das neue Kennwort eingetragen haben.

Computer aus der Heimnetzgruppe entfernen

Sie können eine Heimnetzgruppe jederzeit wieder verlassen. Allerdings haben Sie dann selbstverständlich auch keinen Zugriff mehr auf die Dateien und Geräte der Heimnetzgruppe und können auch selbst keine Daten mehr freigeben. Eine Rückkehr in die Gruppe ist aber ebenso jederzeit möglich.

1. Rufen Sie die Systemsteuerung auf, indem Sie auf dem Desktop das Schnellstartmenü mit den Tasten [Windows] + [X] öffnen und darin den Eintrag **Systemsteuerung** wählen.
2. Im Fenster **Alle Systemsteuerungselemente** klicken Sie auf **Heimnetzgruppe**.
3. Das Fenster **Heimnetzgruppe** öffnet sich. Klicken Sie hier auf den Link **Heimnetzgruppe verlassen** ❶ im Abschnitt **Weitere Heimnetzgruppen-Aktionen**.
4. Im nächsten Dialog fragt Windows nochmals nach, ob Sie die Gruppe wirklich verlassen wollen, und gibt drei Auswahlmöglichkeiten vor. Wenn Sie Ihre Meinung nicht geändert haben, klicken Sie auf **Heimnetzgruppe verlassen** ❷. Ihr Computer wird nun aus der Heimnetzgruppe entfernt. Auch andere Benutzerkonten auf Ihrem Computer haben nun keinen Zugriff mehr auf die Daten der Heimnetzgruppe.

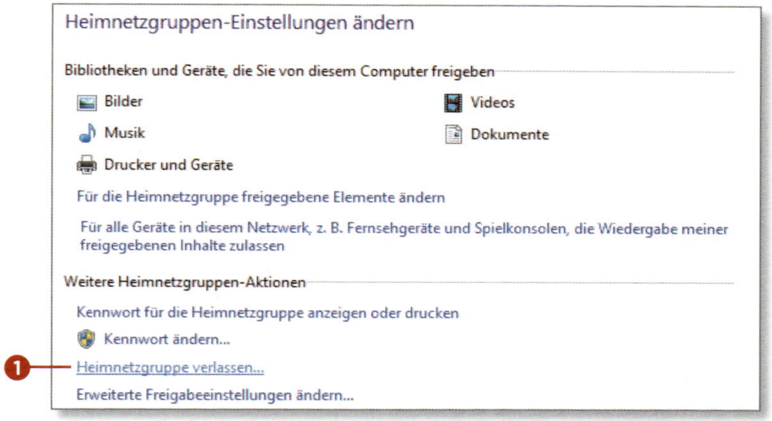

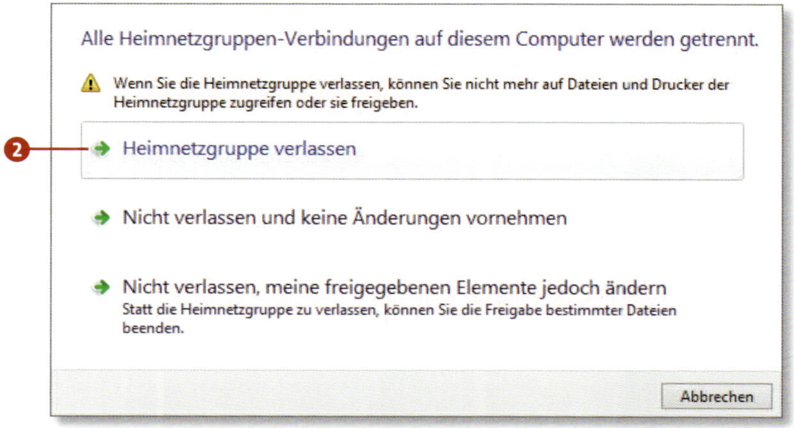

Beitritt und Erstellung

Der Beitritt zu einer Heimnetzgruppe ist mit allen Windows-7- und Windows-8-Editionen möglich. Anwender von Windows 7 Starter, Windows 7 Home Basic oder Windows RT können selbst aber keine Gruppe erstellen. Unter Windows RT ist zudem die Freigabe von Inhalten in der Heimnetzgruppe nicht möglich.

Fernsteuerung und Fernwartung: Remotezugriff mit Windows 8.1

Eine VPN-Verbindung mit dem Bürorechner herstellen

Zugegeben, der Gedanke, auch vom heimischen Rechner aus auf das Firmennetzwerk zugreifen zu können, ist sicherlich nicht immer verlockend. Manchmal muss es aber sein, und so bietet sich auch die Möglichkeit, von zu Hause aus zu arbeiten, falls es die Situation erforderlich macht.

1. Rufen Sie die Systemsteuerung auf, indem Sie das Schnellstartmenü mit [Win] + [X] öffnen und darin auf **Systemsteuerung** klicken. In der Systemsteuerung angekommen, klicken Sie auf **Netzwerk- und Freigabecenter**.
2. Wählen Sie im Abschnitt **Netzwerkeinstellungen ändern** die Option **Neue Verbindung oder neues Netzwerk einrichten** 1.
3. Klicken Sie im nächsten Dialogfenster auf **Verbindung mit dem Arbeitsplatz herstellen**, und bestätigen Sie Ihre Auswahl mit einem Klick auf **Weiter**.
4. Im nächsten Dialog werden Sie gefragt, wie Sie die Verbindung herstellen möchten. Wählen Sie hier die Option **Die Internetverbindung (VPN) verwenden** 2.

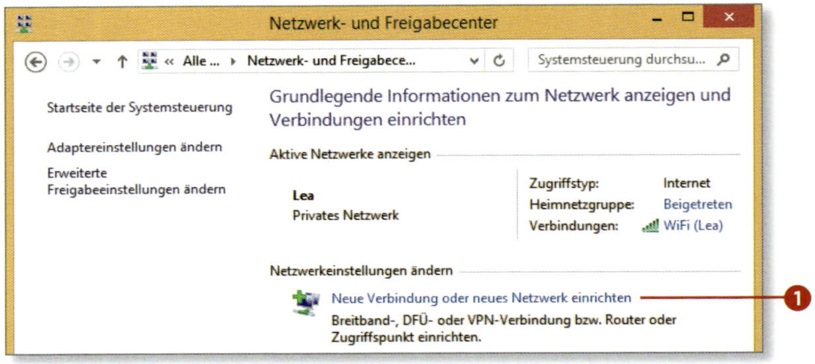

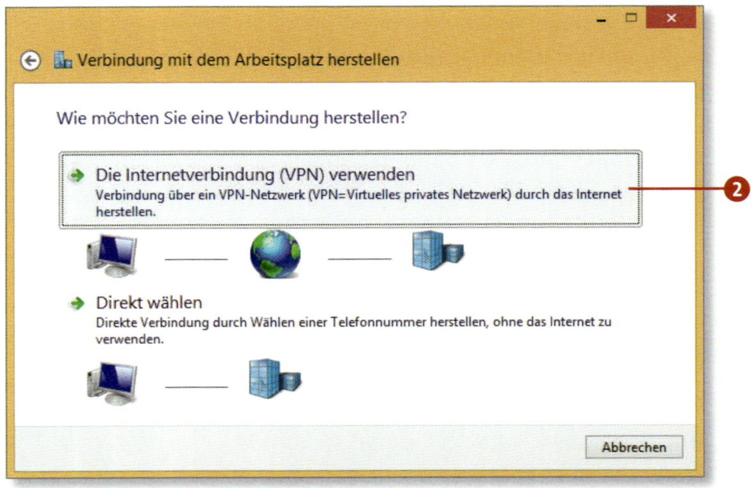

VPN

VPN steht für *Virtual Private Network*. Es handelt sich dabei um eine für gewöhnlich verschlüsselte Verbindung zwischen dem VPN-Client, das ist der Benutzer zu Hause, und dem VPN-Server, also dem Firmenserver.

5. Geben Sie nun die Internet- bzw. IP-Adresse der Firma ❸ sowie im Feld darunter den Namen für das Netzwerk ❹ ein. Diese Daten erhalten Sie vom Netzwerkadministrator Ihres Betriebs.

6. Legen Sie außerdem fest, ob die Anmeldedaten für die Verbindung gespeichert werden sollen ❺ und ob auch andere Benutzer auf Ihrem Computer die VPN-Verbindung nutzen dürfen ❻. Haben Sie alle Angaben gemacht, klicken Sie auf **Erstellen** ❼. Geben Sie das Kennwort Ihres Administratorkontos ein, falls Sie dazu aufgefordert werden.

7. Am rechten Bildschirmrand öffnet sich die Leiste **Netzwerke** und zeigt die neue VPN-Verbindung an. Um eine Verbindung herzustellen, klicken Sie auf den Eintrag und anschließend auf **Verbinden**.

8. Nun folgt die Netzwerkauthentifizierung. Geben Sie Ihren Benutzernamen und das dazugehörige Kennwort ein ❽. Auch diese Daten erhalten Sie von Ihrem Netzwerkadministrator. Mit einem abschließenden Klick auf **OK** wird die Verbindung zum Remotenetzwerk aufgebaut.

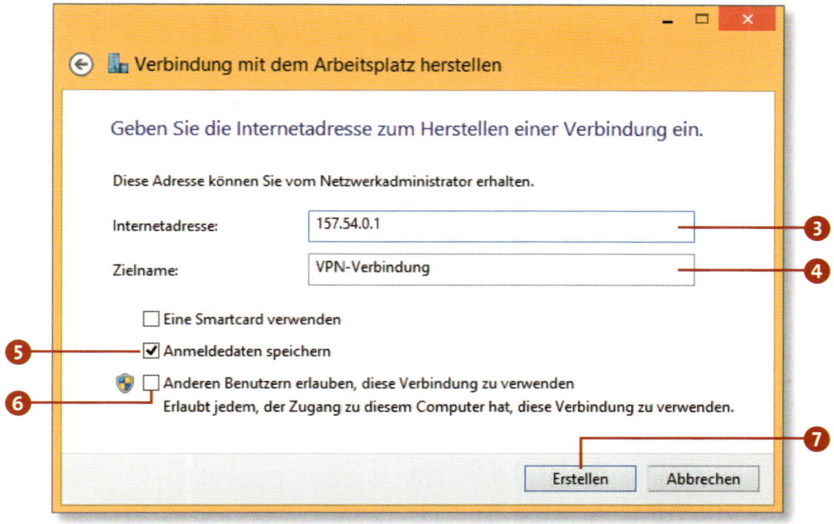

Fernwartung mit TeamViewer

Als Alternative zur Windows-Remoteunterstützung eignet sich besonders das Programm *TeamViewer*, mit dessen Hilfe Sie fremde Computer sehr einfach per Internet steuern und Wartungsaufgaben durchführen können (natürlich nur mit Genehmigung). Für Privatanwender ist das Programm sogar kostenlos nutzbar. Sie können es unter der Adresse *http://www.teamviewer.de* herunterladen. Auf dieser Internetseite finden Sie zudem viele nützliche Tipps und Anleitungen für die sichere Verwendung dieser Fernwartungssoftware.

Remoteunterstützung anfordern

Irgendetwas klemmt mal wieder, und Windows macht nicht, was es soll? Wenn Sie einen versierten Bekannten haben, der Ihnen bei Ihrem Computerproblem helfen könnte, schicken Sie ihm einfach eine Unterstützungsanfrage und bitten ihn, aus der Ferne auf Ihren Computer zuzugreifen. So lassen sich viele Probleme lösen, ohne dass extra jemand vorbeikommen muss.

1. Der Weg führt wie so oft über die Systemsteuerung. Öffnen Sie diese, stellen Sie das Feld **Anzeige** oben rechts auf **Kategorie** um, und klicken Sie auf den Eintrag **System und Sicherheit**.
2. Klicken Sie in der Kategorie **System** auf den Link **Remoteunterstützung starten** ❶.
3. Im nächsten Dialogfenster wählen Sie die Option **Eine vertrauenswürdige Person zur Unterstützung einladen**.
4. Klicken Sie dann auf **Einladung per E-Mail senden** ❷. Daraufhin öffnet sich Ihr E-Mail-Programm mit einer vorgefertigten Nachricht. Die Einladungsdatei wurde als Anhang hinzugefügt. Tragen Sie die E-Mail-Adresse des Empfängers ein, und schicken Sie die Nachricht ab.
5. Gleichzeitig öffnet sich die Windows-Remoteunterstützung und zeigt ein Kennwort an. Dieses Kennwort müssen Sie dem Helfer zukommen lassen, z.B. per Telefon.

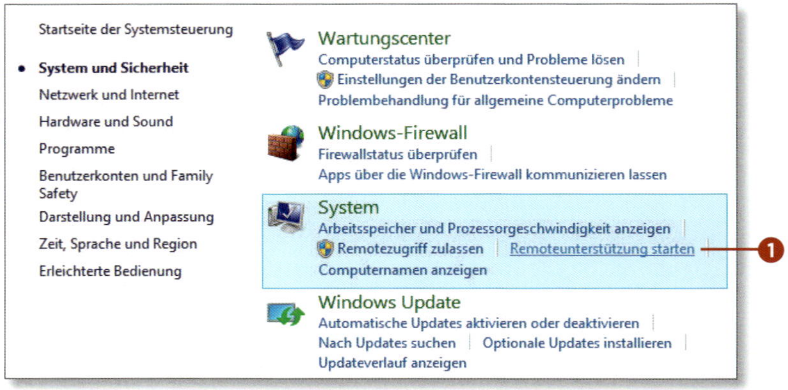

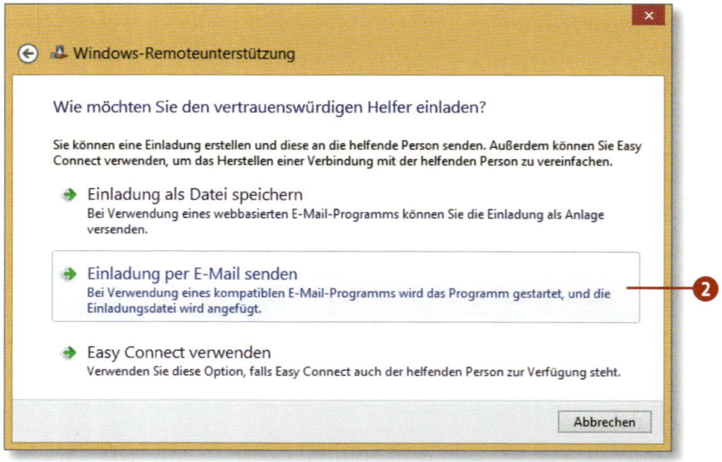

Fehler beim Verbindungsaufbau

Kontrollieren Sie im Fehlerfall, ob die Remoteunterstützung auf Ihrem PC aktiviert ist. Drücken Sie auf dem Desktop [Windows-Taste] + [Pause], und wählen Sie im Fenster **System** links den Befehl **Remoteeinstellungen**. Prüfen Sie, ob das Häkchen vor **Remoteunterstützungsverbindungen mit diesem Computer zulassen** gesetzt ist. Falls nicht, holen Sie das nach.

Wie geht es weiter?

Der Helfer führt einen Doppelklick auf die Einladungsdatei aus und gibt das von Ihnen übermittelte Kennwort zur Authentifizierung ein. Er sieht nun Ihren Desktop und kann mit der Unterstützung beginnen. Sobald Sie das Fenster der Remoteunterstützung schließen, wird auch die Verbindung beendet.

11 Warten, pflegen, absichern

In diesem Kapitel

- Die Festplatte optimieren
- Die Datenträgerbereinigung
- Windows schützen
- Daten sichern
- BitLocker – Laufwerke und Daten verschlüsseln
- Das Windows-Gedächtnis: der Dateiversionsverlauf
- App-Einstellungen für Datenschutz und Privatsphäre

Befreien Sie Ihr System von unnötigem Datenmüll, und führen Sie immer mal wieder eine Datenträgerbereinigung durch, quasi einen Frühjahrsputz für den PC. Temporäre Internet- oder Programmdateien, Protokolldateien, Fehlerberichterstattungsdateien oder schlicht der Inhalt des Papierkorbs – schaffen Sie wieder Platz auf Ihrer Festplatte, und löschen Sie diese Dateien. Apropos Festplatte: Auch die Festplatte braucht Pflege! Überprüfen Sie sie auf mögliche Dateisystemfehler, und optimieren Sie das Laufwerk, indem Sie es regelmäßig von Windows defragmentieren lassen. Verbessern Sie die Darstellung und Leistung von Windows, und nutzen Sie den Systemintegritätsbericht, um lästige Fehler aufzuspüren und zu beseitigen.

Obwohl Windows 8.1 mit dem Windows Defender bereits ein Schutzprogramm mitliefert, können Sie natürlich auch ein Antivirenprogramm eines Drittanbieters installieren. Das Gleiche gilt für die Firewall.

Schützen Sie Ihre Daten mit der Verschlüsselungstechnologie BitLocker. Gerade Anwender tragbarer Computer wie Laptops oder Tablet-PCs können ihre Daten so vor dem unbefugten Zugriff Dritter schützen und die Festplatte sicher verschlüsseln. Ohne das Kennwort oder den USB-Stick zur Autorisierung kann niemand Ihre Daten lesen.

Natürlich darf auch das Thema Datensicherung nicht fehlen. Legen Sie eine Komplettsicherung Ihres Systems an. Sollte es zu einem schweren Systemfehler kommen und Windows den Start verweigern, können Sie mit dieser Sicherung Ihre Windows-Installation reparieren.

Windows 8.1 effizient verwalten

So, wie ein Auto regelmäßig zur Inspektion in die Werkstatt gebracht wird, damit wichtige Teile überprüft und gegebenenfalls ausgetauscht werden können, bevor es zu einer lästigen Panne kommt, sollten Sie auch Ihr System regelmäßig warten, pflegen und vor allem absichern. Viele Aufgaben erledigt Windows 8.1 selbstständig, in anderen Bereichen sollten Sie aber selbst immer mal wieder nach dem Rechten sehen und wichtige Wartungsaufgaben durchführen. Denken Sie auch an Ihre Daten, und legen Sie Sicherungskopien an.

Halten Sie Ihr Betriebssystem immer auf dem Laufenden, und installieren Sie die angebotenen Updates möglichst zeitnah. Mit ihnen stopfen Sie bekannt gewordene Sicherheitslücken oder korrigieren kleinere Fehler des Betriebssystems oder einer Software. Aktivieren Sie am besten die Option **Microsoft-Update**, um Updates für Microsoft-Produkte wie Microsoft Office zu beziehen. Genaue Informationen zur Funktion *Windows Update* finden Sie im Abschnitt »Die Funktion ›Windows Update‹« auf Seite 172.

Gerätetreiber sind für die reibungslose Zusammenarbeit zwischen dem Betriebssystem und dem angeschlossenen Gerät zuständig. Ein falscher oder veralteter Treiber kann der Grund für ein Fehlverhalten von Hardware sein. Sollten Sie also funktionale Probleme mit einer angeschlossenen Hardwarekomponente haben, kontrollieren Sie den installierten Treiber, und aktualisieren Sie ihn gegebenenfalls. Häufig hilft hier auch ein Blick auf die Webseite des Geräteherstellers, die meist die neuesten Treiber und Empfehlungen bereithält.

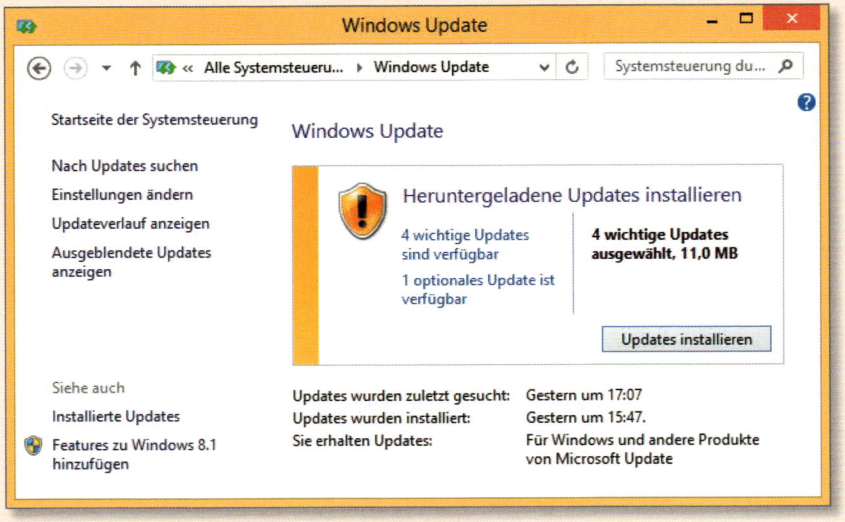

Mit Windows Update stets auf dem Laufenden bleiben

Viren, Würmer und Trojaner sind leider immer ein sehr wichtiges Thema. Verwenden Sie auf jeden Fall ein Antivirenprogramm: Entweder nutzen Sie den Windows Defender, oder Sie installieren eine Schutzsoftware eines Drittanbieters (siehe dazu den Abschnitt »Ein Antivirenprogramm installieren« auf Seite 298). Bleiben Sie auch hier immer auf dem neuesten Stand! Nur ein wirklich aktuelles Antivirenprogramm kann Schädlinge zuverlässig erkennen und blockieren.

Zumindest die Windows-eigene Firewall sollte immer eingeschaltet sein. Auch in puncto Firewall können Sie auf die Softwarelösung eines Drittanbieters zurückgreifen, wenn Sie möchten (siehe den Abschnitt »Installation und Einrichtung einer Firewall« auf Seite 300). Informationen zum Windows Defender und zur Windows-Firewall finden Sie im Abschnitt »Sicherheit im Internet« auf Seite 165.

Wenn die Festplatte einen Fehler aufweist, führt dies fast immer zu Datenverlust. Kommt es ganz schlimm, lässt sich Windows nicht mehr starten, und die Festplatte kann nicht einmal mehr über andere Betriebssysteme angesprochen werden. Zur Wartung gehört daher auch die Optimierung Ihrer Festplatten: Prüfen Sie den Fragmentierungsgrad, und defragmentieren Sie die Festplatten bei Bedarf. Diese Aufgabe kann Windows auch selbstständig nach Ihren Zeitvorgaben durchführen.

Das Thema Datensicherung wird von vielen Anwendern eher stiefmütterlich behandelt. Zugegeben, auch ich gehöre eher zu den »Sicherungsmuffeln« und lasse oft zu große Abstände zwischen den einzelnen Sicherungsintervallen. Dabei bietet Windows 8.1 die Möglichkeit, auf einfache Weise das komplette System als Image (»Abbild«) zu sichern.

Bereits unter Windows 8 ist der der *Dateiversionsverlauf* hinzugekommen, der natürlich auch unter Windows 8.1 zur Verfügung steht.. Mit dieser Funktion können Sie Ihre Dateien automatisch sichern lassen. Sollte die Originaldatei einmal verloren gehen, können Sie sie mit wenigen Mausklicks aus einer gesicherten Version wiederherstellen. Alles zum Thema Datensicherung finden Sie im Abschnitt »Daten sichern« auf Seite 302. Informationen zum Dateiversionsverlauf gibt es im Abschnitt »Das Windows-Gedächtnis: der Dateiversionsverlauf« auf Seite 310.

Die Festplatte optimieren

Verbessern Sie die Leistung Ihres Computers durch eine regelmäßige Optimierung Ihrer Festplatten. Weisen Sie Windows an, diese Aufgabe automatisch durchzuführen, oder starten Sie die Defragmentierung bei Bedarf manuell. Während der Optimierung können Sie den Computer weiternutzen.

1. Öffnen Sie mit [Windows] + [X] das Schnellstartmenü, und wählen Sie **Systemsteuerung > Verwaltung**.
2. Führen Sie als Nächstes einen Doppelklick auf die Verknüpfung **Laufwerke defragmentieren und optimieren** ❶ aus. Es dauert einen kleinen Moment, bis die Funktion gestartet wird.
3. Im Fenster **Laufwerke optimieren** werden alle Festplatten und Partitionen aufgelistet, die in Ihrem Computer verwendet werden ❷. Sie sehen in der ersten Spalte die Laufwerksbezeichnung samt Laufwerksbuchstaben, in der zweiten Spalte den Medientyp, und der dritten Spalte können Sie das Datum und die Uhrzeit der letzten Optimierung entnehmen.
4. In der vierten Spalte wird der aktuelle Status der Laufwerke angezeigt. Auch wenn der Status mit **OK** angegeben ist: Markieren Sie eine Festplatte, und klicken Sie anschließend auf die Schaltfläche **Analysieren** ❸, um eine Überprüfung zu starten.
5. Die Analyse wird gestartet, und nach wenigen Sekunden wird der Status aktualisiert. Wenn der angegebene Fragmentierungsgrad 10 % oder mehr beträgt, ist eine Optimierung erforderlich. Klicken Sie in diesem Fall auf die Schaltfläche **Optimieren** ❹.

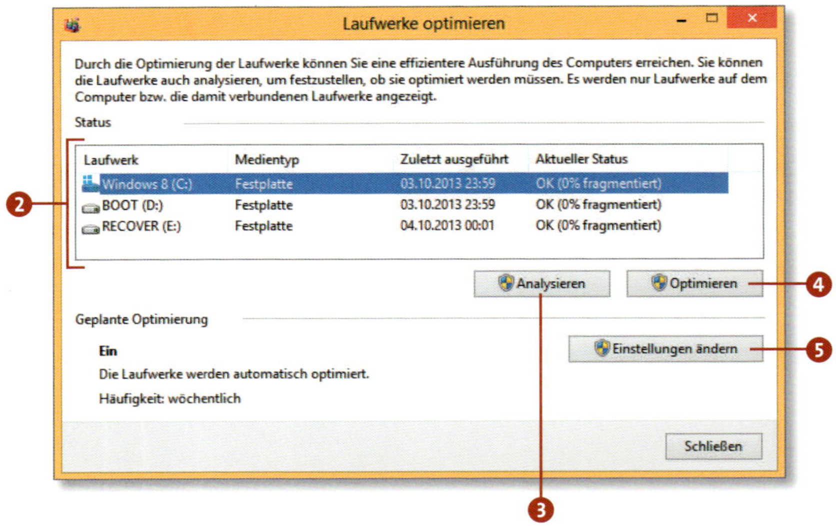

Voraussetzungen

Die Festplatte muss mit dem Dateisystem NTFS, FAT32 oder FAT formatiert sein. Netzwerklaufwerke können nicht optimiert werden.

6. Neben der manuellen Optimierung können Sie Windows auch anweisen, diese Aufgabe automatisch durchzuführen. Klicken Sie dazu im Abschnitt **Geplante Optimierung** auf **Einstellungen ändern** (5 auf Seite 294).
7. Legen Sie die Häufigkeit der Optimierung über das Dropdown-Menü fest 6. Meist ist die Einstellung **Wöchentlich** absolut ausreichend. Zusätzlich können Sie auswählen, welche Laufwerke berücksichtigt werden sollen. Klicken Sie dazu auf **Auswählen** 7.
8. Wählen Sie jene Festplatten aus, die regelmäßig optimiert werden sollen, indem Sie davor ein Häkchen setzen 8. Markieren Sie auch die Option **Neue Laufwerke automatisch optimieren** 9, falls dies bei neu hinzugefügten Festplatten geschehen soll. Bestätigen Sie Ihre Einstellungen schließlich mit **OK**.

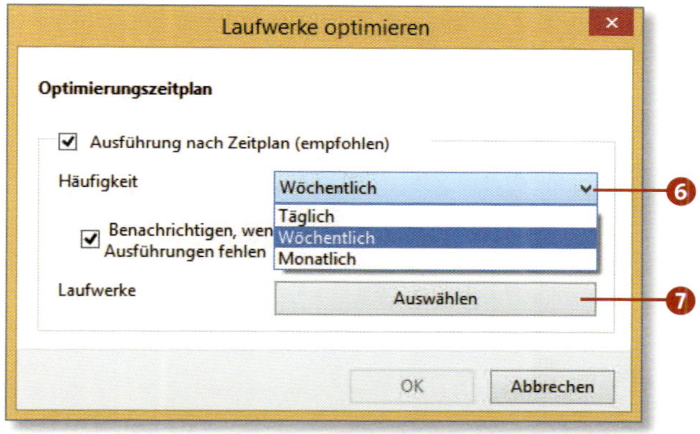

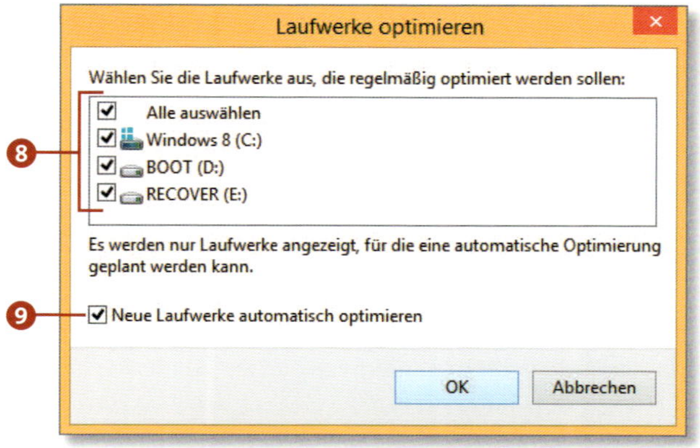

Programme sauber deinstallieren

Um Datenmüll zu vermeiden, sollten Sie nicht mehr benötigte Programme immer korrekt deinstallieren. Siehe dazu »Programme vollständig deinstallieren« auf Seite 90.

Wie lange dauert die Optimierung?

Abhängig von der Größe der Festplatte und dem Fragmentierungsgrad kann der Vorgang zwischen wenigen Minuten und einigen Stunden dauern. Sie können den Computer währenddessen aber weiterverwenden und die Optimierung im Hintergrund ablaufen lassen.

Die Datenträgerbereinigung

Im Laufe der Zeit sammeln sich auf jedem Windows-System eine ganze Menge Daten an, die eigentlich gar nicht mehr gebraucht werden. Das sind z. B. temporäre Dateien, die von Anwendungen angelegt, aber nicht wieder gelöscht werden, oder auch Dateien im Papierkorb. Geben Sie wertvollen Speicherplatz frei, indem Sie diese Daten gelegentlich löschen.

1. Öffnen Sie mit [Win] + [E] den Explorer auf dem Desktop. Wählen Sie das gewünschte Laufwerk aus **1**, wechseln Sie im Menüband zum Register **Laufwerkstools/Verwalten** **2**, und klicken Sie dort auf **Bereinigen** **3**.
2. Die Datenträgerbereinigung analysiert nun die Festplatte und sucht nach nicht mehr benötigten Dateien. Kurze Zeit später wird das Ergebnis anzeigt. Sie können den aufgeführten Informationen entnehmen, wie viel Speicherplatz freigegeben werden kann, wenn Sie alle vorgeschlagenen Dateien löschen lassen **4**.
3. Sobald Sie einen Eintrag auswählen, wird im Feld darunter eine kurze Beschreibung angezeigt **5**, die Ihnen bei der Entscheidung behilflich ist, ob die Dateien gelöscht werden sollen. Haben Sie Ihre Wahl getroffen, klicken Sie auf **OK** und bestätigen auch die nachfolgende Sicherheitsabfrage mit **OK**.

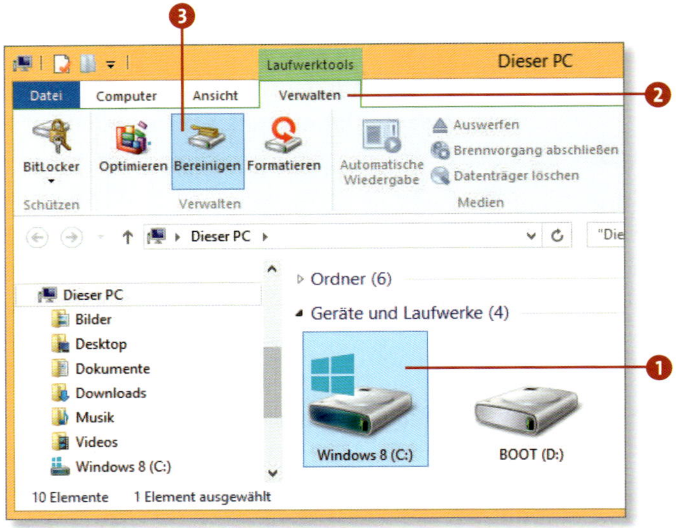

Systemdateien bereinigen

Wählen Sie **Systemdateien bereinigen** **6**, um alte Wiederherstellungspunkte oder frühere Windows-Installationen zu löschen. Diese Funktion sollten Sie aber nur ausführen, wenn Sie ganz sicher sind, dass Sie diese Daten nicht mehr benötigen.

Windows schützen

Windows SmartScreen

Eine zusätzliche Schutzfunktion unter Windows 8.1 ist *Windows SmartScreen*. Diese Technologie meldet sich mit einer Warnung zu Wort, sobald Sie eine unbekannte App aus dem Internet ausführen möchten. Im Wartungscenter können Sie die SmartScreen-Einstellungen anpassen.

1. Klicken Sie rechts unten in der Taskleiste auf das kleine Fähnchen ❶ und dann auf **Wartungscenter öffnen** ❷.
2. Wählen Sie aus der Aufgabenleiste auf der linken Seite des Wartungscenters die Option **Windows SmartScreen-Einstellungen ändern** aus.
3. Falls Sie nicht als Administrator am System angemeldet sind, werden Sie jetzt aufgefordert, zur Autorisierung des Vorgangs Ihr Administratorkennwort einzugeben. Kommen Sie dieser Aufforderung entsprechend nach.
4. Wenn Sie nicht möchten, dass für die Ausführung einer unbekannten Anwendung die Genehmigung des Administrators nötig ist, aktivieren Sie die Option **Vor dem Ausführen unbekannter Apps warnen, aber keine Administratorgenehmigung erforderlich machen** ❸, und klicken Sie auf **OK**.

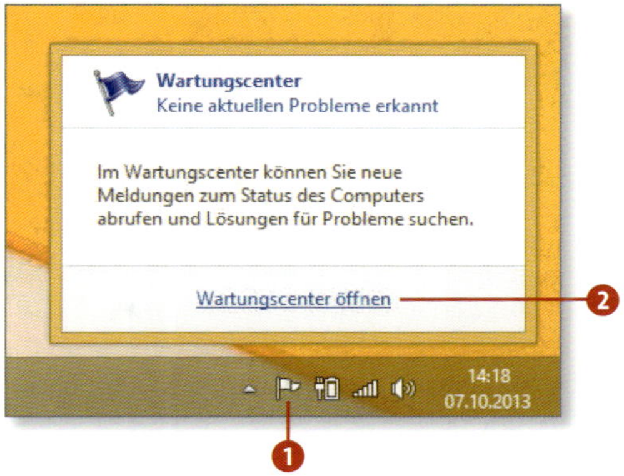

Darstellung und Leistung von Windows anpassen

Klicken Sie in der Systemsteuerung auf **Leistungsinformationen und -tools > Weitere Tools**. Über die Option **Darstellung und Leistung von Windows anpassen** können Sie verschiedene Einstellungen für die Darstellung und Leistung Ihres Computers vornehmen. Dabei wählen Sie zwischen vordefinierten Einstellungsprofilen für eine optimale Darstellung und einer optimalen Systemleistung.

SmartScreen-Filter im Internet Explorer

Der SmartScreen-Filter im Internet Explorer schützt u. a. vor dem Aufruf gefälschter Internetseiten (*Phishing*). Sie finden die Option **SmartScreen-Filter** im Browser im Menü **Sicherheit**.

Ein Antivirenprogramm installieren

Wer nicht auf den Windows Defender setzen möchte, kann auch ein Schutzprogramm eines anderen Anbieters installieren. Stellvertretend für die große Auswahl beschreiben wir hier die Installation und Einrichtung der Schutzsoftware *Anti-Malware 8.x* von Emsisoft, die Sie 30 Tage lang uneingeschränkt testen können.

1. Laden Sie das Programm von der Seite *http://www.emsisoft.de/de/* herunter, und starten Sie die Installation mit einem Doppelklick auf die heruntergeladene Datei. Legen Sie gleich zu Beginn die Programmsprache fest ❶, und akzeptieren Sie die Lizenzbedingungen.
2. Um die Testversion zu installieren, wählen Sie die Option **30 Tage kostenlos testen** ❷ und bestätigen mit **Weiter** ❸. Falls Sie bereits eine Lizenz besitzen, klicken Sie auf **Ich habe einen Lizenzkey** ❹.
3. Nachfolgend können Sie angeben, ob Sie am Anti-Malware-Network teilnehmen möchten. Im Bereich **Online-Update** sollten Sie beide Funktionen abwählen, da die Aktualisierung zusätzlicher Sprachen kaum benötigt wird. Von der Installation ungetesteter Beta-Versionen ist grundsätzlich abzuraten.
4. Nun werden die neuesten Updates heruntergeladen. Klicken Sie danach auf **PC jetzt untersuchen**, und wählen Sie anschließend die gewünschte Scanmethode aus. Wählen Sie zunächst die Methode **Schnelltest** ❺. Die Funktion **Detail Scan** ❻ dauert sehr lange, Sie können sie später nachholen.

Nach 30 Tagen zum Freeware-Modus

Nach Ablauf der Testphase können Sie das Programm weiterhin kostenlos nutzen, allerdings ohne Echtzeitschutz. Dauerhaft sollten Sie die eingeschränkte Version nicht verwenden, da das Risiko einer Infektion ohne Echtzeitschutz zu hoch ist.

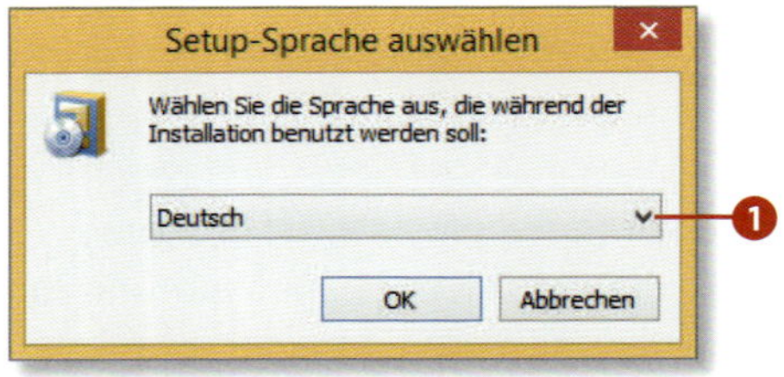

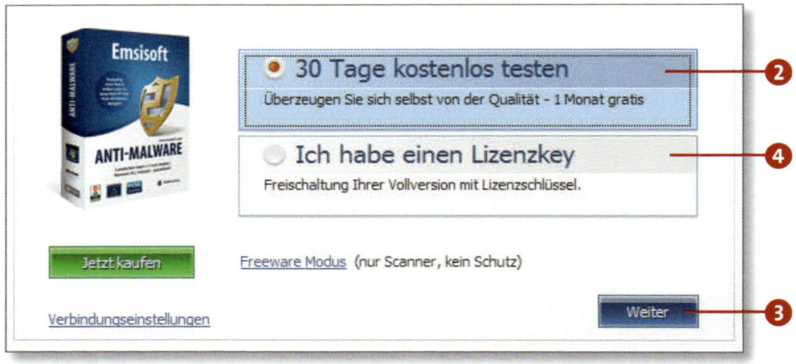

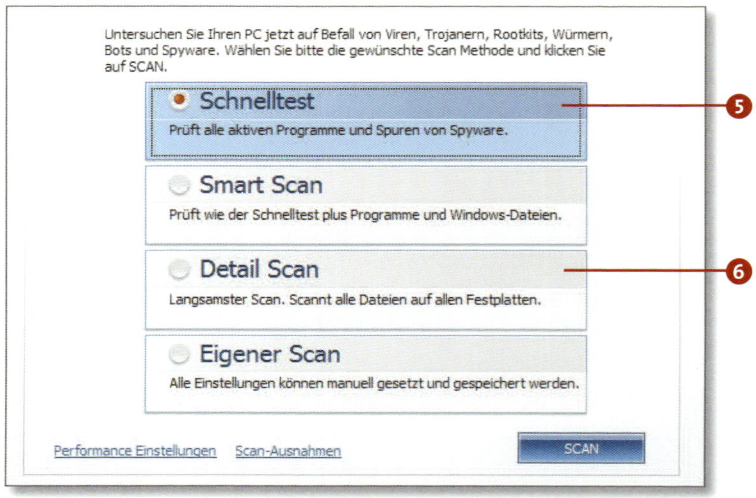

5. Ist die Überprüfung Ihres Computers abgeschlossen, geht es mit den Einstellungen des Wächters weiter. Der Wächter muss aktiviert sein, andernfalls würden Sie Ihr System einem hohen Infektionsrisiko aussetzen. Am besten belassen Sie hier alle Voreinstellungen und klicken auf **Weiter**.
6. Rechts unten in der Taskleiste sehen Sie nun ein kleines Schild 7, das anzeigt, dass der Wächter im Hintergrund aktiv ist und Ihr System schützt. Klicken Sie mit der rechten Maustaste auf das Symbol, und wählen Sie den Menüpunkt **Sicherheitsstatus**, um das Programmfenster für weitere Informationen und Einstellungen zu öffnen.
7. Hier wird nun der aktuelle Sicherheitsstatus angezeigt. Der Malware-Schutz 8 und die automatischen Updates 9 sollten eingeschaltet sein. Die Restlaufzeit der Testphase wird rechts angezeigt 10. Klicken Sie auf **Einstellungen** 11, um das Scanverhalten zu konfigurieren.
8. Öffnen Sie das Register **Geplanter Scan** 12, und markieren Sie die Option **Geplanten Scan aktivieren** 13, um diese Funktion einzuschalten. Legen Sie eine Uhrzeit fest, und geben Sie an, an welchem Tag der Woche eine Überprüfung stattfinden soll, z. B. jeden Freitag um 12 Uhr.

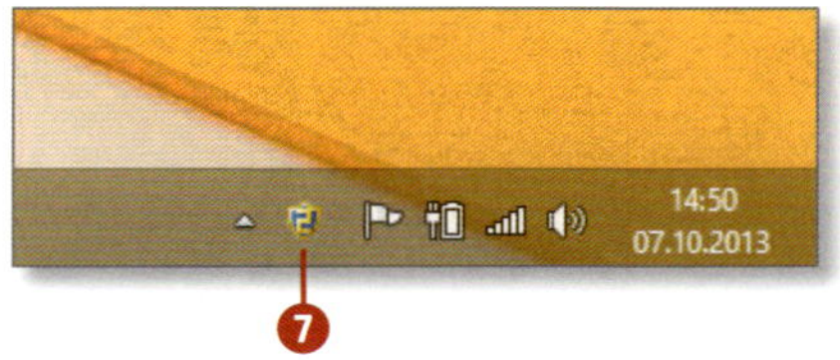

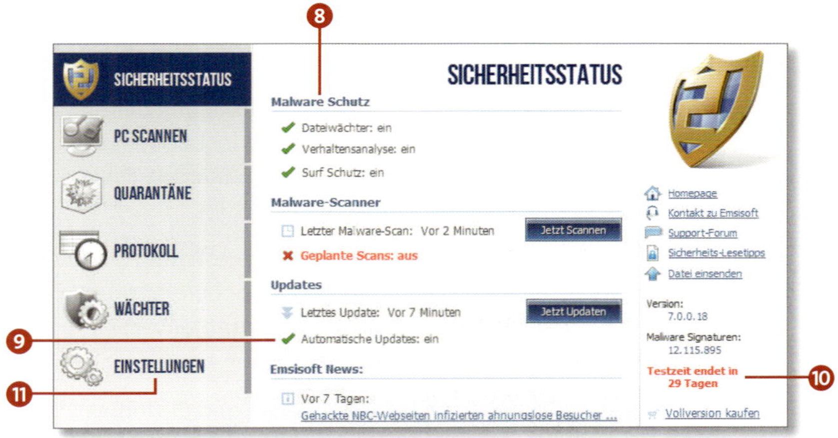

Muss der Windows Defender deaktiviert werden?

Das Programm Emsisoft Anti-Malware 8.x wurde so konzipiert, dass es problemlos zusammen mit den meisten Antivirenprogrammen verwendet werden kann. Sie müssen den Windows Defender also nicht zwingend abschalten, allerdings schadet es auch nicht, da zwei Antivirenprogramme nicht notwendig sind. Auf der Webseite des Herstellers finden Sie weitere nützliche Tipps und Anleitungen zum Programm.

Installation und Einrichtung einer Firewall

Auch bei der Firewall sind Sie nicht auf die mitgelieferte Windows-Firewall angewiesen, sondern können jederzeit auf ein Produkt eines Drittanbieters ausweichen. Wir beschreiben die Installation und Konfiguration am Beispiel des Programms *Emsisoft Online Armor*. Das Programm können Sie 30 Tage lang testen.

1. Nachdem Sie das Programm von der Seite *http://www.emsisoft.de/de/software/oa/* heruntergeladen haben, starten Sie die Installation mit einem Doppelklick auf die Programmdatei ❶.
2. Zwischen der Auswahl der Sprache und der Bestätigung der Lizenzbedingungen werden Sie gebeten, vor der Installation alle Programme, insbesondere andere Firewalls, zu schließen. Fahren Sie mit **Weiter** fort.
3. Nach dem Setup müssen Sie angeben, ob Sie die Software als 30-Tage-Testversion installieren möchten oder bereits einen Lizenzschlüssel haben ❷. Treffen Sie Ihre Wahl, und klicken Sie auf **Weiter** ❸.
4. Das Programm führt nun einen Sicherheitsscan und die Initialisierung durch. Dabei werden u. a. Updates heruntergeladen. Dieser Vorgang kann einige Minuten dauern. Sie werden im Anschluss aufgefordert, den Computer neu zu starten ❹. Direkt nach dem Neustart durchläuft Online Armor eine zwei- bis dreiminütige Lernphase. Warten Sie den Abschluss dieses Vorgangs ab.

Windows-Firewall wird abgeschaltet

Um Störungen und Fehlfunktionen zu vermeiden, wird die Windows-Firewall bei der Installation der neuen Firewall automatisch deaktiviert. Betreiben Sie am besten auch weiterhin nur eine Firewall, und lassen Sie die Windows-Firewall ausgeschaltet, solange Sie ein anderes Produkt verwenden.

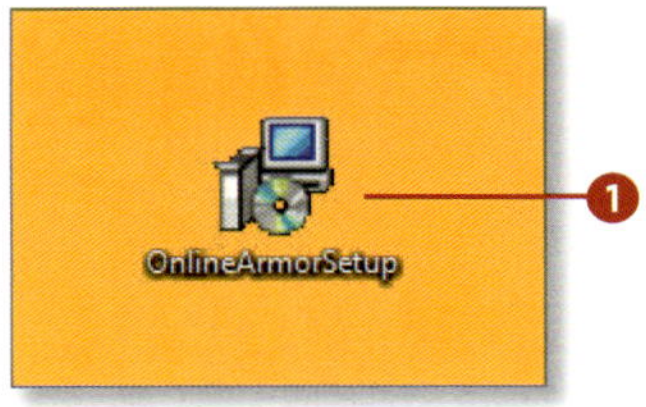

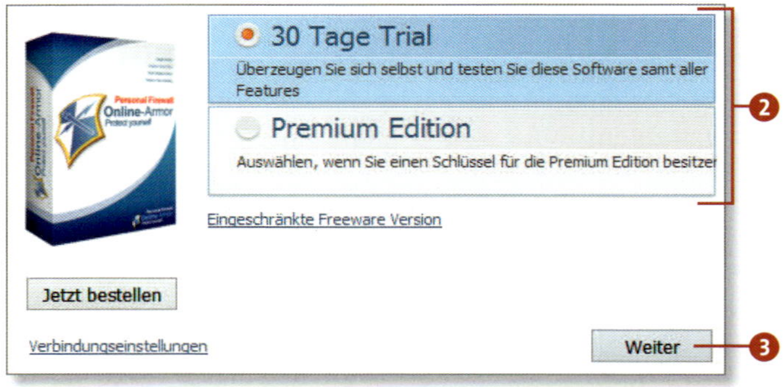

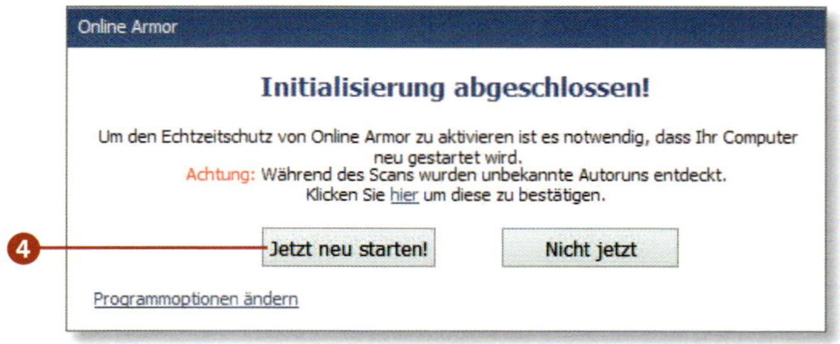

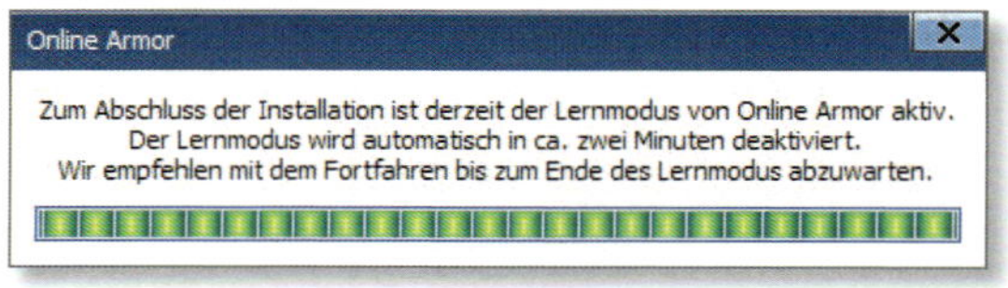

5. Die Installation ist nun abgeschlossen, und die aktive Firewall wird durch ein Schild 5 in der Taskleiste symbolisiert. Klicken Sie auf **Alle ausgeblendeten Symbole anzeigen** 6, falls das Symbol der Firewall nicht zu sehen ist. Klicken Sie mit rechts auf das Symbol, und wählen Sie **Konfiguration**.

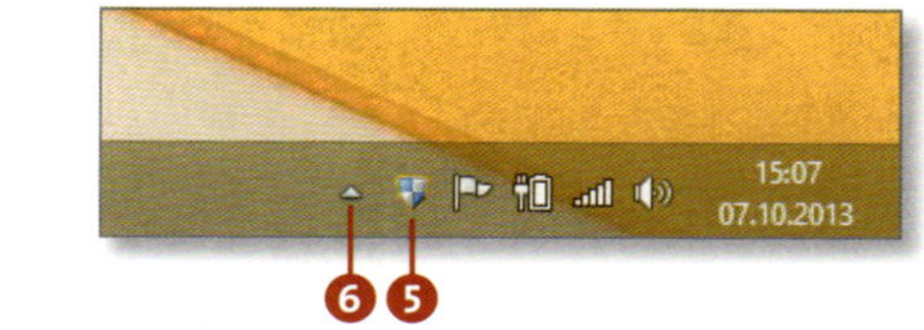

6. Den aktuellen Systemstatus bringen Sie durch einen Klick auf den Menüpunkt **Status** 7 in Erfahrung. Hier sehen Sie, welche Programmkomponenten aktiv sind (idealerweise alle) und wann das letzte Update durchgeführt wurde.

7. Über den Menüpunkt **Firewall** 8 können Sie das Schutzprogramm konfigurieren. Hier sind alle Programme aufgelistet, die auf Ihrem PC ausgeführt wurden und eine Internetverbindung aufgebaut haben. An dieser Stelle können Sie Regeln erstellen und ausgewählte Programme bei Bedarf blockieren 9.

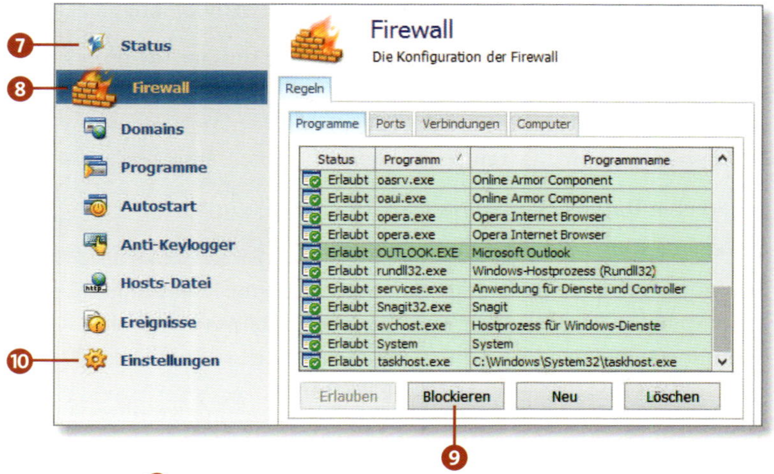

8. Unter **Einstellungen** 10 können Sie schließlich u. a. auf dem Register **Allgemein** 11 das Update-Intervall festlegen und auf dem Register **Firewall** 12 den mitunter störenden Hinweis deaktivieren, der ausgegeben wird, wenn die Firewall einem Programm den Zugriff aufs Internet erlaubt. Entfernen Sie dazu das Häkchen vor der Option **Hinweis zeigen, wenn Programmen der Internetzugriff erlaubt wird** 13.

Kostenlose Firewalls

Auf dem Softwaremarkt werden auch einige kostenlose Firewalls angeboten. Ein seit Jahren sehr bekanntes und beliebtes Programm ist z. B. *ZoneAlarm Free Firewall*, das Sie unter *http://www.zonealarm.de* herunterladen können, oder auch die Software *Ashampoo Firewall Free*, die Sie unter *http://www.ashampoo.de* finden. Für die kostenlosen Versionen gibt es aber meist keinen Kundenservice.

Daten sichern

Das gesamte System sichern

Windows 8.1 bietet die Möglichkeit, das gesamte System inklusive aller Dateien und Programme als Image zu sichern. Sie können mit dieser Sicherung Ihr System im Falle eines Festplattenfehlers wiederherstellen, allerdings ist es nicht möglich, einzelne Ordner oder Dateien zur Wiederherstellung aus dem Image auszuwählen.

1. Die Funktion ist ein wenig versteckt. Rufen Sie mit der Tastenkombination [Win] + [X] das Schnellstartmenü auf, wählen Sie darin **Systemsteuerung** aus, und klicken Sie in der Systemsteuerung auf den Menüpunkt **Dateiversionsverlauf**.
2. Im Fenster **Dateiversionsverlauf** klicken Sie links unten in der Aufgabenleiste auf die Option **Systemabbildsicherung**.
3. Windows sucht nun nach verfügbaren Sicherungslaufwerken. Zu empfehlen ist die Sicherung des Systemabbildes auf einer externen Festplatte. Wählen Sie ein geeignetes Laufwerk aus ❶, und klicken Sie auf die Schaltfläche **Weiter** ❷.
4. Sind in Ihrem System mehrere Festplatten vorhanden, können Sie nun per Klick auswählen, welche gesichert werden sollen. Alle Laufwerke, die für die Ausführung von Windows erforderlich sind, werden automatisch einbezogen und können auch nicht abgewählt werden. Klicken Sie auf **Weiter** ❸, um zum nächsten Schritt zu gelangen.

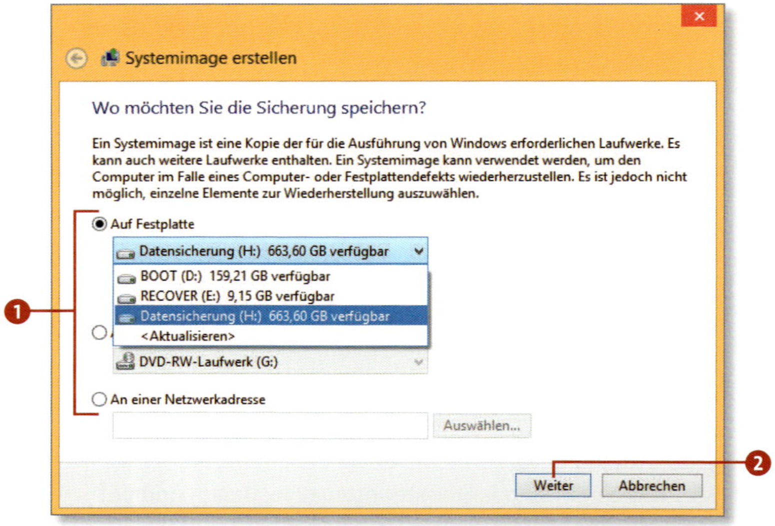

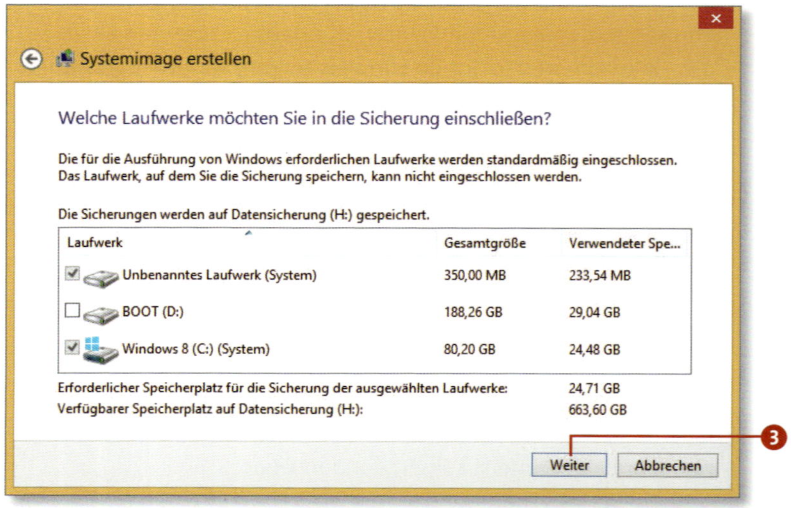

Sicherungsumfang beachten

Je mehr Festplatten Sie einbinden, desto größer ist natürlich auch der erforderliche Speicherplatz auf dem Sicherungslaufwerk. Kontrollieren Sie daher den auf Ihrem Sicherungslaufwerk verfügbaren Speicherplatz.

5. Nun können Sie die Einstellungen nochmals kontrollieren. Mit dem Pfeil links oben ❹ gelangen Sie wieder zur Auswahl der Festplatten, um Korrekturen vorzunehmen. Wenn alles passt, klicken Sie auf **Sicherung starten** ❺. Die Sicherung wird erstellt. Bringen Sie genügend Zeit mit, der Vorgang kann je nach der zu sichernden Datenmenge mehrere Stunden dauern. Es bietet sich daher an, die Sicherung über Nacht laufen zu lassen.

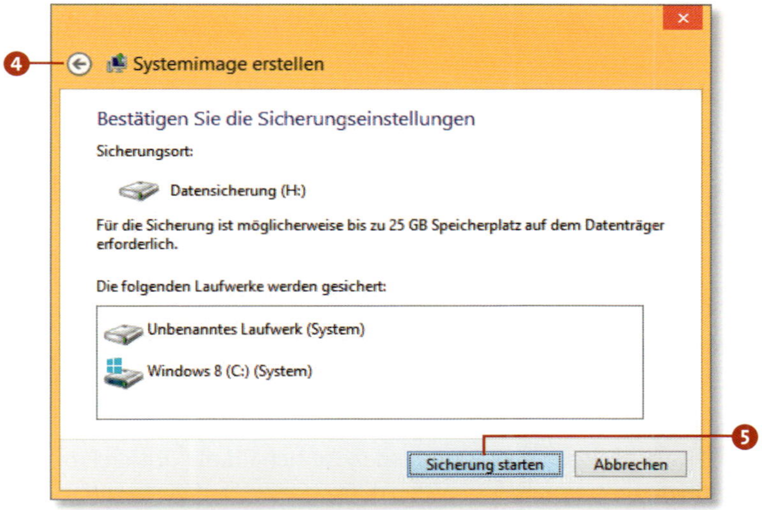

6. Ist die Sicherung beendet, informiert Windows Sie darüber mit einem kurzen Hinweis. Klicken Sie auf **Schließen** ❻, um den Vorgang abzuschließen. Damit Sie im Bedarfsfall das Systemabbild wieder auf Ihren Computer zurückspielen können, erstellen Sie unbedingt auch einen Wiederherstellungsdatenträger (siehe dazu auch den Abschnitt »Einen Windows-Notfall-USB-Stick erstellen« auf Seite 322).

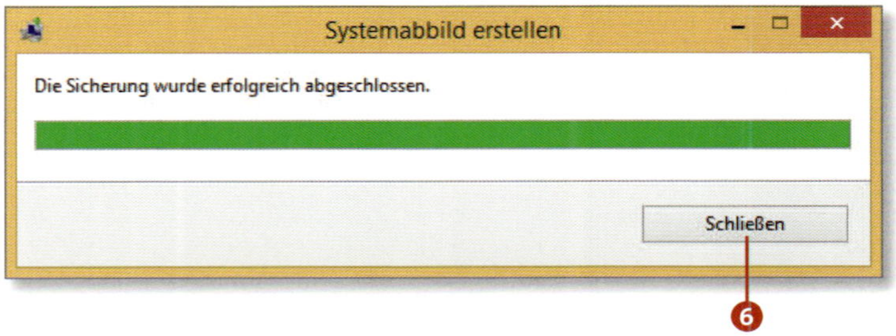

Was ist eigentlich ein Systemabbild?

Ein Systemabbild oder Systemimage ist eine 1:1-Kopie eines Laufwerks. Das Abbild enthält immer automatisch die Kopien aller Laufwerke, die zum Betrieb von Windows 8.1 erforderlich sind, und neben diesen Systemlaufwerken können Sie weitere Festplatten in die Sicherung einbeziehen. Es enthält außerdem Systemeinstellungen sowie Dateien und Programme. Nach einem Windows- oder Festplattenfehler können Sie dieses Abbild verwenden, um Ihr System wiederherzustellen. Sie können das Systemabbild aber immer nur komplett zurückspielen, eine Wiederherstellung einzelner Elemente ist nicht möglich. Informationen zur Sicherung ausgewählter Dateien und Ordner finden Sie im Abschnitt »Das Windows-Gedächtnis: der Dateiversionsverlauf« auf Seite 310.

Das System wiederherstellen

Wenn sich Windows nicht mehr starten lässt oder ein anderer schwerwiegender Fehler auftritt, können Sie Ihr System mithilfe des zu einem früheren Zeitpunkt erstellten Systemabbilds auf den Stand der Sicherung zurücksetzen.

1. Legen Sie den Windows-Installationsdatenträger ein oder verbinden Sie den Notfall-USB-Sick mit Ihrem Computer, und starten Sie ihn neu. Das Windows-Setup wird automatisch von der CD/DVD oder dem USB-Stick gestartet. Lassen Sie im ersten Dialog die voreingestellten Werte für Sprache und Uhrzeitformat ❶ stehen, und klicken Sie auf **Weiter** ❷.
2. Eine komplette Neuinstallation ist nicht das Ziel, daher klicken Sie im nächsten Fenster unten links auf den etwas unscheinbaren Link **Computerreparaturoptionen** ❸.
3. Nach einem kurzen Moment werden Ihnen drei Möglichkeiten zur Auswahl angeboten. Entscheiden Sie sich für die Option **Problembehandlung**, und klicken Sie direkt danach auf die Schaltfläche **Erweiterte Optionen**.
4. Um Windows mit einem Systemimage wiederherzustellen, klicken Sie nun auf den Menüpunkt **Systemimage-Wiederherstellung** ❹ und wählen im Anschluss das wiederherzustellende Betriebssystem aus der Liste aus. Diese Auswahl müssen Sie treffen, selbst wenn nur ein Betriebssystem vorhanden ist.

Windows startet nicht mehr?

Bevor Sie ein Systemabbild aufspielen und damit die auf der Festplatte vorhandenen Daten überspielen, versuchen Sie, eine Systemstartreparatur durchzuführen. Lesen Sie dazu den Abschnitt »Windows startet nicht mehr« auf Seite 316.

5. Windows sucht nun nach vorhandenen Systemabbildsicherungen und zeigt kurz danach das aktuellste verfügbare Abbild an ❺. Über die Option **Systemabbildsicherung auswählen** ❻ können Sie aber, soweit vorhanden, auch ein älteres Abbild auswählen. Zu empfehlen ist jedoch die Verwendung der jüngsten Sicherung. Klicken Sie auf **Weiter** ❼, um zum nächsten Schritt zu gelangen.

6. Soll die Festplatte formatiert und neu aufgeteilt werden? Falls ja, aktivieren Sie den Menüpunkt **Datenträger formatieren und neu partitionieren** ❽. Diese Option sollten Sie wählen, falls Sie eine neue, noch unformatierte Festplatte verwenden möchten oder sich die Partitionierung der Festplatte seit der letzten Systemabbildsicherung verändert hat. Ist dies nicht der Fall, können Sie diesen Schritt mit einem Klick auf **Weiter** ❾ überspringen.

7. Noch einmal wird das ausgewählte Systemabbild angezeigt. Klicken Sie auf **Zurück**, falls Sie doch eine andere Sicherung auswählen möchten. Ansonsten starten Sie die Wiederherstellung über die Schaltfläche **Fertig stellen**. Eine letzte Meldung weist Sie darauf hin, dass alle Daten auf den wiederherzustellenden Laufwerken durch die Daten der Sicherung überspielt werden. Bestätigen Sie dies mit **Ja**. Nun beginnt die Wiederherstellung.

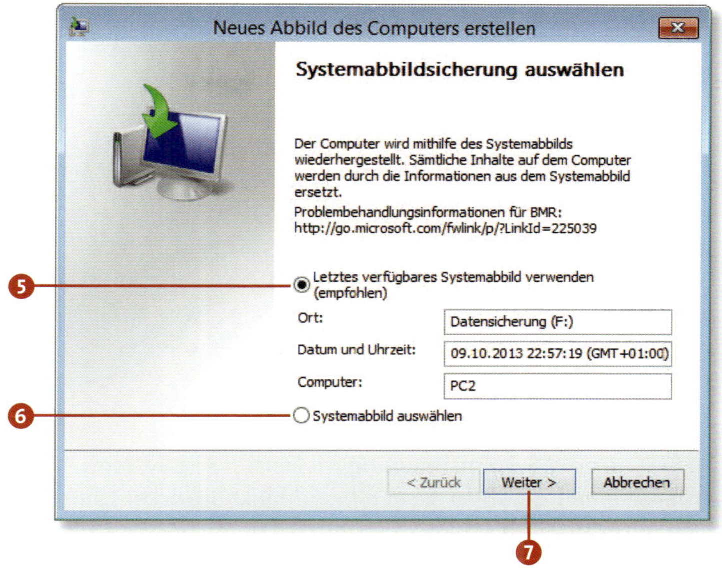

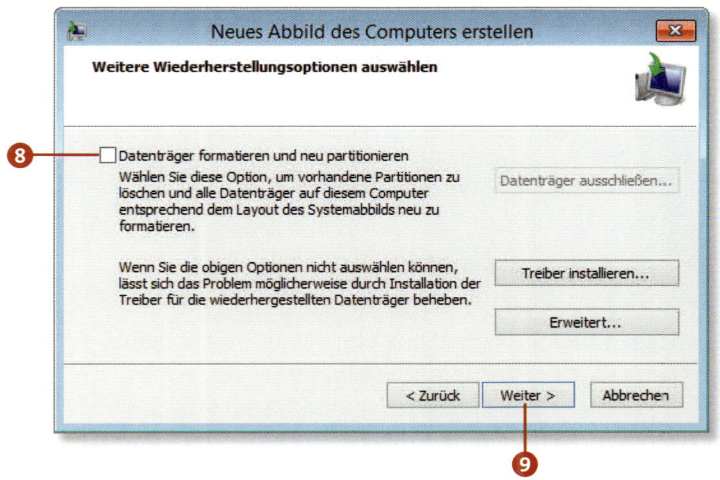

Auch die Systemwiederherstellung kann hilfreich sein

Haben Sie schon versucht, Ihr System mithilfe der Systemwiederherstellung oder der neuen Funktion **Windows auffrischen** zu reparieren? Bei beiden Varianten bleiben persönliche Daten und Einstellungen erhalten. Lesen Sie dazu den Abschnitt »Wiederherstellen, auffrischen, zurücksetzen« auf Seite 324.

BitLocker – Laufwerke und Daten verschlüsseln

Das System für BitLocker ohne TPM-Chip konfigurieren

Beim ersten Aufruf der Funktion *BitLocker* wird überprüft, ob Ihr Computer mit einem TPM-Sicherheitschip (*Trusted Platform Module*) ausgerüstet ist. Dabei handelt es sich um einen Chip, der verschiedene grundlegende Sicherheitsfunktionen für Anwendungen bereitstellt, z. B. zur Verschlüsselung der Festplatte, zum Schutz des Betriebssystems vor Manipulation durch Schadsoftware oder auch zur eindeutigen Identifizierung des Computers. Ist dies nicht der Fall, gibt Windows eine entsprechende Meldung aus, und Sie müssen Ihr System wie folgt vorbereiten, um BitLocker ohne TPM-Technologie nutzen zu können.

1. Rufen Sie mit den Tasten [Win] + [X] das Schnellstartmenü auf, und klicken Sie darin auf **Systemsteuerung**. Im Fenster **Alle Systemsteuerungselemente** wählen Sie den Menüpunkt **BitLocker-Laufwerkverschlüsselung** ❶. Wenn Ihr Gerät TPM nicht verwendet, werden Sie beim Versuch, BitLocker für ein Laufwerk zu aktivieren, darauf hingewiesen ❷.
2. Drücken Sie in diesem Fall die Tastenkombination [Win] + [R], um den **Ausführen**-Dialog einzublenden. Geben Sie dort den Befehl »gpedit.msc« ein ❸, und schließen Sie die Eingabe mit **OK** ab.

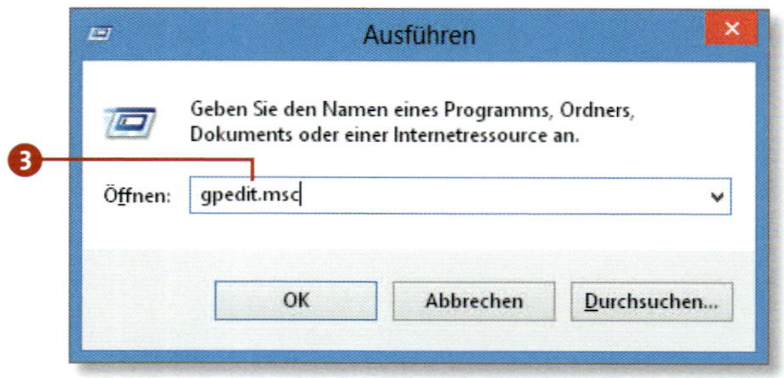

»BitLocker To Go« für USB-Sticks

Übrigens, anstelle einer Festplatte können Sie mit *BitLocker To Go* auch einen USB-Stick verschlüsseln und die darauf befindlichen Daten so vor dem Zugriff Unbefugter schützen. Die Vorgehensweise ist dabei identisch mit der Verschlüsselung einer Festplatte (siehe den Abschnitt »Laufwerke und Daten verschlüsseln« auf Seite 308). Anstelle einer Festplatte wählen Sie dann einfach den am Rechner eingesteckten USB-Stick aus.

3. Der Gruppenrichtlinien-Editor wird gestartet. Öffnen Sie nun folgenden Ordnerpfad: *Computerkonfiguration\Administrative Vorlagen\Windows-Komponenten\BitLocker-Laufwerkverschlüsselung* ❹, und klicken Sie schließlich auf den Ordner **Betriebssystemlaufwerke**.
4. Öffnen Sie in der rechten Fensterhälfte den Eintrag **Zusätzliche Authentifizierung beim Start anfordern** ❺ mit einem Doppelklick, und setzen Sie die Markierung vor den Befehl **Aktiviert** ❻. Mit **OK** wird die Einstellung übernommen, und Sie können den Gruppenrichtlinien-Editor wieder schließen.

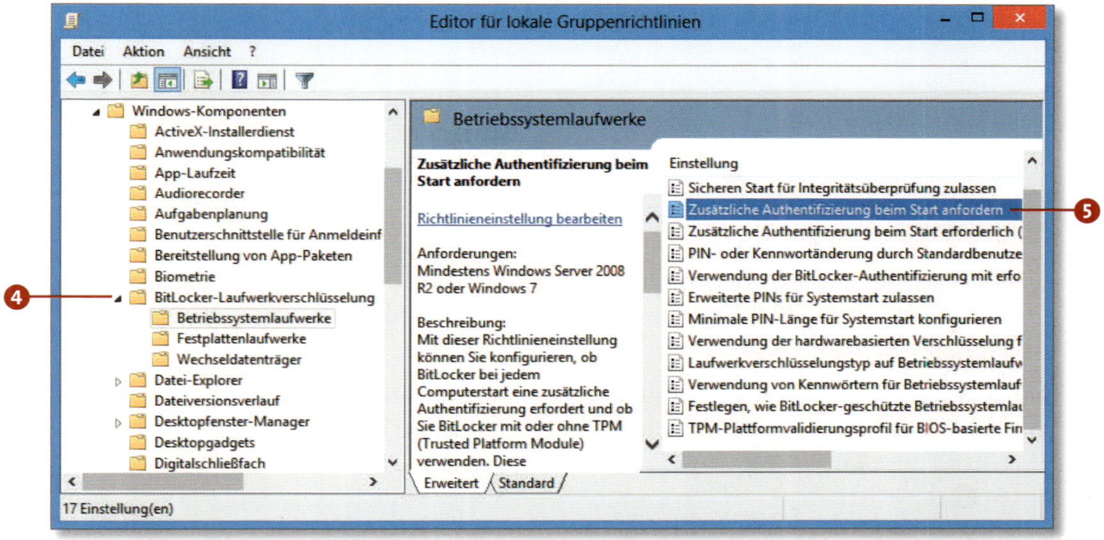

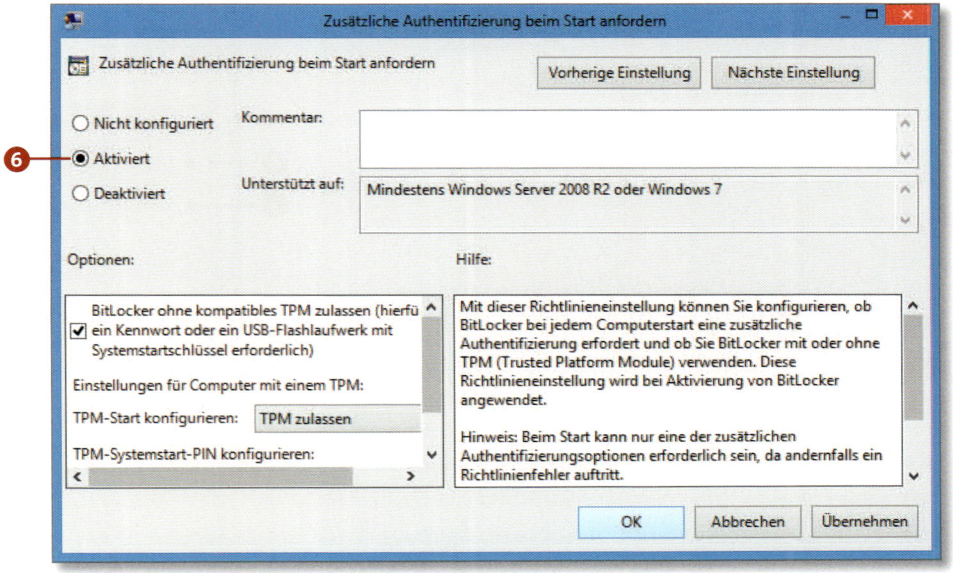

Beschränktes Angebot

Die BitLocker-Laufwerksverschlüsselung ist nur in Windows 8.1 Pro und Windows 8.1 Enterprise enthalten.

Laufwerke und Daten verschlüsseln

Vor allem Nutzer mobiler Computer wie Laptops oder Tablet-PCs sollten ihre Daten vor unberechtigtem Zugriff schützen. Sollte Ihr Computer verloren gehen, können Sie durch die vorherige Verschlüsselung Ihrer Festplatte Dritten den Zugang zu Ihren Daten verwehren. Windows 8.1 bietet für diesen Zweck die *BitLocker-Laufwerkverschlüsselung* an.

1. Öffnen Sie die Systemteuerung, und klicken Sie darin auf den Menüpunkt **BitLocker-Laufwerkverschlüsselung** (siehe Bild 1 auf Seite 306).
2. Im nächsten Fenster listet Windows alle Laufwerke auf. Wählen Sie Ihr Systemlaufwerk aus (es ist mit dem Windows-Logo gekennzeichnet ❶), und klicken Sie auf den Link **BitLocker aktivieren** ❷ rechts daneben.
3. Das System beginnt nun mit den Vorbereitungen. Klicken Sie in den nachfolgenden Dialogen auf **Weiter**, bis Sie zur Frage kommen, wie das Laufwerk beim Start entsperrt werden soll. Sie können entweder ein Kennwort eingeben ❸ oder einen USB-Stick anschließen, der die Freigabe enthält ❹.
4. Wenn Sie sich für den USB-Stick entschieden haben, müssen Sie diesen nun anschließen und auswählen. Möchten Sie dagegen ein Kennwort vergeben, geben Sie dieses an und klicken danach auf **Weiter**.

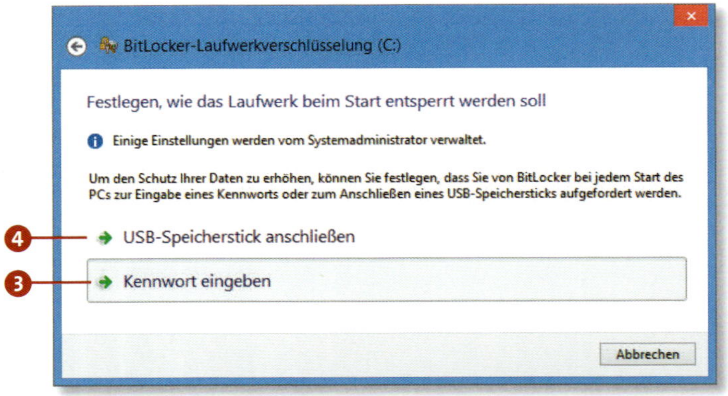

Kennwort oder USB-Stick?

Ein sicheres Kennwort sollte mindestens zehn Zeichen umfassen und aus Groß- und Kleinbuchstaben, Zahlen und Sonderzeichen bestehen. Wer sich kein zusätzliches Kennwort merken möchte, speichert den Zugang auf einem USB-Stick. Dieser sollte dann aber natürlich nicht zusammen mit dem mobilen Gerät aufbewahrt werden.

5. Im nächsten Dialog werden Sie gefragt, wie der *Wiederherstellungsschlüssel* gespeichert werden soll. Sollten Sie Ihr Kennwort vergessen oder den USB-Stick verloren haben, können Sie die Festplatte mithilfe des Wiederherstellungsschlüssels entsperren. Es empfiehlt sich, gleich mehrere Varianten zur Speicherung auszuwählen, den Wiederherstellungsschlüssel also z. B. auszudrucken ❺, in eine Datei zu sichern ❻ und zusätzlich auf einem USB-Stick abzulegen ❼.

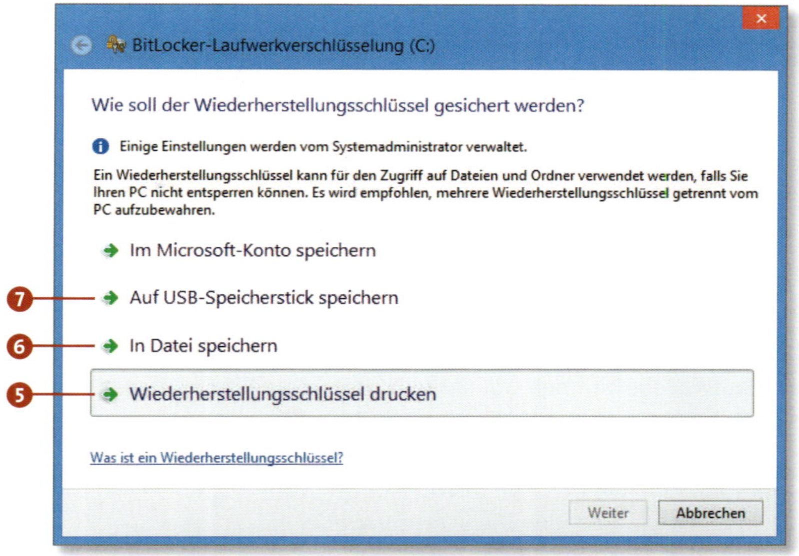

6. Wie viel Speicherplatz soll verschlüsselt werden? Wenn der Computer bereits in Verwendung ist und sich schon einige Daten auf der Festplatte befinden, wählen Sie die Option **Gesamtes Laufwerk verschlüsseln** und klicken anschließend auf **Weiter**.

7. Es folgt die abschließende Frage, ob das Laufwerk jetzt verschlüsselt werden soll. Wenn Sie Ihre Meinung nicht geändert haben, aktivieren Sie die Option **BitLocker-Systemprüfung ausführen** ❽, und starten Sie den Vorgang mit einem Klick auf **Weiter** ❾. Die Systemprüfung kontrolliert noch einmal die Verschlüsselungs- und Wiederherstellungsschlüssel, um sicherzustellen, dass diese funktionieren.

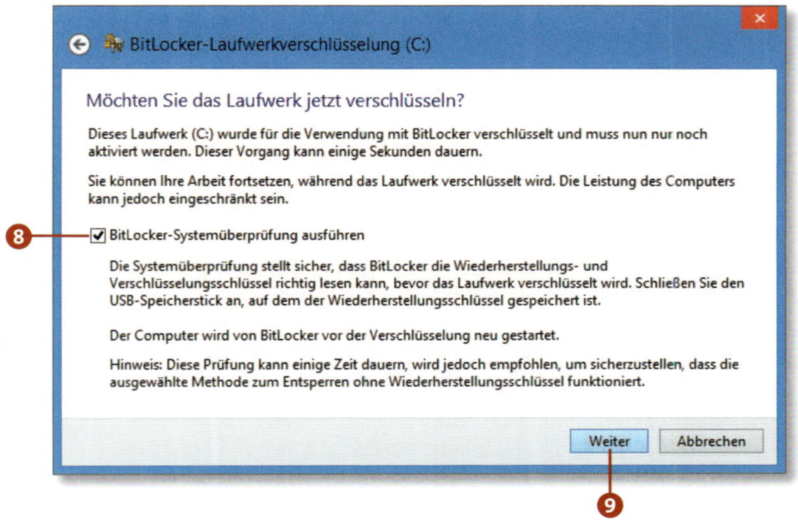

Verlieren Sie den Wiederherstellungsschlüssel nicht!

Wenn Sie das Kennwort vergessen oder der USB-Stick nicht mehr auffindbar ist, benötigen Sie den Wiederherstellungsschlüssel, um das Laufwerk zu entsperren. Falls Sie aber auch den Wiederherstellungsschlüssel verlegt haben, gibt es keine Möglichkeit mehr, an Ihre Daten zu kommen. Wirklich keine! Laut Microsoft kann die Verschlüsselung nicht umgangen werden. Sichern Sie Ihren Wiederherstellungsschlüssel daher unbedingt mehrfach!

Das Windows-Gedächtnis: der Dateiversionsverlauf

Den Dateiversionsverlauf einschalten

Speichern Sie automatisch Kopien Ihrer Dateien, und stellen Sie diese mit wenigen Mausklicks wieder her, falls die Originale beschädigt oder versehentlich gelöscht wurden. Der Dateiversionsverlauf sichert alle Bibliotheken, den Desktop, Ihre Kontakte und Favoriten.

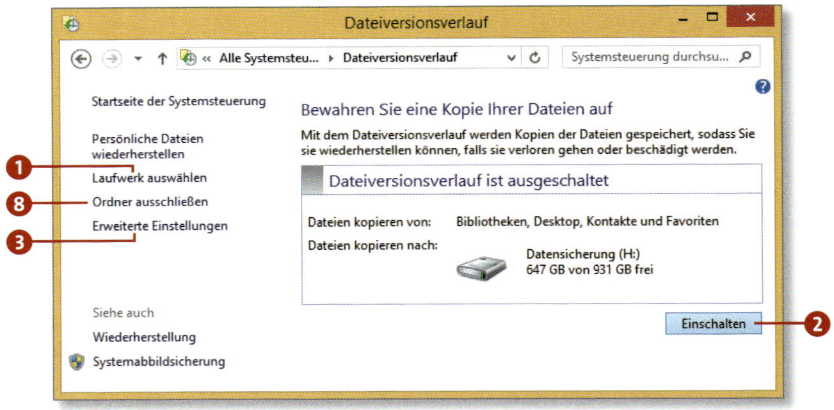

1. Öffnen Sie die Systemsteuerung, und klicken Sie dort auf den Menüpunkt **Dateiversionsverlauf**.
2. Bevor Sie den Dateiversionsverlauf aktivieren, sollten Sie ein Laufwerk bestimmen, auf das die Kopien gespeichert werden. Klicken Sie dazu auf **Laufwerk auswählen** ❶.
3. Wählen Sie aus der Liste aller verfügbaren Laufwerke das geeignetste aus, und bestätigen Sie Ihre Auswahl mit **OK**. Wenn Sie ein neues Laufwerk gewählt haben, wird der Dateiversionsverlauf automatisch eingeschaltet. Sind Sie hingegen beim voreingestellten Laufwerk geblieben, klicken Sie im Hauptfenster auf die Schaltfläche **Einschalten** ❷ (sie wird dann in **Ausschalten** umbenannt).
4. Über den Menüpunkt **Erweiterte Einstellungen** ❸ können Sie festlegen, wie häufig Dateikopien erstellt werden ❹, wie viel Speicherplatz dafür maximal verwendet werden darf ❺ und wie lange die gespeicherten Versionen aufbewahrt werden sollen ❻. Mit **Änderungen speichern** ❼ werden die neuen Einstellungen übernommen.

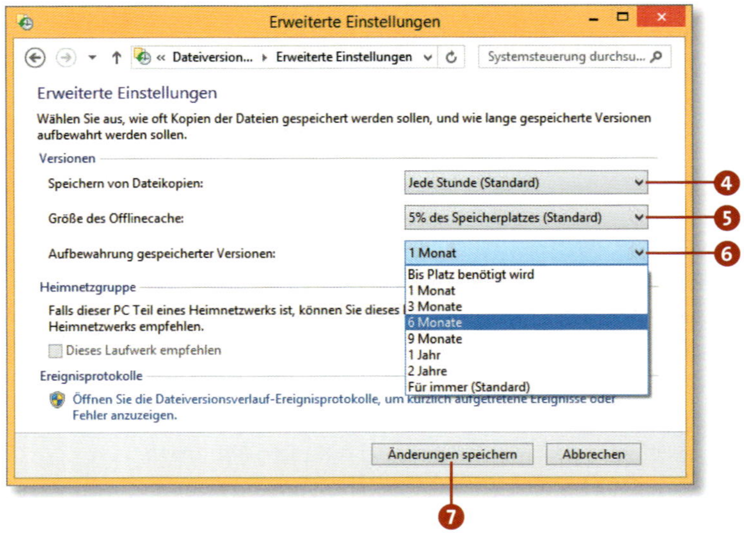

Was soll gesichert werden?

Über **Ordner ausschließen** (❽ in Bild 1) können Sie Ordner angeben, die vom Dateiversionsverlauf nicht berücksichtigt werden sollen.

Dateien wiederherstellen

Nun ist es passiert – ein wichtiges Dokument wurde irrtümlich durch eine ältere Version überschrieben oder versehentlich gelöscht. Wenn die Datei im durch den Dateiversionsverlauf überwachten Bereich lag, können Sie problemlos auf eine frühere Version zurückgreifen und diese wiederherstellen.

1. Starten Sie den Explorer auf dem Desktop durch einen Klick auf das Ordnersymbol in der Taskleiste oder mit der Tastenkombination [Win] + [E].
2. Öffnen Sie den Ordner, in dem sich die Datei befindet, die Sie wiederherstellen möchten, und markieren Sie diese Datei mit einem Mausklick ❶. Wenn Sie eine gelöschte Datei wiederherstellen wollen, markieren Sie den kompletten Ordner links im Navigationsbereich des Explorers.
3. Klicken Sie auf dem Register **Start** auf **Verlauf** ❷.
4. Das ausgewählte Dokument wird nun in einer Vorschau angezeigt. Links oben steht das Datum der letzten Sicherung und daneben die Anzahl der vorhandenen Dateiversionen ❸. Über die Bedienelemente ❹ am Fuß des Fensters können Sie zwischen den verfügbaren Versionen blättern. Mit einem Klick auf die grüne Schaltfläche wird das angezeigte Dokument am ursprünglichen Speicherort wiederhergestellt.

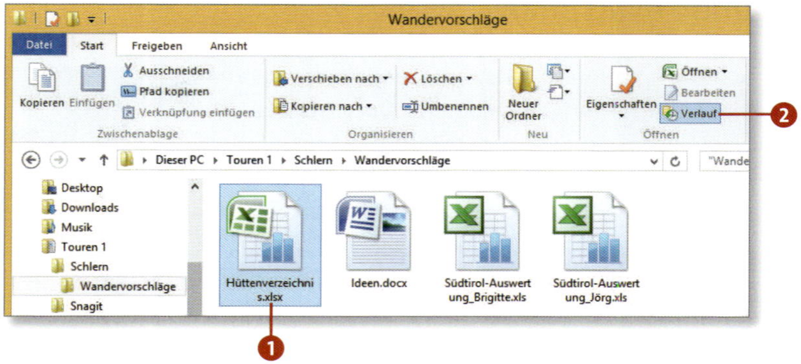

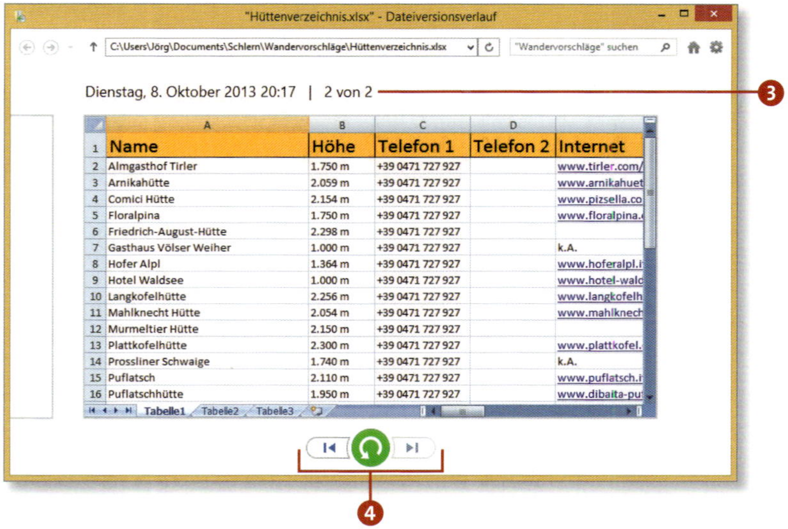

Versionen bereinigen

Wenn Sie alle Bibliotheken in den Dateiversionsverlauf einbezogen haben, werden im Laufe der Zeit viele Dateikopien erstellt. Über den Befehl **Versionen bereinigen**, den Sie in den erweiterten Einstellungen des Dateiversionsverlaufs finden, können Sie ältere Versionen löschen lassen und so jederzeit wieder Platz schaffen.

App-Einstellungen für Datenschutz und Privatsphäre

Schützen Sie Ihre Privatsphäre, und kontrollieren Sie die Einstellungen im Bereich **Datenschutz**. Nachdem Sie eine App installiert haben, fordert diese eventuell beim System Ihren Namen, Ihr Profilbild und Ihren aktuellen Standort an. Sie können festlegen, ob Windows diese Informationen automatisch bei jeder App-Anfrage weitergeben soll oder ob Sie lieber von Fall zu Fall selbst entscheiden möchten.

1. Blenden Sie mit den Tasten ⊞ + I die Charms-Leiste ein, und klicken Sie darin auf **PC-Einstellungen ändern** ❶.
2. Öffnen Sie den Bereich **Datenschutz**. Auf der rechten Seite sehen Sie im Abschnitt **Allgemein** ❷ mehrere Datenschutzfunktionen, die standardmäßig aktiviert sind.
3. Wenn Sie nicht möchten, dass Apps auf persönliche Informationen zugreifen, deaktivieren Sie die Option **Apps den Zugriff auf meinen Namen, mein Bild und andere Kontoinfos erlauben** ❸.

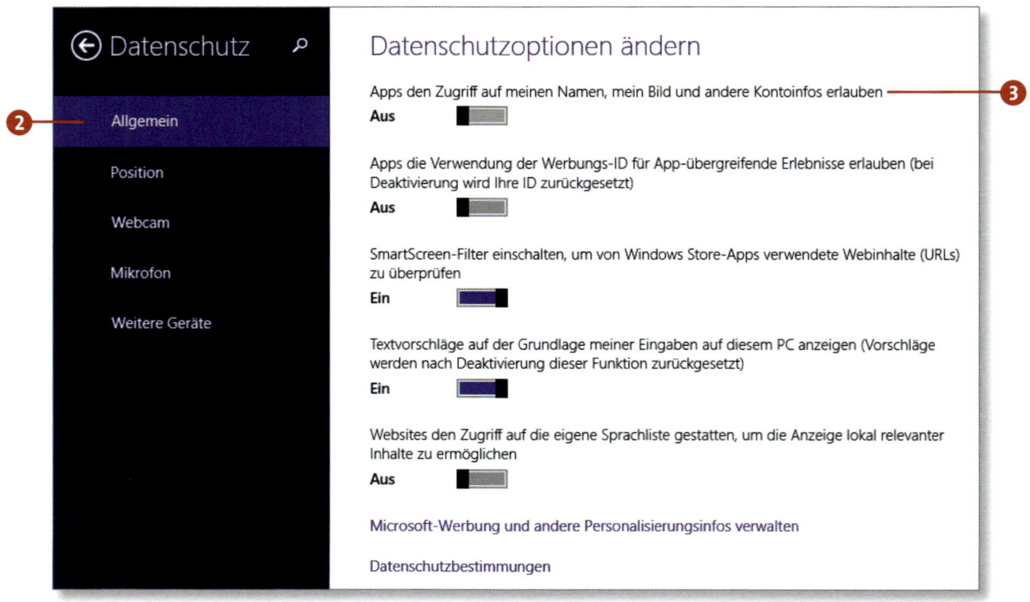

Schalten Sie alle Funktionen aus!

Generell sollten Sie lieber selbst entscheiden, welche Informationen Sie einer App überlassen möchten. Ist eine Option deaktiviert, die von einer App benötigt wird, bittet diese um eine entsprechende Freigabe.

4. Wenn Sie nicht möchten, dass Apps auf Ihren Standort zugreifen, wechseln Sie in die Kategorie **Position** 4 und deaktivieren dort die Option **Windows und Apps die Verwendung meines Standortes erlauben** 5 oder legen Sie für jede App einzeln die Befugnis fest.

5. In den Kategorien **Webcam** 6 und **Mikrofon** 7 können Sie die Verwendung dieser Hardwarekomponenten komplett deaktivieren oder auch hier Ihren Apps entsprechende Berechtigungen einzeln zuteilen.

6. Klicken Sie sich durch alle Kategorien und legen Sie individuell fest, welche Befugnisse Ihre Apps erhalten sollen.

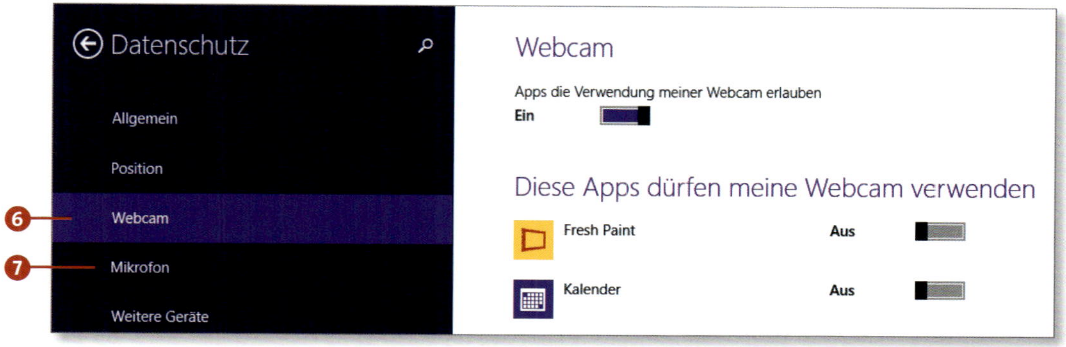

Sicherheit im Internet

Auch im Internet sollten Sie Ihre Daten und Ihre Privatsphäre schützen. Genaue Informationen dazu finden Sie im Abschnitt »Sicherheit im Internet« auf Seite 165.

12 Probleme lösen

In diesem Kapitel

- Schwierigkeiten beim Start oder mit der Leistung?
- Einen Windows-Notfall-USB-Stick erstellen
- Wiederherstellen, auffrischen, zurücksetzen

Nach dem Einschalten des Computers bleibt das System plötzlich hängen, der Bildschirm bleibt schwarz, Windows startet nicht mehr. Und jetzt? Wie geht es weiter? Mithilfe Ihrer Windows-DVD oder eines eigens erstellten Systemreparaturdatenträgers können Sie einen Reparaturversuch starten. Wenn Windows 8.1 auf Ihrem Computer bereits vorinstalliert und im Lieferumfang keine Windows-DVD vorhanden war, wird das allerdings schwierig. Die sogenannten OEM-DVDs (*Original Equipment Manufacturer*) enthalten häufig nicht die benötigten Reparaturoptionen. Vielleicht wurde der Rechner auch nur mit einer Wiederherstellungs-DVD ausgeliefert. Gehen Sie diesen Problemen aus dem Weg, und nehmen Sie sich die Zeit, um selbst einen »Notfall-USB-Stick« zu erstellen.

Unter Windows sind zwei neue Wiederherstellungsfunktionen hinzugekommen. Läuft das System nicht mehr rund und kommt es immer wieder zu Fehlern oder zu langen Wartezeiten bei der Ausführung von Programmen, können Sie Ihr System auffrischen lassen. Dabei wird das System erneuert, Ihre persönlichen Daten bleiben aber erhalten. Sollte gar nichts mehr gehen, setzen Sie Ihr System einfach auf den Werkszustand zurück. Dabei wird Windows komplett erneuert, und persönliche Daten und installierte Programme werden gelöscht.

Für Programmabstürze kann aber auch ein defekter Arbeitsspeicher verantwortlich sein. Prüfen Sie den Speicher auf mögliche Fehler, und tauschen Sie fehlerhafte Speicherriegel aus. All diese Möglichkeiten zur Problemlösung stellen wir Ihnen in diesem Kapitel vor.

Schwierigkeiten beim Start oder mit der Leistung?

Windows startet nicht mehr

Sie schalten Ihren Computer ein, doch irgendetwas scheint nicht zu stimmen. Nach kurzer Zeit wird der Boot-Vorgang (das Hochfahren) abgebrochen, oft ohne Fehlermeldung. Das System »friert« einfach ein. Windows 8.1 startet nicht mehr. In diesem Fall kann eine Reparatur weiterhelfen.

1. Legen Sie Ihren Windows-Installationsdatenträger in Ihr CD-/DVD-Laufwerk ein, oder verbinden Sie Ihren Notfall-USB-Stick mit Ihrem Computer und starten Sie diesen neu. Bei Verwendung eines Notfall-USB-Sticks (siehe den Abschnitt »Einen Windows-Notfall-USB-Stick erstellen« auf Seite 322) entfallen die Schritte 2 und 3.
2. Der Rechner startet nun von der CD/DVD und zeigt nach wenigen Augenblicken den Windows-Setup-Dialog an. Lassen Sie die Einstellungen so, wie sie vorgegeben sind, und klicken Sie auf **Weiter**.
3. Windows soll nicht neu installiert werden, daher klicken Sie im nächsten Dialog nicht auf **Jetzt installieren** ❶, sondern auf den unscheinbaren Link **Computerreparaturoptionen** ❷.
4. Drei Optionen stehen nun zur Auswahl. Klicken Sie auf **Problembehandlung** und im nächsten Dialog auf **Erweiterte Optionen**.
5. Die Auswahl **Starthilfe** ❸ verspricht die Beseitigung von Problemen, die das Laden von Windows verhindern. Klicken Sie auf diesen Menüpunkt. Das System wird nun einer Diagnose unterzogen, und Fehler werden automatisch repariert. Starten Sie Windows anschließend neu.

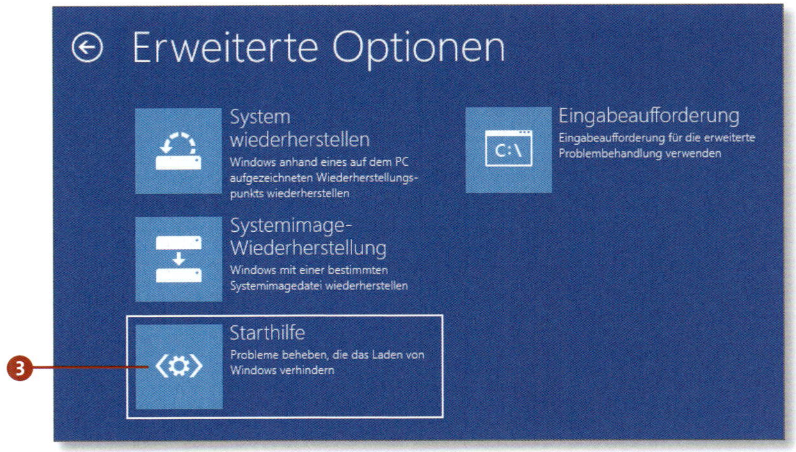

Startreihenfolge im BIOS abändern

Damit der Start von CD/DVD oder direkt vom USB-Stick klappt, muss im BIOS eventuell noch die Startreihenfolge geändert werden, d. h., Sie müssen das CD-/DVD-Laufwerk oder die USB-Schnittstelle an die erste Stelle setzen. Ins BIOS gelangen Sie mit F2 oder Esc (die Tasten müssen Sie direkt beim Systemstart drücken). Entnehmen Sie diese Informationen bitte dem Handbuch zur Ihrem Computer.

Wenn der Rechner langsamer wird: Autostart-Programme

Einige Programme startet Windows direkt beim Systemstart, damit sie sofort zur Verfügung stehen und vom Anwender genutzt werden können. Dieses Verhalten ist allerdings nicht immer gewünscht, weil diese Praxis den Systemstart deutlich verlangsamen kann. Dazu kommt, dass viele Programmierer ihre Programme offenbar für so wichtig halten, dass diese in den Autostart aufgenommen werden, obwohl es gar nicht notwendig ist. Unnötigerweise startet dann z. B. ein Programm zur Verwaltung von Textbausteinen, ein weiteres Programm zur Erstellung von Bildschirmfotos und dazu noch ein Foto-Manager, der den Anschluss Ihrer Digitalkamera überwacht und gleich das herstellereigene Bildbearbeitungsprogramm startet, sobald die Kamera erkannt wird. All diese Programme könnte man auch von Hand starten, sobald man sie verwenden möchte. Die ständige Ausführung der Programme im Hintergrund verbraucht wertvolle Ressourcen, und es dauert nicht lange, bis die ersten Auswirkungen spürbar werden. Windows braucht länger, bis es gestartet ist, und auch der laufende Betrieb wird durch die vielen unnötig geöffneten Programme beeinträchtigt. Das System wird immer langsamer, reagiert zunehmend träge, und nicht selten sind Systemfehler und Programmabstürze die Folge. Von Zeit zu Zeit ist daher ein gründlicher Frühjahrsputz angesagt! Kontrollieren Sie, welche Programme im Autostart zu finden sind, und deaktivieren Sie unnötige Einträge.

Auch Antivirenprogramme und Firewalls von Drittanbietern können die Leistung Ihres Computers negativ beeinflussen. Je nach Einstellung der Schutzsoftware werden die Dateien bei jedem Zugriff geprüft, was einiges an Rechenleistung verlangt. Die routinemäßigen Überprüfungen des Systems durch die Antivirensoftware beeinträchtigen Windows ebenfalls häufig spürbar. Sollte die Deaktivierung unnötiger Autostart-Programme keinen Erfolg bringen, schalten Sie zum Test auch einmal Ihr Antivirenprogramm bzw. die Firewall aus. Zur Sicherheit sollten Sie für diesen Test aber zuvor die Verbindung zum Internet trennen und alle laufenden Anwendungen beenden. Falls Windows ohne das aktivierte Schutzprogramm wieder flotter läuft, lesen Sie im Handbuch des Schutzprogramms nach, wie Sie die Performance des Rechners durch die Abschaltung einzelner Sicherheitsoptionen erhöhen können, ohne dabei auf grundlegende Sicherheitsfunktionen verzichten zu müssen.

Autostart-Programme deaktivieren

In früheren Windows-Versionen erreichte man die Autostart-Programme über die Systemkonfiguration, unter Windows 8.1 führt der Weg über den Task-Manager. Sie können das Programm mithilfe der Tastenkombination [Strg] + [⇧] + [Esc] öffnen, oder Sie führen auf dem Desktop einen Rechtsklick auf die Taskleiste aus und wählen den Befehl **Task-Manager** aus dem Kontextmenü.

Wechseln Sie zum Register **Autostart** ❶. Hier sind nun alle Programme aufgelistet, die beim Systemstart geladen werden. In der ersten Spalte wird der Programmname genannt, daneben der Hersteller.

Die Spalte **Status** verrät, ob der Programmstart tatsächlich aktiviert ist. Der Information aus der letzten Spalte können Sie entnehmen, welche Auswirkungen das Programm auf den Start hat. Programme, deren Auswirkung mit **Hoch** oder **Mittel** angegeben ist, sollten Sie dahingehend prüfen, ob sie gleich mitgestartet werden müssen, und sie gegebenenfalls deaktivieren.

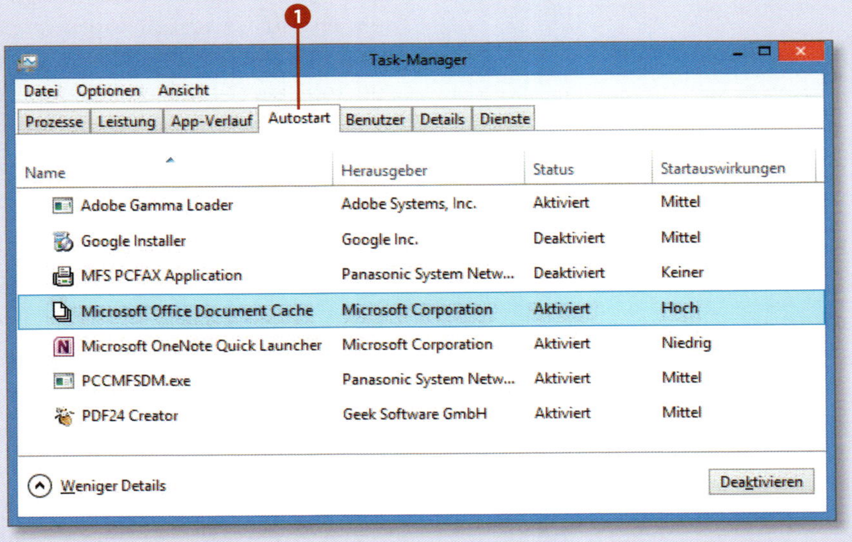

Diese Programme werden bei jedem Systemstart mitgestartet.

Nicht immer sind die Programmbezeichnungen eindeutig, was die Entscheidung, ob das Programm aus dem Autostart genommen werden soll, nicht einfach macht. Falls Sie bei einem Eintrag nicht sicher sind, welches Programm dahintersteckt und ob Sie es problemlos deaktivieren können, führen Sie einen Rechtsklick auf den entsprechenden Eintrag aus und wählen aus dem Kontextmenü den Befehl **Online suchen**. Daraufhin öffnet sich Ihr Browser mit der Suchmaschine Bing. Der Programmname ist bereits als Suchbegriff eingetragen. Auf diese Weise können Sie Informationen zum Programm sammeln, oder Sie stellen eine passende Anfrage in einem Computerforum.

Eine weitere Möglichkeit der Identifikation eines Eintrags stellt die Option **Dateipfad öffnen** dar, die Sie ebenfalls über das Kontextmenü erreichen. Wählen Sie diesen Befehl, startet der Explorer und zeigt die Anwendung in ihrem Programmverzeichnis an. Schauen Sie nach, ob im Verzeichnis z. B. Text- oder Hilfedateien zu finden sind, die Auskunft über das Programm geben.

Wenn Sie sich entschlossen haben, den Autostart einer Anwendung abzuschalten, markieren Sie den Programmeintrag und klicken anschließend auf die Schaltfläche **Deaktivieren** unten im Fenster. Eine weitere Nachfrage erfolgt nicht, teilweise ist aber ein Neustart des Rechners notwendig. Deaktivieren Sie nicht zu viele Programme auf einmal. Am besten deaktivieren Sie immer nur einen Eintrag, starten gegebenenfalls den Computer neu und beobachten das Systemverhalten für einige Zeit. Die Einträge werden nicht gelöscht, und natürlich auch nicht die Programme selbst, d. h., Sie können einen Autostart-Eintrag jederzeit auch wieder aktivieren.

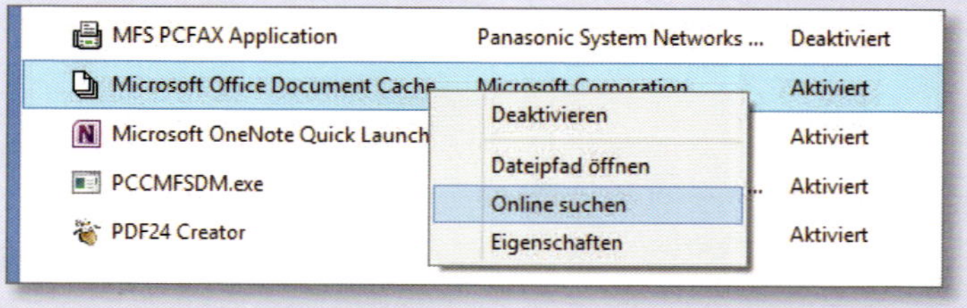

Im Internet nach Programminformationen suchen

Ältere Programme unter Windows 8.1 nutzen

Um Programme, die für frühere Versionen von Windows geschrieben wurden, unter Windows 8.1 nutzen zu können, müssen Sie eventuell den Kompatibilitätsmodus zu Hilfe nehmen.

1. Führen Sie einen Rechtsklick auf die Programmdatei aus, die Probleme bei der Ausführung verursacht oder sich nicht starten lässt, und wählen Sie aus dem Kontextmenü den Befehl **Behandeln von Kompatibilitätsproblemen** ❶.
2. Zwei Optionen werden angeboten. Klicken Sie auf **Programmprobleme behandeln** ❷. Daraufhin werden Ihnen einige Fragen zum aufgetretenen Problem gestellt, die Sie beantworten, indem Sie jeweils die zutreffenden Ereignisse aus der Liste auswählen. Bei einigen Fragen können Sie mehrere Antworten geben.
3. Haben Sie alle Fragen durchlaufen, werden Ihnen die ermittelten Kompatibilitätseinstellungen angezeigt. Klicken Sie auf die Schaltfläche **Programm testen** ❸, um die Anwendung zu starten und die angewandten Einstellungen zu überprüfen. Mit **Weiter** ❹ geht es zum nächsten Schritt.
4. Zum Schluss kommt die Frage, ob das Problem behoben werden konnte. War die Maßnahme nicht von Erfolg gekrönt, probieren Sie in einem neuen Durchgang andere Einstellungen aus.

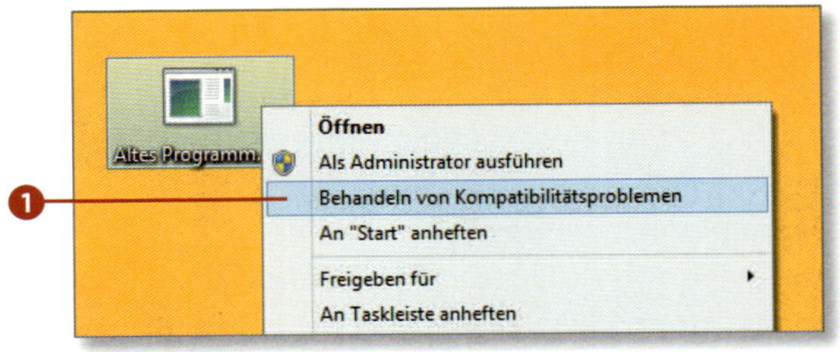

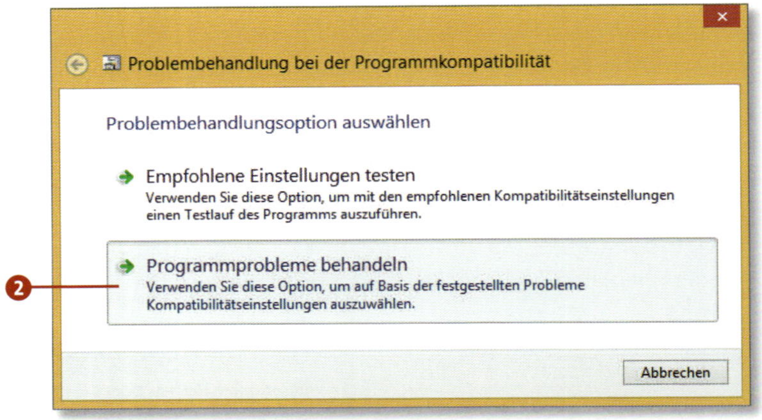

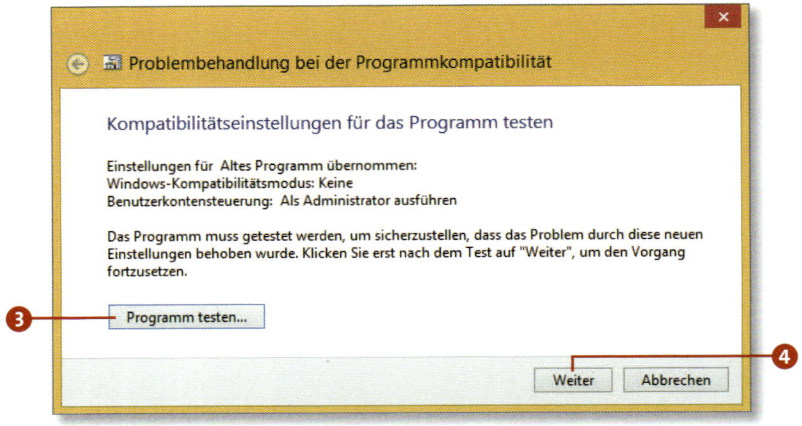

Das Microsoft-Kompatibilitätscenter

Ob eine Software oder Hardware unter Windows 8.1 eingesetzt werden kann, können Sie auch dem Microsoft-Kompatibilitätscenter entnehmen (*http://www.microsoft.com/de-de/windows/compatibility/CompatCenter/Home*). In dieser Datenbank wird der Kompatibilitätsstatus zahlreicher Produkte aufgeführt.

Den Arbeitsspeicher auf Fehler überprüfen

Wenn Windows immer mal wieder »einfriert«, also auf keine Eingabe mehr reagiert, könnte die Ursache ein fehlerhafter Arbeitsspeicher sein. Windows 8.1 bietet die Möglichkeit, den Arbeitsspeicher zu prüfen und Fehler zu diagnostizieren.

1. Die Funktion *Arbeitsspeicherdiagnosetool* erreichen Sie über die Systemsteuerung. Öffnen Sie diese, und klicken Sie darin auf den Menüpunkt **Verwaltung** ❶.
2. Wählen Sie aus der Liste der Hilfsprogramme den Eintrag **Windows-Speicherdiagnose**, und starten Sie das Programm mit einem Doppelklick.
3. Möchten Sie den Speicher sofort einer Prüfung unterziehen, schließen Sie alle geöffneten Programme und klicken auf **Jetzt neu starten und nach Problemen suchen** ❷. Ist der Neustart gerade unpassend, wählen Sie die Option **Nach Problemen beim nächsten Start des Computers suchen** ❸.
4. Es erfolgt ein Neustart mit der anschließenden Diagnose des Arbeitsspeichers. Der Vorgang kann einige Minuten dauern. Nach Abschluss der Prüfung wird der Rechner wieder neu gestartet. Wurden Fehler erkannt, werden diese im Anschluss durch eine Meldung in der Taskleiste angezeigt.

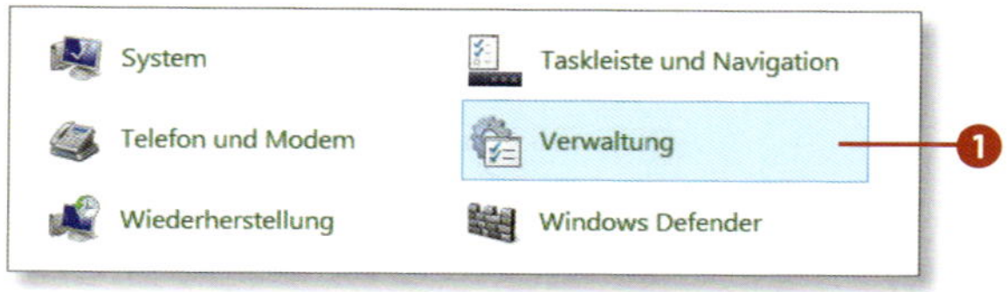

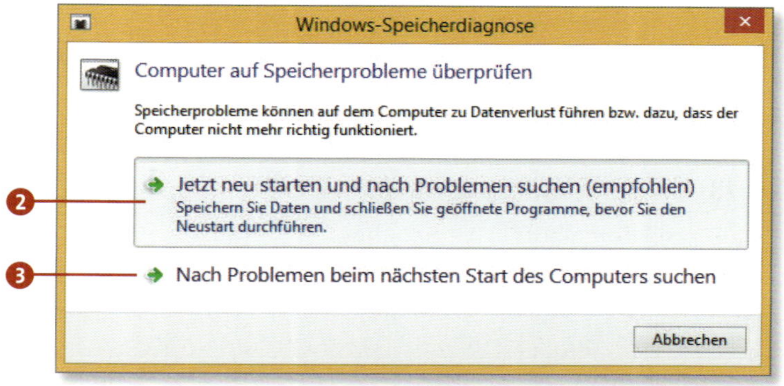

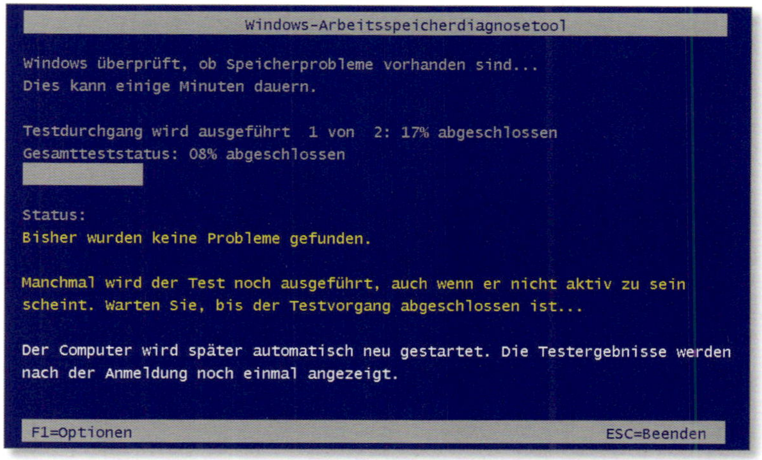

Was tun bei Speicherfehlern?

Defekte Speichermodule müssen ausgetauscht werden, eine Reparatur ist nicht möglich. Welcher Speichertyp in Ihrem Computer verbaut ist, entnehmen Sie bitte dem Handbuch, oder fragen Sie beim Hersteller oder Ihrem Computerhändler nach.

Notfall-CDs zur Virenbeseitigung

Viele Systemfehler sind die Folge von Schadprogrammen wie Viren und Trojanern. Bevor Sie Ihr Windows-System komplett neu aufsetzen und dabei möglicherweise wichtige Dateien verlieren, können Sie versuchen, das System mithilfe von speziellen Malware-Notfall-CDs zu bereinigen. Fast alle Hersteller von Antivirensoftware, z. B. Kaspersky, Avira, Bitdefender, AVG oder Emsisoft, bieten solche Schutzpakete zum kostenlosen Herunterladen auf ihren Internetseiten an, häufig unter den Bezeichnungen *Notfall-CD*, *Rescue-CD* oder auch *Emergency Kit*. Solche Hilfsprogramme werden meist als Image-Dateien (**.iso*) bereitgestellt, die Sie auf eine CD/DVD brennen und so mit wenigen Mausklicks selbst eine Notfall-CD erstellen können. Anleitungen und Hilfestellungen zum Einsatz dieser Datenträger finden Sie ebenfalls auf den Webseiten der Anbieter.

Einen Windows-Notfall-USB-Stick erstellen

Am Abend zuvor haben Sie Ihren Rechner ordnungsgemäß heruntergefahren, doch am nächsten Tag verweigert Windows plötzlich seinen Dienst, und das System lässt sich nicht mehr starten. Das Fehlerbild ist vielschichtig: Mal bleibt das System einfach hängen, zeigt einen schwarzen Bildschirm und lädt nicht weiter, mal steigt Windows mit einer kryptischen Fehlermeldung aus. Auf der Festplatte liegen wichtige Daten, und einige Arbeiten müssen heute unbedingt noch abgeschlossen werden. Wie geht es nun weiter? Wenn Sie Ihren Windows-Installationsdatenträger greifbar haben, legen Sie ihn ins Laufwerk ein, starten den Rechner neu und führen die Computerreparaturoptionen aus (siehe den Abschnitt »Windows startet nicht mehr« auf Seite 316).

Viele Rechner mit vorinstalliertem Windows 8.1 werden aber ohne separaten Windows-Datenträger ausgeliefert. Für diesen Fall und auch wenn die Windows-DVD gerade nicht verfügbar ist, hilft ein »Notfall-USB-Stick« weiter. Beugen Sie also dem Ernstfall vor, und erstellen Sie einen Wiederherstellungsdatenträger, den Sie für den Fall der Fälle immer in der Nähe Ihres Computers aufbewahren sollten. Sie benötigen dafür einen USB-Stick mit mindestens 256 MB Speicherkapazität. Bereits auf dem Stick vorhandene Daten werden bei diesem Vorgang gelöscht!

Damit der Rechner im Bedarfsfall über diesen Notfall-USB-Stick gestartet werden kann, müssen Sie im BIOS die Startreihenfolge anpassen und die USB-Schnittstelle an die erste Stelle setzen. Sie gelangen meist ins BIOS, wenn Sie direkt beim Systemstart [F2] oder [Esc] drücken, und können dann die Einstellungen vornehmen. Da fast jeder BIOS-Hersteller eine andere Taste bevorzugt, entnehmen Sie diese Information am besten dem Handbuch zu Ihrem Computer. Wie Sie den Notfall-USB-Stick einsetzen, wenn das System nicht mehr startet, erfahren Sie ebenfalls im Abschnitt »Windows startet nicht mehr« auf Seite 316.

1. Öffnen Sie die Systemsteuerung, und klicken Sie darin auf den Eintrag **Wiederherstellung**.
2. Weiter geht es über den Link **Wiederherstellungslaufwerk erstellen** ①. Verfügt Ihr Computer über eine eigene Wiederherstellungspartition, kann der Befehl **Kopieren Sie die Wiederherstellungspartition vom PC auf das Wiederherstellungslaufwerk** ② ausgewählt werden. Klicken Sie in diesem Fall darauf. Liegt keine Wiederherstellungspartition vor, erstellt Windows den Datenträger mit eigenen Hilfsprogrammen.
3. Mit **Weiter** ③ setzen Sie den Vorgang fort.
4. Verbinden Sie den USB-Stick mit Ihrem PC. Dann klicken Sie auf **Weiter** und im nachfolgenden Dialog auf **Erstellen**.

Wenige Minuten später ist der Reparaturdatenträger erstellt. Bewahren Sie den Stick an einer sicheren Stelle auf, damit Sie ihn bei Bedarf schnell zur Hand haben.

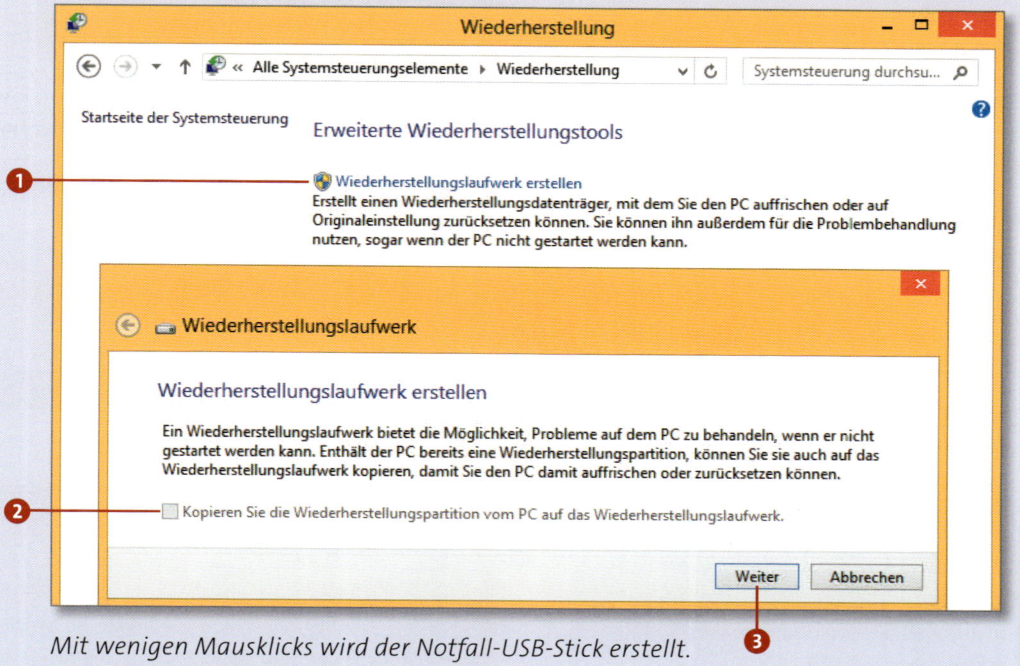

Mit wenigen Mausklicks wird der Notfall-USB-Stick erstellt.

Wiederherstellen, auffrischen, zurücksetzen

Einen Wiederherstellungspunkt erstellen

Mithilfe der Systemwiederherstellung können Sie Windows auf einen fehlerfreien Stand zurücksetzen. Einmal pro Woche sowie bei größeren Änderungen am System erstellt Windows automatisch einen Wiederherstellungspunkt. Sie können aber auch selbst einen festlegen, z. B. um die Windows-Registrierung vor einem geplanten Eingriff zu sichern.

1. Öffnen Sie das Schnellstartmenü mit der Tastenkombination ⊞ + X, und wählen Sie den Eintrag **System** aus.
2. Im Dialog **System** klicken Sie auf den Link **Computerschutz** in der Aufgabenleiste auf der linken Seite.
3. Das Dialogfenster **Systemeigenschaften** öffnet sich mit dem Register **Computerschutz** ❶. Klicken Sie auf die Schaltfläche **Erstellen** ❷, um den Wiederherstellungspunkt festzulegen.
4. Geben Sie eine Bezeichnung für den neuen Wiederherstellungspunkt ein ❸, z. B. den Grund für die Sicherung, und schließen Sie die Eingabe mit der ↵-Taste oder durch einen Klick auf **Erstellen** ❹ ab. Der Wiederherstellungspunkt wird nun angelegt.

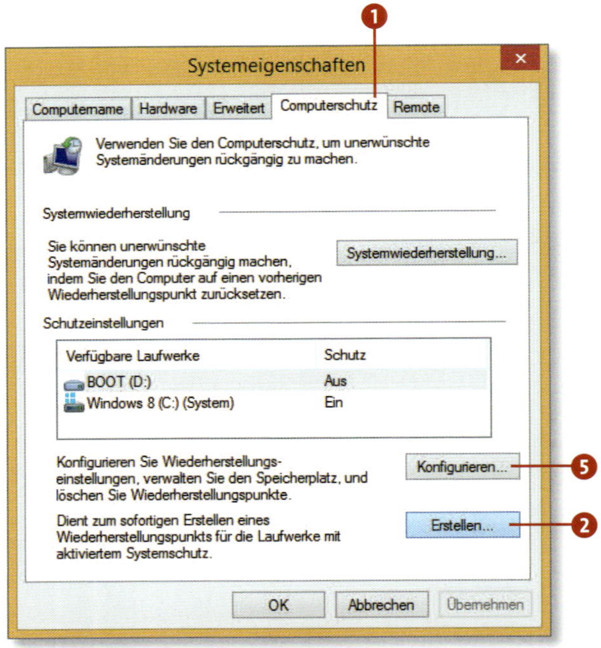

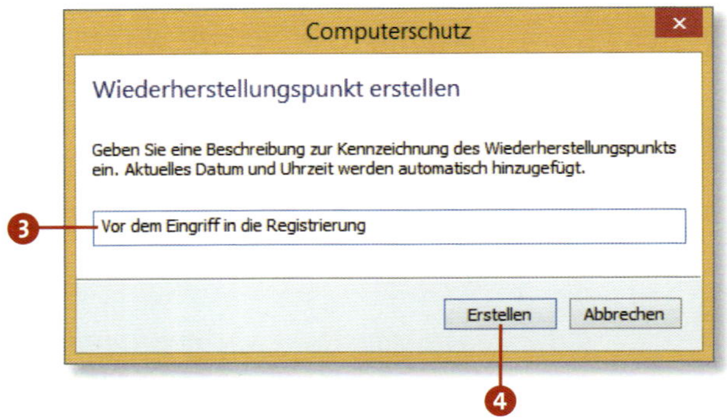

Wie lange bleiben Wiederherstellungspunkte gespeichert?

In den Einstellungen der Systemwiederherstellung können Sie angeben, wie viel Speicherplatz für die Wiederherstellungspunkte reserviert werden soll. Klicken Sie dazu im Fenster **Systemeigenschaften** auf **Konfigurieren** ❺. Wird der Speicherplatz knapp, löscht Windows automatisch den ältesten Wiederherstellungspunkt.

Das System wiederherstellen

Macht der Computer oft Probleme, kommt es immer wieder zu Systemfehlern, oder stürzen Programme ständig ab? Mit der Systemwiederherstellung können Sie viele Windows-Probleme beheben. Setzen Sie Windows einfach auf einen früheren, fehlerfreien Systemstatus zurück.

1. Rufen Sie mit der Tastenkombination [Windows] + [X] das Schnellstartmenü auf, und wählen Sie darin den Eintrag **Systemsteuerung**. Dort klicken Sie auf den Menüpunkt **Wiederherstellung**.
2. Die erweiterten Wiederherstellungstools werden angezeigt. Starten Sie den Vorgang mit einem Klick auf den Link **Systemwiederherstellung öffnen**. Es folgt der Hinweis, dass die Systemwiederherstellung keine persönlichen Daten wie Dokumente oder Bilder löscht. Kürzlich installierte Programme oder Gerätetreiber müssen Sie aber möglicherweise im Anschluss an die Systemwiederherstellung neu installieren. Mit **Weiter** gelangen Sie zum nächsten Schritt.
3. Eine Liste mit verschiedenen Wiederherstellungspunkten wird angezeigt. Wählen Sie einen geeigneten Eintrag aus ❶, und klicken Sie auf **Weiter**.
4. Schließen Sie alle Programme, und speichern Sie geöffnete Dokumente ab. Das System wird während der Wiederherstellung neu gestartet. Mit **Fertig stellen** ❷ beginnen Sie den Vorgang.

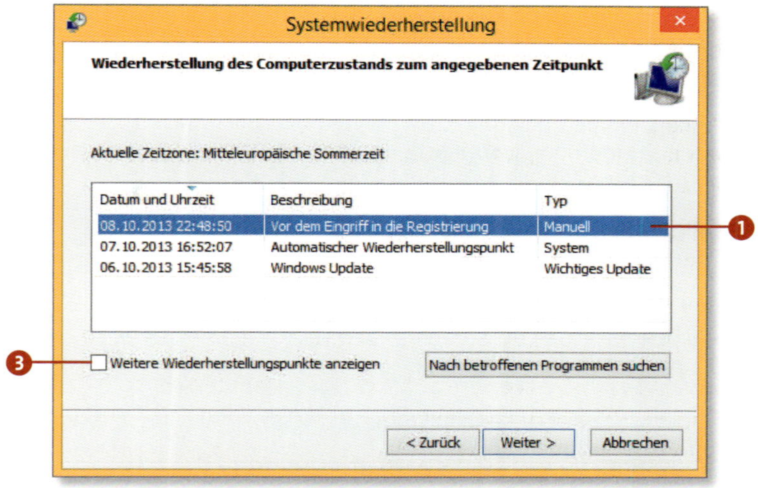

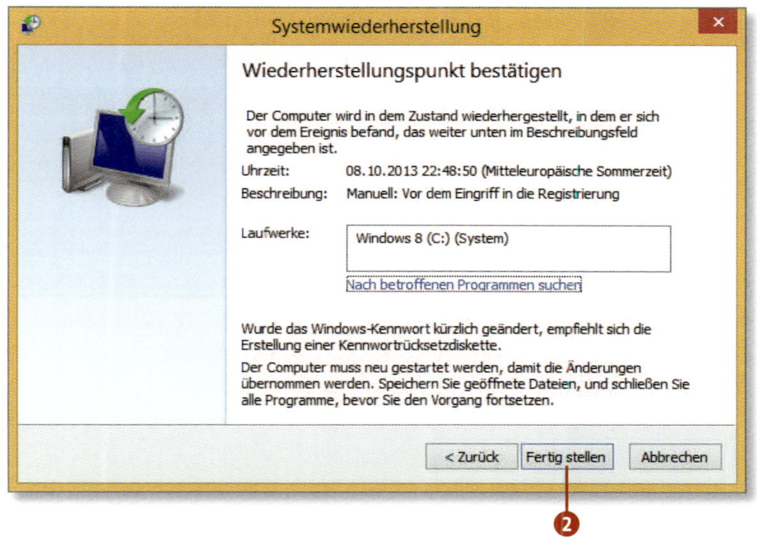

Ältere Wiederherstellungspunkte anzeigen

Setzen Sie das Häkchen vor dem Eintrag **Weitere Wiederherstellungspunkte anzeigen** ❸, um sich weiter zurückliegende Punkte anzeigen zu lassen, die Sie zur Auswahl heranziehen können.

Windows auffrischen

Wenn Sie mit der Leistung Ihres Computers nicht mehr zufrieden sind oder es zu gelegentlichen Systemfehlern kommt, können Sie Ihren PC auffrischen, ohne dass persönliche Daten oder Einstellungen geändert werden. Apps, die Sie über den Windows Store installiert haben, werden neu installiert; Programme, die Sie von Webseiten oder CD/DVD installiert haben, werden allerdings entfernt.

1. Legen Sie Ihre Windows-CD/DVD in das CD/DVD-Laufwerk ein, und starten Sie den PC neu. Der Rechner startet nun von der CD/DVD und zeigt nach wenigen Augenblicken den Windows-Setup-Dialog an. Lassen Sie die Einstellungen so, wie sie vorgegeben sind, und klicken Sie auf **Weiter**.
2. Klicken Sie im nächsten Fenster links unten auf den Link **Computerreparaturoptionen** ❶.
3. Dann wählen Sie **Problembehandlung > PC auffrischen**. Windows zeigt Ihnen die zu erwartenden Auswirkungen an. Wenn Sie einverstanden sind, klicken Sie auf **Weiter** ❷.
4. Jetzt kann es losgehen. Klicken Sie auf **Aktualisieren** ❸, um die Auffrischung zu starten. Der Vorgang dauert einige Minuten, und der Rechner wird dabei neu gestartet.

Welche Programme wurden entfernt?

Nach Abschluss der Auffrischung wird auf dem Desktop eine Liste mit allen entfernten Programmen angezeigt. Programme, die Sie noch benötigen, müssen dann wieder neu installiert werden.

Windows auf Werkseinstellung zurücksetzen

Bei schwerwiegenden Fehlern, die weder durch eine Systemwiederherstellung noch durch eine Windows-Auffrischung behoben werden konnten, ist die Zurücksetzung des Systems die letzte Option. Dabei werden alle persönlichen Dateien, Einstellungen und installierten Programme gelöscht. Sichern Sie also zuvor Ihre Daten!

1. Legen Sie Ihre Windows-CD/DVD ein, und starten Sie den PC neu. Der Windows-Setup-Dialog wird eingeblendet. Lassen Sie die Einstellungen so, wie sie vorgegeben sind, und klicken Sie auf **Weiter > Computerreparaturoptionen**.
2. Wählen Sie nun den Menüpunkt **Problembehandlung**, und klicken Sie dann auf **Originaleinstellung wiederherstellen** ❶.
3. Windows informiert Sie über die Auswirkungen. Klicken Sie auf **Abbrechen** ❷, falls Sie den Vorgang nicht fortsetzen möchten, oder auf **Weiter** ❸, um zum nächsten Schritt zu gelangen.
4. Wenn Ihr PC mehr als ein Laufwerk hat, können Sie nun angeben, ob die Daten aller Laufwerke entfernt werden sollen oder nur die des Laufwerks, auf dem Windows installiert ist.
5. Die Frage im nächsten Dialog lautet, wie Sie das Laufwerk bereinigen möchten. Soll der Computer verkauft werden, wählen Sie die Option **Laufwerk vollständig bereinigen** ❹ (so bleiben keine Daten zurück). Anderenfalls wählen Sie die deutlich schnellere Variante **Nur meine Dateien entfernen** ❺.

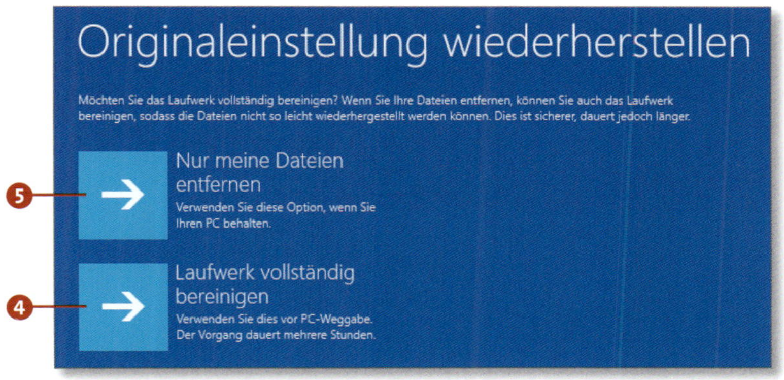

Zeitintensive Bereinigung

Bei **Laufwerk vollständig bereinigen** sollten Sie genug Zeit einplanen, der Vorgang kann mehrere Stunden dauern. Tablet-PCs oder Laptops sollten nicht im Akkubetrieb laufen, sondern am Netz angeschlossen sein, damit eine ausreichende Stromversorgung gewährleistet ist.

Hilfreiche Tastenkombinationen

Allgemeine Tastenkombinationen

[Windows]	zwischen dem Startbildschirm und der zuletzt geöffneten App wechseln
[Windows] + [B]	zum Desktop wechseln und die Option **Ausgeblendete Symbole** in der Taskleiste wählen
[Windows] + [C]	die Charms-Leiste öffnen
[Windows] + [D]	zum Desktop wechseln
[Windows] + [E]	den Explorer öffnen
[Windows] + [F]	Sucheingabe für Dateien öffnen
[Windows] + [H]	das Menü **Teilen** in der Charms-Leiste öffnen
[Windows] + [I]	das Menü **Einstellungen** in der Charms-Leiste öffnen
[Windows] + [J]	zwischen der Haupt-App und der seitlich angedockten App wechseln
[Windows] + [K]	das Menü **Geräte** in der Charms-Leiste öffnen
[Windows] + [L]	das System sperren
[Windows] + [M]	alle geöffneten Fenster auf dem Desktop minimieren
[Windows] + [P]	zwischen Bildschirmen umschalten
[Windows] + [Q]	das Menü **Suchen** für Apps aufrufen
[Windows] + [R]	das Dialogfenster **Ausführen** öffnen
[Windows] + [U]	Center für erleichterte Bedienung aufrufen
[Windows] + [V]	zwischen Benachrichtigungen wechseln

Win + W	das Menü **Suchen** für Einstellungen öffnen
Win + X	das Schnellstartmenü öffnen
Win + Z	die App-Leiste zur aktuell geöffneten App einblenden
Win + .	App an den rechten Bildschirmrand andocken
Win + ⇧ + .	App an den linken Bildschirmrand andocken
Win + ,	den Desktop-Inhalt kurzzeitig ausblenden
Win + Pause	Systemeigenschaften anzeigen
Win + ⇧ + M	minimierte Fenster auf dem Desktop wiederherstellen
Win + Ziffer	das Programm starten, das sich an der durch die Ziffer angegebenen Position in der Taskleiste befindet
Win + Leertaste	Spracheinstellung der Tastatur ändern
Win + ⇆	zwischen geöffneten Apps umschalten
Win + ↵	Sprachausgabe aktivieren
Win + Alt + ↵	Windows Media Center öffnen (soweit vorhanden)
Win + +	Ansicht mit der Bildschirmlupe vergrößern
Win + -	Ansicht mit der Bildschirmlupe verkleinern
Win + Esc	Bildschirmlupe schließen
Win + F1	den Dialog **Windows-Hilfe und Support** öffnen
Strg + A	alles markieren
Strg + B	markierte Zeichen fett darstellen (u. a. in der *Mail*-App und in WordPad)
Strg + C	Kopieren
Strg + I	markierte Zeichen kursiv darstellen (u. a. in der *Mail*-App und in WordPad)

Strg + U	markierte Zeichen unterstrichen darstellen (u. a. in der *Mail*-App und in WordPad)
Strg + V	Einfügen
Strg + X	Ausschneiden
Strg + Z	Rückgängig machen

Tastenkombinationen für den Explorer

Alt + D	Adressleiste auswählen
Strg + E oder Strg + F	das Suchfeld aktivieren
Strg + N	ein neues Fenster öffnen
Strg + W	das aktuelle Fenster schließen
Strg + Mausrad	Größe der Symbole ändern
Alt + P	das Vorschaufenster anzeigen
Alt + ↵	die Eigenschaften des ausgewählten Elements öffnen
Alt + ↑	zum übergeordneten Ordner springen
Alt + →	zum nächsten Ordner springen
Alt + ←	zum zuvor geöffneten Ordner springen
F2	das ausgewählte Element umbenennen
F3	zur Suche nach Dateien und Ordnern wechseln
F4	Adressleiste anzeigen
F5	das Explorer-Fenster aktualisieren
F11	das Explorer-Fenster maximieren oder minimieren

Tastenkombinationen in Dialogfenstern

Strg + Tab	zwischen Registerkarten umschalten (vor)
Strg + Umschalt + Tab	zwischen Registerkarten umschalten (zurück)
Tab	zum nächsten Steuerelement wechseln
Tab + Umschalt	zum vorherigen Steuerelement wechseln
Alt	Buchstaben als Kürzel für Menüs einblenden
Alt + unterstrichener Buchstabe (Menübuchstaben blenden Sie mit Alt ein)	das zum Buchstaben gehörende Menü öffnen oder den entsprechenden Befehl aufrufen
Leertaste	Kontrollkästchen aktivieren oder deaktivieren
Eingabe	das ausgewählte Element ausführen/öffnen

Tastenkombinationen für die Mail-App

Strg + A	alle E-Mails auswählen
Strg + B	markierte Zeichen fett darstellen
Strg + R	antworten
Strg + Umschalt + R	allen antworten
Strg + F	weiterleiten
Strg + I	markierte Zeichen kursiv darstellen
Strg + M	E-Mail in einen anderen Ordner verschieben
Strg + U	eine E-Mail als ungelesen markieren markierte Zeichen unterstreichen
Strg + Q	E-Mail als gelesen markieren
Strg + N	eine neue Nachricht erstellen
Strg + Eingabe	E-Mail senden
F5	den Posteingang synchronisieren

Tastenkombinationen für die SkyDrive-App

Strg + Alt + 1	die Darstellung von Miniatur- zu Detailansicht ändern
Strg + U	den Dialog zum Hochladen von Dateien öffnen
Strg + ⇧ + N	einen neuen Ordner erstellen
Esc	die Auswahl aufheben
Strg + ⇧ + V	das ausgewählte Element kopieren
Strg + ⇧ + Y	das ausgewählte Element verschieben
Strg + S	das ausgewählte Element herunterladen
F2	das ausgewählte Element umbenennen
F5	den ausgewählten Ordner aktualisieren

Glossar

Administrator
Als Administrator bezeichnet man den Anwender, der unter Windows die meisten Rechte hat. In einem Netzwerk ist er der Verwalter und kann anderen Benutzern Rechte zuteilen oder entziehen.

App
Kurzform des englischen Begriffs *Application Software*, zu Deutsch *Anwendungsprogramm*. Unter Windows 8 bzw. Windows 8.1 sind Apps für die Bedienung über einen Touchscreen optimiert. Sie werden in Form einer Kachel auf dem Startbildschirm angezeigt und von dort auch gestartet.

App-Leiste
Symbolleiste, die für die jeweils aktive App spezielle Befehle bereithält und meist am unteren, teils aber auch am oberen Bildschirmrand eingeblendet wird. Die Leiste kann z. B. über die Tastenkombination [Windows] + [Z] geöffnet werden.

Arbeitsplatz
Als Arbeitsplatz oder Desktop wird bei Windows der Bereich bezeichnet, auf dem herkömmliche Anwendungen ausgeführt werden. Im unteren Teil ist die Taskleiste zu sehen, auf dem Arbeitsplatz selbst zu Anfang lediglich das Programm-Symbol des Papierkorbs.

Auf Werkseinstellung zurücksetzen
Mithilfe dieser neuen Funktion installieren Sie Windows 8.1 komplett neu und setzen das System auf die originalen Werkseinstellungen zurück. Dabei werden allerdings alle persönlichen Daten und alle Programme gelöscht. Legen Sie vor der Anwendung dieser Funktion also unbedingt zuerst eine Datensicherung an.

Auffrischen
Mit dieser Funktion können Sie eine Windows-Reparaturinstallation durchführen. Windows wird dabei erneuert, und mögliche Systemfehler werden behoben. Beim Auffrischen bleiben Ihre persönlichen Daten erhalten.

Backup
Sicherheitskopie einer Anwendung oder allgemein das Anlegen einer Datensicherung. Windows 8.1 enthält zwei Funktionen zum Anlegen von Datensicherungen.

Bibliothek
In Bibliotheken werden Daten zu verschiedenen Themen zusammengefasst, z. B. Urlaubsbilder. Alle Dateien werden gebündelt in der Bibliothek angezeigt, allerdings nur als Verknüpfungen, d. h., sie können an unterschiedlichen Orten auf der Festplatte gespeichert sein.

Bildschirmlupe
Mit diesem Hilfsprogramm können Sie Bereiche des Bildschirms vergrößert darstellen. Die Bildschirmlupe starten Sie über das Center für erleichterte Bedienung, das Sie wiederum mit den Tasten [Windows] + [U] öffnen.

Booten
Englischer Begriff für das Hochfahren (Starten) des Betriebssystems eines Computers nach dem Einschalten.

Browser
Programm, mit dessen Hilfe Sie sich im Internet bewegen (»surfen«) können. Die bekanntesten Browser sind neben dem Internet Explorer die Browser Mozilla Firefox, Google Chrome und Opera.

Charms-Leiste
Die Charms-Leiste kann überall eingeblendet werden, sowohl auf dem Startbildschirm als auch in geöffneten Apps und auf dem Desktop. Sie enthält wichtige Menüs wie **Suchen**, **Teilen**, **Geräte** und **Einstellungen**.

Defender
Eine in Windows 8.1 integrierte Software zum Schutz vor Viren, Würmern, Trojanern und anderen Schadprogrammen.

Defragmentierung
Windows speichert Daten nicht an einem Stück auf die Festplatte, sondern zerlegt sie in kleine Datenpakete und legt sie in sogenannten *Clustern* an den Stellen auf der Festplatte ab, wo gerade Platz ist. Bei der Defragmentierung werden die Daten neu geordnet und zusammenhängend abgespeichert, wodurch Speicherplatz effizienter genutzt und so der Zugriff auf die Festplatte beschleunigt werden kann.

Deinstallation
Entfernung einer Anwendung vom Computer. Siehe auch *Installation*.

Desktop
Siehe *Arbeitsplatz*.

Drag & Drop
Sie klicken mit der linken Maustaste ein Objekt an und verschieben es mit gedrückter Maustaste an eine andere Position. Sobald Sie die Maustaste wieder loslassen, wird das Objekt an dieser Stelle abgelegt bzw. eingefügt. Diesen Vorgang nennt man *Drag & Drop*.

Firewall
Programm, das einen Computer, der mit dem Internet verbunden ist, vor Angriffen aus dem Netz schützen soll. Ein- und ausgehende Verbindungen werden überwacht und gegebenenfalls blockiert. Unter Windows 8 bzw. Windows 8.1 ist die Firewall fester Bestandteil des Betriebssystems.

Heimnetzwerk
Zusammenschluss von zwei oder mehreren Computern in einem Netzwerk. Je nach Konfiguration des Netzwerks können alle verbundenen Computer auf Verzeichnisse und Daten der anderen Rechner zugreifen und gemeinsame Ressourcen, z. B. einen Drucker, nutzen.

Hotmail
Kostenloser E-Mail-Dienst der Firma Microsoft. Im Februar 2013 wurde Hotmail durch den Nachfolger *Outlook.com* abgelöst. Siehe *Outlook.com*.

Kachel
Bezeichnung für die neuen Schaltflächen auf dem Startbildschirm. Über eine Kachel starten Sie entweder eine Windows-App oder ein Desktop-Programm. Kacheln können verschoben und neu angeordnet werden. Siehe auch *Live-Kachel*.

Installation
Vorgang, bei dem eine Anwendung auf den Computer aufgespielt wird. Siehe auch *Deinstallation*.

Link
Verweis auf eine andere Seite oder auf eine andere Stelle im Programm. Am häufigsten treten (Hyper-)Links in Textform auf, aber auch Schaltflächen und Grafiken können mit einem Link unterlegt sein.

Live-Kachel
Über die Kacheln auf dem Startbildschirm werden Apps und Programme gestartet. Live-Kacheln zeigen Inhalte an, ohne dass der Anwender die dazugehörige App starten muss. Beispiele dafür sind die *Wetter*-App, die die aktuellen Wetterdaten anzeigt, oder die *Mail*-App, die neu eingetroffene Nachrichten zeigt. Der Live-Modus kann deaktiviert werden.

Mail-App
Die *Mail*-App zählt zu den Standard-Apps, die auf jedem Windows-8.1-Rechner vorinstalliert sind. Es handelt sich dabei um ein einfaches E-Mail-Programm. Die Einbindung von mehreren Mail-Konten ist möglich, POP3-Mail-Konten können allerdings nicht verwendet werden.

Media Center
Mit dem Windows Media Center können Sie computerunterstützte Inhalte wie Musik, Videos und Fernsehprogramme wiedergeben. Die Bedienung erfolgt entweder direkt am PC oder über eine eigene Fernbedienung. Unter anderem können damit TV-Sendungen aufgezeichnet werden. Das Media Center ist unter Windows 8.1 nicht mehr standardmäßig enthalten, kann aber kostenpflichtig nachinstalliert werden.

Media Player
Programm zum Abspielen von Musik-CDs und Audiodateien. Unter Windows 8.1 kann der Media Player aber leider keine DVDs mehr wiedergeben. Verwenden Sie dazu einen anderen DVD-Player oder das Windows Media Center.

Netzwerkschlüssel
Mit einem Netzwerkschlüssel oder Netzwerkkennwort ist ein Funknetz (*WLAN*) abgesichert. Anwender, die auf die WLAN-Verbindung zugreifen möchten, müssen zur Authentifizierung diesen Schlüssel angeben.

Outlook.com
Kostenloser E-Mail-Dienst der Firma Microsoft und Nachfolger von Hotmail. Das Mail-Konto ist von jedem internetfähigen Computer über den Browser erreichbar, kann aber auch lokal mit einem E-Mail-Client verwaltet werden.

Packen/Entpacken
Das Komprimieren und Dekomprimieren von Daten bezeichnet man umgangssprachlich auch als Packen und Entpacken oder, aufgrund der Dateiendung *.zip*, als Zippen und Entzippen.

Partitionierung
Einteilung des Speicherplatzes einer Festplatte in mehrere Teile (*Partitionen*, *Laufwerke*).

PDF
Abkürzung für *Portable Document Format*. Dabei handelt sich um ein Dateiformat, das für den Austausch von Informationen verwendet wird. PDF-Dateien lassen sich mithilfe eines Zusatzprogramms oder direkt aus Microsoft Office heraus erstellen. Um sie betrachten zu können, müssen Sie unter Windows 8.1 keinen zusätzlichen PDF-Reader mehr installieren, sondern können die *Reader*-App verwenden. Siehe auch *Reader-App*.

Problemaufzeichnung
Kleines Programm, mit dem der Anwender alle Aktionen am Computer protokollieren kann, teilweise sogar mit Bildschirmbildern (Screenshots). Diese Aufzeichnung wird häufig von Kundendiensten benötigt, um bei der Lösung von Computerproblemen helfen zu können.

Product Key
Auch *Produktschlüssel* oder *Lizenzschlüssel*. Ein meist alphanumerischer Code, mit dem Sie eine Anwendung als Vollversion freischalten können bzw. der Sie zur uneingeschränkten Nutzung einer Anwendung berechtigt.

Programm-Symbol
Nahezu jedes Programm verfügt über ein eigenes Programm-Symbol. Anwendungen ohne eigenes Symbol wird von Windows ein Standardsymbol zugeordnet. Häufig wird dafür auch der Begriff *Icon* verwendet.

Reader-App
Unter Windows 8.1 wird die App zur Darstellung von PDF-Dateien *Reader* genannt. Sie können aber jederzeit auch ein Programm eines Drittanbieters für die Anzeige von PDF-Dateien nutzen, z. B. den Adobe Reader.

Registry
Englische Bezeichnung für die Registrierungsdatenbank von Windows.

Remoteunterstützung
Ermöglicht die Steuerung eines entfernten Computers über ein Netzwerk oder das Internet. Damit können Sie Freunden bei der Lösung von Computerproblemen helfen oder selbst eine entsprechende Unterstützung anfordern.

Schaltfläche
Menüpunkte in einer besonderen optischen Form (meist rechteckig). Sie müssen vom Benutzer angeklickt werden, damit eine Aktion ausgeführt wird. Manchmal wird für Schaltflächen auch der Begriff *Button* verwendet.

SkyDrive
Kostenloser Onlinespeicher, der von Microsoft bereitgestellt wird. Der Dienst ermöglicht es Anwendern, Fotos und Dokumente auf einen Speicherplatz im Internet hochzuladen und die Daten so anderen Benutzern zugänglich zu machen. Unter Windows 8.1 ist der Dienst direkt in den Explorer eingebunden. Sie können SkyDrive aber auch über die Webadresse *http://www.skydrive.com* oder die vorinstallierte *SkyDrive*-App verwenden.

Sperrbildschirm
Vorgeschalteter Bildschirm, der angezeigt wird, wenn das System vom Benutzer gesperrt wird oder wenn Windows in den Energiesparmodus wechselt. Auf dem Sperrbildschirm lassen sich Informationen wie z. B. das aktuelle Wetter oder die Anzahl neu eingetroffener E-Mails anzeigen.

Startbildschirm
Der neue Hauptbildschirm unter Windows 8 bzw. Windows 8.1. Er löst das Startmenü ab. Über die Kacheln auf dem Startbildschirm starten Sie Anwendungen und Apps. Siehe auch *Kachel*.

Systemabbild
Auch *Image*, *Systemimage*, *Festplatten-Image*. Eine exakte Kopie eines Laufwerks. In ein Systemabbild können neben der Systemfestplatte auch Kopien weiterer Festplatten integriert werden.

Touchscreen
Berührungsempfindlicher Bildschirm für die Steuerung mit einem Stift oder den Fingern. Moderne Notebooks, Tablet-PCs, aber auch Smartphones sind mit einem solchen Display ausgestattet.

Update
Programmverbesserungen und Erweiterungen, die vom Hersteller meist kostenlos zur Verfügung gestellt werden. Updates beheben oft Programmfehler oder schließen Sicherheitslücken.

URL
Abkürzung für *Uniform Resource Locator*. Damit bezeichnet man im Allgemeinen eine Internetadresse, z. B. *http://www.paules-pc-forum.de*.

USB
Abkürzung für *Universal Serial Bus*. USB ist mittlerweile die häufigste Schnittstelle für den Anschluss von Hardware wie Maus, Tastatur, Scanner, Drucker, Digitalkamera, Speicher-Stick und externe Festplatte. Der Standard ist noch USB 2.0, neuere Computer verfügen zusätzlich aber häufig schon über einen schnelleren USB-3.0-Anschluss.

Wechseldatenträger
Datenträger, der nicht fest in den Computer eingebaut ist, z. B. eine CD/DVD oder ein USB-Stick.

Windows Essentials
Sammlung kostenloser Programme und Webdienste von Microsoft. Zu den bekanntesten Anwendungen gehören SkyDrive, Mail und die Windows-Fotogalerie.

WLAN
Drahtloses lokales Netzwerk (*Wireless Local Area Network*). Die Daten werden per Funk übertragen. WLAN ermöglicht die kabellose Nutzung des Internets z. B. mit einem Laptop.

WPA/WPA2
Verschlüsselungsmethode für Drahtlosnetzwerke (WLAN).

Stichwortverzeichnis

A

B

C

D

G

H

I

J

K

Q

R

S

Z

Frank Möller

Office 2013

Die Anleitung in Bildern

- Word: Texte schreiben und gestalten
- Excel: Rechnen und Diagramme erstellen
- Outlook: E-Mails und Termine verwalten
- PowerPoint: Beeindruckende Präsentationen gestalten

Briefe schreiben mit Word, rechnen mit Excel, E-Mails mit Outlook verwalten oder Präsentationen mit PowerPoint erstellen – in diesem Buch sehen Sie Schritt für Schritt, wie Sie Office 2013 gekonnt für sich nutzen.

350 Seiten, in Farbe, **14,90 €**
ISBN 978-3-8421-0076-3

Vierfarben

Sabine Drasnin

PowerPoint 2013

Die Anleitung in Bildern

- Praktisch, schnell und verständlich – Ihr Weg zu überzeugenden Präsentationen
- Eindrucksvolle Präsentationen - Bild für Bild erklärt

Ohne mühsames Herumprobieren werden Sie verständliche und vorzeigbare Folien anfertigen, Texte sinnvoll gestalten, Ergebnisse anschaulich präsentieren und Musik oder Videos einbinden.

323 Seiten, in Farbe, **9,90 €**
ISBN 978-3-8421-0087-9

Vierfarben